国家社会科学基金项目阶段性成果（18BGJ020）

U0743653

丝路学研究

基于全球"一带一路"学术动态的分析

马丽蓉 等著

Silk Road Studies

the Global Academic Dynamics of
" the Belt and Road " Initiative

中西书局

图书在版编目(CIP)数据

丝路学研究:基于全球"一带一路"学术动态的分析/马丽蓉著.—上海:中西书局,2023
ISBN 978-7-5475-2095-6

Ⅰ.①丝… Ⅱ.①马… Ⅲ.①"一带一路"—国际合作—研究 Ⅳ.①F125

中国国家版本馆 CIP 数据核字(2023)第 073166 号

SILUXUE YANJIU:JIYU QUANQIU "YIDAIYILU" XUESHU DONGTAI DE FENXI

丝路学研究:基于全球"一带一路"学术动态的分析

马丽蓉 著

责任编辑	田　甜
助理编辑	姚骄桐
装帧设计	杨钟玮
责任校对	左钟亮
责任印制	朱人杰
出版发行	上海世纪出版集团 中西书局(www.zxpress.com.cn)
地　址	上海市闵行区号景路 159 弄 B 座(邮政编码:201101)
印　刷	上海商务联西印刷有限公司
开　本	700 毫米×1000 毫米　1/16
印　张	29.75
字　数	385 560
版　次	2023 年 9 月第 1 版　2023 年 9 月第 1 次印刷
书　号	ISBN 978-7-5475-2095-6/F·040
定　价	135.00 元

本书如有质量问题,请与承印厂联系。电话:021-56044193

目　录

中篇　高质量共建"一带一路"中
"周边国家是首要"

下篇 高质量共建"一带一路"中
"发展中国家是基础"

附　件

序言
丝路学视域的全球"一带一路"
认知成因学术溯源

自 2013 年中国国家主席习近平提出"一带一路"倡议至今，不仅取得了一大批先期成果，还被纳入联合国的相关决议，截至 2022 年 1 月 21 日，中国已与 147 个国家、32 个国际组织签署了两百多份共建"一带一路"的合作文件，"一带一路"已然成为广受欢迎的国际公共产品。

在全世界遭遇百年未有之大变局之际，习近平在 2021 年 11 月 19 日召开的第三次"一带一路"建设座谈会上强调，要深入阐释共建"一带一路"的理念、原则、方式等，共同讲好共建"一带一路"故事，表明中国政府将由在沿线国家落实"民心相通"举措，到把与共建国家人民"心联通"作为重要基础的坚定决心，凸显"战略互信"在推动共建"一带一路"高质量发展新阶段的重要作用，这就需要中国与共建国家开展多渠道、全方位的有关"一带一路"的政策沟通、文化交流、民意引导等工作，助力中外政界、学界、媒体三方联手合作，形成阐释"一带一路"的政治话语、学术话语、民间话语，尽快向世界阐明"一带一路"的核心要义，助力实现中外共建"一带一路"中的"心联通"。

但是，由于目前尚未形成中外共研"一带一路"的良好学术生态，极大制约着中国与共建国家真正实现"心联通"的走深落实。事实上，习近平总书记已多次强调"一带一路"的核心思想是：弘扬"丝路精神"，共建"一带一路"，构建人类命运共同体。为此，他在两次"一带一路"高峰论坛与三次"一带一路"建设座谈会上通过"丝绸之路""丝路文明""丝路人""丝路故事"等一系列概念，不断阐释互惠、合作、包容的"丝路精神"，并在敦煌考察时明确"丝路精神"是中外文明交流互鉴的"结晶"，呼吁推动敦煌文化研究服务共建"一带一路"。换言之，"丝路精神"不仅是助力中外实现"一带一路"中"心联通"的新共识，也是中外共研丝绸之路中概念阐释体系的新突破，更是推动形成中外共研"一带一路"的新概念。因此，"回到丝路找思路"，中外上百年共研丝绸之路中所形成的丝路学，以"丝绸之路"为元概念，致力于探讨"中国与世界古今丝路关系"这一核心议题，创建了丝路学家核心议题研究的学术历程与丝路学家涉华认知建构的心路历程相伴共生的"心联通"模式，使得厘清全球"一带一路"学术动态成为促进高质量共建"一带一路"中"心联通"的关键一环。因为，只有厘清了全球"一带一路"研究现状，才有可能探明共建国家知识精英关于"一带一路"的基本认知，尤其是丝路学名家的"一带一路"认知观实为其涉华观的核心组成部分，且不同程度地影响了所在国的对华政策及其涉华民意，已事实参与了中外"一带一路"共建中"心联通"的系统工程，并发挥了对上影响政策、对下影响民意的潜移默化的双重作用。如果说，中外学者上百年共研丝绸之路所形成的丝路学，在诠释"中国与世界古今丝路关系"中参与建构了丝路学术大国的基本涉华认知，那么在亟待对重塑"中国与世界古今丝路关系"的"一带一路"作出学理性阐释的当下，从丝路学视域溯源全球"一带一路"认知中的学术动因则至关重要。截至目前，除王灵桂主编《国外智库看"一带一路"》（2015）、曹卫东主编《外国人眼中的"一带一路"》（2016）、王辉等主编《国外媒体看"一带一路"》（2016）等外，也陆续出现了从某个共建国家和地区的民调数据、媒体导向、智库报告等视角切入作对策研究的相关成果，但尚未对全球范围的"一带一路"研究现状做系统梳理。通过探究丝路学视域的"一带一路"研究历程与其涉华认知历程间互构规律、评估其涉华认知现状，可以厘清高质量推进"一带一路"共建中"心联通"的实情并提出因应之策，彰显出本课题研究的现实意义、学术价值及其创新之处。

2014 年 9 月，"上外丝路学团队"于时事出版社出版了《丝路学研究：基于中国人文外交的阐释框架》一书，从中国人文外交的历史经验与现实实践出发，探究"中国与世界古今丝路关系"中所形成的丝路人文共同体的"中国路径"与"中国贡献"，成为 2013 年中国提出"一带一路"倡议后学界首部从丝路学视域研究"一带一路"的学术著作；再度与时事出版社合作出版的《丝路学研究：形成、发展及其转型》一书，汇总了自 2015 年 9 月受命创建上外丝路战略研究所这一实体性学术平台中的实践获益与理论所得，力求从丝路学百年学术变迁史中探寻构建"一带一路"学科体系、学术体系、话语体系的切实路径，以助力加快"一带一路"沿线的"民心相通"；本课题研究成果则以《丝路学研究：基于全球"一带一路"学术动态的分析》为书名，由中西书局出版，力求发掘丝路学核心议题研究所具有的影响涉华认知功能，以厘清高质量共建"一带一路"中实现"心联通"的挑战、机遇及对策。至此，经过近十年的不懈努力，"上外丝路学团队"最终形成了中国视角的"丝路学研究三部曲"。

本课题章节目录安排如下：先在"序言"中确立从丝路学视域溯源全球"一带一路"认知形成中的"学术因素"这一逻辑起点；后在"导论"中展开介绍中国"一带一路"学术研究动态，这是梳理全球"一带一路"学术动态的立论前提；"正文"以高质量共建"一带一路"中"大国是关键"作为**上篇**、"周边国家是首要"作为**中篇**，以及"发展中国家是基础"作为**下篇**，包括美国、俄罗斯、英国、法国、德国、意大利等国的"一带一路"学术动态分析，日本、韩国、澳大利亚、印度、巴基斯坦，以及东盟国家、海合会国家等周边国家和地区的"一带一路"学术动态分析，兼有非洲、拉美、中东欧三大地区的发展中国家的"一带一路"学术动态分析。因此，这是一次中国学界对全球"一带一路"主要国家和地区较为系统的学情排摸，为推进"一带一路"高质量发展提供了实现"心联通"的现实依据与学术支撑，形成丝路学视角的"一带一路"国别区域案例分析的新样本；**附件**由"中国出台'一带一路'的政策文献要目""中外研究'一带一路'的学术文献要目""中外发布'一带一路'报告的智库机构要目"三部分组成，力求从政策宣示、学术积累、机制支撑等不同维度勾勒出中外共研丝绸之路的成效与中外共研"一带一路"的可能，激励中外丝路学同仁在共建包容性话语体系中助力全球丝路学由西方化向全球化迈进，在重释"中国与世界古今丝路关系"中更新涉华认知、增进战略互信，加快实现中外共建"一带一路"中的"心联通"。综上，本课题从逻辑起点→立论前提→实证分析→路径选择，形成了自成体系、逻辑自洽的全新阐释框架。

站在高质量共建"一带一路"的历史新起点，上外丝路战略研究所将秉持以"一带一路"人才培养为旗、以"一带一路"学术研究为本、以"一带一路"学术共同体构建为愿的建设初心，进一步发挥本团队多语种、跨学科的学术优势，在已完成"丝路学研究三部曲"的基础上，继续深化"一带一路"学术研究，多出成果、出好成果，力争用具有国际影响力的学术成果来助力"一带一路"国际学术传播，在深化构建丝路学术共同体中增进共建"一带一路"

的战略互信，进而助力构建人类命运共同体的时代新共识。

作为"一带一路"首倡国的知识群体，中国学者如何使丝路学这门起步于西域探险与研究的绝学，成为服务于中外共建"一带一路"新实践的显学，则是吾辈的使命，任重而道远，理当砥砺奋进、永不懈怠。

此为序。

作于虎年春节前夕的 2022 年 1 月 28 日

导论
中国"一带一路"学术动态研究

自 2013 年中国提倡共建"一带一路"至今，大体经历了政策宣示→共建实践→讲好故事的三个重要阶段。当然，这三个阶段的时间线相互交错、叠加运行，形成了九周年内各有侧重的三个不同建设时段，使得中国的"一带一路"研究也相应地形成了政策解读→案例研究→话语构建的三个重要阶段。同时，在中美话语博弈日益激烈的现实背景下，美欧日印等丝路学术大国妄图通过把控学术话语权来遏制"一带一路"国际传播，围绕"一带一路"的大国话语博弈已成不争的事实。因此，如何向国际社会讲好"一带一路"的故事，不仅关乎加快"一带一路"国际传播能力的建设，也关乎加快"一带一路"国际学术能力的建设，更关乎"一带一路"首倡国话语权的提升，亟待中国学界进一步增强讲好"一带一路"故事的话语说服力与逻辑自洽力，助力"中国倡议"的"世界表达"。

本章通过研究中国"一带一路"学术动态，旨在梳理中国学界"一带一路"研究现状、揭示中国丝路学派碎片化特征的现实影响，以及通过形成学术合力、构建包容性话语体系及构建丝路学术共同体来提升中国"一带一路"学术话语权的路径选择。

第一节　中国"一带一路"研究现状梳理

"一带一路"倡议引发了全球丝路研究热,"截至2016年底,内容涉及'一带一路'的图书超过1 000种,涵盖历史、政治、法律、经济、文化、文学、艺术等多个学科类别。有关'一带一路'与相关国家的报道超过1 000万篇。全球各大智库超过3 000份研究报告与书籍聚焦'一带一路',有的则翻译成中文,如英国牛津大学高级研究员弗兰科潘的《丝绸之路》、美国学者康纳的《超级版图》等都成为全球畅销书"。① 其中,英国丝路学家弗兰科潘的《丝绸之路:一部全新的世界史》因其反"欧洲中心论"阐释框架的全新叙事方式而成为全球丝路学转型的扛鼎之作。

同时,"一带一路"也激发了中国学者的研究积极性,并涌现出一大批著作和报告,如刘迎胜《丝绸之路》(2014)、樊锦诗主编《丝绸之路与敦煌文化丛书》(2014)、马丽蓉《丝路学研究:基于中国人文外交的阐释框架》(2014)及其主编《丝路学研究·国别和区域丛书(10卷本)》(2017)、王义桅《"一带一路":机遇与挑战》(2015)、《世界是通的——"一带一路"的逻辑》(2016)及《"一带一路":中国崛起的天下担当》(2017)、王灵桂主编《国外智库看"一带一路"》(2015)、赵可金《"一带一路":从愿景到行动》(2015)、赵磊《一带一路:中国的文明型崛起》(2015)、冯并《"一带一路":全球发展的中国逻辑》(2015)、王文《伐谋:中国智库影响世界之道》(2016)、曹卫东主编《外国人眼中的"一带一路"》(2016)、王辉等主编《国外媒体看"一带一路"》(2016)、刘卫东等《"一带一路"战略研究》(2017)、郭业洲主编《"一带一

---

① 王文:《"一带一路"重构中国人的世界观》,《中央社会主义学院学报》2017年第4期。

路"沿线国家及重要政党概览》（2017）、翟崑等主编《"一带一路"沿线国家五通指数报告》（2017），以及"'一带一路'沿线国家安全风险评估"课题组《"一带一路"沿线国家安全风险评估》（2015）、中国社会科学院《"一带一路"研究系列·智库报告》（2015）、国家信息中心"一带一路"大数据中心《"一带一路"大数据报告》（2016）等，从不同维度研究"一带一路"，包括历史文化、学科建构、机遇挑战、中国路径、中国逻辑、战略阐释、沿线国情、国外反馈、共建成效、风险评估、对策建议等，反映了中国早期"一带一路"研究基本面貌。

近年来，因遭遇百年未有之大变局，尤其是中美关系紧张等严峻挑战，中国的"一带一路"研究表现出三个明显的发展趋势：

第一，在政策宣示阶段，中国学界存在"学术运动化"现象，使得中国"一带一路"研究的国际影响力仍然有限。

中国政府自 2013 年 9—10 月间分别在哈萨克斯坦与印度尼西亚两个丝路沿线重要国家完成了"一带"与"一路"的政策宣示后，又在北京召开的中国周边外交工作座谈会上明确了立足周边推进共建"一带一路"的基本立场。2015 年 3 月 28 日发布的《推动共建丝绸之路经济带和 21 世纪海上丝绸之路的愿景与行动》，标志着"一带一路"政策话语体系的正式成型，成为中国学界研究"一带一路"的政策文献，且在政策解读中出现了"学术运动化"现象，如"打旗圈地者多、研究与调研者少""务虚式宏论多、务实性研究少""政策解读多、问题探究少"，还有因问题意识不强而无法提出"接地气"的对策建议等现象，故傅莹在《人民日报》发文指出：有关"一带一路"的"研究界一窝蜂地做宏观诠释，而决策迫切需要有数据支撑的实在研究，包括物流、安全等具体问题和国别认识"，中国学者应"以严谨、客观的方法进行课题研究，沉下去搞调研，静下心做数据，从实践中来、到实践中去"，"增强大局观、历史观，面向全球化、面向未来，来一场'转型革命'"，否则易落入"有库（相关数据库）无智（资政育商能力）"① 的窘境。

尽管"我国是哲学社会科学大国，研究队伍、论文数量、政府投入等在世界上都是排在前列的，但目前在学术命题、学术思想、学术观点、学术标准、学术话语上的能力和水平同我国综合国力和国际地位还不太相称"②，中国"一带一路"研究的国际影响力仍然有限即可略见一斑。但是，王灵桂主编的《国外智库看"一带一路"》、曹卫东主编的《外国人眼中的"一带一路"》及王辉等主编的《国外媒体看"一带一路"》等，是中国学界对"一带一路"倡议提出3年后国际社会政界、学界、媒体等反馈信息的重要评估，意义重大。因为，仅在2016年进行的不完全统计可见，全球"大约有1 200余家智库和1 000余名学者专门研究中国问题，这些智库的大约6 600余篇（部）涉及中国的研究报告和研究成果，可能左右或引导着各自国家的对华政策、媒体舆论、民情民意的走势和走向。因此，了解、掌握国外智库的关切，是讲好中国故事、传播好中国声音工作中，首先应该具备的基本功和基础，是实现知彼知己、百战不殆的前提和必备功课"。③ 亦即中外须在"知彼知己"中研究"一带一路"，以搭建统一"认知区间"来开展平等对话，尤其要重视国外涉华研究报告和研究成果在影响"对华政策、媒体舆论、民情民意的走势和走向"中的重要作用，由此形成中国学界由内向外与由外向内双向进路的"一带一路"研究新格局，在中外比较视野中发掘问题、深化研究。

第二，在共建实践阶段，中国学界一方面逐渐增强了研究"一带一路"的区域国别问题意识，另一方面越来越重视探究"一带一

---

① 傅莹：《一带一路研究务虚"一窝蜂"》，《人民日报》2015年4月15日。
② 习近平：《在哲学社会科学工作座谈会上的讲话》，人民出版社2016年版，第15页。
③ 《国外智库如何看亚投行、TPP及一带一路》，人民网—国际频道2016年6月30日。

路"的立学之路,由此形成两路并进的学术态势,表明中国"一带一路"研究走出政策话语、构建学术话语的新阶段。

在"一带一路"倡议提出 3 周年、5 周年和 8 周年之际,中央分别于 2016 年 8 月 17 日召开了第一次"一带一路"建设座谈会、2018 年 8 月 27 日召开了第二次"一带一路"建设座谈会,以及 2021 年 11 月 19 日召开了第三次"一带一路"建设座谈会;中国又在北京主办了两场论坛,分别是 2017 年 5 月 14 日举行的第一届"一带一路"国际合作高峰论坛、2019 年 4 月 25 日举行的第二届"一带一路"国际合作高峰论坛;2019 年 9 月 27 日中国发布了《新时代的中国与世界》白皮书,围绕"中国从哪里来、向哪里去""中国推动建设什么样的世界""发展起来的中国如何与世界相处"等问题,系统介绍中国的发展成就、发展道路、发展走向,深入阐述"中国与世界关系",以增进国际社会对中国发展的了解和理解。习近平在这五次有关"一带一路"的重要会议上均发表了重要讲话,提出"世界怎么了"的时代之问,阐明"我们怎么办"的"中国路径",强调消除中外"互信赤字"的重要性,为中国学界深化研究"一带一路"提供了思想依据与行动方向,增强了研究的问题意识。《新时代的中国与世界》白皮书的发布,又为中外学者重释"中国与世界古今丝路关系"提供了现实依据,激发了中国学界探讨"一带一路""立学"之路的学术自信。

研究发现:中国丝路学源自西北舆地学,自 1927 年中国丝路学先驱黄文弼等参加中瑞西北科考活动起,逐步形成北大四代学人坚守丝路研究的传统。如黄文弼、向达将考古引入丝路研究,宿白编写《考古发现与中西文化交流》(2012)、林梅村编写《丝绸之路考古十五讲》(2006)、荣新江提出"加强西域地区的丝绸之路研究"(2015)等,中国丝路学历经中西交通史研究、中外文化交流研究、中外关系史研究的三个不同阶段,直至 1979 年季羡林发现国际显学

"丝绸之路学"后，于 1983 年创建学会机制、1997 年展开"立学"大讨论（胡小鹏、侯灿、李正宇、建宽等）、2009 年推出《丝绸之路研究丛书》20 册（王炳华、周菁葆、韩康信）并定义"丝路学"（沈福伟，2009）等，形成研究丝路与建构"丝路学"双轨并举的学术生态，中国学界致力于从中国视角探究"中国与世界古今丝路关系"。其中，因受斯坦因等"盗墓贼"所致"学术殖民创伤情结"的影响，中国学者抢救式研究中国境内丝路地段的历史与现实，形成敦煌学、吐鲁番学、龟兹学、西域学等学派分支，碎片化成为中国丝路学派特征，与欧洲学派的西方化、美国学派的政治化共同构成全球丝路学"三化现象"。并且在美欧把控丝路学术话语权的百年变迁中处于"失语"窘境，结果造成"美欧领跑、中国失语"的全球"一带一路"国际学术现状。为此，中国学界跨学科聚力探讨"一带一路"的"立学"之路，如《丝路学研究：基于人文外交的中国话语阐释》（马丽蓉，2016）、《论中国丝绸之路学科理论体系的构建》（魏志江等，2016）、《"一带一路"提升了中国学者的身价》（王文，2017）、《"一带一路"需要全面系统研究》（王文，2017）、《百年来国际丝路学研究的脉络及中国丝路学振兴》（马丽蓉，2017）、《"一带一路"促海外丝路研究成显学》（卢山冰，2017）、《丝路学，关于"中国与世界关系"的百年显学》（马丽蓉，2017）、《"一带一路"、"丝路学"与区域研究》（昝涛，2018）、《"一带一路"及人类命运共同体理论话语体系的建构》（贾文山，2019）、《构建一带一路学：中国丝路学振兴的切实之举》（马丽蓉、王文，2019）等。2019 年 8 月，习近平呼吁敦煌学要服务共建"一带一路"的重要讲话，成为中国学界跨学科研究"一带一路"新动力，如《"一带一路"的学术跟进正在加速》（马丽蓉，2019）、《丝路文明蕴含全球治理经验》（马丽蓉，2019）、《丝路学建构与丝路文学研究》（李继凯，2020）、《基于丝路学视角的"一带一路"学术话语研究》（马丽蓉，2020）、

《中国丝路学理论与方法刍议》（周伟洲，2021）、《五十多位知名学者倡议建设"一带一路"研究会》（刘文文，2021）等。

近年来，随着"一带一路"建设从"大写意"走向"工笔画"，"一带一路"新实践的丰富程度与中国理论学术的实际阐释能力并不匹配（方军，2022），中国学界的问题意识日益增强，且集中探讨如下几个主要问题：一是借用古代丝绸之路历史符号的"一带一路"，如何在"多主体、多介质和多方式地向国际社会传播"中发掘其所"蕴含的普适性价值和世界性意义"（胡开宝等，2020），以"构建一套西方可以接受的知识体系"（郑永年，2021）。二是有关"一带一路"国际传播与接受状况的国别研究（美国，马建英，2015；缅甸，李晨阳等，2016；日本，孙道凤，2017；印度，毛悦，2017；英国、美国、印度，胡开宝等，2018；美国、印度、欧盟，唐青叶等，2018；欧盟，王振玲，2019；老挝，宋万，2020；印尼，宋灵，2021；拉美，王飞等，2021）确证了中外仍存在话语鸿沟（李春燕等，2021），如何通过"构建融通中外的话语体系"（陈亦琳等，2014）来扭转因"中国国际学术话语缺位与乏力"所致"一带一路"国际学术前沿"中国失语"窘境。三是因我国"学术领域的话语不够充分，使得'一带一路'国际话语缺乏综合的理论支撑"（丁一，2019），如何聚力"共识传播"中的"共同意义空间"建构（赵建国，2019）来助力中外"一带一路"国际学术对话。可见，中国"一带一路"研究的问题意识日益增强，并在立足"一带一路"新实践中逐渐释放出阐释潜力。

第三，在讲好故事阶段，中国学界面临用"融通中外的新概念新范畴新表述"来构建"一带一路"学术话语体系的最大挑战，以扭转"一带一路"国际学术前沿"美欧领跑、中国失语"的现实窘境。

中共十八大以来，习近平发表了加快国际传播能力建设的一系列重要讲话,成为中国学界研究讲好"一带一路"故事的理论遵循与努力方向,目前中国学界主要从四个维度展开探讨:①宏观维度,如《全球多语种媒体视野中的"一带一路"传播研究》(周亭等,2017)、《华莱坞作为跨国媒介实践:兼论"一带一路"的全球传播叙事》(王昀等,2018)、《"一带一路"合作让中国形象更丰富》(马丽蓉,2019)、《提升"一带一路"背景下中国价值观国际传播力的思考》(蔡馥谣,2019)、《打造外宣精品 讲好"一带一路"故事——以〈"一带一路"这五年的故事〉系列多语种图书为例》(熊冰,2019)、《守正创新 做好"一带一路"国际传播》(姜婷婷,2019)、《从塑"强国"形象到讲"好国"故事:"一带一路"国际传播的重点转向》(钟新等,2019)、《世界经济增长新空间视角下的"一带一路"国际传播》(张晓月,2019)、《媒体融合传播助力"一带一路"互联互通》(王丽,2019)、《新时代提升中国"一带一路"倡议国际塑造力的进展与路径》(刘文波,2020)、《"一带一路"倡议的扩散分析》(张志原等,2020)、《融媒体时代下主流媒体"一带一路"国际传播策略研究》(叶苗,2020)、《加强国际传播能力建设 讲好新时代"一带一路"故事》(王鹏,2021)、《社交媒体"一带一路"倡议国际传播创新》(刘昊,2021)等;②话语维度,如"一带一路"术语国际传播实为政治概念跨语应用与传播的过程(刘润泽、魏向清,2019:85),有关"一带一路"术语国际传播与接受状况的国别研究(美国,马建英,2015;缅甸,李晨阳等,2016;日本,孙道凤,2017;印度,毛悦,2017;英国、美国、印度,胡开宝等,2018;美国、印度、欧盟,唐青叶等,2018;欧盟,王振玲,2019;老挝,宋万,2020;印尼,宋灵,2021;拉美,王飞等,2021)确证了中外仍存话语鸿沟(李春燕等,2021:32),如何"构建融通中外的话语体系"(陈亦琳等,2014:27),提升"一带一路"术语国际影响力,又如《中国一带一路网与国际话语权的提升》

（钱莉，2017）、《提升"一带一路"国际话语权的路径研究》（丁一，2019）、《论"一带一路"与中国价值观国际传播的互促共进》（李辽宁等，2020）、《"一带一路"建设中中华文化元素传播策略探究》（陈志超，2020）、《加强抗疫的"中国叙事"》（马丽蓉，2020）、《中国国际话语权内生变量分析——基于"一带一路"倡议的个案研究》（侯胜，2021）等；③认同维度，如《"命运共同体"视域下中国价值观传播与认同研究》（周涛，2017）、《"民心相通"基于文化交往的共同体图景——"一带一路"中文化认同的困境与破解》（甄巍然等，2018）、《文化认同视角下"一带一路"跨文化传播路径选择》（赵永华等，2018）、《丝路文明蕴含全球治理经验》（马丽蓉，2019）、《"一带一路"倡议下汉语国际传播中的中华传统文化认同探视》（段迪，2020）、《推进"一带一路"国际认同的路径探析》（张旺斌，2021）等；④学术传播维度，如《"一带一路"研究的演进脉络、热点主题与拓展空间（2014—2018）：基于CNKI期刊论文的可视化分析》（张锡璐等，2019）、《国外尖端智库关于"一带一路"的评议及对其回应》（毛新雅等，2019）、《"一带一路"背景下我国学术期刊的国际传播》（崔国平，2020）、《西方抹黑新疆早有"学术准备"》（马丽蓉，2021）、《自塑与他塑：中印主流媒体对"一带一路"倡议的形象构建比较——以"一带一路"国际合作高峰论坛为中心》（李金云，2021）、《"一带一路"国际传播如何优化议题设置》（王璟璇等，2021）、《新时期加强和改进"一带一路"国际出版交流合作的意义和路径》（甄云霞，2021）等，表明中国"一带一路"研究已经完成了与政策话语的剥离，即将进入用中国特色的学术话语展开全新叙事的新阶段。

综上，中国提出"一带一路"9周年历经三个主要阶段，中国学界对"一带一路"的研究也大体历经三个阶段，至今仍在努力探讨跨学科"立学"之路，但因主客观原因阻碍形成"一带一路"研究的学术合力,使得"一带一路"的现实成效与国际舆论产生错位,陷入"有理说不清、说了传不出"的话语困境,凸显讲好"一带一路"故事的重要性。因此,碎片化不仅是中国丝路学派的基本特征,也成为中国"一带一路"研究现状的基本征貌,影响了中外"一带一路"的学科对接与学术对话,影响了构建"一带一路"的学术体系、话语体系及理论体系,以及影响了应对丝路学术大国联手绞杀"一带一路"中的中国话语对冲力,最终造成中国学界尚未形成阐释"一带一路"的学术合力。

第二节　中国学界尚未形成研究"一带一路"合力究因

造成中国学界尚未形成阐释"一带一路"合力的原因是多方面的,本节从研究主体、客体、方式视角切入后发现,主要原因体现为如下三方面:

一、研究惯性:从碎片化研究丝绸之路到碎片化研究"一带一路",中国学界尚未统筹好固本与创新的关系,故造成"一带一路"该由"谁来研究"的困惑。

19 世纪末至 20 世纪初,西方列强在军事入侵中国的同时,也展开了文化殖民掠夺,作为多元文明汇集之地的西域自然难逃浩劫。且在文化殖民利益驱使下,"西方列强在西域探险问题上,也如同在争夺海外殖民地和海外市场中一样,始终都勾心斗角,互相倾轧","为了在西域从事更加系统而广泛的考察,分工对几大重点地区进行发掘,他们决定统一协调这方面的工作",最后通过"帝国主义和殖民主义国家惯用的划定势力范围的老伎俩"[1] 予以解决:1890 年,在

---

① 　耿昇:《伯希和西域探险与中国文物的外流》,《世界汉学》2005 年第 1 期。

罗马召开的东方学家代表大会上，通过了组建"西域和远东历史、考古、语言与民族国际考察委员会"的提议。1902 年，在汉堡召开的东方学家代表大会上，宣布成立"西域国际考察委员会"，下设各成员国委员会，且将总部设在圣彼得堡以助力往来西域之便，一场西方列强的西域探险持续升温，丝路西域地段"变成了盗宝者的乐园。俄国的柯兹洛夫、奥布鲁切夫、克里门茨，德国的德兰、范莱考克，英国的斯坦因，瑞典的斯文·赫定，法国的伯希和，日本的大谷光瑞、桔瑞超、吉川小一郎，美国的华尔纳"等，以"探险、考察、游历"为名，"到处发掘、盗取地下文物，剥取石窟壁画"①，"直到中国人最后加以阻止为止，他们从丝绸之路上湮没了的城市和石窟中搬走的壁画、手稿、塑像和其他珍宝"是以"数亿吨计"的，"今天至少分散在世界上十三个不同国家的博物馆和文化机构里，而其中的一些由于不加注意或者缺乏经费已经糟蹋的不成样子"，"还有很多不是不知去向，便是遭受破坏"。② 其中，斯坦因所盗文物数量最多，伯希和盗走了最有价值的文物，"尽管二十世纪早期的中国学者呼吁要保护敦煌文书，但没人离开过自己舒适的家，没人效仿斯坦因和伯希和亲身造访敦煌。其结果就是敦煌文书被大量拿走"③，并成为西方学界起步探究"中国与世界古代丝路关系"的最初素材，故应辩证看待起步于西域探险研究的丝路学创建者，对其"劫掠和盗窃我国文物文献的行为，我们永远要严厉谴责"，但对其"及其弟子同事们的研究成果，我们也要照样介绍和吸取。经过近一个世纪之后，正是他们的探险活动，才在西方发展起了一门敦煌西域学，它于当代又成了沟通中外学术交流的一座桥梁。中国和外国学者，都为敦煌学的

---

① ［英］彼得·霍普克林：《丝绸路上的外国魔鬼》，杨汉章译，宋子明校，甘肃人民出版社 1983 年版，第 1 页。
② ［英］彼得·霍普克林：《丝绸路上的外国魔鬼》，第 1—2 页。
③ ［美］芮乐伟·韩森：《丝绸之路新史》，张湛译，北京联合出版公司 2015 年版，第 224 页。

诞生和发展，作出过贡献"。① 换言之，狭义的西域是指新疆，广义的西域意指欧亚大陆，且因丝绸之路的连接，使得"生活于其中的人们于自身发展过程中相互往来，频繁交流，连接了东西方世界，使欧亚地域之间产生了密切的联系，亦使得这一区域内多民族色彩浓厚，加之宗教文化的丰富性，使之成为近代以来西方学界争相关注的重要对象"②。李希霍芬便在西域语境中首次界定了"丝绸之路"概念并衍生成了丝路学，与西方汉学家所主导的东方学、敦煌学、西域学等形成了一体多面性，并在中外丝路学界产生了不同的影响：欧洲汉学家在"西方中心论"阐释框架下展开丝路总体与宏观相结合的研究，形成西方化与全球化两类丝路学话语体系，并以西方化为欧洲学派的特征。美国汉学家在"地缘政治博弈论"阐释框架下展开丝路总体与宏观相结合的研究，形成政治化与学术化两类丝路学话语体系，并以政治化为美国学派的主要特征。欧、美这两派不同的研究特征，对除中国之外其他国家和地区的丝路学产生了重要而深远的影响，丝路学的一体多面性带给中国丝路学派的最大影响是碎片化。

造成中国丝路学派碎片化的原因是多方面的："第一，对李希霍芬的分歧性认知，体现了中国精英对西方丝路学者爱恨交加的复杂的民族主义情感，且形成了避谈丝路学的一种集体潜意识"；"第二，中瑞西北科考团在动乱中开启了中外丝路学术合作的新模式，却在日本侵华的严酷背景下被迫中断并诞生了中国丝路学这个'早产儿'"；"第三，受斯坦因、伯希和等'盗墓贼'所致'学术殖民创伤情结'的影响，中国学者抢救式研究中国境内丝路地段的历史与现实，进而形成了分支学派发展活跃的学术现状"③，最终形成了敦煌学、吐鲁番学、龟兹学、西域学、郑和学、喀什噶尔学、长安学等

---

① 耿昇：《伯希和西域探险与中国文物的外流》。
② 马建春等：《法文译史巨擘耿昇先生西域史译著的贡献》，《暨南史学》2020 年第 1 期。
③ 引自马丽蓉：《全球丝路学派比较研究》，《新丝路学刊》2017 年第 2 期。

专题性研究并存的态势，既彼此区分又相互渗透、既聚焦丝路某段又得兼顾丝路整体、既聚焦丝路某个问题又得兼顾丝路整体问题，以及既想独立研究丝路某一领域又得兼顾丝路相关主要领域等冲突，宏观研究与微观研究难以结合，因此形成中国丝路学碎片化的基本特征。综上，从斯文·赫定、黄文弼再到弗兰科潘，中国学派与欧美主导的全球丝路学实际共享了统一的"丝路学认知区间"：丝路多元文明共处之道是关乎人类历史、现实及未来的密钥，这是中外丝路学家的研究范畴，也形成了大历史思维下中外丝路学家共建的统一的认知区间，且被季羡林等中国学者切实感受并共享，可惜中国丝路学呈现碎片化发展态势至今，影响了中外丝路学家的学术交流与合作。

中国所倡导的"一带一路"的核心思想，就是立足丝路来总结历史经验、着力现实合作、着眼人类未来的大历史观的"中国方案"，势必要求中外学界在跨学科展开"丝路学认知空间"的交流、碰撞后达成共识，故应尽快扭转中国从碎片化研究丝绸之路到碎片化研究"一带一路"的研究惯性：一要借鉴美欧日印等丝路学术大国基于大历史观思维下宏观与微观相结合的研究丝路的理论与方法；二要发掘中国丝路学派专题性研究成果中的宏观性意义，处理好固本与创新的关系；三要正视丝路学术大国联手绞杀"一带一路"的学术挑战，助力中国丝路学尽快摆脱碎片化研究惯性的牵绊，打破学科壁垒，形成学术跟进的合力，多主体、全方位研究"一带一路"，切实落实习近平关于敦煌学服务于"一带一路"的重要指示，最终打消究竟该由谁来研究"一带一路"的这一困惑。

二、议题转化：从丝路学核心议题阐释到"一带一路"核心思想研究，中国学界没有完成现实问题向学术问题的转化，故造成"一带一路"该研究什么的困惑。

如果说，中外丝路学家在借丝路观文明的研究范畴内形成了丝路学认知区间的话，那么中外丝路学家在丝路场域探究人类文明兴衰奥秘时则难以绕开"中国与世界古今丝路关系"这一问题,如马苏第的《黄金草原》第十五章"中国中原和突厥人的国王。阿慕尔后裔们的分布,有关中国及其国王的资料,其王统合他们的政治制度等",追溯了中国先民开展易货贸易、朝贡往来、路盛国强的历史,描述了中国"大船分散于各个方向,在外国靠岸并执行委托给它们的使命"。"所有国家的商人都通过陆路和海路携带各种商品云集而来"① 的交往盛况,生动诠释了形成中国与世界丝路关系的最初样貌。此外,从李希霍芬于 1877 年出版的《中国》中提出"丝绸之路"概念,到 2015 年弗兰科潘在《丝绸之路:一部全新的世界史》中肯定中国"一带一路"是谋求"人类未来"之举,体现出上百年来丝路学家聚力丝路学核心议题研究的学术传统。其中,斯文·赫定不仅身体力行地从事丝路学核心议题研究并产生了深远影响,还在组织中瑞西北科考活动中催生了中国丝路学人有关丝路学核心议题研究的朦胧意识,并"真诚地想要以自己游历中亚所取得的若干经验,来给中国做点实实在在的好事"。② 斯文·赫定毕生探究中国与世界古今丝路关系,不仅框定了丝路学核心议题研究传统,还肯定了中外丝路历史关系中的中国贡献,强调了现实中中国新疆地区在复兴丝绸之路中的重要性,以及预言了中国政府复兴丝路之举定会"对人类有所贡献"与"为自己树起一座丰碑"③ 的可期前景。斯文·赫定对黄文弼等中国学者的影响意义更是不同凡响:黄文弼参与中瑞西北科考活动后,不仅带了八十余箱采集品回到北平,还出版了《罗布淖尔考古记》《吐鲁番考古记》《塔里木盆地考古记》《高昌砖集》《高昌陶集》等作品,备受学界瞩目。斯文·赫定在自己的《长征记》中评价黄文弼为"博大的学者",甚至有人认为,自黄文弼起,中国

---

① [古阿拉伯] 马苏第:《黄金草原》,青海人民出版社 1998 年版,第 176、178 页。
② 彭苏:《斯文·赫定:"和中国结婚"的瑞典探险家》,《同舟共进》2018 年第 2 期。
③ 彭苏:《斯文·赫定:"和中国结婚"的瑞典探险家》。

的考古学才逐渐发展形成一门学科，但因黄文弼在考察日记中对专业之外的事，如岩石土壤、山川气候、宗教民俗等，都不惜笔墨，后人高度评价了这些关于社会经济以及民族关系的史料，认为它们"通过公共知识分子的视野、手笔"才得以留存下来①，黄文弼的考察与研究已超越考古学而涉及丝路学核心议题研究。

习近平强调"了解历史、尊重历史才能更好把握当下，以史为鉴、与时俱进才能更好走向未来"②，从历史、现实、未来三个维度思考中国与世界关系，就"一带一路"核心思想而言：丝路精神是塑造中国与世界古今丝路关系的历史优势与现实基础、"人类命运共同体"是深化中国与世界古今丝路关系的现实动力与未来愿景，共商共建共享的"一带一路"则是重塑中国与世界古今丝路关系的伟大新实践。为此，《新时代的中国与世界》白皮书系统宣示了重估中国与世界关系的中国立场及对外政策：中美关系是"世界上最重要的双边关系之一"、中俄是"全面战略协作伙伴关系"、中欧是"全面战略伙伴关系"的大国外交方针；践行亲诚惠容理念和与邻为善、以邻为伴方针，以中巴"全天候战略合作伙伴关系"为引领构建"周边命运共同体"；秉持"真实亲诚"理念和正确义利观，通过构建中非、中阿、中拉等"命运共同体"，加强与发展中国家的伙伴关系。③

但是截至目前，在围绕"一带一路"的大国话语博弈中，西方大国却蓄意污名化中国。在英国学者马丁·雅克看来，其原因在于"中国被简化成了中共，西方看不到中国的历史与文明"，"在2000

① 郭红霞：《"中国西北考古的第一人"——黄文弼》，《中国档案报》2013年5月13日第四版。
② 《习近平在乌兹别克斯坦最高会议立法院的演讲》，http://www.xinhuanet.com/world/2016-06/23/c_1119094900.htm，访问日期：2020年5月3日。
③ 国务院新闻办公室：《新时代的中国与世界》（白皮书），http://www.scio.gov.cn/ztk/dtzt/39912/41838/index.htm，访问日期：2020年5月15日。

年至 2016 年甚至更长一段时期，人们试图了解中国，对中国历史和文明的兴趣日益浓厚。而现在，人们几乎只关注 1949 年之后的中国历史，绵延两千多年的中国历史在他们眼里已经消失了。中国被简化为中国共产党，而中国共产党又被等同于苏联共产党"。在"中国与西方的关系出现了严重的倒退"之际，"最重要而且迄今为止最困难的问题是，西方根本不了解中国为何不同，以及到底哪里不同"，故要"想办法向西方公众解释中国，教给他们有关中国的知识"，要"采用不同的表达方式和语调，凝聚共识，展开对话"①。习近平指出，"要认识今天的中国、今天的中国人，就要深入了解中国的文化血脉，准确把握滋养中国人的文化土壤"②，丝绸之路便是一个途径。因为，"丝绸之路在更深的层次上提出的是一个中国文明如何起源、从何而来的大问题"，其"所反映的不仅仅是东西方的经济交流，更重要的是东西方文明之间的联系与交流，这种关系才是丝绸之路的文化价值所在，也是一个在世界范围内文明传播的重大命题"。③ 其中，地处丝路腹地的西域则因"多民族色彩浓厚，加之宗教文化的丰富性，使之成为近代以来西方学界争相关注的重要对象"④，并成为创建丝路学的"产床"，且逐渐形成如下影响：丝路学家探究丝路学核心议题的研究历程伴生了丝路学家认知中国的心路历程，丝路学家涉华认知又不同程度地影响其所在国的涉华民意与对华政策。因此，唯有促成中外丝路学家共研"一带一路"，才能促成中外丝路学界共研中国与世界古今丝路关系这一核心议题，才有可能优化西方知识精英涉华认知，助力形成良好的涉华民意与友好的对华政策。

① 马丁·雅克：《中国被简化成了中共，西方看不到中国的历史与文明》，观察者网 2021 年 12 月 21 日。
② 习近平：《在纪念孔子诞辰 2565 周年国际学术研讨会暨国际儒学联合会第五届会员大会开幕会上的讲话》，http://politics.people.com.cn/n/2014/0925/c1024-25729181.html，访问日期：2020 年 5 月 16 日。
③ 沈福伟：《丝绸之路与丝路学研究》，《光明日报》2009 年 12 月 30 日第 12 版。
④ 马建春等：《法文译史巨擘耿昇先生西域史译著的贡献》。

但是，目前中国学界尚未完成从丝路学核心议题阐释到"一带一路"核心思想研究的议题转化，造成"一带一路"该"研究什么"的困惑，故应将"一带一路"纳入丝路学核心议题阐释框架下展开全方位、多层级、成体系的研究，尤其要立足于丝路精神价值认同开展三方面转化：以包容互鉴的文明交往理念研究"一带一路"沿线"民心相通"的历史基础与经验、"心联通"的现实挑战，以及构建人类命运共同体的未来诉求与动力，以阐明中国与世界古今文明关系；以互利共赢的国际关系理念研究"一带一路"沿线形成天然伙伴关系的历史基础与经验、构建战略合作伙伴关系的现实挑战，以及打造"一带一路"朋友圈的未来诉求与动力，以阐明中国与世界古今国际关系；以共商共建共享的全球治理观研究"一带一路"沿线难题治理的历史基础与经验、难题治理的现实挑战，以及全球化进程中难题治理的未来诉求与动力，以阐明中国与世界古今治理关系，为丝路学由西方化向全球化蜕变发挥中国作用。

三、阐释策略：从"一带一路"引发全球丝路研究热到习近平号召敦煌学服务于"一带一路"，中国学界没有形成包容性阐释策略，结果造成了"一带一路"该如何研究的困惑。

研究发现，"一带一路"引发全球丝路研究热的背后却是"美欧领跑、中国失语"的窘境，反映了中国学界在研究"一带一路"时因未解决"谁来研究""研究什么"而派生的"如何研究"的困境，如何脱困便成为中国"一带一路"研究的重要话题，如认为当前不少"一带一路"研究"止步于'复述'政府文件的论述，忽略了对这一战略进行'学术'的思考"，特别是忽略了对"一带一路"倡议与"中国历史、'中国特色'文化政治"历史与理论关联的深入阐发（冯妮，2017）、"一带一路"虽"成为世界认知和认同中国价值观的重要议题"，但却出现了"公众、媒体和精英的舆论场分化"，故建议"加强智库合作和智库外交，积极回应负面评价，主动传播研究成果，影响精英阶层"（周亭等，2017）、沿线国家一些媒体对"一带一路"存在"重经济、轻文化"的认知误区并"定位于经济乐观与政治悲观的"话语两极（甄巍然等，2018）、"重建丝绸之路在东西方学术交流中的话语意义"（姚慧，2018）、"回到'丝路'的文化记忆和历史传统中探讨'一带一路'跨文化传播路径"（赵永华等，2018），为扭转"中国长期以来国际学术话语的断层和失语现状"（王祯等，2019），"我们在知识上要有重新改造自己的激情和勇气"以真正走进"一带一路"（汪晖，2018）。受"西方话语霸权对中国的抹黑、部分发展中国家对中国的质疑以及中国自身相对羸弱的国际话语权等因素"（王祯等，2019）所致，"世界对中国的认知、对'一带一路'的认知有共识，更有区域差异、国别差异、群体差异、时代差异"，"有影响力的个人尤其是知名学者、专家在推广'一带一路'倡议，理性分析'一带一路'进程中的成绩与问题，创造新的'一带一路'知识和话语等方面无疑是重要力量"（钟新，2019）。"一带一路"的"国内视野相对分散且缺乏与外部的交流互动，经常呈现自说自话的情况"，"而境外视野表现出认知匮乏且理解缺位，缺乏能体现实践性的质性研究"（李唐波，2019）等。因此，习近平于2019年8月亲赴敦煌研究院考察并确立了推动敦煌文化研究服务共建"一带一路"的大方向，认为"敦煌学是当今一门国际性显学"，故要"引导支持各国学者讲好敦煌故事，传播中国声音"。① 习近平此次重要讲话为中国学界"一带一路"研究指明了方向：明确大历史观的研究思维，对标国际显学开展中外共研，在理论与实践结合中打造学术高地，在中外双向交流合作中掌握话语权，在中外共研丝路文明共处奥秘中传播"中国倡议"。此后，中国学界加快了协同共研"一带一路"的新探索，力求"完善和增强中国'一

---

① 习近平：《在敦煌研究院座谈时的讲话（2019年8月19日）》，《求是》2020年第3期。

带一路'倡议国际话语的时代性、通约性（普适性）和包容性，努力把'一带一路'倡议的中国话语转换为世界话语，努力打造出一批具有国际视野、能与国际权威专业部门及国际权威专业人士直接对话的'一带一路'倡议的学术名家"（刘文波，2020），以及通过"基于丝路学视角的'一带一路'学术话语研究"（马丽蓉，2020）来"传播'一带一路'的本质与意义"（陈媛，2021）。探讨借用古代丝绸之路历史符号的"一带一路"如何在"多主体、多介质和多方式地向国际社会传播"中，发掘其所"蕴含的普适性价值和世界性意义"（胡开宝等，2020）。力求构建"一套西方可以接受的知识体系来支撑"（郑永年，2021）的包容性话语体系，避免中国作为首倡国落入"中心主义的叙事方式"而"对其他国家产生压制感"（张旺斌，2021）。且"一带一路"已"推动丝绸之路研究进入一个新的阶段"，使得"丝路学不仅包含对古丝绸之路的研究，而且也应包括对近现代的新丝绸之路。特别是当今中国提出的'一带一路'倡议的研究"，还使"20 世纪 80 年代后兴起的一些热门学科，如藏学、敦煌学、吐鲁番学、西夏学、蒙古学、边疆学等，也将丝绸之路作为重要的研究内容之一，其理论和方法也将引入丝路学研究，促进丝路学的发展和创新"（周伟洲，2021），助力形成中外共研"一带一路"的良好学术生态。

事实上，阐释"一带一路"是一个系统工程：应以习近平在中央第三次"一带一路"建设座谈会上的讲话精神为理论依据与行动指南，尽快形成包容性阐释策略，以消除中国学界存在的"一带一路"该"如何研究"的困惑。其中，敦煌学的引领学界、丝路学的美欧再盛以及代表丝路学未来的"一带一路"学蓄势发轫等，均表明中外学界对"一带一路"的积极态度与切实努力，这也使中外学者在统一的话语体系内开展学术对话成为可能。故应发掘敦煌学的显学影响力，重构丝路学话语体系，激发"一带一路"的现实动力，构建包容性研究"一带一路"的阐释策略，助力中外在重释"中国与世界古今丝路关系"中开展学术对话，在价值沟通与增信释疑中实现共建"一带一路"的"心联通"。

第三节　助力"一带一路"高质量建设的因应之策

中国学界加快形成研究"一带一路"学术合力的新探索，已成为助力"一带一路"高质量建设的重要组成部分，应从以下三方面着力推进：

第一，创建全球性"一带一路"研究动态数据库，助力中外学术交流与合作。

"知彼知己，百战不殆"，只有了解了共建"一带一路"主要国家和地区的"一带一路"研究动态，才能摸清其知识精英的基本涉华认知，进而评估这些学者影响所在国涉华民意与对华政策的现状，获得全球"一带一路"的学术动态、涉华认知现状、对华政策环境等三项联动性指数，为优化"一带一路"软环境提供有力佐证。因此，建议创建全球性"一带一路"研究动态数据库：一是明确"全国一盘棋"的大局观，整合相关部委与各省市相关机构原有的"一带一路"数据库资源，创建全球范围的学术动态跟踪的"一带一路"学情专题库，旨在搭建一个面向全球的、供中外共享的学术交流与合作的新平台；二是与世界顶尖涉华智库合作，定期出版"一带一路"共建成效评估报告，本着专业、透明、客观、公正的原则，针对中外共建中的成功案例与失败案例作深度分析，力求从正反两方面为高质量共建"一带一路"提供切实的学理性支撑；三是与美欧日印等丝路学术大国学界合作，分阶段出版全球"一带一路"学术动态研究著作，本课题从丝路学视域研究了2013—2021年这9年间的全球"一带一路"学术动态，力求通过梳理共建国家和地区的"一带一路"研究现状推测其知识精英涉华认知现状，以及评估这些学者影响所在国涉华民意与对华政策的软环境，来厘清高质量推进"一带一路"共建中"心联通"的实情并提出因应之策。本课题研究的现实意义、学术价值及其创新之处也由此得到彰显。在此基础上进一步发挥上外丝路学团队多语种与跨学科的研究优势，与美欧日印等丝路学术大国开展学术交流与合作，力争在 3—5 年内合作出版全球"一带一路"学术动态研究著作等，助力中外共商共建共享全球"一带一路"研究动态数据库。

第二，构建包容性"一带一路"学术话语体系，助力丝路学由西方化向全球化蜕变。

起步于西域探险与研究的丝路学，难脱西方列强文化殖民主义的"胎记"，并由欧洲学派的西方中心论的阐释体系与美国学派地缘政治博弈论的阐释体系共同构成了西方化的丝路学话语体系，且由美欧丝路学术派主导至今，并影响了全球"一带一路"话语体系构建。因此，建议构建包容性"一带一路"学术话语体系：一是必须正视全球"一带一路"学术叙事中备受美欧霸权话语干涉的严峻挑战，故应通过探讨美欧日印等丝路学术大国研究丝绸之路的话语叙事与研究"一带一路"话语叙事间的关联性，以揭示美欧学界在丝路学语境中以霸权话语阐释"一带一路"的动机；二是必须认清全球"一带一路"研究中仍存在由"三化现象"所致的丝路学核心议题研究中的话语壁垒，故应通过解构欧洲丝路学研究的西方化叙事、对冲美国丝路学研究的政治化叙事，以及整合中国丝路学研究的碎片化叙事，力求在重释中国与世界古今丝路关系中逐步打破丝路学核心议题研究中的话语壁垒；三是将"一带一路"纳入丝路学话语体系内展开研究，并通过丰富概念、重释核心议题、修正理论基石等方式，构建"一带一路"学术话语体系。本课题从丝路学视域来溯源全球"一带一路"认知成因中的学术因素，旨在通过比较欧洲学派、美国学派、中国学派研究

"一带一路"之异同，分析丝路学三大学派在核心议题研究中割裂的话语叙事格局，以及评估"三化现象"对构建全球"一带一路"话语体系的现实影响，力求为构建包容性"一带一路"学术话语体系提供"中国路径"。上外丝路学团队将与美欧日印等丝路学术大国通过合办"丝路学国际论坛"、推进《新丝路学刊》国际化等举措，为助力丝路学由西方化向全球化蜕变尽绵薄之力。

第三，形成机制性"一带一路"学术共同体，助力增强构建人类命运共同体的国际共识。

1877 年李希霍芬提出"丝绸之路"概念引发世界各地学者持续研究丝绸之路上百年，且通过西域探险与研究、丝路跨境调研与考古，以及丝路跨国联合申遗等，已然形成了"联合国教科文组织—地区性国际组织的教科文组织—丝路沿线国家文旅组织"的三层级丝路学术共同体机制体系。因此，建议在此基础上进一步打造"一带一路"学术共同体：一是通过深入研究"丝绸之路项目"（1990—1995）与参与共建"丝绸之路在线平台"，加强中国与联合国教科文组织的丝路学术共同体的第一层级机制建设，推进中外由共研丝绸之路拓展到中外共研"一带一路"的新阶段；二是以丝路遗产发掘保护和利用为抓手，加强与伊斯兰教科文组织、伊比利亚美洲教科文组织等丝路学术共同体的第二层级机制建设，加快中国与这些地区性国际组织的教科文组织开展学术交流合作；三是在推动成立"丝绸之路国际剧院联盟""丝绸之路国际图书馆联盟""丝绸之路国际博物馆联盟""丝绸之路国际美术馆联盟""丝绸之路国际艺术节联盟""丝绸之路国际艺术院校联盟"等丝路城际文化交流合作机制中，与"一带一路"沿线国家和地区共同遴选"丝绸之路文化使者"。本课题的"附件"由"中国出台'一带一路'的政策文献要目""中外研究'一带一路'的学术文献要目""中外发布'一带一路'报告的智库机构要目"三部分组成，力求从政策宣示、学术积累、机制支撑等不同维度勾勒出中外共研丝绸之路的成效与中外共研"一带一路"的可能，为构建"一带一路"学术共同体注入现实动力。上外丝路学团队将通过推进《新丝路学刊》国际化、与丝路学术大国合办"丝路学国际论坛"，以及在"一带一路"沿线国家继续举办"丝路茶坊"等方式，助力增强构建人类命运共同体的国际新共识。

上　篇
高质量共建"一带一路"中"大国是关键"

第一章
美国"一带一路"学术动态研究

　　在高质量共建"一带一路"中，美国是毋庸置疑的关键大国。自中国于2013年倡议共建"一带一路"至今，历经美国三届政府的不同政策立场：奥巴马政府主要通过推进TPP、实行"亚太再平衡"等举措，以竞争理念看待中国的"一带一路"倡议；2017年特朗普上台后，开始推行"美国优先"政策，将竞争理念逐步转化为"竞争性战略"，将中国视为首要、全面、全球性的战略竞争对手。美国在各领域"压制性回缩"，"亚太再平衡"转化为"印太战略"，美国对待"一带一路"倡议的态度已不再是"竞争"，而是"制衡"；2021年拜登执政后，美国联合G7国家提出"重建美好世界"（Build Back Better World，B3W）计划，以抗衡"一带一路"倡议。为此，美国政界、媒体、学界三方联手造势，试图通过唱衰"一带一路"来破坏中华民族百年复兴的国际环境，以实现其遏制中国的战略野心。其中，美国学界不仅在丝路研究中逐渐形成其基本涉华观，还在"一带一路"研究中不断丰富其涉华观，中美战略博弈中的"学术因素"由此凸显。因此，本章旨在通过研究美国"一带一路"学术动态，厘清美国知识精英的基本涉华观、评估美国学界"一带一路"

研究成果的现实影响，以及加强中美人文交流与合作来助力增强中美共建"一带一路"战略互信的因应之策。

第一节　美国"一带一路"研究现状梳理

研究发现：美国学界对"一带一路"的研究，大体经历了如下三个不同的历史发展阶段：

一、奥巴马时期美国学界的"一带一路"认知

在奥巴马执政时期，美国已注意到中国发展的上升势头。当时的美国正处于 2009 年金融危机后的经济复苏阶段，奥巴马政府将主要精力放在了两个议题上：一是提振美国经济，二是开始处理尾大不掉的伊拉克问题与阿富汗问题。美国政府对这两个议题的处理都需要来自外界的支持，包括中国。虽然 2011 年亚太经合组织峰会上美国总统奥巴马提出了"转向亚洲"战略，并在 2012 年香格里拉峰会上美国国防部长帕内塔提出了"亚太再平衡"战略，但中美之间依旧存在着一定的实力差距。美国"转向亚洲"的原因不单纯是为了与中国战略竞争，很大程度上是因为欧洲经济的萎缩迫使美国必须在蓬勃发展的亚洲拉拢并组成自己的伙伴关系网。在此背景下，当中国于 2013 年提出"一带一路"倡议后，美国学界和政界很快出现了一种"诱发定式"的认知——判定"一带一路"是中国为"配合国内经济结构调整、解决产能过剩问题"之举，许多美国学者便从金融危机后经济下行的美国国情出发，分析中国的"一带一路"倡议也是一种"解决中国国内经济问题"的举措，如布鲁金斯学会的大卫·多尔（David Dollar）在其《作为崛起的区域和全球大国的中国：亚投行与"一带一路"》一文中认为，"一带一路"倡议的提出是"中国应对后金

融危机时代国内经济下行等问题的重要举措",妄断中国是希望通过"一带一路"倡议来"促进国内经济增长"。① 卡内基国际和平基金会研究员包道格(Douglas H. Paal)认为,中国经济在经历了很长一段快速增长的时期之后,GDP 增速已放缓,近年来中国加大了投资量,经济增速反而下降,中国在这个时期发起亚投行和"一带一路"倡议绝不是巧合,而是"希望依靠向丝路沿线国家投资基础设施建设来获得更高的投资回报率,并扩大亚洲地区的互联互通,向国外转移国内的过剩产能,振兴中国经济"。"如果中国此举可以成功,将会加深中国与其周边国家的市场一体化程度。"② 卡内基国际和平基金会莫斯科中心高级研究员亚历山大·加布耶夫(Alexander Gabuev)也提出,"丝绸之路倡议"是出于经济发展的考虑,"中国拥有过剩产能和富余劳动力,其日益下降的经济总量已无法提供与富余劳动力相匹配的工作岗位,而对周边国家的大量投资能有效缓解这一社会经济问题"。③ 美国梅肯研究院发布的《中国亟待进行改革》一文认为,中国经济发展放缓,是进行结构性改革的绝佳机会。中国经济的两个亮点:"一带一路"是一条"可以使中国将更多的产品运输到世界各地的 21 世纪丝绸之路",亚洲基础设施投资银行是"重点支持亚洲的基础设施建设"。《金融时报》中文网前创始主编张力奋也认为:"中国对规划其未来表现得更加务实。来自美国和欧洲的需求已饱和,这

---

① David Dollar,"China's Rise as a Regional and Global Power:The AIIB and the 'One Belt, One Road'," *Horizons*:*Journal of international Relations and Sustainable Development*, No. 4, 2015, https://www. brookings. edu/blog/order-from-chaos/2015/07/20/chinas-rise-as-a-regional-and-global-power-enters-a-new-phase/, accessed February 25, 2021.

② Douglas H. Paal,"China's Counterbalance to the American Rebalance," *Carnegie Endowment for International Peace*, November 1, 2015, https://carnegieendowment. org/2015/11/01/china-s-counterbalance-to-american-rebalance-pub-61857, accessed February 27, 2021.

③ Alexander Gabuev, "China's Silk Road Challenge," *Carnegie Moscow Center-Carnegie Endowment for International Peace*, November 12, 2015, https://carnegie. ru/commentary/61949, accessed February 27, 2021.

些项目将有助于中国把过剩产能出口到非洲和亚洲其他国家。"①
美国国家亚洲研究局的高级研究员纳迪格·罗兰（Nadège Rolland）
认为，"对中国来说，拟议中的新丝绸之路是一个促进国家经济发展
的工具，通过提振出口、增加自然资源获取和支持重要的国内
产业"。②

　　需要指出的是，奥巴马执政时期美国学界对"一带一路"倡议
的总体态度是居高临下的，对美国是否可以应对"一带一路"倡议
是充满战略自信的，面对中国提出的"一带一路"倡议，美国学界
多认为这就是中国对美全球战略调整的一种反应。有学者认为，"一
带一路"倡议是美国"转向亚洲"战略逼迫下的中国应对之策，如
布鲁金斯学会的孙云认为，"由于实力不济，如果中国在东亚地区与
美国进行针锋相对的对抗，显然会处于下风，并且将自身置于不利境
地"，而通过"西进"（即"一带一路"）战略，"则可以避免同美国
发生正面碰撞"。波士顿大学助理教授叶敏也指出，最能帮助中国回
击美国的正是"一带一路"倡议，"这种非正式性的机制灵活性极
大，也更加强调平等和相互尊重，可以帮助中国继续在全球贸易中产
生影响力"。③

　　可见，尽管奥巴马政府已对中国发展势头产生了较强的竞争意
识，但依然乐观地相信美国可通过 TPP 等竞争性优势来压制"一带
一路"倡议，使得美国学界也认为，"一带一路"倡议的提出，既是
中国对美国全球战略调整的一种"政策反馈"，也是为了刺激步入
"新常态"的中国内部经济而向外转移"过剩产能"之举，以强化与

① 王灵桂主编：《国外智库看"一带一路"》，社科文献出版社 2015 年版，第 235 页。
② Nadège Rolland, "China's New Silk Road," February 12, 2015, https://www.nbr.org/publi-cation/chinas-new-silk-road/, accessed February 25, 2021.
③ Min Ye, "China's Silk Road Strategy: Xi Jinping's Real Answer to the Trans-Pacific Partnership," *Foreign Policy*, November 10, 2014, http://foreignpolicy.com/2014/11/10/chinas-silk-road-strate-gy/, accessed February 25, 2021.

其周边国家关系来获得海外投资的安全环境。

二、特朗普政府时期美国学界的"一带一路"认知

2017 年，以"让美国再次伟大"为口号的共和党人特朗普成功当选美国总统。以民粹主义和商人思维为核心的特朗普撕破了奥巴马时期对华政策的"遮羞布"，坚持"美国优先"政策，开始全方位调整对华政策。特朗普政府意识到，美国对中国的优势已不如以往，建制派在对华竞争方面的乐观心态是不可取的。因此，特朗普采取以"压制性回缩"为特征的大战略，着力提升美国经济竞争力与军事实力，降低承担其国际领导责任的成本，并将主要精力放在如何应对"中国挑战"上。

在特朗普执政时期，由于面临后金融危机时代政策红利已基本消解、民粹主义在西方国家勃兴、西方文明内部分裂趋势凸显，以及自由主义国际秩序受到挑战等诸多现实问题，美国学界看待中国"一带一路"倡议的态度愈发强硬，并集中体现为以下表现：

首先，在各领域妖魔化"一带一路"倡议。美国战略与国际研究中心学者乔纳森·希尔曼（Jonathane Hillman）认为，"BRI 松散、不断扩张的性质，以及缺乏项目透明度，导致许多观察家夸大了它的规模"，"BRI 的许多活动并没有严格遵循北京的宏伟设计，而是显得更加分散和机会主义"，随着"一带一路"的不断发展，"它的一部分可能会被重新调整，最大限度地降低美国利益的成本，最大限度地提高全球发展的价值"。① 他在《"数字丝绸之路"的战争与和平》一文中，又将当前中国的"数字丝绸之路"类比于历史上英国在全球范围内开展的"信息通信技术开发活动"，认为"数字丝绸之路"暗含中国的"地缘政治野心"并"潜藏着战争风

---

① Jonathan E. Hillman，"China's Belt and Road is Full of Holes，"https：//www.csis.org/analysis/chinas-belt-and-road-full-holes，accessed February 25，2021.

险"，且随着"越来越多国家加入该倡议，从而受到中国的'数字审查'和'信息监控'"①。清华—卡内基全球政策中心主任韩磊（Paul Haenle）认为，"一带一路"的"规模和广度意味着它必然具有地缘政治意义……在某些情况下，它反映了中国正逐步在沿线地区建立事实上的军事存在"。② 在兰德公司研究员莫利·萨尔茨格（Mollie Saltskog）与科林·克拉克（Colin P. Clarke）看来，"一带一路"途经"全球一些最不稳定的地区和失败国家……中亚和非洲部分地区越来越多的反华情绪也带来了越来越多的恐怖主义和破坏威胁，目的是破坏中国在这些地区日益增长的势力……'一带一路'所涵盖的大型项目，包括基础设施和能源项目，则为恐怖主义活动提供了目标"。③ 曾任白宫国家安全顾问的美国退役陆军中将麦克马斯特认为，"'一带一路'倡议创造了一种普遍的经济客户主义模式。北京首先向各国提供中资银行贷款，用于大型基础设施项目"，致使"这些国家负债累累"以"取代美国及其主要伙伴的影响力"。④

其次，极力贬低"一带一路"的共建前景。美国战略与国际研究中心发布的《兴建中国的"一带一路"》一文认为，中国政府颁布的《推动共建丝绸之路经济带与 21 世纪海上丝绸之路的愿景与行动》，是一份"国与国之间毫无约束力的协议"，将中国与亚洲、欧洲紧密联系起来，但"实施'一带一路'将会给中国及其周边国家带来巨大风险和挑战"，尤其"大幅增加了破坏政治的风险"。美国

① Jonathan E. Hillman. "War and PEACE on China's Digital Silk Road", *Center for Strategic and International Studies*, https://www. csis. org/analysis/war-and-peace-chinas-digital-silk-road, accessed February 26, 2021.

② HAENLE P. "More than a Belt, More than a Road," https://carnegietsinghua. org/2018/04/30/more-than-belt-more-than-road-pub-76268, accessed February 15, 2020.

③ Saltskog M, Clarke C. P. "The little-known security gaps in China's Belt and Road Initiative," https://www. rand. org/blog/2019/02/the-littleknown-security-gaps-in-chinas-belt-and-road. html, accessed February 15, 2020.

④ H. R. McMaster, "HOW CHINA SEES THE WORLD And how we should see China," May 2020, https://www. theatlantic. com/magazine/archive/2020/05/mcmaster-china-strategy/609088/.

史汀生中心在题为"中国的新丝绸之路把三个大陆联系起来"一文中认为，一是"新丝绸之路将对亚非各国产生深远影响，对环境有潜在的负面影响"；二是"与该计划有关的低廉融资和援助是政治战略的一部分，中国为安抚邻国而提供贸易优惠和现金，该计划对中国和这些地区都是有利的"；三是"'一带一路'虽然声势浩大，但并不让人买账"。①

最后，臆造"一带一路"的"新疆黑洞"。美国不仅通过 F. 斯塔尔等人组成的"新疆工程"来为"三股势力"摇旗呐喊，还联手多国包装"涉疆专家"来抹黑"一带一路"，最典型的代表就是郑国恩借涉疆议题而"蹿红全球"：自 2016 年起，郑国恩开始炮制有关涉疆的研究报告，如 2018 年 2 月他炮制了"新疆再教育营"的研究报告。又如 2018 年 5 月，郑国恩在詹姆斯敦基金会出版的涉疆报告中，估计"新疆再教育营关押的总人数大概在 10 万到接近 100 万之间"并被西方大国媒体"广泛引用"。再如，2018 年 6 月，郑国恩在接受"德国之声"采访时声称，"新疆存在所谓'再教育营'问题"，是"中国有意回避的内容"，因为"'再教育营'更像是一个伤口和痛楚，'一带一路'倡议中这个地区非常重要，当然不想传出负面新闻"。② 郑国恩于 2018 年夏天移居美国后，更加肆意炒作涉疆议题，不仅在 2019 年 3 月召开的日内瓦联合国座谈会上臆造"新疆再教育营关押的总人数为 150 万人"，还在 2019 年 10 月 17 日美国国会暨行政当局中国委员会题为"新疆的强制劳动、集体拘禁与社会控制"听证会上，竟以"证人"身份妄称"北京在新疆强制教育、培训和劳动的宏伟计划，至少实现了'一带一路'核心区的五个主要目标：保持少数民族人口在国家可控范畴；抑制代际文化传播；实

---

① Brian Eyler, "China's new silk roads tie together three continents," https://www.stimson.org/2015/chinas-new-silk-roads-tie-together-three-continents/, accessed January 15, 2022.

② 德国之声：《专访：新疆"再教育营"超出了正常范围》，https://p.dw.com/p/2zwzc，访问日期：2021 年 4 月 27 日。

现国家减贫目标；促进'一带一路'沿线经济增长；实现前四个目标的意识形态符合共产主义思想的核心原则——通过劳动改造主要信教民众趋向唯物主义世界观，类似于劳改计划"。①

可见，特朗普政府以制衡方式看待"一带一路"倡议，使得美国学界研究"一带一路"时日趋保守与强硬，共建"一带一路"所取得的积极变化，多被美国学者解读为负面的与带有长远目的性的地缘政治策略，且在臆造"一带一路"的"新疆黑洞"的政治操弄中凸显其学术霸权主义本质。

三、拜登政府时期美国学界的"一带一路"认知

2021年，民主党人拜登正式就任美国第46届总统，拜登政府不仅继承了特朗普政府对华制衡的政策，还采取了"联欧制华"的新战略，并从三方面来围堵中国的"一带一路"倡议：一是炒作"强迫劳动"来抹黑新疆，破坏"一带一路"核心区的高质量建设；二是美日印澳联手打造"印太战略"以建立"基于规则的自由开放印太地区"来"剑指中国"；三是美国在G7峰会上提出"重建美好世界"计划，妄图替代"一带一路"倡议。在此背景下，美国学界研究"一带一路"也出现了学术性与政治性越来越明显的分野。

以黑尔佳·策普-拉鲁什（Helga Zepp-LaRouche）、威廉·琼斯（William Jones）等人为代表的美国学者，多从政治、经济、社会等领域分析中外共建"一带一路"对复兴丝绸之路的当代意义。拉鲁什早在20世纪90年代起就开始研究丝绸之路及全球金融体系，并在1994年提出了"沿古丝绸之路建立欧亚大陆桥经济发展走廊"的设想。2019年10月15日，她在《帮助西方更理解"一带一路"

---

① Forced Labor, "Mass Internment, and Social Control in Xinjiang," https://www.cecc.gov/events/hearings/forced-labor-mass-internment-and-social-control-in-xinjiang, accessed November 20, 2021.

倡议》一文中认为，"'一带一路'倡议成功的最重要原因"在于"中国儒家社会 2500 年历史的传统文化"中，"共同利益较个人利益能够发挥更大作用"，但"自 1971 年以来，西方发生了范式转换"的当下，奉行零和博弈的西方大国，已"很难相信中国提出双赢合作的想法是认真的"①。因此，拉鲁什与琼斯在他们合著的《从丝绸之路到世界大陆桥》（江苏人民出版社 2015 年版）一书中特别指出：如果地缘政治思维得到延续，将导致人类灭亡，故应"摈弃地缘政治思维"，"不能将中国的崛起看作是对西方所谓地缘政治利益的威胁"，"中俄印在科技领域的合作对于人类的新时代来说具有范式意义"②。这种学术声音在美国的"一带一路"研究领域中显得稀少而珍贵。

但是，自从中国提出"一带一路"倡议后，"美国 110 多家智库"的初步反应是"负面思考多于正面思考、非理性思维多于理性思维、挑拨离间的成分多于建设性因素"，且这些智库学者"更加热衷于研究'一带一路'沿线国家和中国历史上的边境纠纷、历史矛盾、现实争端等"③。同时，美国研究"一带一路"的学者，多受美国三届政府对华政策及其中美战略博弈的影响而日益政治化，且以美国对华政策为风向标不断变换自己的学术观点。如约翰·霍普金斯大学国际问题高级研究学院中亚高加索研究所、美国战略与国际问题研究中心、斯坦福大学国际问题研究所及印第安纳大学中央欧亚研究系等学术机构的部分学者，其"一带一路"研究观点就明显受美国对华政策的影响，如在奥巴马政府实行亚太战略大调整时期，美国战略与国际问题研究中心与约翰·霍普金斯大学中亚高加索研究所共同发布《阿富汗成功的关键——新丝绸之路战略》，

①　黑尔佳·策普·拉鲁什：《帮助西方更理解"一带一路"倡议》，http://chinese. larouche-pub. com/zh/2019/10/understand-the-belt-road-initiative-zh/，访问日期：2021 年 12 月 23 日。
②　马丽蓉：《全球丝路学学派比较研究》，《新丝路学刊》2017 年第 2 期。
③　聂书江：《2017 海外智库的中国观盘点和分析》，《对外传播》2017 年第 12 期。

以意识形态划界，有明显的政治化倾向，以迎合奥巴马政府的"阿巴战略"与"重返亚太"等政策调整。又如在特朗普时期，中美大国博弈日趋激烈，美国部分研究丝绸之路的学者通过炒作涉疆议题来抹黑"一带一路"，如米华健分别于 2018 年 2 月、2019 年 11 月在《纽约时报》上发表了《新疆：天罗地网下的监控世界》与《在新疆论文的字里行间》两文，通过其充斥着"估计""据说"等各种无法证实的模糊性的文字表述，反映了美国丝路学派日益政治化的发展趋势。再如，拜登政府时期，美国政客、媒体与学界联手对华展开污名化的舆论战，包括炒作"锐实力"概念、渲染"中国威胁论"、诋毁中外共建"健康丝绸之路"及政治操弄涉疆议题等，并与多国合作包装了郑国恩这一"学术明星"，以发布臆造的"涉疆研究报告"来污名化"一带一路"。如 2020 年 6 月的《论中国在新疆强制计划生育和强制绝育计划》研究报告、2020 年 12 月的《新疆的强迫劳动：转移劳动力与动员少数民族摘棉花》研究报告等，美国"一带一路"研究领域的政治霸权主义与学术霸权主义沆瀣一气，上演了一出出学术闹剧，对中美知识精英交流与合作产生了深远的负面影响。

综上，美国学界对"一带一路"的研究，大体表现为三个明显特征：1. 美国智库高度关注"一带一路"共建进程，但其发布的"一带一路"研究报告多是唱衰中国叙事框架内的命题作文，缺乏一定的客观性；2. 美国丝路学派的政治化倾向日益明显，并在臆造"一带一路"的"新疆黑洞"中充分暴露，美国部分学者的"一带一路"研究缺乏一定的科学性；3. 美国"一带一路"研究阵营出现裂变，凸显政治化与学术化之间的张力，造成美国学界"一带一路"认知的日趋复杂化。以上三点大体勾勒出美国"一带一路"研究的特有面貌，折射出美国知识精英基本的涉华认知现状，且正在影响中美关系发展的社会民意基础。

第二节 美国"一带一路"认知成因溯源

造成美国学界"一带一路"认知复杂化的原因是多方面的，从丝路学视域溯源后发现，有三个原因至关重要：

第一，在西方列强对华军事侵略与文化殖民的背景下，美国学者的西域探险与研究就烙上了地缘政治博弈的印记，塑造了美国丝路学派政治化的基本特征，混杂了复杂难辨的涉华认知。

19 世纪末，在西方列强加紧侵华的大背景下，西方各国传教士、学者、商人、官员、旅游者，以及形形色色、身份迥异的探险家，纷纷进入中国新疆及其周边开展探险与研究，美国只是一个起步较晚的参与者，在 19 世纪的中亚考察活动中毫无地位可言，1897 年 9 月，法国巴黎召开了第十一届国际东方学家代表大会，建立以搜集中亚出土印度语言文字材料为目的的"印度考察基金会"，彼时美国尚未有参加的资格。1902 年 9 月，德国汉堡召开了第十三届国际东方学家代表大会，正式成立"中亚和东亚历史学·考古学·语言学和民俗学考察国际学会"，美国位列 14 个成员国的末位，逐渐成了西方列强发起中亚探险研究热中重要的一分子，为美国丝路学研究奠定了重要基础。

曾任美国地质学会会长的拉斐尔·朋普利（Raphael Pumpelly），在 19 世纪 60 年代就对中国北方煤炭进行过勘测，他于 1864—1865 年间对中国戈壁沙漠进行了私人性质的全面调查后返回美国，1866 年被任命为哈佛大学第一位矿业教授。20 世纪初，正值西方列强中亚探险高潮阶段，美国卡奈基学会批准朋普利组建了第二次中亚考察队，其中就包括兰登·华尔纳。19 世纪末 20 世纪初是美国经济大发展的时代，经济的繁荣使各种类型的博物馆和美术馆如雨后春笋般涌现，这些文化机构的发展又对东方文物和艺术品产生了极大的需求，波士顿博物馆便在美国为亚洲艺术部招聘青年人到日本留学，兰登·华尔纳成为第一个入选者。华尔纳在中国曾进行了两次考察，由于其对敦煌莫高窟的破坏性考察，获得了"胶水大盗"的恶名。1923 年7 月至 1924 年间，华尔纳用胶水揭取了十几方敦煌莫高窟壁画中的精美片段，并在贿赂王道士后携走现编号第 328 窟的唐代半跪式菩萨像一尊。其考察游记《在中国漫长的古道上》一书于 1926 年在纽约出版，记述其有关敦煌考察的主要文献和研究成果，并认为："沿着这条路从中国运出去的、用马匹和玉石换来的丝绸一直抵达波斯的辖地和阿拉伯商人手中，起初这并不经意，后来则变成了蓄意而为。这条路一直通到衰落的罗马和希腊的殖民都市。"① 第二次考察于 1925年 2—6 月间进行，主要目的是想用化学胶水粘走现编号第 285 窟的全部壁画。但其第一次考察的破坏性行为引起中国学术界不满，北京大学派陈万里随行监视，使考察队将目标转向安西榆林窟，此次考察成果为《万佛峡：一个 9 世纪佛教壁画洞窟的研究》，于 1938 年出版。陈万里将此次考察日记整理成书，题为《西行日记》，作为北京大学研究所国学门实地调查报告，于 1926 年出版。"20 年代的敦煌，除了华尔纳的两次考察，除了其两本书和陈万里的著作，知之甚少。因此这三本书可以说是敦煌学史上的知名著作，向来为研究敦煌学的学者所重视。"② 此外，欧文·拉铁摩尔也是远赴西域探险研究的美国丝路学名家，并于 1926 年从归绥出发，穿越戈壁沙漠，于 1927 年1 月 3 日抵达新疆古城子。随后在新疆从北向南经天山北麓、哈密、绕道天山南麓、吐鲁番、阿克苏、喀什、莎车、和田，1927 年 10 月翻越喀喇昆仑山口抵达英属克什米尔，并从英属印度继续前往罗马。这次旅行引发了拉铁摩尔终身对内亚的研究兴趣。当他于 1928 年回

① 兰登·华尔纳（Langdon Warner）：《在中国漫长的古道上》，姜洪源、魏宏举译，新疆人民出版社 2013 年版，第 2 页。
② 同上书，"序"，第 2 页。

到美国后，因其《通往突厥斯坦的沙漠之路》一书赢得世界声誉，不仅受邀赴英国皇家地理学会发表学术演讲，还获得美国社会科学研究会资助，于 1928—1929 学年，在哈佛大学人类学学院人类地理学专业进修一年并赴满洲旅行一年。他在 1938 年完成的《中国亚洲内陆边疆》一书，从生态环境、民族、生产方式、社会形态、历史演进等方面考察了中国东北、内蒙古、新疆、西藏四个地区，解释了中国内陆与上述四个边疆地区各自不同的互动依存关系，讨论了中国内陆边疆历史的丰富多样性，从陆地丝路与草原丝路、绿洲丝路的"丝绸贸易"往来的历史中探讨"中国与世界古代丝路关系"，揭示了"中国的核心利益是需要一个闭关的经济，一个自给自足的社会，和一个绝对的边疆"的"重要原因"。① 拉铁摩尔与妻子合编《丝绸、香料与帝国：亚洲的"发现"》一书，初版发行于 1968 年。此书以"发现亚洲"为主题，摘录了从古代中国、希腊、罗马时代到近代的长时段历史中，来自西方和亚洲本土的探险家、外交家、传教士、商人、科学家等的亚洲游记，通过分类、导读、批注的方式，形成了历史与现实相结合的有关丝绸之路知识与思想史框架，进一步探讨"中国与世界古今丝路关系"，在他看来，"中国开通这条交通路线的动机并非为了寻求出口市场。中国王朝因此时匈奴或早期匈奴人的劫掠而长期维持着边界上的长城。中国首次向中亚派遣使节是为了外交，而非商业目的。使节们的使命是寻找部落联盟并鼓励他们与匈奴为敌。经济因素是在政治接触之外发展出来的。不仅外国商人发现中国的丝绸贸易有利可图，中亚的王国和游牧民族也意识到控制并保护贸易可为他们带来税收，中国奢侈品是结盟谈判中最有价值的礼物"。② 因此，"在选取的文本当中，我们更关注中国，尤其是远在中

---

① 欧文·拉铁摩尔：《中国亚洲内陆边疆》，唐晓峰译，江苏人民出版社 2008 年版，第 341 页。

② 欧文·拉铁摩尔、埃莉诺·拉铁摩尔编著：《丝绸、香料与帝国：亚洲的"发现"》，方笑天、袁剑译，上海人民出版社 2021 年版，第 17 页。

国沿海另一侧的偏远内陆区域，如西藏、新疆以及内蒙古边地……使人对东北、内蒙古、新疆以及西藏这些神秘而又未知之地甚感兴趣。'亚洲的心脏'就在这一时期不同语言的文学作品中频繁呈现"。① 正是由于丝路学研究绕不开"中国与世界古今丝路关系"这一核心议题，使得丝路学家多为"东方学家"或"中国通"，费正清（John King Fairbank）就是最典型的代表。费正清于 1932 年在北京与拉铁摩尔相识，拉铁摩尔对中国边疆的认识和"汉胡并治"的思想对费正清的学术研究产生了重要影响。费正清在拉铁摩尔的思想上，将其含义扩大为"汉、胡与西方共治"观念，1948 年，凝聚费正清几十年积累的第一部著作《美国与中国》出版，以西方视角关注了中国早期的历史、近代中国的革命史和未来中美关系的可能走向。在丝绸之路研究领域，费正清考察了中国的周边地理形势和中国的文化生态与结构，其在中国领域的研究自然地延伸到了整个东亚和丝绸之路沿线地区。1955 年，费正清创立哈佛大学东亚研究中心。1960 年，费正清第一次赴苏联参加国际东方学家代表大会。1991 年 9 月 14 日，费正清在完成了《中国：一个新的历史》书稿两天后辞世。此外，地质学家安特生（Johan Gunnar Andersson）也是美国丝路学领域的重要代表，他最重要的学术贡献在于两个方面，一是鉴定了河南省渑池的史前遗址仰韶，二是鉴定了周口店的旧石器时代洞穴遗址，他对中国"史前"时代——一个早于历史文献且对中华文明概念至关重要时期——的记载，代表着学界对中华文明起源的理解发生了翻天覆地的变化，通过彩陶文化的发掘与研究，揭示了原始丝绸之路对中华文明起源和发展的历史贡献，认为"这条古丝绸之路并非横贯亚洲的单一路线"，"而是一个拥有复杂交流作用和实践的网络，而我们才刚开始通过在中国西北地区积极进行考古研究来了解它。然而，如果

---

① 欧文·拉铁摩尔、埃莉诺·拉铁摩尔编著：《丝绸、香料与帝国：亚洲的"发现"》，方笑天、袁剑译，上海人民出版社 2021 年版，第 125 页。

我们要完全明白社会等级制度，以及最终壮大的国家在中国腹地发展的过程，理解它就是至关重要的"。"丝绸之路的起源之所以重要，是因为它们展示了中华文明，无论是过往还是现在，都是那么复杂和多样化，以及思想和技术在多方面的交流如何为文化和政治的发展提供必不可少的证据。"①

需要指出的是，朋普利、华尔纳、拉铁摩尔、费正清与安特生等美国丝路学派的创建者，其远赴西域探险与研究的动机，就烙有殖民主义与强权政治的"印记"：1922 年，华尔纳坦言："英国人、法国人、德国人、俄国人，已大规模拓展了人类的历史知识，还顺手牵羊从中国新疆带回了不朽的历史杰作，以此丰富自己的博物馆。在那方面，美国人没有任何贡献，几乎已成为令人备感耻辱的一件事儿。"②因此，他认为"即便在一处没有任何收获的遗址开展工作，也不会浪费多少时间。中国那片区域如此广阔，我们寻求的信息如此多种多样，我们几乎不可能一败涂地。我们应在地上、地下全面开展工作。"③华尔纳等美国丝路学家在"备感耻辱"中加紧攫取西域文献与文物，并在美国的大学、博物馆、基金会等庞大实体机构的支持下涉足丝路学领域并逐渐把控了话语权。同样，拉铁摩尔于 1937 年考察中国商道时到达了延安，对陕甘宁边区的民族政策尤为关注，并在其《中国的亚洲内陆边疆》中予以表达："中国共产党在中国大西北实行的联合少数民族反对日本帝国主义侵略的政策，其实是中国历代'王道'的延续，可以预见的是：中国共产党将可以通过联合少数民族，在驱逐日本帝国主义出中国的斗争中，先是占领中国广阔的边疆

---

① 傅罗文（Rowan Flad）：《丝绸之路从哪里来？》，https://fairbank. fas. harvard. edu/wp-content/uploads/2021/02/Flad_06_China-Questions_Simplified_ partial-2. pdf，访问日期：2022 年 1 月 25 日。

② 孙志军：《伸向敦煌壁画的黑手》，http://www. silkroads. org. cn/portal. php?% 20mod = view&aid = 8216，访问日期：2021 年 12 月 12 日。

③ 卡尔·梅耶、谢林·布莱尔·布里萨克：《"夺宝奇兵"的中国"阴谋"》，http://www. cb. com. cn/index/show/bzyc/cv/cv13438571647，访问日期：2021 年 11 月 23 日。

地区，然后如同当年的隋唐一样，以中国的'亚洲内陆边疆'为根据地，最终推翻盘踞中原和沿海的腐败统治者——一个新的、统一的中国将会形成，与此同时，内地与边疆之间互惠的、分享式的发展方式，将会得到重建。"① 这是拉铁摩尔基于多年研究丝路学的理性分析与科学判断，是符合历史逻辑的现实关照，也成为他担任蒋介石私人政治顾问期间撰写有关东北、新疆及内蒙古战后处理备忘录的重要依据。1942 年，拉铁摩尔辞职回美，后遭麦卡锡主义的迫害，63 岁离开美国前往英国继续开展丝路学研究，先后出版了《丝绸、香料与帝国：亚洲的"发现"》《亚洲的决策》等著作，他为美国丝路学形成涉疆、涉藏、涉蒙研究传统产生了深远影响，使得美国丝路学发展与美国对华政策演进具有千丝万缕的联系。此外，费正清在拉铁摩尔的基础上发展了他自己的理论，从汉字圈、内亚圈与外圈三个层面来探讨"中国与世界古今丝路关系"，取得了国际学术声誉并备受美国政府重用，使其在美国驻华的要害部门任职多年。在太平洋战争结束回到美国后，费正清所担任的美国远东协会副主席、亚洲协会主席、东亚研究理事会主席等职务，都与美国国会与政府部门联系紧密。而且，费正清从历史与现实相结合出发，为美国对华政策及中美关系走向提出了政策建议，如"中国：人民的中央王国与美利坚合众国""认识中国：中美关系中的形象与政策"等。因此，费正清也是一个颇有争议的人物，他不仅是一位顶尖的丝路学家，也是一位政治家和外交评论家，既从事学术研究，又从事政策研究，是一位"两栖人"，他的涉华观更是一个复杂的多面物，既反映了他特有的西方自由主义的历史观念、文化观念，又反映了他特殊的学术经历，还反映了他在特定条件下的政治态度。费正清既要忠诚于学术，又要倾力为美国的国家利益和现实政治服务，这不能不使他陷入两难境

① ［美］拉铁摩尔：《中国的亚洲内陆边疆》，第 341 页。

地,他的某些"激进"之举也引发美国右翼政客的强烈不满,他的某些观点随着形势的发展露出了自相矛盾性,因而也招致了来自各方的批评和责难。

可见,朋普利、华尔纳、拉铁摩尔、费正清与安特生等人的丝路探险与丝路研究乃至生命历程,都难以脱开美国对华政策与中美关系的影响,造就了美国丝路学派政治化的这一基本特征,形成了复杂难辨的涉华认知,并对美国学界研究"一带一路"产生了一定的影响,进而影响了美国政府与民间社会对于"一带一路"的基本认知。

第二,在不同时代中美关系的风云变幻影响下,美国学者在聚焦"中国与世界古今丝路关系"的核心议题研究中显示出一定的实力与水准,但因受政治化与学术化之间张力影响,学界认知成为美国涉华认知的关键。

美国丝路学研究虽然受制于地缘政治因素,但也在中美关系相对稳定与健康的发展时期,产生了许多丝路学研究的名家与力作,反映出美国丝路学派相当的学术实力及国际影响力,集中体现在两个方面:**一是通过打造丝路名刊,扩大了美国在全球丝路学领域的学术影响力。**2003 年 1 月,由美国丝绸之路基金会所资助的《丝绸之路》杂志创刊,由丹尼·沃教授担任主编。该刊基本定位是打造"东西方文化的桥梁",通过关注贯通欧亚的贸易与文化交流,以普及欧亚大陆的历史与文化知识为己任。[①] 为此,《丝绸之路》杂志刊发了以 20 世纪中期以来大量的考古发掘后掌握的珍贵第一手资料为出发点的原创性论文,集结了一大批丝路学研究领域不同国家与地区的代表性的学者,以此来扩大美国在全球丝路学领域的学术影响力,《丝绸之路》杂志的创刊,也成为美国丝路学派繁荣发展的重要缩影。

---

① 马丽蓉:《百年来国际丝路学研究的脉络及中国丝路学振兴》,《新疆师范大学学报(哲学社会科学版)》2018 年第 2 期。

二是借助具有突出贡献的美国丝路名家，提升了美国在全球丝路学领域的学术话语权。如狄宇宙（Nicola Di Cosmo）、芮乐伟·韩森（Valerie Hansen）、白桂思（Christopher I. Beckwith）、黑尔佳·策普-拉鲁什（Helga Zepp-LaRouche）、威廉·琼斯（William Jones）等。这些学者有的立足于考古发现，有的立足于历史事件分析，有的擅长创立新叙事框架，有的擅长批判既有观点等，但他们大多致力于亚洲的语言、历史、考古研究，从文明交流、欧亚史观等角度展开研究，在尽量避免政治化干扰的基础上探究"中国与世界古今丝路关系"，并在展望人类未来发展的维度上提出意见和建议。狄宇宙、白桂思、芮乐伟·韩森代表的是美国丝路学派中重视学理研究、坚守学术道德的部分群体：狄宇宙致力于东亚古代史，尤其是中国与中亚关系史的研究，主要论著包括《古代中国与其强邻：东亚历史上游牧力量的兴起》（2002）、《清朝征服前夕的关系》（2003）、《中华帝国的军事文化》（2009）、《剑桥亚洲内史》（2009）、《从历史角度看中国草原关系》（2015）、《内亚史中的暴力》（2020），以及论文《关于形成丝绸之路作为长途交换网的说明》（2014）、《生态边界与军事创新之间的丝绸之路的"诞生"》（2020）等。在他看来，"中国与世界关系"源远流长，"早在张骞以前，内亚地区与中国就存在大量交流了，我们从考古调查中能非常直观地看到这一点。正因如此，张骞出使西域这一特定历史事件不能被视作丝绸之路的'开端'。中国与内亚地区很早就产生了联系"。① 白桂思致力于研究亚洲语言、语言学及亚洲内陆史等，其代表作除 1987 年出版的《吐蕃在中亚：中古早期吐蕃突厥大食唐朝争夺史》外，还有 2009 年出版的《丝绸之路上的帝国：青铜时代至今的中央欧亚史》一书，是对中欧亚大陆的起源、历史和意义等根本性反思之作，不仅揭示了中欧亚腹地多个世

---

① 罗新、郑诗亮：《狄宇宙：丝绸之路的开端不是张骞，战国就出现了》，澎湃新闻网 https://m.thepaper.cn/newsDetail_forward_1320061，访问日期：2021 年 5 月 11 日。

纪以来在经济、科学和艺术上引领世界的原因，还提出"丝绸之路贸易的兴起、盛衰和消亡皆与中央欧亚帝国的兴衰同步"① 的重要观点。芮乐伟·韩森是美国丝路学界的高产学者，其论著主要包括《丝绸之路：将吐鲁番散落的珍宝重新团聚》（1998）、《开放帝国：1600 年的中国历史》（2000）、《从吐鲁番看佛教进入中国之路》（2000）、《吐鲁番绿洲的惊人发现：它们揭示了丝绸之路的历史》（2003）、《丝绸之路贸易对吐鲁番社会的影响》（2005）、《唐代中国丝绸之路上的商业活动是如何进行的》（2005）、《古币及其替代品在丝绸之路贸易中的地位》（2011）、《丝绸之路：新历史》（2012）、《丝路新史序》（2012）、《简论丝绸之路上纺织品作为货币》（2013）、《多元融合的唐代：中国与欧亚大陆接触和交流的顶点》（2018）、《公元 1000 年全球化的开端》（2020） 等，强调古丝绸之路之所以改变历史，很大程度是因为在丝路上穿行的人们将各自的文化沿路传播，促进了文化交流与融合，因而古代丝绸之路网是全球最著名的东西方宗教、艺术、语言和新技术交流的大动脉。

尽管芮乐伟·韩森等人在聚焦"中国与世界古今丝路关系"的核心议题研究中显示出一定的实力与水准，但在政治与学术间张力影响下，多数美国丝路学家的研究难以摆脱中美关系波折干扰，使得自己的学术研究不得不绑上了美国对华霸权政治的战车，并与美国政客、美国主流媒体共同影响了美国社会的涉华民意，使得学界的涉华认知成为美国涉华认知形成中的关键因素，如布鲁金斯学会的 Jonathan D. Pollack 和 Jeffrey A. Bader 认为，"在经历了特朗普时期后，美国人对中国的看法（特别是在精英舆论圈中）越来越对立。尽管部分归因于中国的行为和特朗普政府的政策，但美国思维的这些转变反

---

① 白桂思：《丝绸之路上的帝国：青铜时代至今的中央欧亚史》，中信出版集团 2020 年版，第 vi 页。

映了对北京崛起为全球大国的影响的更大不安，中国被视为美国商业、政治和安全利益的更大威胁。对许多人来说，决定性的问题不再是如何管理与中国的关系，而是如何抵制和（如果可能的话）阻碍中国成为大国。美国政治上的右翼和左翼长期以来都对中国持对立观点，尽管原因截然不同。如今，思想上更为明显的转变来自于美国政策辩论中心的知识界支持者和商业利益。不管是默认的还是有意的，中间派观点现在都与特朗普政府以及政治分歧左右翼的观点一致，都认为中国的政策目标和战略意图越来越邪恶"。① 其中，最明显的例子就是丝路学名家米华健由学术性滑向政治性的异化史：受苏东剧变、后现代主义与后殖民主义思潮等影响，米华健等部分美国学者妄图在修正拉铁摩尔、费正清等人的中欧亚学术思想的基础上重构一套新的叙事框架，为分裂中国的西方霸权政治摇旗呐喊。米华健曾借《上海书评》的一次访谈露骨表态："我知道很多人在不断暗示……分裂学术中国的学术阴谋，想要搞垮中国。这也是不对的。我可以理解他们为什么这么想，但这的确是个误会。"但是，"我们的目标是调整、修正包括费正清在内的那一代历史学家的学术话语，比如朝贡制度，比如汉化，比如中国中心理论"②。事实上，在这场自 20 世纪 90 年代兴起的、为美国政府分裂中国而进行的学术阴谋活动中，米华健等人利用看似严密的整套论证逻辑，臆造出清朝以来另一条有关中国历史走向的逻辑主线，进而为其"新疆、西藏等地区的少数民族并非中国固有势力范围"的学术结论服务。其中，米华健通过操弄涉疆议题来为"三股势力"打气撑腰：参加了美国东西方研究中心华盛顿分部策划的涉疆问题研究项目，参与了弗雷德里克·斯塔尔

① Jonathan D. Pollack and Jeffrey A. Bader. "Looking before we leap: Weighing the risks of US-China disengagement," July 2019, https://www. brookings. edu/research/looking-before-we-leap-weighing-the-risks-of-us-china-disengagement/.

② 沈卫荣：《"大元史"和"新清史"——以元代和清代西藏和藏传佛教研究为中心》，上海古籍出版社 2019 年版，第 43 页。

策划的"新疆工程"并为 F. 斯塔尔主编的《新疆：中国穆斯林边陲》一书撰写了重要的"历史背景"章节。2003 年，美中情局建议"美国在未来面临与中国的危机或对抗时，不应排除将'维吾尔牌'作为施压手段的选项"。① 2004 年，米华健出版了《新疆的暴力分裂主义：批判性评价》的政策研究报告，通过炒作概念、捏造历史、颠倒黑白等手段，以学术名义将"三股势力"造成的巨大社会危害洗白为正义抗争，表明美国丝路学家在霸权政治与霸权学术的双重绑架下滑向政治异化深渊的宿命，凸显美国丝路学研究领域政治化与学术化间的张力。米华健等美国丝路学名家的政治异化，不仅对美国对华政策产生了一定影响，也对美国民众的涉华认知产生了一定的影响，进而从上、下两个层面不同程度地影响了中美关系，形成中美关系顺逆波折与美国部分丝路学家核心议题研究、涉华认知建构三者之间内在关联性，表明学界认知已成为美国涉华认知的关键因素，这是不争的事实。

第三，涉疆议题研究是西方丝路学名家奉为名利双收美差的学术惯例，也是美国实施打压中国霸权的"新疆工程"战略，更是臆造"一带一路"的"新疆黑洞"的抓手，阻碍美国社会客观认知"一带一路"。

研究发现，西方研究涉疆议题长达上百年，从事涉疆研究的丝路学名家几乎成了"大学者"的代名词，美欧涉疆议题研究也成了一个名利双收的美差。但也正因如此，这个研究领域变得鱼龙混杂，尤其是斯坦因等西方丝路学名家凭借西域探险与涉疆研究而名满天下，且逐渐成为配合西方大国以涉疆问题打压中国的重要棋子。在此策略指导下，美国及其盟友沿用冷战思维，由情报机构和反华学者为打压中国提供理论指导和学术依托，使得美国学界对涉疆议题的关注表现

---

① 中国日报网：《涉疆谎言是如何产生的？》，中国新闻网 http://www.chinanews.com/gn/2021/04-26/9463864.shtml，访问日期：2021 年 4 月 26 日。

出紧随美国对华战略需求的政治实用主义色彩，并逐渐沦为美国政府推进"以疆制华"战略的帮凶，形成涉疆研究团队影响美国对华政策的基本路径：涉疆研究成果→涉疆研究报告→涉疆学术论坛→政客清议涉疆议题→媒体炒作涉疆话题→高层听政炒作涉疆问题→总统决断涉疆政策，使得 F. 斯塔尔等"新疆工程"的骨干分子都成了在美国学术机构与政府决策部门同时任职的"两栖人"，并以论著、研究报告、媒体文章游走于政界、学界、媒体之间释放影响力。如 2007年美国总统小布什会见"东伊运"头目热比娅一事，即为其牵头的"新疆工程"的重要业绩。又如，2011 年美国政府出台的"新丝绸之路"计划，更因其提出"挤压中俄中亚战略空间"的政策建言而成为"新疆工程"的代表作。正是由于这些打着学术旗号政治操弄涉疆议题的学者，源源不断地给美国政府的涉华战略提供学术支持，导致涉疆议题在美国更具有政治市场，并成为学者捞取名利的一条捷径。F. 斯塔尔、米华健等一批"新疆工程"骨干学者，不仅为"三股势力"提供学术依据，还为美国历届政府借疆施压臆造歪理邪说，更成为多国联手包装郑国恩这一学术明星的重要推手。如果说米华健还有至少 30 年的中央欧亚研究经历作为其学术遮掩，那么郑国恩等人就是十足的学术投机者，他们的所谓"研究"既缺乏理论深度，也没有事实支撑。然而就是这样的学术投机者，却在美国政界、学界大行其道。

郑国恩声称是美国共产主义受难者纪念基金会的中国问题资深研究员。该基金会由美国政府于 1983 年成立，是被奴役国家全国委员会的分支机构之一，主要鼓吹政权颠覆、宣扬"双重大屠杀"理论、改写二战犹太人大屠杀史，以及认定"共产主义是堪比希特勒法西斯主义的恶魔"等。操弄涉疆议题便成为郑国恩成就自我名利的研究重心，并以炒作概念、编造数据、拼凑案例等方式臆造一个"一带一路"上的"新疆黑洞"，彻底暴露其身为"中国问题资深研究员"的不学无术,上演了一出名副其实的学术闹剧:2020 年 6 月,郑国恩炮制了题为《论中国在新疆强制计划生育和强制绝育计划》的研究报告,充斥着大量罔顾事实、颠倒黑白的言论,贯穿着一系列来历不明的数据;2020 年 12 月,郑国恩炮制了题为《新疆的强迫劳动:转移劳动力与动员少数民族摘棉花》的研究报告,武断猜想新疆在棉花生产领域存在大规模的强迫劳动并伴有断章取义的个案佐证;2021 年 3 月,郑国恩对南开大学中国财富经济研究院于 2019 年 12 月发布《新疆和田地区维族劳动力转移就业扶贫工作报告》作了蓄意剽窃后炮制出新的"涉疆报告",妄断中国政府对新疆维吾尔族进行劳动力转移是为了"同化少数维吾尔族人员"与"减少维吾尔族在新疆地区的人口密度"①;2021 年 3 月 10 日,美国国际宗教自由委员会就涉疆问题举行听证会,郑国恩以涉疆研究专家的身份,通过诋毁中国治疆方略、炒作"强迫劳动"概念等推断性的学术举证来抹黑"一带一路"核心区建设的新成就。郑国恩以捏造篡改、断章取义、强行推断等方式得出的研究成果,不仅逢迎了美欧某些反华政客的需求,同时也被美欧某些反华媒体蓄意引用,形成学者、媒体、政客之间相互利用的西方反华利益链与信息流。当前,涉疆议题也因政治霸权与学术霸权的双重干涉,成为美欧联手"制华"倚重的手段之一。而且,通过臆造概念、炮制理论乃至栽赃陷害等各种污名化方式,相关机构和所谓学者一直都在美欧实施"以疆制华"战略中扮演着帮凶角色,郑国恩更以臆造强迫劳动的研究报告来为美欧政客联手操弄涉疆议题提供新借口,表明西方在政治操弄涉疆议题中已经作了长期学术准备,并正在破坏中外共建"一带一路"的软环境,使得西方知识精英难以形成客观而公平的涉华认知,进一步削弱了中美关系发展的社会民意基础。

---

① 德国之声:《专访:新疆"再教育营"超出了正常范围》。

第三节　助力"一带一路"高质量建设的因应之策

美国是高质量共建"一带一路"的关键大国，应从以下几个方面着力加强中美人文交流与合作，力争早日形成中美共研"一带一路"的学术生态，以助力增进中美战略互信：

一、应在共享丝路学研究成果中，进一步深化中美学术交流

首先，在学科建设领域，中国拥有上千年丝路外交实践的历史经验，也具有中外学界合作共建"一带一路"学科体系的现实需求。而美国在国际关系、区域国别研究、传播学、符号学、全球治理等领域拥有丰富的理论资源与学科建设经验。因此，中美丝路学家应在共研丝绸之路中所形成的学科体系基础上，进一步探讨构建"一带一路"学科体系。

其次，中美在丝路文献和考古遗物、遗迹等方面也有广阔的合作空间。事实上，流散美国的一些丝路文物并没有得到有效的搜集、整理和研究。以敦煌学为例，在美国哈佛大学赛克勒博物馆、普林斯顿大学盖斯特图书馆、国会图书馆、纽约大都会博物馆、波士顿美术博物馆等地，都藏有汉文佛典、古籍、写本、佛像、刻本等①，尚需中美学者开展合作研究。此外，当年华尔纳等人粘贴盗取的壁画虽无法归还，但也需要中美学者合作开展深度研究。

最后，在丝路学研究领域，中美两国学者已取得了丰硕的学术成果，应将中美丝路学研究成果进行对比研究，总结中美学者共研丝绸之路的成功经验、探讨形成中美共研"一带一路"学术生态的可能性，以及推动中美两国丝路学经典著作和最新成果的译介工作，以形

---

① 李晓光：《流失海外的敦煌文献在国外的具体分布》，《云南档案》2013 年第 9 期。

成学术成果共享共议的平台和机制等。

二、应在加强丝路学名家交流中，进一步增进中美战略互信

学者和科研工作者是人文交流中的重要一环，是中美人文交流中具有较强影响力的文化精英。加强学术交流，增加中美丝路学者交流互访是实现"一带一路"民心相通的重要路径，也是增进中美战略互信的重要渠道。

美国丝路学研究领域历来都是名家荟萃、权威辈出，如华尔纳、拉铁摩尔、费正清、芮乐伟·韩森、黑尔佳·策普·拉鲁什、威廉·琼斯等，这些人既是治学严谨、享誉国际的丝路名家，也是能够理性诠释"中国与世界古今丝路关系"的知识精英，更是知华友华的国际友人。因此，我们不能因为美国丝路学派的政治化特征就"一刀切"，还应客观看待美国丝路学派内不同类型的学者，对可以团结的力量应当予以支持，对可以发展的友华学者应当予以鼓励。在对待美国丝路学的学术政治化问题上，不能仅靠中国学者的单方面发声，还应与那些没有被霸权政治所绑架的西方丝路学名家进一步加强交流，让他们成为中美丝路学交流合作中可以依仗的正面力量，力争早日形成中美共研"一带一路"的良好学术生态，在增进中美知识精英互信基础上，切实增进中美战略互信。

三、应在坚持学术斗争中，进一步彰显中国的"学术声音"

振兴丝路学已成为中国学界的学术担当与战略使命，这不仅是为"一带一路"提供学理支撑，更是为了反击西方在学术和传播领域的话语霸权。因此，对于美国丝路学内部出现的"学术政治化"现象，要坚持与之进行学术斗争，揭露美国丝路学领域出现的"伪学者"和"伪学问"，避免出现"劣币驱良币"的现象。因此，中国应借鉴美国创办《丝绸之路》杂志的成功经验，推动建立属于中国并具有

国际影响力的中外丝路学国际交流与合作平台。此外，我们还应坚持中国特色的研究范式，让中国学者能够在丝路学研究领域取得权威的阐释权，让世界在与中国共建"一带一路"之际倾听来自中国的学术声音，以解构美国部分学者与智库对"一带一路"的污名化叙事。

在百年未有之大变局下，中国学界亟待"通古今之变化、发思想之先声"，中国丝路学界尤其要进一步强化自身建设，加快"一带一路"学术体系、学科体系、话语体系、教材体系建设，① 助力实现历史丝路上的"中国思想"与现实丝路上的"中国方案"的研究与传播，以彰显中国学术的国际影响力。

---

① 新华网：《（授权发布）习近平：在哲学社会科学工作座谈会上的讲话（全文）》，http://www.xinhuanet.com//politics/2016-05/18/c_1118891128_3.htm，访问日期：2021 年 12 月 30 日。

第二章
俄罗斯"一带一路"学术动态研究

俄罗斯是"一带一路"倡议的重要沿线国家，也是丝绸之路历史上不可或缺的大国，同时也是全球丝路学研究重镇。作为中国的全面战略协作伙伴，俄罗斯对"一带一路"的认知、立场及实践，将对"一带一路"的行稳致远意义重大。无论是中俄之间的能源合作、远东建设，还是中国、俄罗斯、中亚国家之间的区域一体化发展，俄罗斯都具有举足轻重的作用。

一般而言，我们研究俄罗斯对"一带一路"的认知，主要是研究苏联解体后俄罗斯的外交政策与中俄之间的实力发展对比。但必须注意的是，俄罗斯作为丝绸之路历史上不可或缺的大国，其历史因素和学界传统对其认知有着极大影响。只结合苏联和俄罗斯的中亚政策、俄罗斯当下的经济发展状况、普京的执政理念等来研究俄罗斯对"一带一路"的认知，易陷入就事论事的陷阱，无法厘清俄罗斯对"一带一路"认知的全貌。

第一节 俄罗斯"一带一路"研究现状梳理

一、初遇"一带一路"：热烈讨论与批判分析

俄罗斯是古代丝绸之路的重要沿线国家之一。留里克王朝时期的俄罗斯曾因自身实力有限而无法主导丝绸之路。罗曼诺夫王朝时期，17世纪沙俄帝国的远东探索、18世纪与英国在中亚的大博弈，都与丝绸之路有关。丝绸之路上的"塔什干、撒马尔罕、布哈拉以及富饶的费尔干纳谷底中的绝大部分，都成了圣彼得堡的附庸国……俄罗斯正在打造属于自己的庞大贸易交通网络"。[①] 基于历史，俄罗斯对"丝绸之路"的理解不仅是基于贸易，更有其独特的"沙皇俄国"史观。在美国于2011年提出"新丝绸之路"计划欲渗透和掌控中亚地区后，俄罗斯对借"丝绸之路"制定的政策就抱有戒心。因此，在2013年中国提出"一带一路"后，就引发俄罗斯学界对"一带一路"的关注，并在热情讨论中展开批判性分析。

俄罗斯总统上合组织事务特别代表 B. Я. 沃罗比约夫就认为，"丝绸之路"中的"丝绸"一词虽然给人一种温柔的感觉，但历史上或多或少存在商队和国家为了沿线土地而发生流血冲突的事实。[②] 俄罗斯政治学家、东方学家克尼亚泽夫直言，"丝绸之路"是中世纪的浪漫神话，俄罗斯不能支持中国如此叙事，否则就是鼓励中亚国家产生不需要俄罗斯的想法。俄罗斯可以参与"一带一路"计划，但"只是口头支持，（中俄）双方都不必采取实际行动"[③]。

---

① ［英］彼得·弗兰科潘：《丝绸之路——一部全新的世界史》，邵旭东、孙芳译，浙江大学出版社2016年版，第251页。

② B. Воробьев：Новый шелковый курс. О китайской идее построения "экономического пространства Великого шелкового пути," https://centrasia. org/newsA. php? st = 1404464340&ysclid = ljcfnn424q148 277935, accessed in February 10, 2022.

③ А. Князев：Великий шелковый путь-это версия ШОС без России, http://avesta. tj/2014/07/07/ekspert-velikij-shelkovyj-put-eto-versiya-shos-bez-rossii/, accessed Febiuaiy 10, 2022.

在俄罗斯学者看来,"丝绸之路经济带"(Экономический коридор Шелкового пути)并不是中国所指的"一个带状区",更像是一个"丝绸之路经济空间"(Экономический пространство Шелкового пути)①,"空间"则在某种程度上意味着边界、封闭和独立体系。如果"丝绸之路经济带"是一个新的排他性空间,这是俄罗斯无法接受的。俄方对此的理解也体现出他们对"丝绸之路经济带"的态度与接受程度。此外,俄罗斯地缘战略学家 B. 达尔加切夫认为,中国的"丝绸之路经济带"解释得"过于漂亮和没有冲突,以至于不够真实",故仅从名称上来看,"丝绸之路经济带"没有任何明显的意图和特色,也许更像一个"糖衣炮弹"②。俄罗斯科学院学者米哈耶夫认为,中国建设"丝绸之路经济带"其实是为了确立其"东方霸主"地位,更强硬地捍卫中国的本国利益。中国在俄罗斯的势力范围(特别是中亚)巩固其地位,俄罗斯"转向中国"具有一定的战略风险。③ 俄罗斯远东研究所主任卢萨宁认为,"丝绸之路经济带"会导致中国占据中亚国家大部分市场份额,挤压俄罗斯的战略空间,"丝绸之路经济带"建设表明了中国正逐渐理解能源安全的重要性,而为了更好保护其能源通道,中国很有可能会在中亚设立军事基地。④ 俄罗斯远东国立大学研究员达维托夫甚至认为,"丝绸之路经济带"的战略目标是加速中国的现代化建设、促进中国的社会经济发展,所以中国将着重扩大经济能源合作,并把俄罗斯和中

---

① 展妍男:《俄罗斯学界对中国"丝绸之路经济带"构想的认知和评论》,《俄罗斯学刊》2015 年第 4 期。

② B. Даргачев:Кто будет владеть Евразией?Суперпроектвека,http://www.dergachev.ru/analit/The_Great_Silk_Road,auessed Januaray 15, 2018.

③ B. Михеев, B. Швыдко, C. Луконин:Китай-Россия:Когда Эмоции Уместны?,Мировая Экономика И Международные Отношения, 2015, no 2, c. 5–13.

④ Лузянин С. Г. ШОС как прообраз регионального интеграционного объединения в области экономики и безопасности // Большая Восточная Азия:мировая политика и региональные трансформации:научно-образовательный комплекс - М. : МГИМО(Университет), 2010, C, pp. 23–47.

亚国家当成自己的原料附庸来看待。①

二、"带盟对接"：接纳伙伴与竞争焦虑

尽管俄罗斯学界对 "一带一路" 伴有犹疑，但都意识到了 "一带一路" 倡议带给俄罗斯的机遇远大于挑战。因为，在中国成为世界经济发展的火车头、美欧等西方国家接连以乌克兰、白俄罗斯等问题对俄实行经济制裁的背景下，不管是建设欧亚经济联盟，还是加速远东发展，只有对接 "一带一路" 倡议，俄罗斯才有可能实现其国家发展战略。因此，在 2015 年中俄签署《关于丝绸之路经济带建设与欧亚经济联盟建设对接合作的联合声明》前后，俄罗斯学界对 "一带一路" 的认知日趋正面。

俄罗斯学者拉林认为，"一带一路" 可使俄罗斯实现横贯欧亚的基础设施的升级，并带动周边地区经济发展，"带盟对接" 的实质在于 "我们（俄罗斯）必须抵制伙伴国周边国际局势中出现的不利趋势"。② 哈萨克斯坦国家科学院院士科沙诺夫则持有不同看法，认为 "'一带一路' 倡议为欧亚经济联盟与新 '丝绸之路' 对接创造了机遇，是复兴古代丝绸之路的举措，也符合全球化背景下的国际潮流"。③ 俄罗斯战略研究所发布的 2017 年《中国的亚洲政策与俄罗斯利益》报告中指出，中国在中亚所推进的丝绸之路经济带建设与俄罗斯倡导的欧亚经济联盟拥有共同的利益④，丝绸之路经济带是中国

---

① Давыдов З. Вл. Экономическая политика Китая в Центрально-Азиатском регионе и её последствия для России, Известия Восточного Института 2015/2（26）, p. 25.

② Александр Ларин, Владимир Матвеев: Россия на новом шелковом пути, https://www. ng. ru/dipkurer/2015-03-16/9_silkroad. html.

③ Амажол Кошано: Единый Пояс Шелкового Пути» И Перспективы Формирования Объединенного Евразийского Экономического Сообществ, ОБЩЕСТВО И ЭКОНОМИКА, No. 4, 2016。

④ РИСИ: "Политика Китая в Азии и интересы России?", 《Проблемы национальной стратегии》, No. 5（44）2017, pp. 11-49。

推动建立人类命运共同体的经济策略，中国秉持的经济开放政策使中俄合作成为了可能。随着欧亚联盟域内国家现代工业水平的发展，俄罗斯试图在中亚恢复苏联曾经建立过的统一的经济制度，但俄罗斯因工业水平相对落后及产品单一等影响了欧亚共同市场的建立，而中国在该领域正好拥有俄罗斯不具备的优势——资本与技术。并且，丝绸之路经济带与欧亚经济联盟的对接可能有助于俄罗斯在远东地区与北方航道的发展。报告还指出，亚洲投行、丝路基金等为"带盟对接"提供了相应资金，俄罗斯远东与中部工业区基建项目有机会获得支持。同时，"带盟对接"不仅要考虑中国在中亚地区的发展倡议，还要考虑美国、日本、印度、欧盟和其他国家与国际组织的态度，如俄印互动与中印竞争，印度拒绝"一带一路"倡议等都增加了"带盟对接"的困难。作为俄罗斯公共外交的重要平台，瓦尔代俱乐部也对"带盟对接"发表了看法，如瓦尔代俱乐部对外政策与国防项目研究组组长 T. 博尔达切夫认为，欧亚经济联盟的核心在于实现共同的标准、统一的规则和自由的流通，建立一个类似于欧盟的经济共同体；丝绸之路经济带的核心在于输出资本、以基础设施建设为抓手建立有别于海上通道的欧亚贸易大动脉，故两者的着眼点并不一致。俄罗斯在中亚需要战略安全与劳动力，中国在中亚需要能源与基建项目。但着眼点不同并不意味着难以合作，只要俄罗斯不强调"带盟对接"的主导权，中国不强调双边合作的单一性，"带盟对接"就可以推进，可以在同一地区共存而不相互竞争，且因两者的互补性而使对接更具可行性。①

但是，也有部分学者对"带盟对接"持有怀疑和谨慎态度，如莫斯科大学学者苏梦夏（Л. Н. Смирнова）指出，有学者甚至产生

① Михаил Коростиков: Под высоким сопряжением Подписанию соглашения о сотруд-ничестве Евразийского экономического союза и Экономического пояса Шелкового пути исполнился год, https://www. kommersant. ru/doc/2978877.

了一定的竞争焦虑心态，认为丝绸之路经济带倡议是欧亚经济联盟的直接竞争对手，甚至是"对普京的羞辱"，因为中国人在公布该计划之前并未征求普京的意见。① 有学者认为，俄罗斯建立欧亚经济联盟的初衷就是通过加强关税同盟和统一经济空间筑起制度壁垒，防范和抵制一切向独联体地区扩大影响力的国家，避免俄"战略后院"受到冲击。如果不是中国的"一带一路"，如果不是中国向独联体地区的经济扩张，欧亚经济联盟可能就不会出现。② 莫斯科国际关系学院学者克尔松（В. А. Корсун）指出，俄罗斯"缺乏足够的资源在中亚地区实施宏大的计划，中国已经把中亚国家与自己联系得很紧密了，这些国家乐于从俄罗斯的怀抱中解脱出来"。③

三、中俄建交 70 周年与后疫情时代：互相理解与支持

2019 年 6 月 5 日，中俄建交 70 周年纪念大会在莫斯科召开，习近平在讲话中提到："中俄双方都致力于实现各自国家发展和民族振兴，面临共同的任务和挑战……俄罗斯是共建'一带一路'倡议重要的合作伙伴。共建'一带一路'倡议同欧亚经济联盟对接是区域经济合作的典范。"④ 事实上，随着共建"一带一路"的不断深入，俄罗斯学界对"一带一路"的认知也体现出理性和积极的一面，理解与支持渐成中俄学界的新共识。

俄罗斯学者马卡洛夫（Макаров И. А.）与索科洛娃（Соколова

---

① 苏梦夏：《一体化还是"金箍"：俄罗斯对"一带一路"的矛盾认知》，https://m. ftchinese. com/story/001071146?archive，访问日期：2022 年 2 月 11 日。
② 王郦久：《俄"欧亚联盟"战略及其对中俄关系的影响》，《现代国际关系》2012 年第4 期。
③ Михаил Коростиков：Под высоким сопряжением Подписанию соглашения о сотруд-ничестве Евразийского экономического союза и Экономического пояса Шелкового пути исполнился годhttps://www. kommersant. ru/doc/2978877.
④ 《习近平同俄罗斯总统普京举行会谈》，新华网 http://www. xinhuanet. com/2019-04-26/c_1124421257. htm，访问日期：2022 年 2 月 11 日。

A. K.)一改俄学界单向度认知"一带一路"的惯例,开始双向思考现实,并认为"需要确定的是,欧亚经济联盟和作为其参与者的俄罗斯,有什么东西可以提供给中国呢?这反而是近年来俄罗斯外交政策中最重要的任务之一"。① 马卡洛夫还在《转向东方》一书中指出:"虽然存在竞争,但中方尊重俄方的政治利益……加强基础设施互联互通的工作。俄方应当将俄罗斯境内东—西线铁路和欧亚经济联盟内的南北线铁路贯通作为俄一项重要的外交任务。"② 彼得罗夫斯基(В. Петровский)在《新丝绸之路及其意义》一书中,从欧亚主义、软实力、俄罗斯远东与未来经济发展等,多角度论证了俄罗斯拥抱"一带一路"的可行性与必要性,认为"一带一路"不是中国称霸的工具,而是证明中国不会称霸的样板。随着软实力的增强,中国将更加自信地借"一带一路"推广自身的政治经济发展体制,助力建立全球政治经济新秩序。③

同时,还有许多俄罗斯学者以田野调查与实地调研的方式来认知"一带一路",如著名的俄罗斯中国问题专家塔夫洛夫斯基历时 18 个月、先后 5 次到访中国展开调研,在实地考察了中国的江苏、河南、陕西、甘肃、宁夏、新疆等省区后,撰写了《大国之翼:"一带一路"西行漫记》一书,强调"'一带一路'建设植根于丝绸之路的历史土壤中,同时它面向未来,沟通中国和世界。'一带一路'目前的状态就像一张大的'拼图',现在需要把它们拼接起来"。④

2020 年新冠肺炎疫情暴发后,"一带一路"框架下的中外共建

① И. А. Макаров, А. К. Соколова:Сопряжение евразийской интеграции и Экономического пояса Шелкового пути: возможности для РоссииВЕСТНИК МЕЖДУНАРОДНЫХ ОРГАНИЗАЦИЙ. Т. 11. NO 2 (2016).

② Макаров И. А.:Поворот на Восток. Развитие Сибири и Дальнего Востока в условиях усиления азиатского вектора внешней политики России, Международные отношения, 2016 г.

③ Владимир Петровский:Новый шелковый путь и его значение,ДеЛи Плюс,2016.

④ Юрий Тавровский:Новый Шелковый путь,Эксмо, 2017 г.

"健康丝绸之路"成效凸显，赢得俄罗斯学界赞誉，如纳扎尔巴耶夫大学学者米尔哈诺娃指出："2020 年 9 月，中国与俄罗斯、哈萨克斯坦等国家建设了一条'疫情堡垒—健康丝绸之路'，通过这条丝路开展药品和疫苗的交流合作，甚至推广中医药。"[1] 俄罗斯媒体的报道称："在'一带一路'七周年之际，中国最重要的一体化倡议不仅获得了广泛的国际认可，更产生了'免疫力'……'一带一路'对迅速变化的全球环境作出反应的能力很高……面对全球卫生危机和全球经济停滞不前，该倡议不仅没有冻结合作，而且成为应对新挑战的工具。"[2]

第二节　俄罗斯"一带一路"认知成因溯源

一、沙皇俄国时期的俄罗斯丝路学研究

作为一个渴望南下获得出海口的帝国，俄罗斯势必要对丝绸之路沿线的中亚地区、中国西北地区进行探查和研究，以满足其战略需求。因此，俄罗斯的丝路学研究发端于俄罗斯的东方学、汉学、蒙古学、藏学研究，并成为全球丝路学研究重镇。

17 世纪的俄国并不强大。虽然信奉东正教让俄国看起来像一个西方国家，但其生产生活方式和文化教育水平还十分落后。17 世纪末 18 世纪初的彼得一世改革改变了俄国的命运，使之成为一个具有扩张性的近代君主制国家，并对周边地区产生了浓厚兴趣。1717 年，彼得大帝耗资 25 万卢布，派遣别科维奇·切尔卡斯基公爵率领六千多人的部队远征希瓦汗国，拉开了俄罗斯向中亚地区扩张的序幕。

---

① Аружан Меирханова: Китайский «Шелковый путь здоровья» прошел мимо Центральной Азии, https://russian. eurasianet. org/китайский-«шелковый-путь-здоровья»-прошел-мимо-центральной-азии.

② Константин Щепин Елизавета Петрова: "Пояс и путь" выработал иммунитет, https://rg. ru/2020/09/07/poias-i-put-vyrabotal-immunitet-k-covid-19. html.

18—19 世纪，奥斯曼土耳其的衰落，使得俄英大博弈前，中国成为影响俄国向中亚扩张的唯一国家。因此，俄罗斯通过派遣传教士、学者、探险家等方式来了解中国。

1715 年，首批俄国传教士来到北京，成为俄罗斯传统东方学的奠基者。截至 18 世纪末，俄国一共派出了八届传教团，其中的佼佼者成为俄国第一代东方学家，如格里鲍夫斯基（Софроний Грибовский）便是第八届来华传教团领班。他制定了传教团学员的学习规范，开始聘请私人教师到馆教授满、汉语言，为后来卡缅斯基、利波夫措夫（Степан Васильевич Липовцов）和诺沃肖洛夫等人的汉学研究奠定了基础。此外，他于 1795 年创建了俄罗斯馆中外书房以收集中外书籍，以便学生和教士学习语言、研究汉学。他本人也著作等身，有关中国的研究成果包括《本朝编年历史》《中国主要民族及其他》《政治述评补遗》《中国论集》《满汉州府、衙门、官吏、国家财政收入数量与项目》《耶稣会士详记》《雍正谕旨及内阁奏章》《叛贼李自成或明朝之覆灭》《中国地理概述》《中国节日以及汉满人许愿发誓方式》《俄罗斯文馆教习用俄文写的学生守则以及受驱逐基督教信徒给嘉庆皇帝的辩解信》及《嘉庆谕旨》等。又如利波夫措夫，他是第八届来华传教团学员，后成为圣彼得堡皇家科学院通讯院士。他不仅掌握了汉语和满语，还翻译了《明史》，使俄国政界与学界首次从满族视角认识了中国。1820 年，利波夫措夫在《西伯利亚通报》上连载了他翻译的中国满文著作《土尔扈特投诚纪略》。1821 年，利波夫措夫在《西伯利亚通报》上发表了《准噶尔概述》一文。1827 年，利波夫措夫在《亚洲通报》上发表了《中华帝国大事纪略》一文等。

此外，由于俄国扩展战略亟须掌握中国与中亚丝路历史关系与边疆史地知识，促使 19 世纪俄国丝路学家非常重视中国与中亚丝路关系研究，比丘林（Никита Яковлевич Пичуринский）则是其中集大成者，在编写汉语词典和教科书、翻译儒家典籍、进行中国边疆史地研究和历史文化研究及汉语教育等多领域取得了突出成就，其所处的19世纪也被冠以"比丘林时代"之称。比丘林最先翻译的是有关中国边疆史地的译著，旨在"让大家事先了解通往中国内地的周边地区"，认为"这些地区历来就与中国有着非常紧密的联系，并且，中国与印度、中亚和俄罗斯的联系也正是通过这些地区"，由此将中国与中亚建立联系的地区分为三块：西藏、内蒙古与新疆，据此探讨"中国与中亚古今丝路关系"，并发布了一大批相关成果：译著《西藏志》和《西藏青海史》成为欧洲学术史上最早根据中文史料介绍西藏的学术成果；两卷本的《蒙古纪事》一书就是一本关于蒙古的小型百科全书；译著《准噶尔和东突厥斯坦历史与现状》，除了介绍西域基本信息外，还介绍了五十多个古代小王国的地理位置及其与各代中原政权的关系；《15世纪至今的卫拉特，即卡尔梅克人历史述评》一书，叙述了早期蒙古诸部族历史及其与中国内地、西藏的关系和清廷与俄国政府间关于卡尔梅克人交涉事宜等；《古代中亚各民族资料汇编》一书，以丰富的内容展示了民族众多的中国西部地理和历史，在当时俄国甚至欧洲涉华出版物中实属少见。不同于其他汉学家的是，长期居住北京并熟读中国史籍的比丘林，深知中国历代政府与边疆地区各民族的紧密关系，更熟知清政府对内蒙古、新疆、西藏等地稳定而有效的管辖。这些地区与俄国相毗邻，使跨境民族与跨境宗教成为中俄两国历史与现实中无法回避的事实，比丘林的研究成果在一定程度上为俄国政府详细了解中国并制定对华政策提供了重要借鉴。因此，随着19世纪俄英大博弈的加剧，俄国掌握丝路沿线更为详尽知识的战略需求与日俱增，使得俄国丝路研究领域的主体从传教士、旅行家逐渐变为探险家、学者、军人，研究目的也多服务于俄政府的战略需求，如巴托尔德（Василий Владимирович Бартольд）便在彼得堡大学学习阿拉伯语、波斯语、突厥语，从事近东国家与伊斯兰教研究，后任俄罗斯科学院院士，被誉为"把中亚史的研究提高到历史学科水平"的第一人。其代表作是 1900 年成稿的《蒙古入侵时期的突厥斯坦》，梳理了在伊斯兰教影响下突厥语人种的征伐和以 13 世纪成吉思汗登场为止的中亚历史，后经补充修订出版了俄语本（1963 年版）与英译本（1968 年版），影响甚广。普尔热瓦尔斯基（Николай Михайлович Пржевальский）于 1870 年受俄国皇家地理学会支持赴中国西部探险。1870—1885 年间，他带领探险队先后 4 次在蒙古高原、塔里木盆地、准噶尔盆地和青海等地考察，系近代中亚科学探险中成就最大者之一：他全面且系统地采集了亚洲腹地的动植物标本，数量之多前所未有，以其名字命名的动植物就多达数十种；他突破青藏高原北境阿尔金山脉并详绘了地图，还对黄河水源进行了系统勘察；由他和他的弟子所著《蒙古，党项人的国家，以及北西藏的荒漠之地》《尼古拉·米哈伊洛维奇·普尔热瓦尔斯基在中亚的旅行成果》及《走向罗布泊》等均为代表性成果。其中，普尔热瓦尔斯基在丝路学研究方面的重要贡献在于，他是开启俄国丝路腹地探险与研究的引领者，他的继任者列别措夫于 1891 年出版了《经喀什噶尔前往藏西北的初步报告》、他的学生科兹洛夫（Пётр Кузьмич Козлов）于 1899 年率考察队沿着普尔热瓦尔斯基路线发现了黑水城并撰写了《蒙古、安多及黑水死城》，揭开了西夏王朝的神秘面纱。作为首位深入罗布泊的欧洲人，普尔热瓦尔斯基对罗布泊位置的看法引发了世纪争论，斯文·赫定为反驳他而顺着他的足迹考察西域，却意外发现了楼兰古城。

　　总之，沙俄时期的丝路学研究，起初是由传教士来华后研究中国及其西部周边的"中国与中亚"研究。后随沙俄崛起并在俄英大博弈中所形成的对外扩张的战略野心，使得俄国的东方学家和汉学家逐渐聚焦"中国与中亚古今丝路关系"研究以服务于俄国的地缘战略博弈的现实需求，故以探险作为掩护，以实地勘测中亚、中国西北为真正目标，助力沙俄政府对中亚及其周边地区的扩张和渗透，由此形成俄国丝路学研究的基本特征，并影响深远。

二、苏联时期的俄罗斯丝路学研究

"十月革命"后，包括丝路学在内的苏联东方学研究不再是沙俄政府向东方扩张的工具，马列主义学说开始主导其社会科学研究领域，东方首先成为了反殖民主义斗争的舞台，民族解放运动作为世界革命进程的重要部分成为新一代东方学家的主要研究对象。

在反殖民主义与革命思想的引导下，沙俄时期的东方学学术重镇改组。1921 年，在莫斯科成立了旨在"东方革命化"的东方共产主义劳动者大学，为亚非各国的共产主义和民族解放运动培养干部。彼得格勒—列宁格勒大学恢复了一度停办的东方学教育，在新的教育体系中培养学生掌握各种东方语言。莫斯科则在拉扎列夫东方语言学院基础上组建了东方现代语言中央学院，开始培养东方学人才。1920年，建立了列宁格勒叶努基泽东方语言学院，1928 年更名为列宁格勒东方学院。这些院校重视的不是沙俄时期引以为傲的对丝路沿线的实地勘测和史料翻译，而是致力于丝路沿线国家地区的社会经济、社会政治结构和群众社会运动，以宣传苏联共产主义思想，尤以苏联东方学研究所所长奥登堡（Сергей Федорович Ольденбург）的研究团队为代表。奥登堡曾在圣彼得堡大学学习梵语和波斯语，于 1903 年创建俄国中亚研究委员会、1908 年当选俄罗斯科学院院士、1916 年担任俄罗斯亚洲博物馆馆长，并在 1909—1910 年、1914—1915 年组织敦煌考察。他是敦煌古文物挖掘中少数几个秉承一定文物保护原则的探险家，曾强调"如非当地的文物面临毁灭性的威胁，概不触动"。[①] 他在敦煌、吐鲁番等地获得了大量影瞄、临摹的壁画、塑像，

---

① Щербатской Ф. И. С. Ф. Ольденбург как индианист// Записки ИВ АН СССР Вып. 4. М. ; Л. , 1935. С. 27.

拍摄了一千多张照片，逐窟进行了详细的平面图、立面图测绘等，这些都为俄罗斯丝路学发展奠定了重要基础。1930 年，苏联东方学研究机构进行了重大改组，在亚洲博物馆、东方学家委员会、佛教文化研究所、突厥学研究所的基础上，在列宁格勒成立了苏联科学院东方学研究所，奥登堡凭借其丝路研究领域的重要影响及其贡献而成为首任所长，并形成了颇具规模的研究团队，不仅有一百多位研究生，还汇聚了一批杰出的俄罗斯学者，如阿列克谢耶夫（В. М. Алексеев）、巴尔托利德、巴拉尼科夫（А. П. Баранников）、别尔利斯（Е. А. Бертельс）、弗拉基米尔佐夫（Б. Я. Владимирцов）、克拉奇科夫斯基、科津（С. А. Козин）、科科夫佐夫（П. К. Коковцов）、科诺诺夫（А. Н. Кононов）、孔拉德（Н. И. Конрад）、马尔、涅夫斯基（聂历山，Н. А. Невский）、奥尔别利、斯特鲁韦（В. В. Струве）、沙莫伊洛维奇（А. Н. Самойлович）、休茨基（Ю. К. Щуцкий）、谢尔巴特茨科伊等。此外，主要出版物有 1955 年创刊的《苏联东方学》杂志。1957 年成立了东方文学（献）出版社，出版丛书有"东方民间文学与神话研究""东方语文史""东方民族文化""东方文献经典"等。

三、苏联解体后的俄罗斯丝路学研究

苏联解体后，对中亚、高加索等地区的有关研究得以恢复，丝路学研究的范畴得以拓展。但由于经费的减少、中亚加盟共和国的脱离，以及俄罗斯在丝路学领域的人才流失严重等，一定程度上影响了俄罗斯丝路学的发展进程。目前，有 15 所俄罗斯高校设立了与丝路学有关的方向，如莫斯科大学亚非学院、圣彼得堡大学东方系、远东大学东方系和喀山大学东方系。此外，还有一部分大学设立了丝路沿线区域国别方向的招生专业，如莫斯科国际关系学院的东方语言教研室、东方学教研室等。

值得关注的是，由于沙俄、苏联时期打下的丝路学研究基础，使得俄罗斯东方学所相比其他国家的丝路学研究拥有更高的发展起点，目前俄罗斯科学院东方学所大约有四百余位科研人员，现任所长为巴夫洛维奇（А. В. Павлович）教授、圣彼得堡分所所长是波波娃（И. Ф. Попова）教授。这些学者对俄罗斯丝路学领域先驱留下的宝贵遗产进行了整理和研究，形成了独具特色的学术现象，如波波娃教授就是以研究奥登堡、克列缅茨、科兹洛夫等人从新疆带回的敦煌藏品等著称，出版了《俄藏敦煌文献》《俄藏敦煌艺术品》等成果。此外，俄罗斯的《东方》与《今日亚非》等学术期刊，不仅为俄罗斯丝路学研究提供了重要对话平台，还为俄罗斯丝路学术共同体发展提供了有力保障。

从俄罗斯的丝路学发展脉络可以看出，雄厚的历史积淀和强烈的主体意识，共同塑造了俄罗斯学界"一带一路"的基本认知。"一带一路"到底对俄罗斯意味着什么，俄罗斯各界经历了一个复杂的演变过程。随着世界大势与俄罗斯国内外形势的变化，在日趋理性与冷静的思考下，和平共处、并行不悖、对接合作成为俄罗斯学界对"一带一路"关系认知的主流。[①] 由于受到俄罗斯民族心路历程及其文化特点等诸多因素的影响，使俄罗斯学界对"一带一路"的认知，比其他国家更具历史性、特殊性和独一性，且从俄罗斯丝路学研究重镇的形成与发展变迁中得以确证。

第三节　助力"一带一路"高质量建设的因应之策

在中俄主导的"带盟对接"不断走深之际，还应从以下三方面入手增进双方战略合作互信：

[①] 李兴：《俄罗斯学界对"一带一盟"对接合作的认知》，《俄罗斯东欧中亚研究》2020年第6期。

第一，应进一步推动中俄丝路学术共同体建设。

俄罗斯学界对"一带一路"的曲折认知，一方面是对由俄罗斯丝路学研究重镇所产生的学术影响力引以为傲，另一方面又对中国与中亚地区共建"一带一路"充满芥蒂，由此所派生出的落差感、危机感，使得俄罗斯学界对"一带一路"的认知充满波折，渐趋理性和客观。尽管如此，尚需加强中俄学术交流与合作，合作共建丝路学术共同体：1. 以中俄博物馆际交流与合作为先导，如俄罗斯艾尔米塔什博物馆、俄罗斯国家博物馆、喀山博物馆等藏有大量丝路沿线珍贵文物，艾尔米塔什博物馆还拥有经验丰富的考古团队与领先的考古技术，表明中俄合作潜力巨大、前景可期。2. 以中俄丝路学术交流与合作为重点，莫斯科大学亚非学院、俄罗斯科学院东方学研究所、圣彼得堡大学东方学系等均为俄罗斯丝路学的诞生与发展的重要学术机构，俄罗斯各院校馆藏文书、文献等对丝路学研究来说均是宝贵财富，应通过课题合作、师生互访、合办会议等方式加强交流与合作。3. 以中俄媒体交流与合作为新动力，中俄学者应借助双方主流媒体平台共同发声、研讨丝路、论证"带盟对接"的可行性，在共同抵制假新闻、假专家、假学术的合作中助力构建丝路学术共同体。

第二，应进一步夯实中俄战略互信的社会民意基础。

中俄人文交流与合作不仅需要国家层面的努力，更需要多层级的各方相关部门的共同协作。2018—2019 年是中俄地方友好交流年，表明中俄人文交流与合作进入了历史新阶段。中俄建立了长江中上游地区和伏尔加河沿岸联邦区地方合作理事会、东北地区和远东及贝加尔地区政府间合作委员会两大区域性合作机制，以及中俄友好、和平与发展委员会地方合作理事会，缔结了 140 对友好省州和城市关系，中俄地方人文交流与合作实现了多领域和多地域的全覆盖。同时，中俄蒙联手推进的"万里茶道"申遗与旅游合作项目也进展喜人，

2012 年中国国内提出申遗议案后，在三国共同努力下，"万里茶道"项目已于 2019 年被列入中国世界文化遗产预备名单，并开启了中蒙俄三国联合申遗协调机制建设。近年来，尽管遭受百年不遇的疫情肆虐与俄罗斯内外局势不稳的影响，但并未中断中俄人文交流与合作的机制细化建设的进程，如 2020 年合办了题为"机遇与挑战·后疫情时代的中俄地方合作"视频会议。事实上，2020 年的地方合作是中俄双边货物贸易额顶住压力仅仅微降 2.9% 的关键支撑①，也为中俄人文交流与合作重心下沉注入了现实动力，有助于进一步夯实"带盟对接"的社会民意基础。

第三，应进一步发掘中俄双多边交流与合作的机制优势。

2019 年，上合组织秘书长诺罗夫在题为"上海合作组织在构建大欧亚伙伴关系中的作用"的主旨演讲中强调，上合组织为欧亚经济联盟与"一带一路"对接发挥了促进作用，② 表明中俄交流与合作具有双多边机制优势，值得发掘并利用。以上合组织、"一带一路"与欧亚经济联盟为例，上合组织为保障地区安全做出了重要贡献。良好的区域安全形势为"一带一路"的行稳致远提供了重要保障，进而为欧亚经济联盟与"一带一路"对接创造了条件。尽管上合组织、"一带一路"、欧亚经济联盟的各自属性和定位均有不同，但客观上形成了中俄主导的多边主义交流与合作的新格局。近年来，中国与欧亚经济联盟及其成员国围绕"带盟对接"签订了一系列协定，但上合组织与欧亚经济联盟之间的交流与合作相对有限。虽然"带盟对接"是中俄战略合作的重要组成部分，但也关乎大量中亚国家的切身利益。因此，不宜过于强调中俄双边交流与合作，应以区域与次区

---

① 《疫情下中俄地方合作升温，蜂蜜、软果糕都等待敲开中国市场大门》，第一财经 https://www.yicai.com/news/100964280.html，访问日期：2022 年 2 月 12 日。

② 《上海合作组织秘书长诺罗夫：上合组织为欧洲经济联盟和"一带一路"对接发挥促进作用》，人民网 http://world.people.com.cn/n1/2019/1224/c1002-31520853.html，访问日期：2022 年 2 月 21 日。

域组织为抓手，以不同层级的地区组织间合作为切入点，助力推进"带盟对接"，在发掘中俄双多边交流与合作的机制优势中，达成共识、增进互信。

第三章
英国"一带一路"学术动态研究*

　　英国是西方国家中响应"一带一路"倡议最早的国家之一，也是加入亚投行最早的意愿国及其创始成员国。在欧盟经济实力较强的国家中，意大利和卢森堡于2019年宣布加入共建"一带一路"，法德等国均未加入。英国"脱欧"后，与中国也没有进行具体的"一带一路"合作项目。[①] 在2021年6月的七国集团峰会上，美国、欧盟和英国等推出了全球性基础设施建设倡议，目标直指中国的"一带一路"倡议。[②] 尽管如此，英国对"一带一路"仍颇为关注，且态度较为务实，其重商主义和人文主义传统使英国寻求在金融、教育、媒体等方面的合作。

第一节　英国"一带一路"研究现状梳理

一、英国智库对"一带一路"的基本认知

　　英国皇家国际事务研究所（Chatham House）、英国国际战略研究

＊　本章系国家社科基金青年项目"'互联网加人文交流'助推'一带一路'民心相通"（20CGJ004）的阶段性成果。

①　韩建伟、舒梦：《欧洲与中东对"一带一路"的认知差异》，《国际关系研究》2021年第5期。

②　Steve Holl and Guy Faulconbridge, "G7 Rivals China with Grand Infrastructure Plan," https://www. Reuters. com/world/g7-counter-chinas-belt-road-with-infrastructure-project-senior-us-official-2021-06-12/, accessed September 1, 2021.

所（International Institute for Strategic Studies，IISS）、英国皇家联合军种国防研究所（RUSI）、英国议会跨党派"一带一路"和中巴经济走廊小组、剑桥大学亚非学院、伦敦政治经济学院公共政策集团（IDEAS and Public Policy Group，LSE）、英国泰勒弗朗西斯文献平台等都参与了对"一带一路"倡议的研究，并发表了多篇关于"一带一路"的论文、研究报告等。在全球疫情蔓延、中美关系趋紧的背景下，中欧关系、中英关系如何发展，中国的欧洲政策以及在欧影响力引起不少英国智库及知名学者的关注，本章选取英国知名智库的代表性观点，力图厘清英国精英阶层对"一带一路"的认知现状。

受英国部分媒体的影响，英国一些著名智库也对"一带一路"持有怀疑态度。英国《金融时报》援引中国国家电网在菲律宾的"一带一路"项目来妄断"一带一路"的目的是令受援国对中国产生技术依赖，认为这会危及到受援国经济安全。[1] 英国的亨利·杰克逊协会认为："当前的国际秩序受到俄罗斯、中国和伊朗这三个大国的挑战"，"中国实力最强却对现有国际秩序和地缘政治现实改变量少"；英国查塔姆研究所不看好上海合作组织扩员，认为"印度和巴基斯坦给上海合作组织带来风险"，但中俄关系友好"将使得上海合作组织国家仍然团结在一起"；英国国际战略研究所认为："北京坚持声明，其'一带一路'倡议并不是为了确保中国在该地区的主导地位，因为中国十分清楚这可能会促使其邻国与美国结盟。"[2] 在新冠肺炎疫情最初暴发的 2020 年，也是中国同欧盟建交 45 周年，舆论普遍认为欧洲应重新审视对华政策及中欧关系，英国学者也不例外。伦敦大学中国研究院院长凯瑞·布朗（Kerry Brown）认为处于十字

---

① Akane Okutsu, "China's Belt and Road Power Grids Keep Security Critics Awake," https://www. Ft. com/content/f2b6e395-f1ee-4a6d-8839-009a35555b52, auessed May 1, 2022.

② 王灵桂主编：《国外智库看"一带一路"（Ⅱ）》，社科文献出版社 2015 年版，第 178—187 页。

路口的欧洲必须做出选择：要么通过公平和稳定的新模式同中国合作，要么中欧之间矛盾将越来越大、经济"脱钩"现象越来越明显。欧洲对外关系委员会报告称，欧洲应从冷战中汲取教训以更好应对中国的高速发展，建议适当采取缓和政策，将遏制政策、强硬的防卫路线与外交活动、有建设性的接触相结合。①

近年来，出于意识形态偏见和现实利益考量，西方大国智库多借新冠肺炎疫情全球蔓延来唱衰"一带一路"建设，"项目遇阻论"和质疑"健康丝绸之路"建设是西方智库炒作的两个新议题。但英国智库则从自身国家利益出发寻求务实合作，并形成了相对理性与客观的"一带一路"基本认知：经济学人智库于2015年4月发布的《愿景与挑战："一带一路"沿线国家风险评估》，在整个欧盟国家乃至全球相关国家产生了强烈反响。英国国际战略研究所发布的《生存：全球政治与战略》《中国地缘经济战略转变》及《中国如何看待机遇、挑战和全球领导力》等报告，较全面梳理了中国和相关国家在"一带一路"背景下世界角色与责任的转变，认为"在全球贸易增长放缓、服务业超制造业迅猛发展的国际背景下，中国经济出现疲软。中国正在努力对抗过度负债、产能过剩、竞争力下降、人口过剩和资本外流等问题。对此，中国正在转变地缘经济战略，主要基于两大重要举措：国内金融体系转型和'一带一路'倡议。这些举措的成功，将对中国的经济发展、政治和社会稳定是至关重要的"。英国皇家国际事务研究所发表了《"一带一路"倡议：21世纪中国国际发展战略》《21世纪丝绸之路》及《"一带一路"下的风险管理》等成果，称中国的"一带一路"倡议是一个长期的国际经济、社会和政治发展战略，以应对过去十年快速变化的地缘政治、地缘经济、地缘金融。这一举措对中国来说，是为了迎接中等收入陷阱、经济新常态、

---

① 王翀、李占英：《2020年西方主流智库涉华研究新特点与启示》，《对外传播》2021年第6期。

人民币国际化和资本走出去等挑战。鉴于地域复杂、政治紧张的局面，中国有可能争取一个渐进、包容和积极的态度。"一带一路"是一个庞大的项目，其不仅对中国，甚至对亚洲乃至整个世界，都会有效地促进国际贸易并刺激经济发展。英国皇家国际事务研究所所长尼布莱特也认为，"特朗普主义"导致主要力量对国际制度作用的偏好分散化，给自由主义国际秩序投下了阴影，使战后英美的世界经济领导角色受到损害。[①] 英国皇家国际事务研究所高级研究员克里·布朗指出，"一带一路"倡议显示了中国以经济方式在亚太地区发挥更大作用的雄心，并期望在这一过程中实现其政治和外交收益。[②] 英国国际战略研究所跨国威胁与政治风险研究主任奈杰尔·英克斯特也强调，"一带一路"倡议是中国针对西部安全形势恶化特别是恐怖袭击的应对措施，即通过开展和实施雄心勃勃的经济发展计划来消除恐怖主义。[③] 2020 年 8 月，英国皇家国际事务研究所发布了《破除"债务陷阱外交"迷思——沿线国家如何影响中国"一带一路"倡议》，驳斥了"有关中国'一带一路'债务陷阱外交的说法"，认为"一带一路"相关项目遵循的是经济学逻辑，而非地缘政治的逻辑，几乎所有的"一带一路"项目都是由东道国出于本国政治和经济的需要而发起的，"中国能从现有秩序中获益，虽然实力与日俱增，但是其改变国际秩序的意愿不大"[④]。英国伦敦政治经济学院外交政策智库于

① Robin Niblett,"The Demise of Anglo-American Economic Leadership," December 21, 2016, https://www. chathamhouse. org/expert /comment/demise-anglo-american-economic-leadership, accessed October 25, 2020.

② Kerry Brown, "The Critical Transition: China's Priorities for 2021,"London: Royal Institute of International Affairs, February 2017, p. 7.

③ Nigel Inkste, "Armed Conflict Survey 2015: the Worldwide Review of Political, Military and Humanitarian Trends in Current Conflicts,"Press Statements, London: International Institute for Strategic Studies, 20 May, 2015.

④ Lee Jones and Shahar Hameir,"Debunking the Myth of 'Debt-trap Diplomacy': How Recipient Countries Shape China's Belt and Road Initiative, " https://www. chathamhouse. org/sites/default/files/2020-08-19-debunking-myth-debt-trap-diplomacy-jones-hameiri. pdf, pp. 1–3.

杰认为，"一带一路"倡议反映了中国经济减速和结构调整背景下中国寻求经济新增长的努力。① 英国泰勒弗朗西斯文献平台等建议外界正确看待"一带一路"倡议，肯定该倡议是中国在全球治理中发挥重要作用的有效工具。

总之，英国权威智库的正向力量影响了英国政府顶层决断，英国政府的政策动向又影响了法国、德国、意大利、瑞士、荷兰、芬兰、丹麦等欧洲国家继而影响了整个欧亚大陆。可以说，在欧亚大陆对"一带一路"认同蝴蝶效应的形成中，英国权威智库研究领域广、成果质量高、实效性强，发挥了重要引领作用。

二、英国学者对"一带一路"的认知

"一带一路"倡议提出后，英国学界从丝绸之路的"元概念"的"重新阐述"开始，其学术影响力波及全球。如剑桥大学嘉治商学院终身教授，剑桥大学发展研究学科主席彼得·诺兰（Peter Nolan）的《认识中国：从丝绸之路到〈共产党宣言〉》② 一书，包括"陆路与海上丝绸之路""中国的周边列岛""《共产党宣言》在21世纪"，以及"'阶级斗争'概念的中国化"等四章，探究了中国与中亚、东南亚在工业革命前两千年间的关系，提出了中国在处理海洋问题时所面临的诸多西方海洋霸权历史背景下的国际政治和法律挑战，分析了马克思主义及其遗产对当今中国的意义。彼得·诺兰指出，在中国共产党领导层所面对的众多政策挑战中最为紧要的有两项：一是中国在亚太地区要扮演怎样的角色；二是如何承继马克思的思想遗产。对于西方观察者来说，要更好地理解中国，需要更加广泛和深入地了解中国的政治体系内部围绕上述问题如何展开争论。他坚信，出现于西方又

① Yu Jie, "China's One Belt, One Road: A Reality Check," London: LSE Ideas, July 2017, p. 3.
② Peter Nolan, *Understanding China: The Silk Road and The Communist Manifesto*, London: Routledge, 2015.

被东方的中国所接纳和发扬的马克思主义，能够帮助东方与西方找到某些共同语言。又如，英国学者彼得·弗兰科潘的《丝绸之路：一部全新的世界史》一书，把西方的罗马帝国与东方的中国作为丝路两端展开世界历史的全新叙事，在空间上重新建立了"东方—西方"的二元结构。但是，与以往的狭义的丝绸之路的历史叙述最为不同的是，弗兰科潘强调西方（罗马）帝国对东方的影响，认为"自亚历山大大帝将希腊的观念文化带到东方之后，东方的思想很快就有了新的方向"，并影响到了东方宗教的面貌，因而他把这条路称为"信仰之路"[①]。但他又在"前言"中指出，"事实上，数千年来，连接着欧洲和太平洋，坐落在东西方之间的那块区域，才是地球运转的中心"，故希望写成一部以"丝绸之路"为叙事中心的"全新的世界史"，强调"如此重要的中枢神经系统却常常被主流历史所遗忘，部分原因是我们所谓的'东方主义'——刺耳的、不容置辩的对东方的负面观点，认为东方不发达、比西方差，所以不值得深入研究。过去的历史叙述总是喜欢带有偏见地先入为主，所以历史上允斥的都是西方社会和欧洲崛起的故事，此地区在历史上没有留下应有的位置"。因此，他的叙事将"丝绸之路"的空间范围扩及全球，从历史到现实，并预言"世界正在进行着斗转星移的变化，种种迹象表明其重心必将回到千年之前的位置"，中国倡导的"一带一路"是丝绸之路复兴的重要推动力量，是中国政府为"人类未来谋划"之举。因此，弗兰科潘的《丝绸之路：一部全新的世界史》也因打破了欧洲丝路学家"西方中心论"的阐释框架而成为全球丝路学转型的扛鼎之作，并因屡登多国年度热销榜单之首而成为世界现象级的学术成果。2018年，弗兰科潘的新著《新丝绸之路》一书，从"通向东方之路""通向世界中心之路""通向北京之路""通向竞争之路""通向未来之路"等不同视角

---

① 王向远：《从东方学史看西方学界的丝绸之路研究》，《北京师范大学学报（社会科学版）》2020年第1期。

继续阐释"中国与世界古今丝路关系"，意义深远。英国剑桥大学高级研究员马丁·雅克于 2009 年出版了《当中国统治世界》一书，预测中国将走一条不同于西方的独特发展道路。他在接受中国人民网专访时强调，"一带一路"是有史以来最为宏大的倡议，它是一项长期的事业，会不断向前发展演变，并为重塑世界秩序提供新的可能性。"当今的世界秩序是由占世界人口仅 15% 的富裕国家设计并为他们自身服务的，而'一带一路'倡议涉及超过世界三分之二的人口"，故"一带一路"有望提供一种新的世界秩序，一套不一样的价值观、行事规则、组织方式、制度体系和一种全新的关系。① 他还认为，"一带一路"能以各国需要的方式发展，这种方式是开放的，能够满足它们的需求，而不是要求它们适应预先设想的模式。虽然这个想法最初是在欧亚大陆背景下产生的，但它已远远超出了这些地理限制，扩展到了非洲、拉丁美洲等。然而，无论地理位置如何，"一带一路"仍有一个重要的总体概念，即核心是"中国与发展中国家的关系"。② 在百年变局叠加新冠肺炎疫情的背景下，他在接受央视专访时表示，"一带一路"是一条创新之路、健康之路、减贫之路，其产出的各类成果，很可能于无形之中影响着世界。③ 此外，他还与中国学者合著了《"一带一路"手册（2020）》④。

正如马丁·雅克所言，"一带一路"的可能性和力量的另一个证明是发达国家的反应和对发达国家的影响。美国对"一带一路"

---

① 人民网：《专访马丁·雅克：中国将成为一个与众不同的全球性大国》，人民网—国际频道 http://world. people. com. cn/n1/2019/0705/c1002-31216607. html，访问日期：2021 年 12 月 5 日。

② 《马丁·雅克："一带一路"惠及世界》，中华人民共和国商务部，2021 年 6 月 15 日，http://fec. mofcom. gov. cn/article/fwydyl/zgzx/202106/20210603070869. shtml，访问日期：2021 年 8 月 1 日。

③ 《英国知名学者马丁·雅克谈"一带一路"：创新之路 减贫之路》，环球网 https://oversea. huanqiu. com/article/45gp5JmMJsE，访问日期：2021 年 11 月 22 日。

④ 蔡昉、[英] 马丁·雅克、王灵桂主编：《"一带一路"手册（2020）》，中国社会科学出版社 2021 年版。

的认知是从不重视到负面解构直至污名化。相比之下,欧洲的反应则是从质疑到正视直至考虑合作得失,有十几个中欧和东欧国家支持"一带一路"。同时,"一带一路"也获得了南欧国家越来越多的支持,尤其是希腊、葡萄牙和意大利等。总的来说,欧洲大陆的态度可以描述为感兴趣和开明①,英国学界的"一带一路"认知即为明证。

第二节 英国"一带一路"认知成因溯源

英国精英阶层对"一带一路"认知的复杂多元性,与其思想界的重商主义和人文主义渊源以及英国丝路学派深厚的学术根基有着密切的关联。

一、与英国智库的人文思想渊源有关

英国智库认为,英国兼具重商主义、人文主义气质。略显被动的地缘条件和匮乏的资源,迫使英国必须务实灵活地寻找经济上的合作伙伴,故重商主义盛行;其重视传统、推崇渐进的民族性格,又使其不轻易改变,因此人文主义在其灵魂深处的烙印很深。重商主义、人文主义两种思想,遂成为英国智库解释英国对"一带一路"合作倡议的理论依据。

首先,英国在西方国家中较早响应"一带一路"倡议,英国智库的研究结论是,英国的行为并不是对美国的背弃,而是重商主义使然。因为英国需要中国的投资来更新老旧的工厂和基础设施,以升级英国制造业水平,从而将更好的产品出口到中国;英国加入亚投行,也有巩固其国际金融优势的战略考量。在"一带一路"倡议的"五

---

① 《马丁·雅克:"一带一路"惠及世界》。

通"举措中，以货币流通为核心的金融支持是重点。同时，作为老牌的金融大国，英国智库自认为全球四大金融中心中，有三个与英国有关（伦敦、新加坡、中国香港），中国境外人民币支付有62%在伦敦进行。

其次，中国政府和英国政府于2014年签署了一系列新协议，其中包括在未来加强中英教育合作的框架协议。英国智库对这些问题的解释是，英国教育的宗旨是培育社会精英意识，包括批判性思维、独立性思考、跨学科知识、国际化视野、高度的社会责任等，此乃人文主义使然。他们认为，这些人文素质让英国在文学领域有莎士比亚、在科学领域有牛顿、在经济学领域有亚当·斯密、在自然科学领域有达尔文……当然，目前在英国大学的本科教育中，来自欧盟的学生显著减少，中国学生的出国需求正在填补这些空缺，表明英国的人文主义中还是脱不开重商主义的色彩。

再次，在"一带一路"倡议实施过程中，英国智库把重商主义和人文主义糅合在一起，建议中国和英国加强"一带一路"媒体合作。他们认为，英国传媒业高度发达，是有传媒话语权的国家。而中国有正在崛起的传媒市场，有"一带一路"倡议实施过程中的舆论引导和动员需求，故建议中英可联合开展问卷调查，了解"一带一路"沿线国家的关注倾向和参与程度；联合拍摄纪录片和专题片，向世界展现"一带一路"建设全景和未来愿景；加强现代传媒理念培训，联合培养现代传媒人才；加强两国传媒产业沟通，全面加强纸质媒体、广播电视、音像制品等传媒领域的双边合作。他们认为，传媒影响力属于文化软实力范畴，理应成为中英在"一带一路"倡议实施中合作的重点领域和项目。①

---

① 王灵桂：《国外智库看"一带一路"》，《唯实（现代管理）》2016年第3期。

二、与英国深厚的丝路学研究根基有关

与法国的丝路学起源于汉学类似，英国的丝路学起源于东方学。与汉学不同，东方学对中国的认知因其固有宗旨和目标而呈现出更强烈的"欧洲中心论"与"西方文化优越论"的色彩。[①] 自 18 世纪下半叶开始，英国殖民地出现了东方学家的开创性研究，如 1823 年英国伦敦创建了皇家亚洲学会，[②] 从突破梵语的阻隔为开端，将印度、中国、日本、斯里兰卡等东方国家逐渐纳入欧洲人认知的范围，[③] 以服务于其殖民扩张的需要。东方学家总是倾向用欧洲的地理、历史和社会文化理论来解释中国，以满足殖民者在华活动需要并适应西方社会对东方和中国的想象。[④] 19 世纪初，英法荷等国通过海洋路线对亚洲濒海地区开展殖民活动，借东印度公司之手控制了印度和东南亚诸多地区并开展地理测绘和调研统计。但是，它们对亚洲内陆地区的了解仍非常有限。英法俄的地理学家和东方学家们非常渴望填补这一知识领域的空白，欧洲学界探索亚洲内陆地区的意愿受到英俄两国政府的支持，以满足其向中亚扩张的战略需求。英国东印度公司和后来

① 恽文捷：《欧洲东方学二元中国认知的发展及其影响》，《社会科学》2021 年第 4 期。
② 皇家亚洲学会（Royal Asiatic Society）于 1823 年 3 月 15 日由著名的英国梵文学者亨利·托马斯·科尔布鲁克（Henry Thomas Colebrooke，1765—1837）创建于伦敦。科尔布鲁克希望"在更广泛的基础上建立一个学会，接受并适应尽可能多的相关人员的观点和追求，无论他们的兴趣是历史研究、考古研究，或者其他方向的研究"。学会通过研究亚洲的科学和艺术，旨在促进和改善亚洲，并提升国内的知识和艺术水平。他指出：亚洲是世界上最古老、人口最多的地区，学会研究范围是整个亚洲，其丰富性如同那里的民众。学会的研究视野涵盖古代和现代，涉及历史、民主政治、制度、礼仪、习俗、语言、文学和科学。简言之，就是研究亚洲文化的历史发展及其延伸方式。它的研究不局限在亚洲的地理范围内，还包括随着伊斯兰教的传播，西亚与其他国家的联系。总之，只要是涉及人类所思所想的内容，都在学会的研究范围内。
③ 李伟华：《英国东方学的学院化历程考论——从皇家亚洲学会到亚非学院》，《社会科学研究》2020 年第 6 期。
④ 恽文捷：《欧洲东方学二元中国认知的发展及其影响》。

的英属印度一直企图打通从印度到中亚汗国和中国新疆与西藏的商道，以便拓展贸易并保护印度的西北边疆安全。也是基于此需求，英法俄等老牌殖民国家在 18 世纪末和 19 世纪初纷纷建立东方学会和地理学会，以促进对世界各地的探索和知识积累，方便其全球军事扩张和殖民征服。① 很多欧洲国家依靠传教士，已经在 19 世纪以前建立了发达的东方学。英国东方学基础原本相对薄弱，但从 18 世纪后半期开始，英国逐渐掌握了新航路的霸权，加快了其殖民扩张的速度，地理考察、历史遗迹考古与比较语言学等也随之得以发展。因此，在 19 世纪下半叶至 20 世纪上半叶，英国丝路学研究呈现出丝路考察实践强于历史文化研究的鲜明特征。19 世纪 40 年代，英国占领了整个印度次大陆，并侵入欧亚大陆内部的文明十字路口——阿富汗，与俄国争夺阿富汗、中亚和中国西部地区，尤其到了 19 世纪末叶，西方帝国主义势力在中国长江南北瓜分领土，新疆也成为英国和沙皇俄国所觊觎的对象。为了争夺新疆和扩大在疆势力范围，英、俄两国纷纷派出探险队进入新疆，攫取包括山川形势、道路交通、城镇分布及地方政情等在内的军事情报，故促成了英国人对丝路腹地的考察和研究，中亚和新疆考古大发现的时代即源于此。在一系列的探险队中，1870—1873 年间英国福赛斯（T. D. Forsyth）使团、1887 年英国荣赫鹏（F. E. Younghusband）探险队，以及 1870—1885 年间俄国普尔热瓦尔斯基（N. M. Przheval'skii）组织的四次中亚探险，虽然注意到了新疆的古物，但因其主要目的在于地理和军事方面，所以他们对于古代文物并没有给予特别的关注。但是，在 1893—1899 年间，共有 31 批新疆出土文献送到了加尔各答的孟加拉亚洲学会总干事霍恩雷（August Friedrich Rudolf Hoern-

---

① 恽文捷：《欧洲东方学二元中国认知的发展及其影响》。

le，1841—1918）手中①而被运回英国后，引发西方大国的西域探险热，也开始了英国丝路学研究的新阶段。在皇家亚洲学会筹办下，1917年2月，伦敦大学东方学院正式成立；随着东方学院研究范围扩展至非洲，学院于1938年改名为"伦敦大学亚洲与非洲研究院"，简称伦敦大学亚非学院（SOAS）。② 它的创建是英国东方学与丝路学发展的必然结果，也是英国东方殖民统治的现实需要，其建设目标是培养精通东方语言的学生，从政治和经济两方面服务于英国的殖民统治。因此，亚非学院像其他东方学院一样，旨在向殖民地培养外交官、行政管理人员等急需人才③，并成为英国丝路学学科建设与人才培养的重镇。

在英国丝路学不同发展阶段，产生了许多丝路学研究成果尤其是探究"中国与世界古今丝路关系"的力作，如亨利·玉尔爵士（Henry Yule，1820—1889）的 Cathay and the Way Thither Being a Collection of Medieval Notices of China（《东域纪程录丛：古代中国闻见录》，即《中国和通往中国的道路——中世纪关于中国的记载汇编》）④ 一书，汇集了西方从希腊罗马时代到中世纪关于中国以及通往中国道路的记述，"丝绸之路"一名呼之欲出……为后来李希霍芬对"丝绸之路"的命名打下了基础⑤；毕尔（Beal Samuel）的 The

---

① 霍恩雷在收到这些资料后，在一系列文章中做了报道和研究。正式的研究报告是以下三篇：（1）《中亚写本的三批收集品》（"Three further collections of ancient manus from Central Asia"），载《孟加拉亚洲学会会刊》（JASB）第66卷第1期，1897年；（2）《英国中亚古物收集品报告（一）》（"A collection of antiquities from Central Asia，Part I"），《孟加拉亚洲学会会刊》（JASB）第68卷第1期，增刊一，1899年；（3）《英国中亚古物收集品报告（二）》（"A report on the British collection of antiquities from Central Asia，Part II"），《孟加拉亚洲学会会刊》（JASB）第70卷第1期，增刊一，1901年。这些文献后入藏于英国博物馆的东方印本与写本部（Department of Oriental Printed Books and Manus），之后，大部分梵文、于阗文和龟兹文材料转交印度事务部图书馆收藏。留在英国博物馆的汉文写本共13件，也在1973年转归英国图书馆收藏。

② 李伟华：《英国东方学的学院化历程考论——从皇家亚洲学会到亚非学院》。

③ 李伟华：《英国东方学的学院化历程考论——从皇家亚洲学会到亚非学院》。

④ Henry Yule，Cathay and the Way Thither Being a Collection of Medieval Notices of China. London：Hakluyr Society，1915，又译为《东域纪程录丛》，是本探讨古代欧洲中国知识的专著。

⑤ Henry Yule，The Book of Ser Marco Polo. London：John Murray，1903.

Travels of Fah-hsien and Sung-yun（《法显、宋云游记》），瓦达斯（Thomas Watters）对《大唐西域记》的详尽考释 *On Yuan Chwang's Travels in India*①，李提摩太（Timothy Richard）翻译了元代丘处机、李志常的《长春真人西游记》等，均从宗教文化视角来认知中外丝路人文关系；马尔克·奥莱尔·斯坦因（Marc Aurel Stein，1862—1943 年）以"四次中亚探险"与"发现尼雅遗址"而成为英国丝路学奠基者，其代表论著有《古代和田》（1907）、《塞林底亚》（1921）、《亚洲腹地》（1928）、《在中亚古道上——在亚洲腹地和中国西北部三次考察活动简述》（1933，被我国著名敦煌学家向达译成中文，名为《斯坦因西域考古记》，1936 年 9 月由中华书局出版，这部中译本对我国学者了解斯坦因考察及搜集品、对推进中国敦煌学研究起到了非常重要的作用）②，等等。其中，英国哈尔福德·麦金德（Halford John Mackinder，1861—1947）提出的"心脏陆地说"影响深远：19 世纪欧洲地理学家和东方学家③构建了基于近代地理学的"Central Asia"概念以取代"Tartaria"，成为与"China"并列的地理区域，使之共同成为帝国主义霸权争夺的对象。英俄私分帕米尔后，中亚出现了中英俄三国以帕米尔为界的地缘政治格局。英俄争夺中亚的博弈更催生出"陆权论"。英国麦金德于 1904 年在英国皇家地理学会（RGS）题为"历史的地理枢纽"的讲演中提出了"心脏陆地说"，中亚成为欧美学界视野里的亚洲"心脏地带"和"枢纽地区"，故成为大国争夺世界霸权必须掌控的地区。为了解和控制中亚，英俄

---

① Thomas Watters, *On Yuan Chwang's Travels in India*. London, Royal Asiatic Society. Reprint, 1904.

② 马丽蓉：《百年来国际丝路学研究的脉络及中国丝路学振兴》。

③ 以英国历史和地图学家约翰·平可顿（John Pinkerton，1758—1826 年）、法国东方学家克拉普罗特（Julius Klaproth，1783—1835 年）和德国地理学家洪堡（Alexander von Humboldt，1769—1859 年）为代表的欧洲学者在 19 世纪初提出了用"Central Asia"（Средняя Азия、中央亚细亚）来取代"Tartaria"，以便准确指代北至西伯利亚、西到里海、南至喜马拉雅和中国长城、东达太平洋的亚洲中心地域。

法德等国便将丝路腹地作为丝路学研究的重心，使起步于西域探险与研究的丝路学，从此烙上了西方政治霸权与学术霸权的印记，参与塑造了英国学界的涉华认知，并影响其形成客观的"一带一路"认知。

三、与英国丝路学渐趋转型有关

长期以来，欧洲东方学家在西方中心论的阐释框架下研究东方，主要目的在于揭示东方历史的停滞与近代西方的兴起，这既是历史事实的一个角度的反映，也是西方中心主义思想的诠释与演绎。但是，"丝绸之路"则并非从主义与观念出发，而是从遗址发掘、遗物发现与文物考古出发，客观地揭示出这条道路的推动者是中国人，主体是中亚、西亚各族人民，而西方的欧洲仅仅处在这条路的尽头与末端。诚然，在丝绸之路的研究与描述中，仍不免带有长期以来流行的"公元 1500 年史观"（公元 1500 年后西方兴起东方衰落）的影响。更多的研究也客观地揭示出，尽管 16 世纪以后海上航道开通而形成了"海上丝绸之路"，陆上丝绸之路逐渐趋于衰微。但是，即便是海上丝绸之路，也仍然长期为东方世界所主导，所流通的商品仍然是产自东方的陶瓷、香料、皮货、茶叶、宝石、黄金等。东方世界的富裕是西方世界所不能比拟的，这种情况一直到 19 世纪西方用武力霸占、掌控有关的码头、商埠与航道为止。这样的研究与 20 世纪中期以来的"世界体系"论者（如阿布-卢格霍德、贡德·弗兰克等人）所得出的"东方早就存在不依赖西方的早期世界体系"的结论是完全吻合的。可以说，西方的东方学家在丝绸之路及其相关研究中的姿态，总体上有别于此前的西方中心主义，[1] 表明聚焦"中国与世界古今丝路关系"的丝路学与东方学的质的区别。而且，丝路学研究方法也由历史叙述模式与历史哲学的思辨模式，转向了足之所至、目之所见

---

[1]　王向远：《从东方学史看西方学界的丝绸之路研究》。

的地理探险的考察模式，形成了丝路学学术性与实践性相结合的双核特质。

第二次世界大战后，随着国际格局的不断变化，英国已从昔日的全球性帝国退守到战后的区域性大国，其自身政治地位的变化更促使其丝路学界用较为客观的态度审视欧亚大陆和中英关系。汤因比于1960年在丝路腹地游走后所撰写的《亚洲高原之旅：文明的兴亡》已出现了跳脱"西方中心论"的视角转型。

中国提出的"一带一路"倡议，激发了中外学者投身丝路学研究的积极性，在客观上形成了丝路学发展的学术新机遇。2013年以来，丝路学研究热在国内外持续升温：一方面，全球丝路学在"西方中心论的阐释框架"尤其是"中国议题"被政治化的演进中开始转型，如弗兰科潘的《丝绸之路》成为去"西方中心论阐释框架"的里程碑式的扛鼎力作、弗朗西斯·福山预判"一带一路"助中国模式走向世界，以及基辛格的《论中国》与《世界秩序》等均成为全球丝路学转型的重要标志。[①] 其中，英国丝路学派的转型不仅表现在弗兰科潘、马丁·雅克等学者的研究视角的转移，也体现在学术潮流的变迁上：自2016—2018年间形成的、由伦敦大学亚非学院发起的"非殖民化"倡议（De-colonising，SOAS），旨在全面地从教学实践层面矫正和反思殖民遗产，表明英国知识精英对殖民主义的制度、结构和认识论遗产进行审问和改造的努力，必将对英国学界的"一带一路"认知产生深远影响。

尽管欧美对中国和"一带一路"的认知存在诸多误差，对中国形象的负面塑造倾向较为明显，但英国认知"一带一路"的态度相比美国更为积极，且学界比媒体更务实。正是由于英国思想界重商主义与人文主义兼容的传统、深厚的丝路学研究基础，以及打破西方中

---

① 马丽蓉：《丝路学，关于"中国与世界关系"的百年显学》，环球网 https://opinion. huanqiu. com/article/9CaKrnK5SsK，访问日期：2021年11月1日。

心主义的学术转型，使得英国精英阶层对"一带一路"的认知更加
开明和友善，但也充满着不确定的变数。

第三节　助力"一带一路"高质量建设的因应之策

人文交流是中英关系发展的润滑剂，促进"民心相通"的具体成
果有助于化解两国民众存在的"认知赤字"，对中英关系未来的发展具
有破局意义，故应从以下三方面努力，助力中英学术交流与合作：

第一，应进一步加强中英智库交流与合作

英国是位居世界前列的软实力强国，在教育、科技、卫生、文
化、艺术等领域与华合作空间巨大。中国是世界最大的国际学生生源
国，中外教育合作办学富有成效。中英科研、创新合作有着良好基
础，在新冠肺炎疫情肆虐之际，疫苗和药品联合研发合作为中英交流
深入发展增加了新的内涵。[1] 人文交流中，尤其要加大智库交流与合
作，以增进理解、消除分歧、凝聚共识：1. 通过严谨的学术调查，
提供更为翔实、全面的综合分析，为中国推进与国际智库合作、进行
传播整合奠定坚实基础；2. 以高校智库为切入点开展学术合作，借
助其政治倾向性较弱、观点较为中立的优势，以定期研讨会、人员互
访、学生交流等形式推进智库、高校及其青年学者间的对话交流；[2]
3. 智库学者应进一步"走出去"来加强议题设置、增信释疑，塑造
中国负责任的大国形象，积极抢占国际话语权。

**第二，应进一步推动中英学界和媒体合作讲好"一带一路"
故事**

截至 2022 年 1 月 21 日，中国已与 147 个国家、32 个国际组织签

---

① 王展鹏：《百年大变局下英国对华政策的演变》，《欧洲研究》2020 年第 6 期。
② 毛新雅、马红：《国外尖端智库关于"一带一路"的评议及对其回应》，《伊犁师范学院
　 学报（社会科学版）》2019 年第 3 期。

署两百多份共建"一带一路"合作文件，表明"一带一路"已成为备受国际社会欢迎的公共产品，习近平在第三次"一带一路"建设座谈会上呼吁中外共同讲好"一带一路"的故事，故应鼓励国内更多学者通过学术会议及加入政府代表团、商业洽谈团队等多种渠道，走向世界舞台，发出关于"一带一路"客观真实的声音，用世界听得懂的语言和方式讲述中国故事。[1] 一方面，要鼓励专家学者增加在国内外媒体、国际会议、国际论坛中的曝光频率，在重要刊物开设专栏，积极与媒体互动，借助媒体平台就国际热点问题及时发声，提出建设性意见，增强对国际问题的发言权和话语权。特别是就重大突发事件，要抢占先机，掌握更多国际话语权。另一方面，我国专家学者需提高对新媒体的综合运用能力，多在国内外社交媒体平台分享研究成果，发表看法主张，增强对年轻群体的思想吸引力。[2] 其中，缺乏了解是英国智库对"一带一路"的认知存在偏差的主要原因，为此可通过"走出去"与"请进来"两种方式，增进中英智库互动，助力合作讲好"一带一路"故事。

第三，应进一步推进中欧围绕"一带一路"的学术对话

作为中国构建新型国际关系和人类命运共同体的重要途径，我国学者应从学理上对"一带一路"倡议的内涵、动因、路径、意义、愿景等展开深入分析和系统研究。国家相关部门可出台政策，鼓励高校和研究机构开展专项研究，并在美欧主流期刊、媒体发表阐释"一带一路"倡议的文章，从而使海外学者特别是欧盟学者更加清楚和客观地认识"一带一路"倡议的本质，并从学理上获得包括欧盟智库学者在内的海外学者的认同，从而为该倡议得到海外舆论的更大认可和支持创造条件，尤其应从两方面推进中欧围绕"一带一路"的学术对话：一方面，借承办 G20 智库分论坛、全球智库论坛、中

---

[1] 毛新雅、马红：《国外尖端智库关于"一带一路"的评议及对其回应》。
[2] 王翀、李占英：《2020 年西方主流智库涉华研究新特点与启示》。

国—中东欧智库学者论坛及"一带一路"国际合作高峰论坛智库分论坛等机制，以中国国际经济交流中心、中央编译局、中国社科院、中国人民大学重阳金融研究院等为主，推动中欧围绕"一带一路"的交流与合作。另一方面，以国内具有一定影响力的海外中国学研究中心为抓手，通过中国与欧盟学术机构开展"一带一路"合作研究，联合发布研究报告及合办学术论坛（如中国社科院承办的"中国道路"欧洲论坛）等方式，塑造和影响欧盟智库对"一带一路"倡议的认知。①

---

① 高小升：《欧盟智库对中国"一带一路"倡议动因的分析》，《当代世界社会主义问题》2019 年第 2 期。

第四章
法国"一带一路"学术动态研究*

　　法国是欧盟创始国与核心成员国,在欧洲事务中发挥着重要作用,法国的态度对"一带一路"在欧洲的实施具有重要影响。同时,法国是非洲法语国家的前宗主国,目前对该地区仍具较大影响力,法国政府的态度、学界研究、媒体报道也会影响非洲法语区对"一带一路"的看法。① 因此,全面深入研究法国各界尤其是学界对"一带一路"的认知状况具有重要意义。

第一节　法国"一带一路"研究现状梳理

　　法国学术界对中国"一带一路"倡议进行了追踪研究,经历了初步认识→战略分析→影响研究→前景分析→深度反思等不同阶段。虽然中国正式提出"一带一路"倡议的时间是 2013 年,但法国学界发现,从 2000 年中国提出中非高峰论坛倡议,又不断增加其在东南

　　＊ 本章系国家社科基金青年项目"'互联网加人文交流'助推'一带一路'民心相通"(20CGJ004)的阶段性成果。
　　① 鞠雪霞、秦洪武:《"一带一路"倡议在法国的传播状况分析》,《法国研究》2020 年第 3 期。

亚、中亚、中东甚至欧洲的投资来看,北京实际上从本世纪初开始,便通过各种方式扩大其在各个大陆的影响"。① 且不论其溯源恰当与否,但法国学界观察问题的历史感和由此产生的深层次问题是值得重视的。② 大约从 2016 年起,法国关于"一带一路"倡议的专题研究大量增长,这为我们研究法国"一带一路"的认知现状提供了大量材料。

一、法国智库对"一带一路"的基本认知

在西方主流智库中,颇具盛名的研究中国问题、关注"一带一路"的法国智库主要有法国国际关系研究所(Institut Français des Relations Internationales,IFRI)③、法国国际关系与战略研究院(Institut de Relations Internationales et Stratégiques,IRIS)④ 以及欧洲智库中国研究网(The European Think-tank Network on China,ETNC)⑤ 等。其中,法国国际关系研究所是法国国际问题及全球治理研究方面最重要的机构,在美国宾夕法尼亚大学发布的《全球智库报告》中,IFRI 连续两年在全球最具影响力的智库中排名第二,仅次于美国布鲁金斯学会,在西欧智库中排名第一。法国国际关系研究所的研究范围囊括地区、国家和全球层面,通过跨学科的多元研究方法,聚焦重大国际事件,评估国际政策的演变和影响,预测国际关系发展趋势。从性质上看,IFRI 是中立的研究机构,尽可能地减少党派及官方色彩以保持研究的客观性,使其"一带一路"的相关研究报告颇具权威性。但事实上,在法国国际关系研究所研究报告中,

---

① Barthélémy Courmont,"Au Temps des Routes de la Soie,"Revue internationale et stratégique,113(2019):210.
② 杨姗:《〈法国面对中国"一带一路"〉研究报告中的中国形象研究》,载《新丝路学刊》总第 12 期。
③ 参见 https://www.ifri.org/en。
④ 参见 https://www.iris-france.org/。
⑤ 参见 https://www.ifri.org/en/european-think-tank-network-china-etnc。

"中国威胁论"仍然存在，"威胁""恐惧""危险"等词语在文章标题和言论中出现的频率仍然较高。但在"一个强大的中国对世界其他国家而言是否是威胁""中国是否会称霸"的探讨中，部分法国智库学者表现出了相对冷静和理性的态度。① 从亚投行到"一带一路"倡议，中国的倡议对全球治理模式和各行为主体的关系带来了冲击和挑战，对此，法国学者表现出观望和戒备，如法国国际关系研究所克洛德·麦耶（Claude Meyer）指出："2030 年前后，中国的 GDP 将比美国或者欧盟多出三分之一。工业、贸易、金融领域，也许还包括科技，中国都将占据主导地位，而其军事和战略能力可能也会大幅增强。在这种情况下，中国是如其所宣称的那样满足于获得一个'应有的地位'，即多极世界中的一极，还是会像历史上其他强国那样谋求霸主地位？""现在的中国并不像西方人通常所以为的那样，抱着统治世界的目的，而是务实地发展经济。"IFRI 另一位学者弗朗索瓦丝·尼古拉（Françoise Nicolas）认为，中国当前的姿态是务实的，并没有过多企图。国际与战略关系研究院让-樊尚·布里塞（Jean-Vincent Brisset）则认为，中国想在亚洲地区恢复其历史上曾经的霸主地位，但中国却不一定有称霸全球的野心，实际上中国只是不愿意被外部强加任何事情。2017 年 2 月，法国国际关系研究所七位学者联合发布题为《中国新丝路三年——从话语到行动》的英文报告，共包括"中国的新丝路：一个灵活的实施过程""'一带一路'的经济学因素：将中国利益置于首位""'一带一路'与能源：渐进的中国国际化战略""俄罗斯对'一带一路'的态度：从威胁到机遇""'一带一路'和土耳其向东看""非洲位于'一带一路'的边缘？"等六个部分，认为"一带一路"倡议本身并非一个明确的行动方案，所以重点研究了呈现"一带一路"进

---

① 李洪峰：《法国国际关系智库的中国研究：视角与立场》，《社会科学文摘》2018 年第 8 期。

展的具体内容和其引发的国际反响。整体看，该报告立场中立，集中关注基础设施、能源等现实问题和相关国家的利益关联，承认"一带一路"倡议为沿线国家提供了发展选项，表现出"从多角度思考新发展"的研究立足点。这与法国政府对"一带一路"倡议的较积极态度在某种程度上达成一致，但是报告仍保持审慎的态度，未进一步对法国与"一带一路"的关系进行阐述。[①] 2018 年 10 月，法国国际关系研究所发布了一份题为《法国面对中国"一带一路"》的研究报告，由法国国际关系研究所亚洲中心中国活动负责人爱丽丝·埃克曼（Alice Ekman）主持编纂，参与编写的有法国国际关系研究所亚洲研究中心主任、亚洲经济一体化问题专家弗朗索瓦丝·尼古拉、亚洲研究中心东南亚区域问题专家苏菲·布瓦索·德罗谢（Sophie Boisseau de Rocher）、中国及亚洲能源问题专家约翰·西曼（John Seaman）、亚洲中心日本活动负责人塞琳·帕容（Céline Pajon）、亚洲中心南亚问题专家伊莎贝尔·圣梅扎尔（Isabelle Saint-Mézard），以及俄罗斯中心主任塔蒂亚娜·卡斯图瓦（Tatiana Kastouéva-Jean）等。这份报告梳理了"一带一路"的历史演进、现实状况、发展前景及其他国家的应对等，认为中国在政策沟通的框架下，组建了范围多元、层级多种、形式多样的双边及多边交流平台，"近年来，以'一带一路'名义创建的双边委员会不断增多……还有其他实现'政策沟通'的渠道：组织'一带一路'论坛、高级别正式访问、政党间的交流、鼓励其他国家'学习中国经验'的培训项目"。[②] 在中国外交的推动下，越来越多的国际多边会晤也将"一带一路"倡议纳入其中议题，因此该报告通过提出假设、分析变量的方式，得出了"一带一路"发展的三个可能前景：

[①] 李洪峰：《法国国际关系智库的中国研究：视角与立场》。

[②] A. Ekman（dir.）"La France face aux Nouvelles routes de la soie chinoises", *Études de l'Ifri*, Ifri, octobre 2018, p. 25.

一是中方通过"一带一路"逐渐建立起一种权威的全球化新形式；二是"一带一路"继续发展并与其他全球化模式形成对立；三是在经历了最初阶段的发展后，"一带一路"逐渐衰落。根据发起"一带一路"倡议五年间的观察，法国国际关系研究所认为第二种前景的可能性是最大的。①

法国智库不仅对"一带一路"进行了细致分析，还尝试与中国开展研究合作，有意借机增加自身在多边合作和全球治理中的话语权。2017 年，法国国际关系与战略研究院与中国驻法大使馆签署中法共建"一带一路"巴黎论坛的合作协议，这是在"一带一路"框架下中国驻外使领馆与欧美主流智库建立的首个机制化学术交流平台，助力中法开展围绕"一带一路"的学术对话，为法国智库的"一带一路"认知提供了机制支撑。

综上，法国智库的"一带一路"认知，既带有浓厚的防备和猜疑色彩，又表现出正视中国国际角色变化的务实态度，并从法国的现实需求出发，对中法在国际事务中的合作前景作了展望，呈现出务实认识与对华成见共存的基本特征。

二、法国学者对"一带一路"的基本认知

法国地理学家、巴黎世界研究学院应用地缘政治学系主任、外交部前大使兼分析和预测中心前主任米歇尔·富歇（Michel Foucher）认为，"一带一路"旨在欧亚地区建立广泛联系，这不是一项明确的地缘政治策略，而是一种更微妙的地缘经济范围的地理手段，从长远看还会产生政治影响。② 法国里尔大学克莱尔实验室经济学家、雷尔-杜瓦研究所副所长克莱芒·什耶而（Clément SÉHIER）则从负面角度解读"一带一路"，认为其与提出一种基于公平财富再分配和对

---

① 转引自杨姗：《〈法国面对中国"一带一路"〉研究报告中的中国形象研究》一文。
② Michel Foucher, L'EURO-ASIE SELON PÉKIN, Politique étrangère, 2017, No. 1.

环境真正尊重的可持续发展方法相反,对国外劳动力和自然资源的开采是中国投资者更感兴趣的,在当地人眼中,对长期债务前景的担忧、与地方领导人签订的不透明合同、中国对自然资源的控制已出现在这些投资的潜在效益中,而这恰与中国政府展示的"双赢"目标相去甚远。① 法国高等海洋经济学院主任保罗·图雷(Paul Tourret)指出,在全球范围内,地中海是内陆海域之一,不同体系和文化混合,有时甚至彼此对峙。中国像西方介入印度洋一样介入了地中海,而在中国东部海域的介入程度则相对较小。此时的世界越来越像 19 世纪末的世界,多极化趋势加剧,全球化已取代了殖民扩张,受害者不断减少,而参与者也变得更有活力。在这个世界上,"共享的海洋"从字面上证明了共存的合作机会。② 法国国家科学研究中心(LE Centre National de la Recherche Scientifique,CNRS)和法国社会科学高等研究学院法国近现代中国研究中心(Centre d'etudes sur la Chine moderne et contemporaine,CECMC)的名誉研究主任蒂埃里·佩罗(Thierry Pairault)指出,中国在地中海港口的足迹常以一种被幻想的方式存在,也通过其海运承运人、码头经营者、供应商或建筑承包商的存在来体现,尽管存在由中国"收购"港口而引起的担忧,但可在澄清相关表述的含义后,分析这些中国人在地中海行动的性质和重要性。③ 大卫·巴韦雷(David Baverez)的《巴黎-北京快报:对未来的总统叙说新的中国》一书指出:"西方有许多反对中国的声音,指责中国的污染、腐败、老龄化、不平等,是低效和独裁的政权。如今的中国也许有错误和缺陷,但它正在为自己创造一个新的身

① Clément Séhier, LA MONTÉE DE L'INFLUENCE INTERNATIONALE DE LA CHINE, UNE MANIFESTATION DE SES CONTRADICTIONS ÉCONOMIQUES ET SOCIALES INTERNES? Chronique Internationale de l'IRES, 2019, No. 3.

② Paul Tourret, LES NOUVELLES ROUTES DE LA SOIE EN MÉDITERRANÉE, CONSTRUCTION D'UN MYTHE CONTEMPORAIN OU RÉALITÉ PRÉOCCUPANTE ? Confluences Méditerranée, 2019/2.

③ Thierry Pairault, Présences économiques chinoises en Méditerranée, November 2021.

份，重塑社会模式和经济思维，加快变革速度，并将崭新的技术、经济、金融和社会因素融入其中。这也是西方人应该摆脱他们先入为主的观念，并真正了解中国当前和即将发生的变化的原因。"法国斯特拉斯堡大学前校长、法学院院长克里斯蒂安·梅斯特教授（Christian Mestre）曾与孔子学院互动，并呼吁法国与欧洲国家向中国学习。法国作家、记者马克西姆·维瓦斯的《维吾尔族假新闻的终结》于2020年底由法国丝路出版社出版发行，他用自己两次亲赴新疆的经历讲述了繁荣稳定的真实新疆，戳穿了西方炮制的种种涉疆谎言，他却为此遭到美欧主流媒体的蓄意诬陷，炒作他"被中国政府操纵了""太天真了""根本不懂维吾尔语"等，但在维瓦斯看来，"在法国有几百家媒体，没有一位记者会讲维吾尔语，他们和我一样需要翻译帮忙，可是他们却因此指责我。这些记者根本没有去过新疆，只是在转述郑国恩的谎言"。①

可见，法国不同学科领域、专业背景的学者对"一带一路"的态度、认知和研究视角各不相同，但"一带一路"的"横空出世"无疑打破了地中海文明中心传统下，作为欧洲大国的法兰西认为自身至高无上的情结，法国学者基本可以做到正视、剖析、研究这一学术议题，而非陷入到政治操弄与意识形态对弈的圈套，在他们谨慎审视的视角中，对"一带一路"的认知虽然不尽相同，但已相对客观。在英国脱欧、美国单边主义明显抬头且全球新冠肺炎大流行的背景下，法国学者也进一步体会到加强合作、深入了解中国的重要性，巴尔德雷米·库尔蒙、让-吕克·多梅纳克（Jean-Luc Domenach）等竭力呼吁推动中法学术对话，并从文化上了解中国。因为，这既是基于中法关系发展的双边需要，也是基于法国在国际事务中更好调动合作

---

① 《我讲述了真实新疆，却遭到法国媒体抨击》，中华人民共和国驻比利时王国大使馆官网，2021年3月18日，https://www.mfa.gov.cn/ce/cebel//chn/zt/xinjiang2/t1862428.htm，访问日期：2021年9月1日。

资源的本国需要，可谓意义重大。

三、法国媒体对"一带一路"的基本认知

针对法国媒体的"一带一路"认知现状，学界主要从议题框架、报道倾向和传播效果等不同维度予以研究，且多基于《费加罗报》《世界报》《回声报》等主流媒体的相关报道。在2017年首届"一带一路"国际合作高峰论坛召开前夕，法媒对"一带一路"的报道褒贬不一，如黄炎瑞认为"《回声报》为'一带一路'构建的框架总体倾向是正面的"[①]；尧红梅分析了2013年9月至2017年2月法国知名智库及《费加罗报》《世界报》两大纸媒对"一带一路"的报道倾向，认为"法国媒体对'一带一路'的认知呈负面倾向"[②]；尹明明、陈梦笾认为法国媒体"主要围绕目的框架和问题框架进行议程设置"，"对'一带一路'的认知仍存在偏颇"[③]；武亦文梳理法国主流媒体对"一带一路"倡议存在的质疑，认为质疑原因在于中法两国市场对接困难、中法贸易不平衡、价值观差异和意识形态对立等[④]；鞠雪霞、秦洪武从关注热点、引证来源和情感态度考察"一带一路"在法国的传播效果，认为法媒对"一带一路"的关注主要集中在倡议提出的目的和影响范围，媒体报道过分凸显中国从中获取政治和经济方面的利益，而对中国通过推动"一带一路"与其他国家共建利益共同体和命运共同体所做出的努力视而不见，反映了西方文化以个人为中心的道德观和中华文化"利他/她""利社会"的集体

[①] 黄炎瑞：《法国媒体建构下的中国"一带一路"倡议：基于〈回声报〉2015—2017相关报道的分析》，《2017中国·厦门外国语言文学研究生学术论坛暨厦门大学外文学院第十届研究生学术研讨会论文集》，厦门大学外文学院2017年，第816页。

[②] 尧红梅：《法国智库媒体视阈中的中国"一带一路"倡议》，《视听》2017年第2期。

[③] 尹明明、陈梦笾：《法国主流媒体"一带一路"报道研究——以和为例》，《国际传播》2017年第6期。

[④] 武亦文：《法国媒体对"一带一路"倡议质疑态度分析》，《法语国家与地区研究》2018年第4期。

主义价值观存在巨大差异，这也给中国推动"一带一路"倡议带来巨大挑战，等等。事实上，法媒多肯定"一带一路"加强经济联系、促进经济增长的愿景，但在"一带一路"的互惠互利性及中国扩大政治影响力等问题上持有怀疑与担忧，带有强烈的意识形态色彩。此外，法媒以法国和欧洲的利益为立足点，认为意大利加入"一带一路"会破坏欧洲大国的统一阵线，对此呈怀疑、担忧和批评的态度，并多次引述美国观点来强化读者对"中国智慧"和"中国方案"的负面认识，刻意强调"以美国为首的西方大国揭露中国的地缘政治目的"，怀疑中国"意欲巩固其影响力、控制原材料并转移过剩产能"，表明美国政府、智库和高校学者的观点深刻影响法媒态度[1]的事实，法媒的相关报道也反映了法国既希望从"一带一路"中获益，又害怕承担风险的矛盾心态。

可以说，从地缘政治角度来看，法媒的态度偏向西方，担心中国政治影响力的扩大会冲击现有的世界政治格局；从经济获益角度来看，尽管法媒受美国涉华言论的影响，对"一带一路"的互惠互利性存有一定的疑虑，但仍期盼能借"一带一路"新机遇来提振法国经济与社会发展。

第二节 法国"一带一路"认知成因溯源

法国各界对"一带一路"的认知总体呈现对华成见与务实态度共存之状，既带有浓厚的防备和猜疑色彩，又表现出正视中国国际角色变化的务实态度，但这些判断无疑都是基于法国的自身需求出发，谋求法国在"一带一路"建设中的国家利益与发展空间。相比较而言，法国学界的"一带一路"认知较于政界、媒体更加公正与客观，

---

[1] 鞠雪霞、秦洪武：《"一带一路"倡议在法国的传播状况分析》。

主要原因集中体现为以下三方面：

第一，法国丝路学研究为西方涉华认知提供了学术支撑。

法国具有悠久的丝路学研究传统，名家名著辈出，近代尤其是 20 世纪以来，欧洲各国丝路学研究的执牛耳者当属法国，在西方汉学界具有自己独特的传统。法国不仅建立了众多的学术团体，还拥有一批极具影响力的丝路学研究专家，出版了数量可观的具有全球影响力的学术著作，并且还举办过一系列以丝路为主题的展览、考察等形式的学术活动。

近代以前，法国学者就开始关注东方、关注中国。大航海时代之后，法国很快就超过几个航海大国成了欧洲乃至整个国外汉学研究的主导者。对于丝绸之路的研究，法国汉学家一直在该领域占据优势。有关中国与西域关系的经典著作首先被法国汉学家们译为法文，然后才被西方学术界所熟知，正是他们的成果为后来李希霍芬在 19 世纪末提出"丝绸之路"概念打下了研究基础。

尼古拉·德费尔（Nicolas de Fer, 1647？—1720）于 1696 年完成的《亚西亚洲图》由法国传教士白晋送给了康熙皇帝，反映了当时法国乃至欧洲对世界地理的认知程度。有关东亚的绘法及内容，表明当时正致力于全球扩张的法国对东方世界尤其海路信息的关注与熟识，路易十四委派来华的法国传教士传回欧洲的地理信息迅速转化为公共知识，为法国制图界所接受，并很快体现在其地图中①。法国唐维尔（Jean Baptiste Bourguignond'Anville, 1697—1782）依据《皇舆全览图》为杜赫德《中华帝国全志》所绘中国总图，1755 年出版《亚洲第二图：中国、部分印度及鞑靼、巽他群岛、马六甲、菲律宾及日本诸岛》②，这些都为法国学者形成涉华认知奠定了地理与政治

① 吴焕良：《科普｜清宫旧藏地图背后的法国皇家制图师》，澎湃网 https://www.thepaper.cn/newsDetail_forward_12537883，访问日期：2021 年 5 月 5 日。
② 新华网：《中外历史上所绘含有钓鱼岛的地图知多少?》，中国政府网 http://www.gov.cn/xinwen/2014-07/30/content_2727329.htm，访问日期：2014 年 7 月 30 日。

上的基础。

　　法国于 1814 年 12 月 11 日在法兰西学院创设了全球首个汉学讲座 "中国语言和文学讲座"（俄国于 1851 年开办，英国于 1876 年才将汉学列入大学课程），先后延续了两百年之久，汇集了数代法国丝路学名家，并聚焦 "中国与世界古今丝路关系" 研究且出版了一大批享誉世界的学术成果：雷慕沙（Abel Rémusat，1788—1832）的代表著作有《塞外民族语言考》《法显传（佛国记）译注》，论文多种并被收入《亚洲杂纂》《新亚洲杂纂》《遗稿杂编》等中，其《法显传译注》以精辟而丰富的考证，几乎荟萃了当时国外有关西域史的全部知识，极具划时代意义，雷慕沙也因此成为法国丝路学派的重要开创者；雷慕沙还与儒莲合译出版了《大慈恩寺三藏法师传》《大唐西域记》《汉文典籍中梵文名字的识别和标注》《中国、印度哲学和亚洲地理文集》等，其中贡献最大的是《大慈恩寺三藏法师传》和《大唐西域记》两部译作；沙畹（Emmanuel edouard Chavannes，1865—1918）翻译了《史记》，编著的《西突厥史料》成为当时研究中国西北历史和中亚历史的必读书。还著有《中亚十汉碑考》《两汉时代之石画像》《泰山志》《大唐西域求法高僧传注》，与伯希和合著《中国摩尼教考》。他的《中国地图学中两幅最古老的地图》一文成为近百年来首篇较有深度专论中国地图学史的文章，是欧美学者讨论中国地图学史的滥觞；法国丝路学集大成者当属保罗·伯希和（Paul Pelliot，1878—1945），凭借其深厚的汉语基础和中国历史知识，他盗走了敦煌最精华的文物且藏于法国国家图书馆，其代表成果有《摩尼教流行中国考》（与沙畹合著，1931）、《郑和下西洋》（1933）、《伯希和敦煌石窟笔记》（1993）、《卡尔梅克史评注》（2卷，1960）、《敦煌千佛洞》（6卷，1920—1926）、《马可·波罗游记校注》（1938）、《元朝秘史》（1949）、《成吉思汗战役史》（1951）、《伯希和西域探险记》（2001）、《金帐汗国史札记》（1953）、《中国印刷术的起源》（1953）等。他还积极致力于汉学建设，在《通报》上推介中国学者，将中国学术推向世界。①

此外，法国较早成立了丝路学研究机构，群体性开展专题研究。1920 年 3 月，在中法两国的共同赞助下，利用"庚子赔款"在巴黎创建法国汉学研究所，该所于 1959 年划属巴黎大学，1968 年最终划归法兰西学院。该所除从事教学、科研、图书外，自 1932 年起陆续推出了一套《法国汉学研究所丛书》（含《吐蕃僧诤记》[1952]、《五代回鹘史料》[1955]、《汉藏走廊古部族》[1961] 及《明代蒙古史料集》[1969]、《敦煌借贷文书》[1995] 等），成为法国丝路学研究的一系列标志性成果，带动了法国丝路学研究热。西方最早的亚洲研究学术团体也在法国成立，即 1822 年诞生的法国亚细亚学会，伯希和于 1935—1945 年曾先后出任该学会会长，一大批丝路学家在学会中较为活跃，其会刊《亚细亚学报》里面中亚史与丝路史的文章分量很大。此外，法国从事丝路学研究的机构还包括高等实验学院、国立现代东方语言学院、高等社会科学研究院、巴黎第三大学的突厥学研究所、法兰西学院亚洲研究所中亚和高地亚洲研究中心、国立科研中心与高等实验学院合办的敦煌学研究组（现更名为"中国写本、碑铭和肖像文献研究组"）、南特大学的蒙古学和人类学研究中心、国立科研中心与高等实验学院合作的藏学研究中心、国立科研中心的中国伊斯兰教研究组、阿拉伯世界、伊朗世界、吉美博物馆、中国新疆考古研究组、卢浮宫学院、喜马拉雅研究中心②等，从社会历史文化角度对丝路学的研究蔚然成风。

法国丝路学名刊还可溯至首创于 1890 年的第一份西方国际性汉学杂志《通报》（现已更名为《国际汉学刊物》），先后参与《通报》主编的考狄、薛力赫、沙畹、伯希和、戴密微、何四维等均是

① 马丽蓉：《百年来国际丝路学研究的脉络及中国丝路学振兴》。
② 耿昇：《法国学者对丝绸之路的研究》，《中国史研究动态》1996 年第 1 期。

丝路学名家，所以该杂志刊发与丝路研究有关的文章很多，尤其在伯希和主编期间更是如此。除前文所提《亚细亚学报》外，法国《亚细亚丛刊》中，也有不少有关丝路研究的名家之作。为协调、促进和沟通丝路与中亚史研究，法国中亚研究信息协会委托人文科学会馆，自 1994 年起开始出版每年两期的《中亚通讯》，也着重报道法国及世界各国的西域、丝路研究机构、著作、人员和基本动向等。

综上，法国丝路学研究从名家、名作、名刊、名机构、名论坛等方方面面，为西方涉华认知提供了重要的学术支撑，影响深远。

第二，法国丝路学界跨学科探究"中国与世界古今丝路关系"。

法国丝路学界研究陆丝的名家名作包括格鲁赛（Reno Grousset，1885—1952）[①] 的《草原帝国》（1939）、《蒙古帝国》（1941）、《沿着佛陀的足迹》（1947）、《从希腊到中国》（1948）；布尔努瓦的《丝绸之路》（1963）、《丝绸之路两千年》（2001）及论文《天马与龙涎，12 世纪之前丝绸之路上的物质文化传播》（1994）等；戴仁与他人合著《丝绸之路，风景与传说》（1986）、独著《马可·波罗的丝绸之路》（1988）；雅克·昂克蒂尔《丝绸之路》（1992）、《丝绸之路资料集》（1995）；阿里·玛扎海里（Aly Mazaheri，1914—1991）《丝绸之路——中国—波斯文化交流史》（1983）；让·保尔·鲁《中世纪探险家》（1985）、《瘸子帖木儿传》（1994）、《巴布尔传》（1986）、《西域的历史和文明》（1997）；让-诺埃尔·罗伯特《从罗马到中国——恺撒时代的丝绸之路》（1993）；弗朗索瓦-贝尔纳·于格和埃迪特·于格《蜃景的帝国，丝绸之路上的人、神和神话》（1993）；韩百诗主编《西域的历史和文明》（1977）等。

法国海丝研究的名家名作主要包括：伯希和《交广印度两道考》

---

① 格鲁赛主要从事亚洲历史和艺术研究，他的研究成果被大量载入教科书和画册，在法国的中学教师和非中文专业学生中颇有影响。

(1904)；龙巴尔《十字路口的爪哇》（1991）、与他人合著《雅加达的华人、庙宇与社团生活》（1980）、《13—20世纪印度洋与中国海上的亚洲商人》（1988）、《海洋亚洲的形象与现实，1200—1800年的华南与海洋亚洲》（1994）；伯希和于1914年在《亚细亚学报》发表郑和下西洋书评、于1933年在《通报》发表《15世纪初叶中国人的大航海旅行》、于1935年在《通报》发表《有关郑和及其航海的补充札记》、于1936年在《通报》发表《再论郑和下西洋》等系列论文；路易·德尔米尼《中国与西方，18世纪广州的对外贸易（1719—1833年)》（1964）等。

法国丝路学家还从以下几方面跨学科探究"中国与世界古今丝路关系"：

（1）丝路宗教研究。除伯希和等《中国之旅行家：摩尼教流行中国考》外，马伯乐的《中国宗教·历史杂考》（1950），研究了佛教在中国的表现形态和历史，提出辨别佛经汉译真经的方法，推动了法国对中国文学和禅宗的研究。克里斯娜·里布的《吉美博物馆所藏敦煌织物》（13卷，1970）与雅克·吉埃斯的《敦煌的幡与画》（1974），提供了佛教研究的大量珍贵文物；康德谟整理出版《道教和中国宗教》（1971），为后人奠定了认识和研究道教的基础；谢和耐的《中国和基督教》（1982），重点研究宗教在中西方文化交流中的冲突问题等。

（2）丝路文明研究。主要有：格鲁塞的《草原帝国》（1939）、《蒙古帝国》（1941）、《中国史》（1942）及《从希腊到中国》（1948）、马伯乐的《中国古代史》（1955）、玛雅尔的《古代高昌王国物质文明史》（1973）、雅克·吉埃斯的《西域的历史和文明》（1976）、阿里·玛扎海里的《丝绸之路——中国—波斯文化交流史》（1983）、戴仁与埃米尔·毕勒的《丝绸之路，风景与传说》（1986）、戴仁的《马可·波罗和丝绸之路》（1988）、鲁保罗的《西域的历史与文明》（1992）、让–诺埃尔·罗伯特的《从罗马到中国——凯撒时代的丝绸之路》（1993）、雅克·昂克蒂尔的《丝绸之路》（1992）与《丝绸之路资料集》（1995）等。

（3）丝路经贸研究。谢和耐的《中国5—10世纪的寺院经济》（1952），是法国研究丝路经济问题最重要的著作。布尔努瓦夫人的《丝绸之路》（1963），重点研究了丝绸贸易史，被誉为"法国出版的科学研究价值极高的丝绸之路专著"，证实了是中国人开辟了令世人震撼和惊喜的横贯欧亚的陆上丝绸之路，揭开了丝路王国神秘的面纱。

（4）敦煌学研究。除伯希和的《敦煌经卷图录》和《敦煌石窟图录》等外，戴密微侧重敦煌佛学及变文俗讲等研究。1973年法国国立研究中心和高等实验学院第四系联合组成的483研究小组是西方唯一的敦煌学专门机构，其宗旨是编写巴黎国立图书馆所藏伯希和敦煌汉文写本目录、指导和推动敦煌写本的研究，并在20世纪80年代陆续出版了《敦煌学论文集》。在敦煌文献资料整理方面，法国出版了《巴黎国立图书馆所藏伯希和写本目录》《伯希和敦煌石窟笔记》《巴黎国立图书馆所藏伯希和敦煌写本丛书》等。[1]

中国提出"一带一路"倡议后，也引发法国学界的学术积极性，产生了一批相关论著与研究报告，折射出法国学界认知"一带一路"的基本现状，凸显法国多维度研究"中国与世界古今丝路关系"的跨学科实力及其学术底蕴。对此，我国中外关系史学会前会长、法国"文学艺术勋章"获得者耿昇先生曾从"法国学者研究丝绸之路的背景与机构""法国学者对陆路丝绸之路的研究""法国学者对海上丝绸之路的研究"及"法国汉学界参与组织的以丝路为主题的其他科研活动及成果"[2]等四个方面做了系统梳理，揭示出法国丝路学派对

---

[1]　马丽蓉：《百年来国际丝路学研究的脉络及中国丝路学振兴》。

[2]　耿昇：《法国汉学界对丝绸之路的研究》，《西北第二民族学院学报（哲学社会科学版）》2002年第2期。

丝路学核心议题阐释体系建构做出的重要贡献及其现实意义。

第三，法国丝路学成果一定程度上塑造了西方学界的涉华认知。

梳理法国丝路学文献后发现，法国丝路学派名家辈出、名作荟萃，具有世界学术影响力，一定程度上塑造了西方学界的涉华认知，如法籍伊朗裔学者阿里·玛扎海里耗费 30 年心血著述的《丝绸之路——中国—波斯文化交流史》，由耿昇先生译介到中国，目前亦有中华书局、新疆人民出版社、中国藏学出版社三个版本。该书澄清了公元初年左右至近代初期的工艺是自东向西传播的事实，以大量学术性很强的注释与史料，介绍了在与"西域"进行贸易时从中国引入的食物、技术，包括在药典中广泛使用的香料和药用植物（姜黄和大黄）、农产品，尤其是粮食（谷子和水稻）等。[①] 从书中诸位异邦人的亲身经历和所见所闻中，可以发现当时的中国纵然是在腐朽的晚明，依然是一个极其富裕、强大的国家。18 世纪之前的中国是世界上唯一的、最大的"工业国"[②]，中国输出的各式各样的工艺品都极其抢手、价格昂贵，而且质地优良……丝绸之路仅依靠中国，完全不依靠西方。这不仅因为中国发现并完成了这条通向西方的道路，而且这条路后来的兴衰始终都依靠中央帝国对它的兴趣。疆域辽阔的中国是 19 世纪之前世界上最富饶和发达的国家，丝毫不需要西方及其产品，相反是西方人都需要中国并使用各种手段讨好它。[③] 无论中国人还是西方人所写的历史，都难以避免以自我为中心的倾向，而该书为一个伊朗人所作，完全是对原始史料的翻译，仅在注释部分加入了作者的观点，为了解中国和丝绸之路提供了一个全新视角，备受季羡林先生的赞誉："我读了耿译的《丝路》以后，眼前豁然开朗，仿佛看

---

① ［法］阿里·玛扎海里：《丝绸之路——中国—波斯文化交流史》，耿昇译，新疆人民出版社 2006 年版。
② 同上书，第 244 页。
③ 同上书，第 8 页。

到了一个崭新的'丝路'。我原本根本没有想到的问题，书中提出来了。我原来想得不深的问题，书中想得很深了。这大大地提高了我对'丝路'的认识。我应该十分感谢阿里·玛扎海里先生，我应该十分感谢耿昇同志。① 又如，布尔努瓦夫人（Lucette Boulnois，1931—2010）也是法国丝路学派的杰出代表，其于1963年撰写的《丝绸之路——神祇、军士与商贾》一书，实为世界范围内第一部纯学术研究的丝路学著作，耿昇先生中译版目前已出版多达三个版本，可见其受欢迎程度。② 该书立足于丰富的波斯—阿拉伯语、希腊—罗马语、汉—藏语及印度古代文字资料等多语种文献，又利用近现代各国学者的科研成果，特别是对丝路沿途各民族间关系做了深入探讨，重点研究丝路的宏观历史与丝绸贸易史，强调“研究丝路史，几乎可以说是研究整部世界史，既涉及欧亚大陆，也涉及北非和东非，如果再考虑到中国瓷器和茶叶的外销以及鹰洋（墨西哥银元）流入中国，那么它还可以包括美洲大陆。它在时间上已持续了近25个世纪”。作者以广阔的视野囊括了罗马、希腊、犹太、叙利亚、波斯、中国等境内外沿线民族，试图厘清他们之间的交流关系。2001年，她又推出了一部新作《丝绸之路两千年》，国内亦有耿昇先生的中译本，该书“从赛里斯国讲到了汉唐丝绸之路，从元代的草原丝路讲到明清间的海上丝路的诞生，最后讲到西方探险家们的东来。它在内容上与前一部《丝绸之路》颇具相似性，但在全书架构与语言措辞方面，已经不可同日而语了”。③ 此外，让-诺埃尔·罗伯特于2005年在中国出版了《从罗马到中国——恺撒大帝时代的丝绸之路》一书，描述了一群勇敢的罗马商人在公元166年，以锲而不舍的探索精神，为寻找

① 季羡林：《丝绸之路与中国文化——读〈丝绸之路〉的观感》，《北京师范大学学报》1994年第4期。
② 刘蔚然：《耿昇先生与中外关系史研究》，《国际汉学》2021年第3期。
③ 耿昇：《法国汉学界的丝路研究》，《丝绸之路》2014年Z1期。

他们梦想中的丝绸之国，从亚历山大港出发，穿过红海，过阿拉伯半岛，绕印度，经马六甲海峡，在越南登陆，再改走陆路，最后抵达黄金遍地的中国汉王朝国都长安（今西安）①，证实了是中国人开辟了令世人震撼和惊喜的横贯欧亚的丝绸之路，揭开了丝路王国神秘的面纱。于格夫妇于 1993 年推出了《海市蜃楼中的帝国——丝绸之路上的人、神与神话》一书，耿昇先生的中译本于 2007 年由新疆人民出版社出版，随后再版。本书自丝绸之路开辟伊始谈起，讲述了从希腊亚历山大到中亚帖木儿时期丝绸之路沿线的历史发展，以及欧亚大陆两端的人们如何打破屏障，开始真正意义上的贸易、文化交流的事迹。② 雅克·昂克蒂尔于 1992 年出版了《丝绸之路》、1995 年出版了《丝绸之路资料集》，辑录了丝路口传与文字记述、丝路起源传说、丝路之前的中国、养蚕业秘密的泄漏、草原游牧民族与丝绸之路等文献资料，深入探究丝绸之路上的中外关系。

　　正是由于巨大的学术影响力，法国丝路学派也受邀参加了联合国教科文组织在 1987—1997 年间组织的"丝绸之路综合研究：对话之路"科学考察和研究活动，旨在"于此时和此地，在人类思想中筑起和平的保障"，是有关陆路和海路的科考、研讨、讲演、展览和出版物所组成的系列活动。法国丝路学家广泛参与了这项计划，联合国教科文委员会还任命法国汉学家叶利世夫为丝路综合研究国际委员会主席，法国学者雅克·吉埃斯于 1990 年参与了"中国沙漠之路"的考察，后又筹备举办了有关此次考察的展览与研讨会，法国学者贝莱克、于格夫妇参加了 1990—1991 年的海上丝绸之路国际研讨会。1992 年，联合国教科文组织法国委员会与法国辛格-波利尼亚克基金会在巴黎组织了题为"丝绸之路：科学和文化问题"的研讨会，出

---

① ［法］让-诺埃尔·罗伯特：《从罗马到中国——恺撒大帝时代的丝绸之路》，马军、宋敏生译，广西师范大学出版社 2005 年版，第 3 页。

② 马建春等：《法文译史巨擘耿昇先生西域史译著的贡献》，《暨南史学》2020 年第 1 期。

版了《丝绸之路：共同遗产和多种个性》（1994）的会议论文集。此外，法国学者尼古拉·勒维尔、彼埃·勒毕格尔、冯赫伯等分别参与了"丝绸之路上的史诗"研究规划、"沙漠客栈研究和保护"规划、"西域石油勘探法规的研究与制订"规划三项重大国际协调计划等，这些活动进一步促进了法国丝路学派的发展。

事实上，法国丝路学名家在学术上的广博、深厚和丰富，以及他们为丝路学发展而执着耕耘的严谨的学术精神，才是法国丝路学至今仍引领学界并产生影响的关键所在，正如戴密微所言："西方的汉学是由法国人创立的"，"法国汉学家如果没有在法国史学大环境中取得的多方面的训练，包括理论思辨、社会学参照模式、历史语言学的对音勘同等诸多方面的专业知识，以及流畅优美的行文的训练，将不会把法国的汉学推至当时西方世界的最前端"。① 这种学术品格不是说只有法国人才有，而是说法国汉学家经过近二百年的努力，才奠定了法国丝路学派的基本形态和学术模式，并使之成为欧洲丝路学中心。这种形态和模式的建立与法国汉学家具有渊博的知识、触类旁通的学术敏感、善于独立思考的学养有关。从某种意义上讲，欧洲文明是希腊—罗马文化、犹太—耶稣宗教、日耳曼精神和法兰西—俄罗斯革命精神的结合体。从历史角度来说，法国是欧洲的代表，多开放、少保守、喜欢变革。这种精神，既表现在历史运行上，也表现在对文化的学术追求上，这就是为什么法国能够成为这个文化领域的中心②，法国丝路学派所独具的学术品格，也成为其跨学科探究"中国与世界古今丝路关系"的底气。至今，法国丝路学界陆续出版的有关"一带一路"的研究论著，也正以其世界性的学术水准影响西方学界对"一带一路"的认知进程，并对"一带一路"框架下中欧文

---

① 阎纯德：《从"传统"到"现代"：汉学形态的历史演进》，http://sinology.cssn.cn/xkjs/201605/t20160510_3311609.shtml，访问日期：2022 年 8 月 9 日。

② 同上。

明伙伴关系发展产生了深远影响。

第三节　助力"一带一路"高质量建设的因应之策

从学术史的梳理可以看出，法国丝路学的深厚积淀使其在以美国为主导的西方舆论环境中能够发出"法国声音"，相对政治掮客的话术、媒体舆论的引导，学界则更为客观理性、冷静务实。因此，以学界人文交流为突破口，有效激活中法丝路学界厚植之基，打造"中法丝路学术共同体"，将会是持续优化法国对中国、对"一带一路"认知的有效之策。

第一，应进一步加强中法高级别人文交流机制建设。

2014 年建立的中法高级别人文交流机制，成为继战略对话、高级别经济财金对话后中法关系的第三大支柱。中法高级别人文交流机制，是中法两国官民并举、多方参与的人文交流格局的顶层设计，一直发挥着统筹协调的作用。亦即，在不断拓展人文交流合作领域的同时，中法两国努力创新组织形式，并在制度层面进一步搭建人文交流的机制与平台，逐步形成了政府主导、民间力量参与的格局，激发了两国人文交往的活力。[①]

事实上，中法人文交流有着良好运作的机制平台：2002 年 11 月在巴黎设立的中国文化中心，是中国在西方国家设立的第一个文化中心；2004 年 10 月在北京开启的法国文化中心，是在中国落户的第一家外国文化中心。这两个中心自成立以来举办了一大批演出、展览、论坛、讲座等活动，成为两国民众了解、认识对方国家和文化的重要渠道。在两国元首倡议下，2003—2005 年，中法先后在对方国家举办了文化年活动，"欢乐春节""中法文化交流之春"等活动作为两

---

① 薛帅：《中法人文交流：共沐春风　走深走实》，《中国文化报》2019 年 11 月 22 日。

国保持密切文化往来的重要品牌，实现了"永不结束的中法文化年"，让两国民众共同拥抱文化交流的春天。① 2019年3月，习近平访法，两国元首从战略高度和长远角度看待人文交流，一致同意充分发挥机制的统筹协调作用。2019年10月，外交部部长王毅在中法高级别人文交流机制第五次会议上的发言指出："要把中法关系发展好，政治互信是关键，务实合作是必由之路，国民感情是基础。面向未来，我们应携手努力，发挥两国独特的人文优势，大力增进国民感情，为打造更加坚实、稳固、富有活力的中法全面战略伙伴关系贡献力量。"② 2019年11月，法国总统马克龙访华，两国元首一致同意，在2018年1月9日和2019年3月25日的联合声明基础上继续深化中法全面战略伙伴关系，双方决定在"六大领域"采取共同行动，尤其是在"促进文化创造和人文交流"领域，中法计划在文化艺术展览、文化遗产保护、文化创意产业合作、教育和语言等方面开展多项合作，两国决定于2021年合办中法文化旅游年，支持两国名胜古迹间缔结友好关系。综上，应在已有的良好运作的机制平台基础上，进一步加强中法高级别人文交流机制建设，为中法丝路学界的交流与合作提供机制保障。

第二，应进一步助力打造中法丝路学术共同体。

法国学界对"一带一路"的认知存在不同学科态度不一的现状，但政冷史热恰恰反映了法国丝路学派百年来的学术传承与学术品格。面对中国提出的"一带一路"倡议，如何让不同学科不同专业背景的西方知识精英打破认知隔阂展开研究，这就需要具备跨专业、跨学科、跨领域的统合性的学术视野，毕竟丝路学的学科涵盖门类甚广，具有学术性与实践性的双核特质，是历史的，也是现实的，更是未来

---

① 薛帅：《中法人文交流：共沐春风 走深走实》。
② 《王毅在中法高级别人文交流机制第五次会议上的发言（全文）》，http://www.gov.cn/guowuyuan/2019-10/22/content_5443678.htm，访问日期：2021年12月1日。

的一门学科。以学术交流与合作为契机,将是中法知识精英加强沟通、了解现实、增信释疑的有效渠道。

"一带一路"是关乎全球秩序的新哲学与全球治理的新方案,也是关乎中国身份的新认知与"中国与世界古今丝路关系"的新思考,中国学者唯有用中国特色的理论范式、话语体系来影响世界,"一带一路"才有可能获得更多国际认可和支持。自 2013 年以来,丝路国际会议、丝路跨境考古、丝路联合申遗等折射出全球丝路学"重回中国"与中国丝路学"走向世界"相向而行的学术新态势。打造"丝路学术共同体"已成为"一带一路"软力量建设的题中应有之义,中国可通过联合国教科文组织平台→上合等地区组织平台→中外双边机制平台等逐层打造垂直型"丝路学术共同体"合作机制,使中国丝路学尽快融入百年显学的世界发展主流,以实现与全球丝路学的再次学术对接。① 目前国内有多家高校、智库正致力于中法学术交流,但仍呈碎片化状态,尚未整合。因此,应在"丝路学术共同体"合作机制建设中实现中法丝路学界的交流与合作,包括中法合作开展智库交流、学术讲座、联合办刊、共同展览等,在推动构建中法丝路学术共同体中,剥离政治诉求与意识形态考量,跨越学科界限,积极推动跨学科知识交叉与融合,跨单位的资源共享与合作,汇聚学者智慧,凝聚学术力量。

第三,应进一步转变智库外宣的方式方法。

尽管法国丝路学派以追求学术精神而独树一帜,但在欧洲大环境下也难以彻底摆脱"西方中心论"的阐释框架。而且,西方大国还在以过时的思维,以意识形态来分隔世界,本质上还是从西方文明的对外扩张思维出发审视"一带一路",这一方面反映了其对中国文明和中国传统缺乏深入认知,另一方面又说明西方在以阴险傲慢的心态

① 马丽蓉:《丝路学,关于"中国与世界关系"的百年显学》。

看待中国经济的飞速发展。为此，我们应强调"一带一路"所蕴含的丝路精神为核心的价值认同基础，在增信释疑中提升中国政治话语的国际传播力。因此，应考虑不同国家和地区的立场和期待，有针对性地进行精细化传播，更应发挥法国友华的传统优势。

2019 年底，美国威廉玛丽学院 AidData 实验室发布《丝路外交：解构中国用于影响中亚和南亚的外交工具》研究报告指出，人文交流、智库外宣在提升海外民众对中国认知方面成效显著①，表明"一带一路"学术跟进至关重要。因此，应通过联合举办学术会议、互派学者、合作研究、成果联合发布、媒体传播、"云论坛"等方式，加强中法智库交流，尤其要注意智库外宣的方式方法，提升中国学者在法国舆论场的曝光度，"将中国主张、中国理念、中国故事巧妙融入讨论议题当中，向外国智库阐释中国立场主张，以'点对点、点对线、点带面'方式提升国际议题设置能力"②，助力中法智库交流与合作走深务实。

---

① 刘嘉辉，于林涛：《2019 年海外"中国观"之二——智库篇》，《外宣研究与参考（内部资料）》2020 年第 2 期。
② 姜铁英：《"智库+外宣"深度融合高质量服务国际传播》，《国际传播》2020 年第 1 期。

第五章
德国"一带一路"学术动态研究

德国是"丝绸之路"概念的提出国,也是欧盟成员国中中国最大的经济、科技合作伙伴,中国也是德国在国际社会中最重要的贸易伙伴。"一带一路"倡议提出后,得到了德国智库、学界的高度关注,其研究成果也影响了德国国内对"一带一路"的认知。追溯历史,中德两国丝路学相伴相生,从亚历山大·洪堡、李希霍芬、斯文·赫定到黄文弼;从格伦威德尔、海因里希·路德斯、瓦尔德施密特到季羡林,为中德知识精英探究"中国与世界古今丝路关系"奠定了知识和情感基础。尽管当前中德关系发展面临诸多挑战,但中德仍当深化丝路学术交流,盘活中德丝路学交流与合作的比较优势,以"一带一路"研究为契机,进一步深化中德人文交流与合作,夯实中德战略互信的社会民意基础。

第一节 德国"一带一路"研究现状梳理

由于主客观原因,涉华智库与涉华研究团队成为德国学界认知"一带一路"的两大主力。

一方面，因党派立场、资金来源的不同，德国智库对"一带一路"的整体认知状况差异较大。尽管如此，基金会类智库仍在推进不同政治倾向智库间的交流，以起到凝聚国内外共识的作用，故选择德国国内长期关注"一带一路"的重要智库进行分析，具有较强代表性，此类主要包括：

一是墨卡托中国研究中心（Mercator Institute for China Studies，MERICS）。自 2013 年成立以来，墨卡托中国研究中心已成为探讨当今中国问题的最重要的欧洲机构之一，其发起人是德国墨卡托基金会，其宗旨是加深德国和欧洲对中国的认识和了解，从而影响公众认知。目前，墨卡托中国研究中心拥有来自中国、新加坡、澳大利亚和美国等国约二十名涵盖各学科的专家，对中国政治、经济、社会发展及其对欧洲影响进行分析，提供有关中国当前发展情况的短评和文章，并定期提供有关中国的安全政策、经济发展和"新丝绸之路"项目的信息，是欧洲最大的专注于当代中国研究的独立研究机构，也是欧洲最大的当代中国相关知识传播机构。墨卡托中国研究中心致力于：1. 从实践角度独立研究中国问题，分析中国在政治、经济、社会、技术等领域的发展及其对世界的影响；2. 与媒体保持密切交流，及时将研究成果传递给公众，从而为政治、经济以及社会各界决策者提供专业见解和资讯；3. 与大学及研究机构开展合作，邀请来自中国和欧美的顶尖研究人员与政策顾问加盟，以拓展德国观察中国的视野。如 2016 年 12 月，该中心发布了题为《欧洲与中国的新丝绸之路》的研究报告，从欧盟各成员国角度，对中国的"一带一路"倡议进行比较：指出中国领导人于 2013 年秋季正式启动了"一带一路"，并将其作为一个重要的国家概念以及今后几年的外交政策重点。尽管德国是中国为促进高端"一带一路"倡议发展的欧洲主要早期目标，但"一带一路"并未在德国开展有形的投资活动。准确地说，"一带一路"倡议与德国相关的活动仍仅限于中德少量的铁路运营项目，中国在政治和商业层面与"一带一路"倡议相关的促进活动也不多。在初期对"一带一路"倡议持开放态度并对该计划实质性提议怀有的浓厚兴趣过去之后，德国政府也开始更仔细地研究"一带一路"倡议削弱欧盟投资规则以及其侵蚀欧盟团结一体的可能性。最近这些担忧有所缓解，德国政府部门的兴趣点主要在于了解"一带一路"倡议对欧亚大陆，特别是中亚和阿富汗的影响上。总体而言，为走进"一带一路"倡议，德国政府设计了一种多边方案，并在欧盟—中国互联互通平台上展开，以确保"一带一路"在欧洲的活动符合欧盟标准。同时，柏林利用欧洲安全与合作组织、二十国集团及亚洲基础设施投资银行来规范"一带一路"在欧亚大陆的建设。① 又如，该中心的丽贝卡·阿塞萨蒂（Rebecca Arcesati）于 2019 年发表了《"一带一路"网络化——数字化未来》一文，强调中国的"数字丝绸之路"是对欧洲规则及其企业的挑战，中国通过"数字丝绸之路"为发展中国家和新兴经济体的社区互联网建设做出了重要贡献，欧洲同样致力于此。但对于向来支持互联网自由和利益相关者多样化管理的欧洲来说，中国对数字传播的支持无异于对欧盟法规和欧洲规则的挑战。为塑造其国际网络规范，中国正在寻求外交合作，而中国在处理这些事务中的政策方案恰是其缺乏国际信任的根源。这种信任的缺失将使中国公司在欧洲关键的 ICT（信息与通信技术）基础建设中扮演怎样的角色充满争议。在"数字丝绸之路"框架下，中兴通讯和华为等公司通常能够提供比西方供应商便宜 30%—40%的设备——欧洲公司必须为这一巨大挑战做好准备。② 再如，该中心的雅各布·马德尔（Jacob Mardell）于 2020 年 11 月发表了《中国的"健康丝绸之路"："一带一路"适应疫情时代》一文，认为中国"一带一路"倡议是后疫情时代全球经济复苏的重要组成部分，对中

① MERICS,"Europe and China's New Silk Roads,"2016.
② Rebecca Arcesati,"Networking the 'Belt and Road'-The future is digital,"2019.

国来说，"健康丝绸之路"在新冠肺炎疫情时代的外交中占有重要地位。继"数字丝绸之路"与"太空丝绸之路"后，中国正在大力建设"健康丝绸之路"，且此概念可溯至 2015 年，并随着新冠肺炎疫情的暴发而具有了新的含义。新冠肺炎疫情和"健康丝绸之路"为中国提供了一个真正的机会，通过共享中国的诊断系统与数字健康监测方案，将"一带一路"的"数字"部分与健康问题结合起来。但很多西方民众对于从"一带一路"运送来的防护装备似乎并不领情，中国的"口罩外交"也许并没有为中国赢得新朋友，但它加深了中国与其他国家间现存的良好友谊或者紧张关系：一方面是塞尔维亚举国对中国的援助表示衷心感谢，另一方面如欧盟外交事务高级代表将"口罩外交"称为中国的"慷慨政治"。"人类卫生健康共同体"是习近平为塑造中国友好形象而提出的，这一词语远比"健康丝绸之路"概念辐射更广，中国在卫生发展援助和全球卫生领导地位方面难掩雄心，随着美国与世卫组织关系的中止以及西方的衰落和失常，中国将是多边主义的重要拥护者。①

二是德国国际政治和安全事务研究所（Stiftung Wissenschaft und Politik，SWP）。德国国际政治和安全事务研究所五十多年来致力于为德国联邦议会和联邦政府以及经济工作者和公众提供外交政策问题分析，最初主要应对裁军问题，现在研究领域已拓至从传统安全政策到气候变化及能源短缺带来的政治挑战等诸多方面。敏锐专精的研究人员造就了该研究所的超群声望，其不仅提供即时信息的分析和对策建议，还关注全面分析工作的执行，且非常重视保持重点研究的独立性。为达到政策建议的尽善尽美，通常要经过不断的质疑和讨论。其中，纳丁·戈德哈特（Nadine Godehardt）长期关注"一带一路"，并于 2014 年 6 月发表了《中国的"新丝绸之路倡议"——区

---

① Jacob Mardell, "China's 'Health Silk Road': Adapting the BRI to a pandemic-era world," 2020.

域邻里关系成为习近平领导下的中国外交政策核心》的研究报告，认为中国政府的这项"新丝绸之路"倡议表明，中国对中亚、西亚、高加索和黑海地区的政策计划将没有区别，这些区域被视为一个整体，因此，丝绸之路这张名片旨在强调该倡议的和平以及经济取向；中国学者的相关研究成果为评估"丝绸之路"倡议以及该倡议可能对欧洲产生的影响提供了丰富的原始资料，因此，德国和欧洲在政治上应更加警觉中国在中亚的创造力及其在欧亚大陆众多地区的经济潜力；欧盟不仅需要制定针对欧亚大陆各地区的战略，更急需制定战略与中国就"新丝绸之路"倡议进行对话——欧盟应建立长期中欧丝绸之路独立对话。① 2016 年，纳丁·戈德哈特在题为《中国：丝绸之路愿景——中国的全球丝绸之路》的研究报告中提出，"一带一路"是一个基于现有机制、构建全方位的全球网络，将容纳现有的以及有针对性的新型合作模式，并以不同领域的行为体为主，在不同关系网或合作机制中处于不同角色分工，多重合作秩序并存且相辅相成，如中国政府在扩大与欧盟和欧盟各国关系的同时，也在推进"16+1"机制，中国并没有挑战也没有想要挑战现有秩序，而是在深化现有合作机制，并以此为基础加以拓展和创新，以扮演符合自己经济体量的政治角色。② 2018 年 3 月，纳丁·戈德哈特等发表了题为《中国的全球互联互通政策——自信应对中国倡议》的研究报告，认为欧洲对中国的态度正在发生变化，当习近平领导的中国成为世界上唯一一个通过"丝绸之路倡议"追求全球视野的国家，对中国借此扩大其施加影响范围的怀疑便不断增加，欧洲关于中国的辩论因此变得越来越情绪化，并在激烈与平缓的情绪之间交替。为制定自信的德国乃至欧洲的政治策略，必须系统研究当前中国的各种世界性政治方式，从中

---

① Nadine Godehardt, "Chinas 'neue' Seidenstraßeninitiative—Regionale Nachbarschaftals Kern der chinesischen Außenpolitik unter Xi Jinping," 2014.

② Nadine Godehardt, "Chinas Vision einer globalen Seidenstraße," 2016.

国"互联互通政策"的特点出发，德国和欧盟可采取的政治行动将远超基础设施领域。①

三是康拉德·阿登纳基金会（Konrad Adenauer Stiftung）。康拉德·阿登纳基金会成立于 1964 年，是德国基督教民主联盟的思想库，其工作方针是：促进德国、欧洲和世界的自由民主，促进社会市场经济发展，加强价值观的一致性；为建立和平与公正的国际秩序发挥作用，为谋求德国在世界上的利益做出贡献；在世界联系越来越紧密的当下，将国内工作与国际活动密切结合，以加强德国与其他国家人民、文化和价值体系的交往。作为重要的政策研究智库之一，阿登纳基金会早在 20 世纪 90 年代就进入中国，积极推动中德和中欧之间的对话交流，在由中德政府共同资助的许多项目中起到积极作用。为促进中德关系发展，阿登纳基金会于 1996 年和 2001 年在北京和上海分别设立了专门机构，以增进中德伙伴间的理解，推动中欧双边关系，促进中德两国学术、经济、科技和社会领域等多方面交流，并期望在中国可持续的改革和融入国际社会的进程中发挥积极作用。2019 年 9 月 25 日，阿登纳基金会联合新德里中国研究所、新加坡国立大学南亚研究所、印度国际中心和印度康拉德·阿登纳基金会组织了一次以"中国的数字丝绸之路"为主题的研讨会，分两个单元专门讨论了"中国的数字化崛起""中国数字化足迹的地缘政治结果"以及"印度的政治挑战"等议题，旨在对"一带一路"的经济与安全的认知建立更广泛的共识。

另一方面，自 2013 年以来，德国学者从经济合作的视角对共建"一带一路"展开了多方面研究，并多持积极乐观态度。如沃尔夫·哈特曼与沃尔夫冈·马南等在《中国的新丝绸之路：合作而不是孤立在世界贸易中的角色变化》一书中，论述了"一带一路"倡议是

---

① Nadine Godehardt, Paul Joscha Kohlenberg, "Chinas globale Konnektivitätspolitik—Zum selbstbewussten Umgang mit chinesischen Initiativen," 2018.

以历史丝绸之路为基础的巨大工程——"新丝绸之路",是中国在世界自由贸易中重新定位的核心部分。中国现已成为欧洲和德国最重要的贸易伙伴,"丝绸之路"的机遇和风险是否超过了受影响的经济区,以及是否考虑了新的全球合作形式。在国际竞争中,中国设计了一种旨在实现互惠互利的合作与发展的地缘模式,这将进一步发展和重新连接世界各大洲和海上航线的相关区域,不仅涉及基础设施举措,还涉及每个现代经济的关键领域(如能源、交通和数字化)中的创新战略。① 又如,本·卑尔根在《新丝绸之路:中亚国家的发展动力》一书中指出,丝绸之路是连接地中海与中亚和东亚数百年来最古老的经济联系之一。"丝绸之路"的命名应归功于 19 世纪的德国地理学家李希霍芬,该名称暗示该道路主要用于运输丝绸。丝绸之路不仅在过去的几个世纪中被商人、学者和军队所使用,而且还用于传播知识、交流思想、开展宗教和文化交往。特别是中国政府及其国家主席习近平希望将这些国家沿着新路线与现代经济区联系起来,丝绸之路的复兴有望为沿线所有国家带来巨大经济增长,数十亿美元的投资可能对中亚国家产生巨大经济影响。② 再如,诺亚·吕梅在《中国的新丝绸之路:在世界贸易中的角色转换》一书中论述了"一带一路"倡议是以历史上的丝绸之路为基础的"新丝绸之路"宏伟工程,应搞清楚中国的"丝绸之路倡议"所带来的机遇或风险哪个占上风,以及是否是时候考虑新的全球合作形式而不是对抗的形式。中国提出了一种旨在互利互惠的合作与发展的地缘政治倡议模式,不仅关涉基础设施措施,还关涉其与现代经济中一些关键领域的联系。③

---

① Wolf D. Hartmann, Wolfgang Maennig, Run Wang, *Chinas neue Seidenstraße: Kooperation statt I-solation-Der Rollentausch im Welthandel*, Frankfurter Allgemeine Buch, 2017.

② Ben Bergen, Die Neue Seidenstraße: Impulse zur Entwicklung der zentralasiatischen Staaten, BookRix, 2017.

③ Noah Rümmele, *Chinas neue Seidenstraße. Rollentausch im Welthandel*, Frankfurter Allgemeine Buch, 2017.

还有，温斯顿·马斯顿在其《数字丝绸之路：中国新的增长故事》一书中指出，中国的数字中产阶级不仅数量众多，还比其他人更自然地使用数字技术，标志着在数字环境下中国新的增长故事的开始，对全球竞争格局的影响日益增强，将来甚至会有更多新兴国家依赖纯数字经济，这就是中国作为全球第四次工业革命主要力量所发挥的作用，以及为什么其他国家必须了解这一巨变的原因所在。①

尽管经济合作是德国学界认知“一带一路”的主要倾向，但也有不少学者将经济合作与全球政治相联系，对中德共建“一带一路”萌生担忧。如威廉·施梅瑟、雅娜·卡祖利亚、汉尼斯·奥梅尔及玛格丽塔·斯皮格在《新丝绸之路：数字化与战略挑战》一书中指出，丝绸之路是世界上最古老的贸易路线，讲述了欧亚大陆间商队旅行和稀有商品交易的历史。现在中国正在复兴这条古老的路线，不仅欧洲和德国对此计划持怀疑态度，其他经济体对此也有异议，新的丝绸之路使跨国公司面临新的战略挑战，表明中国并不满足于地缘政治的领导地位，而是要成为世界第一强国。② 又如，马库斯·赫尼格在《丝绸之路的复兴：中国龙通往欧洲心脏的道路》一书中指出，骆驼商队曾将地中海地区与东亚连接起来，如今中国大型项目——“新丝绸之路”正在兴起。中国国家主席习近平希望扩大中国的丝路规模，这是自马歇尔计划以来最大的基础设施投资项目。但并非每个国家都对丝绸之路充满热情，中国的复兴展示出中国的实力，沿线许多国家感受到了威胁，欧盟则担心权力平衡会有所改变。③ 再如，多丽丝·奈斯比特、约翰·奈斯比特及劳伦斯·布拉姆在《丝绸之路：中国

① Winston Ma,*Die digitale Seidenstraße：Chinas neue Wachstumsstory*,Nicolai Publishing & Intelligence GmbH，2018.
② Wilhelm Schmeisser,Yana Kaziulia,Hannes Ortmeier,Margarita Spiger,*Die neue Seidenstraße：Digitalisierung und strategische Herausforderungen*,UVK Verlagsgesellschaft mbH，2018.
③ Marcus Hernig,*Die Renaissance der Seidenstraße：Der Weg des chinesischen Drachens ins Herz Europas*,FinanzBuch，2018.

迈向新世界经济的道路》一书中指出，"一带一路"沿线最重要的项目是"新丝绸之路"，其地理范围、经济基础、中国领导人目标、对欧洲的好处及其危险等值得怀疑，认为其所涉及的内容远不止恢复一条古老的贸易路线，其目的是通过全新且综合的全球化概念来应对西方世界的霸权主张。① 还有，乌韦·霍林在《长征 2.0：作为发展模式的中国新丝绸之路》一书中指出，中国的"新丝绸之路"倡议建立在中国过去的世界政治意义的基础上，同时起草了一份未来规模的建设计划。通过亚、非、欧间的基础设施、能源供应，以及经济走廊的扩张，将会开创"全球化的新黄金时代"，至少在欧亚大陆使中国在全球发展话语中处于领先地位，影响地缘经济、地缘政治、多极世界秩序、霸权竞争等关键领域，并令人质疑这种发展战略是否与民主条件、社会和生态正义、保护人权和少数民族权利以及消除冲突等相适应。② 还有，冈瑟·豪瑟在《中国—亚洲正在成为世界主要大国：中国外交和安全政策的最新发展》一书中指出，中国国家主席习近平于 2013 年宣布在"中国梦"中通过"和平与发展"实现伟大的"中华民族复兴"，包括内部、外部及安全策略的重新调整，并在不断发展成为全球事务积极参与者中，引发了与邻国和美国间的利益冲突。③ 还有，克罗瑙尔在《竞争对手：中国崛起为世界大国与西方国家的抵抗》一书中指出，中国的崛起引发了一些国家的强烈反应，从东亚和东南亚的同盟体系的建立到中国南海的冲突，增强在非洲的影响力及新丝绸之路沿线各国影响力，再到美国的反华经济战争及西方试图破坏中国的科技发展等。其原因在于，自苏联解体以来，中国

---

① Doris Naisbitt, John Naisbitt, Laurence Brahm, *Im Sog der Seidenstraße：Chinas Weg in eine neue Weltwirtschaft*, Langen-Müller, 2019.

② Uwe Hoering, *Der Lange Marsch* 2.0：*Chinas Neue Seidenstraßen als Entwicklungsmodell*, VSA, 2018.

③ Gunther Hauser, *China-eine asiatische Großmacht auf dem Weg zur Weltmacht：Aktuelle Entwicklungen der Außen-und Sicherheitspolitik der Volksrepublik China*, Verlag Barbara Budrich, 2018.

是首个有潜力与西方霸权国家在经济与政治领域相抗衡的国家，打破了西方大国在全球各个层面上的主导地位。①

聚焦德国知名涉华智库与德国著名涉华专家两个群体，分析其所产出的一批代表性的报告与论著，大体厘清了德国学界"一带一路"的基本认知现状。

第二节 德国"一带一路"认知成因溯源

形成德国学界"一带一路"认知现状的原因是多方面的，且集中体现在以下三个方面：

第一，德国丝路学的地理学研究传统，造就了德国学界认知"一带一路"的科学务实态度。

亚历山大·冯·洪堡是世界第一个大学地理系——柏林大学地理系的首任系主任，为德国丝路学奠定了地理学研究的学科传统。1829年4月，应俄国政府之邀，洪堡前往俄国的亚洲区域进行考察：首先经过莫斯科直趋中乌拉尔，然后穿越西伯利亚西部草原向东南沿额尔齐斯河上溯，转而经西伯利亚西南部草原绕道黑海北岸的阿斯特拉罕，最后沿顿河北上经莫斯科和圣彼得堡，于同年12月底回到柏林，全程一万五千千米，历时七个月。他对亚洲气象和气候的观测取得了重要成果，并据此写成《亚洲地质和气候鳞爪》及《中央亚细亚》等著作。②

斐迪南·冯·李希霍芬毕业于柏林大学，1886年后在柏林大学任地理系教授。正如李希霍芬所言，那些影响了他对亚洲地理学思考的著作中最重要的是洪堡于1829年所撰写的《中央亚细亚》。③ 在此

---

① Jörg Kronauer, *Der Rivale: Chinas Aufstieg zur Weltmacht und die Gegenwehr des Westens*, KVV "konkret", 2019.

② 侯仁之：《洪堡评传》，《北京大学学报（哲学社会科学版）》1979 年第 6 期。

③ 丹尼尔 C. 沃：《李希霍芬的"丝绸之路"：通往一个概念的考古学》，《西域文史》（第七辑）。

基础上，李希霍芬在对中国的七次地理考察中，重点关注了作为中西古代贸易通道的中亚地区，并提出了"丝绸之路"的概念。虽然没到中国新疆地区做过实地考察，但他在《中国》中仍将中国新疆地区列为第一部分，对该地区的重要地质地貌问题首先展开了讨论，包括中国北方的黄土地貌及其与中亚的关系、中亚盐草原的形成和转变、环中亚地区的过渡带景观地貌，以及天山、昆仑山及其南部山地等。随后，即转入对一个重要人文地理问题的讨论：连接中国与中亚西南部的交通发展。交通特别是远距离交通，是李希霍芬在人文地理方面的一项核心议题，交通道路的基础当然是自然地理，但交通本身的发展乃是一个十足的人文社会问题。为说明中国与中亚西南地区的交通发展，李希霍芬竟然叙述了这样一个几乎是完整的中外交通简史：关于公元前 1122 年前之交通联系的传说；从周王的登基到长城的修建（公元前 1122—前 214）；从长城的兴造到唐朝的建立（公元前 214—公元 618）；从唐朝建立到蒙古帝国的形成（公元 618—1205）；从蒙古政权的建立到葡萄牙人抵达中国（1205—1517）；从葡萄牙人 1517 年抵达广东至今①，折射出"中国与世界历史丝路关系"的大体轮廓。

1889—1890 年，以及 1892 年，斯文·赫定在柏林大学地理系学习，师从李希霍芬，赫定的丝路探险及研究从此受到李希霍芬的启发和指导。例如，1898 年 12 月李希霍芬曾给正在中国考察的赫定写信道，"西藏的东部边缘地区亟待研究，喜马拉雅的东部末段，尤其是被各条大河的上游所环绕的地区依然无人知晓；对黄河源头的东南部地区的研究也是一个空白"。他希望赫定能进入亚洲腹地考察，填补研究空白，表明李希霍芬作为出色地理学家的敏锐眼光。事实上，在德国的学习生活对赫定的思想感情产生了巨大影响，尤其是赫定浓厚的德

---

① 唐晓峰：《李希霍芬的"丝绸之路"》，《读书》2018 年第 3 期。

国情结与泛日耳曼主义意识都与这段德国经历密不可分。除撰写《亚洲腹地探险八年》《丝绸之路》等外，赫定还撰写了《德国五十年》《对德意志民族的问候》《战斗中的民族》《德国与世界和平》《导师与学生》等，表明赫定对德国的深厚情感，并对德国的"世界责任"充满期待。此外，赫定对 20 世纪前半期的德国亚洲考察和研究影响巨大，是德国探险者的偶像与导师。赫定的中亚和西藏游记成为德国探险者的必读书，也成为德国畅销书，每次考察后赫定都会到德国演讲，常常受到盛大欢迎，如赫定在亚洲考察多年后于 1935 年回到斯德哥尔摩，受到了几乎所有德国地理协会的邀请，在德国 91 个城市作了 111 次关于亚洲考察的报告。① 此外，赫定还帮助德国人在中亚进行考察活动，在瑞典、德国政府和汉莎航空公司资助下，赫定于 1927—1935 年间领导了"中瑞西北科考活动"。因汉莎航空公司想开辟一条从柏林经中亚、新疆到北京的航线，需掌握中国西北部的地理和气候资料。在赫定安排下，德国气象学家瓦尔德马尔·豪德和汉斯·爱德华·德特曼、人类学家费迪南德·莱辛以及德国的 2 名技术员和 6 名飞行员参加了此次考察活动。这不仅对德国掌握中国西北地区地理、气候和人类学状况起了巨大推动作用，还极大地带动了整个德国的丝路研究。

从亚历山大·冯·洪堡到斐迪南·冯·李希霍芬，再到斯文·赫定，逐渐形成了德国丝路学的地理学研究传统，并造就了德国学界认知"一带一路"的科学务实态度。因此，2013 年中国提出"一带一路"后，德国智库及学界多从科学务实的角度看待该倡议，持续推进中德在经济领域的广泛合作。

第二，德国丝路学家的涉疆议题研究成果，影响了德国学界"一带一路"认知的关注视角。

德国丝路学家的涉疆议题研究也受到斯文·赫定的影响，1903

---

① 赵光锐：《斯文·赫定：游走在德英俄之间的探险者》，《德国研究》2017 年第 1 期。

年德皇威廉二世曾坦诚地告诉赫定:"你对我来说并不是外人。我一直对你的中亚考察怀有极大的兴趣。你每次寄给我的旅行报告,我都读过。我尤为感兴趣的是你发现的那个移动的湖(罗布泊)。你发现的那个文明(柔然)到底有多久远?"① 因此,在德国最高统治者的支持下,由时任德国柏林民族学博物馆印度部主任格伦威德尔发起的德国吐鲁番考察队,于1902—1914年间沿中国新疆丝绸之路北线进行了四次考古活动,将大量绘画等艺术品与文本残片等运回柏林,直至第一次世界大战爆发才提前结束。格伦威德尔曾学习艺术史和亚洲语言,并于1883年在慕尼黑大学获得博士学位,1881年开始在柏林民族学博物馆任馆员,1883年被任命为民族学收藏部副主任,因其在佛教艺术、考古学、中亚和喜马拉雅语言方面的成果而获得赞誉。《印度佛教艺术》(1893)和《西藏和蒙古的佛教神话》(1900)是其代表作,均关注了犍陀罗佛教艺术风格的希腊起源及其在中亚的发展。1899年他应邀参加了由瓦西里·拉德洛夫率领的俄罗斯文物考察队进入中国新疆,同年被任命为巴伐利亚科学院院士。1902—1903年他率领德国第一支考察队来到新疆吐鲁番,成为第一个研究高昌古城的现代欧洲人,并在《1902—1903年冬季伊迪库察里及周边地区考古工作报告》(1905)中记录了此次探险。格伦威德尔还于1905—1907年间领导了第三次德国吐鲁番探险队,其成果发表在《中国突厥斯坦古代佛教》(1912)上。1902年,作为格伦威德尔的助手,阿尔伯特·冯·勒柯克参与了首次德国吐鲁番考察队探险活动并大获成功,受德国皇帝威廉二世之命再度出发,不巧格伦威德尔恰好患病,冯·勒柯克便成为探险队的队长。必须指出的是,冯·勒柯克不顾格伦威德尔的一再反对,第一个采用狐尾锯对吐鲁番柏孜克里克千佛洞内的佛教和摩尼教壁画进行了大规模切割,这一野蛮的文化掠夺行径

① 赵光锐:《斯文·赫定:游走在德英俄之间的探险者》。

遭到后人谴责，但其《喀什之旅与格伦威德尔会面——第三次旅程的开始》《哈密之旅：我们在那里停留并前往喀什》《新疆的地下文化宝藏：第二、三次德国吐鲁番探险活动》《吐鲁番高昌的第二次探险之旅》《在库尔勒绿洲工作：我的喀什之旅》《中国突厥的宝藏：第二、三次德国吐鲁番探险活动》《中亚地区的晚期佛教文物》等著作影响较广。参与德国吐鲁番考察的海因里希·路德斯实为德国涉疆议题研究中承前启后的重要学者之一，其研究重点是分析巴利语和梵语的佛教文献，这些文献是建立在丰富的古代佛教叙事集的基础上的。作为文本分析的补充，他还直接参考了印度考古学，使用了碑铭资料。在柏林大学任职后，路德斯在吐鲁番探险的手写文字研究领域发挥了决定性作用，这些研究发现都是在格伦威德尔与勒柯克的指导下完成，相关文物后收藏在柏林民族学博物馆。此后，路德斯的学生恩斯特·瓦尔德施密特成了德国乃至全球范围内研究中国新疆古代文明的领军人物，他先师从古印度哲学研究名家保罗·迪森与著名吐火罗语破译者埃米尔·西格，后在柏林大学跟随海因里希·路德斯读博士。他曾任柏林民族学博物馆印度部主任，并在柏林大学获得印度学的特许任教资格。在1932—1934年间，瓦尔德施密特与妻子赴印度和斯里兰卡旅行，并收集了两国数量可观的艺术品和手工艺品，建立了"瓦尔德施密特收藏"。1936年，瓦尔德施密特被任命为哥廷根大学的语言学教授，在此期间成为季羡林的业师，结成了中德两国在丝路学研究领域的悠久学缘。此外，联邦德国科学院还任命瓦尔德施密特编辑11卷系列书籍《吐鲁番出土的梵文文献》，他在1965—1975年间花费巨大精力完成了此次编纂任务。随后，他又和同事一起全面调查柏林收藏的所有中亚梵文手稿，并主编出版了《来自吐鲁番的梵文手稿合集》。

可见，德国丝路学界对涉疆议题的持续关注，使得德国社会长期高度关注中国新疆的历史与现实。在共建"一带一路"中，德国媒体往往会聚焦中国新疆和中亚地区，关注议题不仅局限于经济领域，也涉及人文领域，由此影响了德国学界"一带一路"认知的关注视角。

第三，第二次世界大战打断了德国丝路学研究文脉，影响了德国学界形成"一带一路"认知的应有学术立场。

德国法西斯政权是第二次世界大战的主要发起国之一，德国也遭受了战败的惩罚。大战后期，随着盟军在德国境内的反攻，东、西德以及东、西柏林的分裂，德国的丝路学研究文脉也严重受损，至今仍处于逐步修复过程中。如吐鲁番考察队是德国丝路学的重要基石，其带回的文物最初保存在柏林民族学博物馆的印度部。第二次世界大战期间，民族学博物馆在盟军空袭中被轰炸了七次，博物馆用水泥粘住不能搬迁的大型壁画也最终被毁，包括最好的 28 幅壁画也完全被毁。战争爆发时，小型文物藏在掩体和煤矿中，在战争中幸存下来。此外，柏林动物园的掩体内至少临时安置了 10 箱藏品，但这些重要文物至今下落不明。

"二战"打断的不仅有德国引以为豪的丝路文明馆藏传统，还影响了其丝路学术共同体构建及其丝路学研究进程：德国东方学会（DMG）是德国历史上最为重要的丝路学术共同体，于 1845 年 10 月在达姆施塔特成立，该协会成员主要研究东方世界的语言和文化，莱比锡大学的阿拉伯和东方学家海因里希·勒贝雷赫特·弗莱舍是德国东方学会主要创始人，该学会于 1847 年创办了《德国东方学会杂志》（ZDMG）、1857 年开始出版系列丛书"东方国情研究"（AKM）、1921 年开始每 3—5 年组织一次"德国东方学日"（DOT）等。东方学会传统上专注于"语言、文学、历史、宗教和哲学、法律和社会形式、考古学以及生活在这些地区的人们的艺术和物质文化的知识"，但"二战"打断了其研究传统。尽管该学会于 1948 年开始进行重建，并于 1961 年在黎巴嫩贝鲁特成立了东方研究所、在 60

年代成立了尼泊尔研究中心，以及在 1987 年与 2010 年分别在土耳其伊斯坦布尔、埃及开罗设立了办事处，但仍没有恢复到"二战"前东方学会在国内外的影响力。除丝路学术共同体外，因纳粹排犹、战争移民、国家分裂等原因，德国国内的重要研究机构在战后也面临巨大生存挑战，如划分到民主德国的莱比锡大学东方学系，是德国丝路学重镇，此时也被撤销，改为东亚研究所，相关资料和设备也因此丧失殆尽，直到两德统一后的第四年即 1993 年，莱比锡大学才重新开展涉及丝绸之路的教学和研究。① 慕尼黑大学丝路学研究文脉的重建则成为"二战"后德国社会重建丝路认知的典范：在"二战"后的第二年，慕尼黑大学便率先恢复了汉学专业，不久又正式恢复中国文化系。以此为基础，海尼士成了战后"慕尼黑学派"的初创者，其研究重点是元朝的历史和语言，所著《元朝秘史》《元朝秘史的研究》《蒙文〈元朝秘史〉——根据中文恢复〈元朝秘史〉的蒙古原文》及《元朝秘史辞典》等，奠定了慕尼黑大学丝路学研究的主要方向，他的学生傅海波则成为战后慕尼黑学派主要代表人物，担任过德国东方学会主席、国际东方学会联盟秘书长等。傅海波注重利用汉文史料研究元时期丝绸之路历史，著有《蒙古统治下的中国货币与经济》（1949）、《蒙古诸帝能读和写汉文吗?》（1952）、《吐鲁番发现的一件元代蒙古历书残片》（1964）、《蒙古帝国时代的中西交往》（1966）、《〈饮膳政要〉中的非汉语名词补注》（1970）、《蒙古统治下的中国史学》（1974）及《从部落首领到天下皇帝：元朝的合法化》（1978）等。其中，《蒙古人统治下的中国货币与经济》一书赢得西方丝路学界极高评价，被认为是至今西方对元代经济史研究水平最高的成果。弗里德里希·普塔克是目前慕尼黑大学丝路学研究的重要学者，他作为发行人出版了"海洋中的亚洲"（Maritime Asia）系

---

① 谢淼：《政治事件对于德国汉学发展的影响》，《中国文学研究》2015 年第 1 期。

列丛书，其代表作主要有《在中国的葡萄牙：中葡关系概况及 17 世纪早期澳门史》《元明文献中的忽鲁谟斯》《海上丝绸之路》① 等。

可见，从"二战"后东、西德的分裂，到冷战后统一的德国在欧洲及国际社会中地位及作用的逐渐上升，其丝路学研究也处在一个"重塑"的历史进程中，如何在德国社会中重建对丝路文明的认知，仍是当前德国丝路学界的重大挑战，影响德国学界形成"一带一路"认知的学术立场。

第三节　助力"一带一路"
高质量建设的因应之策

为进一步优化德国学界的"一带一路"认知，应从以下两方面予以努力：

一方面，应进一步深化中德丝路学界的交流，以赓续中德历史悠久的丝路学学缘关系。

斯文·赫定组织的"中瑞西北科考活动"，在近十年的中外学术合作中，不仅使北大、清华师生们参与了丝路腹地考察，还培养了中国丝路学的拓荒者，如黄文弼不仅带着八十余箱采集品回到北平，还出版了《罗布淖尔考古记》《吐鲁番考古记》《塔里木盆地考古记》《高昌砖集》《高昌陶集》等代表作而备受学界瞩目，斯文·赫定在自己的《长征记》中评价黄文弼为"博大的学者"，甚至有人认为，自黄文弼起中国的考古学才"逐渐发展形成一门学科"，因黄文弼考察日记对专业之外的事，无论"岩石土壤、山川气候"，还是宗教民俗等都不惜笔墨，后人高度评价了这些关于社会经济以及民族关系的史料，认为它们是"通过公共知识分子的视野、手笔"才得以留存

---

① Roderich Ptak, Die Maritime Seidenstrasse: *Küstenräume, Seefahrt und Handel in vorkolonialer Zeit*, C. H. Beck, 2007.

下来，黄文弼的考察与研究已超越考古学而扩及西域丝路学领域，且成为中国丝路学派创始人与奠基者之一。① 除因"中瑞西北科考活动"结缘外，季羡林留学德国丝路学名家门下，进一步结成了中德丝路学研究领域的学缘关系。应该说，季羡林非常幸运，由于特殊的机缘，同时得到两位印度学大师的指导，一位是瓦尔德施密特教授，一位是西克教授。瓦尔德施密特是柏林大学著名丝路学家路德斯的学生，后来以研究在吐鲁番发现的梵文佛典残卷而著称。1936 年，年仅 39 岁的瓦尔德施密特被聘为哥廷根大学教授，1935 年赴德留学的季羡林经过几番考虑后最终决定攻读梵文，这一时间上的先后衔接，对季羡林的一生意义重大，据季老回忆："一九三六年春季开始的那一学期，我选了梵文。四月二日，我到高斯=韦伯楼东方研究所去上第一课——这是瓦尔德施密特教授第一次上课，也是我第一次同他会面。"瓦尔德施密特第一次走上讲台，来听课的只有一个学生，而且是一名来自中国的留学生。第一次讲课，第一次听课，一个老师，一个学生，初次见面颇有戏剧性。按中国的说法，这师生二人看来缘分不浅。季羡林从此喜欢上了梵文，几乎把所有的时间都用在学业上。1938 年下半年，季羡林便向瓦尔德施密特提出写博士论文的打算。季羡林不屑于像许多中国留学生那样，取巧写一篇关于中国问题的论文，发誓"决不写有关中国的博士论文"。其实导师开始就建议他在选题时应该考虑利用汉语文献的优势，但季羡林更想成为一名与欧洲同行平起平坐的梵文学者。经与导师商量，他最终选择《大事》偈陀部分的动词变化作为博士论文题目。瓦尔德施密特对这位中国弟子的评价很高，首先肯定论文的选题，认为选择了有难度的题目，"其志向可嘉"，其次赞扬研究工作"扎实而可靠"，最后在总体评价时，认为季羡林"对德国学术训练的掌握程度达到罕见的完美程度"，而

---

① 马丽蓉：《全球丝路学派比较研究》，《新丝路学刊》2017 年第 2 期。

且坚信季羡林"一定会有所成就"。瓦尔德施密特没有看错,季羡林在后来果然没有辜负导师的栽培,成为中国首屈一指的丝路学家。以瓦尔德施密特为代表的德国丝路学传统显然对季羡林产生了很大影响,他后来在谈到瓦尔德施密特时说:"如果不是他怀着毫不利己的心情对我这一个素昧平生的异邦的青年加以诱掖教导的话,我能有什么成就呢?"① 可见,中德在丝路学研究领域的学缘关系极为珍贵且难得。在共建"一带一路"的进程中,中德丝路学界应不断深化丝路学术交流,以赓续中德共有的丝路学学缘关系,推动形成中德共同研究"一带一路"的新态势,助力中欧文明伙伴关系发展。

另一方面,应以"一带一路"研究为纽带,助力增强中德经贸往来与科技合作的社会民意基础。

近年来,因为德国媒体较为频繁地发表涉华负面言论,德国民众对当代中国缺乏了解,对中国也存有某些误解,并没有因为中国连续两年成为德国最大贸易伙伴以及中德在"一带一路"倡议下的积极合作而对中国产生良好印象。据 2016 年进行的华为国家形象认知调查结果,仅有 25% 的德国受访者对中国持有积极认知,德国政商界人士比普通民众对华好感度稍高。德国上下对中国的认知受到多方面因素的影响,其中能够同时对政治精英和民众产生影响的当属德国的政策咨询机构——智库。可以说,德国政府对中国的政治、社会和经济情况的了解在很大程度上有赖于德国智库的涉华研究。② 通过研究德国丝路学变迁史后发现,经济理性、科学务实是德国开启、发展其丝路学研究的重要特征。因此,可借重中德已有的经济与科技合作基础,参与塑造德国的"一带一路"认知。亦即,研究德国智库发挥舆论影响力和意见领袖作用的主要途径、把握德国智库与专家涉华研

---

① 陈洪捷:《德国名师手下的中国高徒》,《读书》2009 年第 12 期。
② 于芳:《德国智库涉华研究的现状、问题及启示(2005—2018)》,《国外社会科学》2019 年第 9 期。

究动态，以及中德智库从文明视角展开"一带一路"学术研究等，尤其应从丝路文明对话来促进中德相互了解，减少敌意，扩大共识，助力优化德国学界的"一带一路"认知。

第六章
意大利"一带一路"学术动态研究

意大利是古代罗马帝国的核心区域，也是文艺复兴的发源地，中国则是拥有数千年历史的东方文明古国，对东方和世界文化产生了巨大影响。两千多年前，一条纵贯亚欧的丝绸之路将东西方贸易连接在一起，伴随贸易传播的还有东西方灿烂的文化。这条丝绸之路的起点位于中国长安，终点正是意大利罗马。2019 年，中意签署"一带一路"合作谅解备忘录，意大利也成为首个加入"一带一路"的 G7 国家。因此，梳理意大利丝路学研究的相关机构及其发展状况，总结其学界对"一带一路"的认知现状，旨在为"一带一路"在意大利的高质量建设提供智力支撑。

第一节 意大利"一带一路"研究现状梳理

自 2013 年"一带一路"倡议提出以来，意大利学者对中国的发展模式、发展成果和国际地位的关注程度越来越高，对"一带一路"的研究也越来越成熟。其早期对"一带一路"的认知主要以评论文章的形式展现；2017 年"一带一路"高峰论坛召开后，意大利学界出现

关于 "一带一路" 的研究论文；2019 年中意签署 "一带一路" 合作谅解备忘录，意大利相关研究方向的专著和研究报告也逐渐增多。研究发现，意大利学界对 "一带一路" 的认知主要包括如下三种类型：

第一，意大利学界对 "一带一路" 的积极性认知

意大利国际政治研究所（Istituto per gli studi di politica internazionale，ISPI）于 2015—2017 年间发布的涉华研究报告，都表达了对 "一带一路" 的基本认知，认为 "一带一路" 是一项帮助欧亚大陆重新建设核心地位的关键项目，对欧洲的发展是一个 "重要机遇"；Easternational 创始人马可·马拉齐（Marco Marazzi）认为，" '一带一路' 并不是新的马歇尔计划"，"意大利是 '一带一路' 路线的自然地理出口，长期以来，我国对中国持封闭和不信任的态度"，但 "我们拥有最高专业水平的人物，他们管理着我们国家在中国的利益，政治必须努力做到这一点，并知道如何有一个长期的愿景，以抓住这一倡议提供的机会"[①]；2015 年发布的题为《习近平的政策博弈：坎坷的道路》的研究报告乐观地认为 "一带一路" 有望将全球中心重新带回欧亚大陆，"通过发展丝绸之路经济带加强欧亚贸易可能有助于进一步促进两个大陆间贸易和投资联系。新丝绸之路可能使地缘政治重心从美国重新回到欧亚大陆"，今天欧洲可能面临重回世界中心的历史机遇，而这取决于欧亚大陆的复兴。[②] 因此，欧洲应支持 "一带一路" 在欧洲的建设，以实现欧洲复兴。为此，欧洲应考虑为加强欧亚贸易和投资，特别是在支持新的基础设施建设和其他发展项目方面做出贡献，法、德、意和英决定加入亚投行（AIIB）就是朝着这个方向发展的，表明欧洲对亚洲特别是涉华态度的重大转变，中欧正

---

① Marco Marazzi, "La Belt and Road e quell'Eurasia da cui verrà la crescita del futuro," https://www.unionesarda.it/economia/marco-marazzi-la-belt-and-road-e-quell-eurasia-da-cui-verra-la-crescita-del-futuro-k9w8dlao, accessed June 25, 2023.

② Alessia Amighini and Axel Berkofsky, *Xi's Policy Gambles*: *The Bumpy Road Ahead*, ISPI REPORT, 2015, pp. 112–113.

逐步建起一座桥梁，有望促进双边贸易和投资对话，如正在推进的欧盟—中国双边投资条约谈判。① 2017 年，ISPI 发布了题为《"一带一路"：游戏规则的改变?》的研究报告，对"一带一路"做了全面而客观的描述，反映出对"一带一路"的正面认知。ISPI 执行副总裁保罗·马格里（Paolo Magri）认为，尽管被称为"新丝绸之路"，但"一带一路"的范围比预测的要大得多，可上溯至汉代的古丝绸之路与 1999 年中国政府提出的"走出去"战略；与古代丝路主要是中国与其伙伴国间贸易活动的无计划性不同，"一带一路"是由政府设计的综合性国家发展战略，其潜在的国际影响力更强，旨在促进中国通过更深入的途径融入全球经济，是为应对不断变化的国内外环境而制定的、追求经济与政治等多方面的目标。中国仍是一个发展中国家，既没有能力也没有义务单独领导全球化，寻求欧洲作为合作伙伴才是至关重要的②。意大利巴里大学（University of Bari）的法比奥·因代奥（Fabio Indeo）在题为《"一带一路"：加强中国与中亚关系的综合战略》一文中指出，中国提出"一带一路"有其经济理由，并希望在安全和稳定的情况下实现其能源和地缘政治目标，以增强中国在中亚的影响力；尽管中俄签订了"带盟对接"的联合声明，但中俄很难在中亚建立共同合作框架，俄罗斯可放弃推动由莫斯科领导经济联盟的雄心，把重点放在欧亚经济联盟与南欧经济共同体间的协调合作上；此外，中亚公众舆论对"一带一路"的认知伴有担心，但中亚各国也清楚"一带一路"能够实现经济增长与贸易合作，可促进本地区的安全和稳定③。菲利波·法苏洛（Filippo Fasulo）与瓦莱里

① Alessia Amighini, Axel Berkofsky, *Xi's Policy Gambles*: *The Bumpy Road Ahead*, ISPI REPORT, 2015, pp. 112–113.

② Alessia Amighini, *China's Belt and Road*: *A Game Changer*? ISPI REPORT, 2017, p. 7.

③ Fabio Indeo, "A Comprehensive Strategy to Strengthen China's Relations with Central Asia," in Alessia Amighini(ed.) *China's Belt and Road*: *A Game Changer*? ISPI REPORT, 2017, pp. 50–51.

娅·塔尔博特（Valeria Talbot）认为 "一带一路" 会给中东地区发展带来诸多机遇，也有助于实现中东地区安全；中国仍倾向于使用通过经济发展来促进稳定的方法，而 "'一带一路' 倡议所推动的全球化完全实现了这一目标"①。格扎维埃·里歇（Xavier Richet）、若埃尔·吕埃（Joel Ruet）、王絜姝（Xieshu Wang）认为，一方面，"一带一路" 增加了中国在欧洲以及中东和北非等欧洲重要利益领域的影响，并将成为欧盟与中国在第三市场（包括中亚、中东、东南亚和非洲）合作的平台；另一方面，"一带一路" 已成为中国在国际事务中日益重要的象征，正在重塑地区和全球新秩序，表明中国越来越愿意积极参与地区和全球事务，包括贸易、基础设施建设、项目融资、治理改革和国际安全等②。阿莱西娅·阿米格尼（Alessia Amighini）认为 "一带一路" 能够通过基础建设联通来消除阻碍欧亚大陆经济发展的负面因素，为中国—中亚合作、中国—欧洲合作创造良好的物质基础与制度支撑，而能源供应的战略意义与该地区的政治稳定又为中俄在欧亚地区的合作创造了政治条件。③ 恩里科·法尔代拉（Enrico Fardella）聚力研究 "一带一路"，最初认为这是中国的 "西进政策"，④ 2017 年开始重新审视 "一带一路"，认为其作为实现 "中国梦" 的复杂战略的一部分，"一带一路" 与 "中国制造 2025" 项目有机联系，旨在将该国转变为未来 4.0 新工业革命的领导者，亦即实现 "中国梦" 的途径是通过收购国外的战略公司、技术转让和

---

① Filippo Fasulo, Valeria Talbot, "The MENA Region: Where the Belt Joins the Road," in Alessia Amighini (ed.), *China's Belt and Road: A Game Changer?* ISPI REPORT, 2017, pp. 94–95.

② Xavier Richet, Joel Ruet, Xieshu Wang, "New Belts and Roads: Redrawing EU-China Relations," in Alessia Amighini (ed.), *China's Belt and Road: A Game Changer?* ISPI REPORT, 2017, pp. 116–119.

③ Alessia Amighini, "Towards a New Geography of Trade?," in Alessia Amighini (ed.), *China's Belt and Road: A Game Changer?* ISPI REPORT, 2017, p. 139.

④ Enrico Fardella: "Xijin(西进): la Cina guarda a Ovest," https://www.twai.it/articles/think-inchina-xijin-la-cina-guarda-a-ovest, accessed June 25, 2023.

大规模的研究投资，在中国的技术部门和领先的生产网络中消灭外国竞争，同时运用在"一带一路"框架下开发的政治和制度工具，重新组织全球价值链，以掌控全球经济运作；值得注意的是，"一带一路"强调沿线国家合作中的"双赢"理念与"中国特色"并存，反映了中国传统文化中"家国天下"的愿景。① 西莫内·多西（Simone Dossi）认为中国在国际中的地位应该引起欧洲的重视，"一带一路"的发展模式将会为全球治理提供有效方案；中国希望利用"一带一路"倡议加强政治互信，扩大共同利益，加强中欧合作，减少经济交流壁垒；"一带一路"是中国应对诸多挑战的对策，旨在为多元化合作创造平台，实现双赢共同发展；欧洲决策者和欧洲国家舆论必须认识到中国今天对欧洲经济的重要性，并致力于充分利用"一带一路"倡议所提供的机会。② 意大利汉学家博尼诺·加博列拉（Bonino Gabriella）认为，中国于 2013 年提出了"一带一路"倡议，这是振兴陆路和海上"丝绸之路"的重要计划，它涉及的地域比过去广阔得多，这些路线在古代给很多人带来了希望和机遇，今天也是如此；中国提出的"一带一路"倡议将在经济、贸易和文化交流等领域形成广阔网络，最终将深化地区乃至世界的和平与发展；意大利位于"丝绸之路"西端，愿意作为"欧洲门户和东西欧交汇点"而加入"一带一路"，旨在促进双边各领域交流与合作。③ 那不勒斯东方大学的圭多·卡佩利认为，古代"丝绸之路"连接了中国和古罗马帝国两大文明，以其陆路、水路网络而创造了便捷、安全的沟通渠道，惠

---

① Enrico Fardella, "La Belt & Road Initiative e il nuovo globalismo sinocentrico di Pechino," https://www. twai. it/articles/la-belt-road-initiative-e-il-nuovo-globalismo-sinocentrico-di-pechino/, 24 February 2017.

② Li Yuan, "La Belt & Road Initiative: oltre gli octacoli alla cooperazione fra Cina ed Europa?," https://www. twai. it/articles/la-belt-road-initiative-oltre-gli-ostacoli-alla-cooperazione-fra-cina-ed-europa/, 14 July 2017.

③ 唐云：《意大利学者："一带一路"倡议下中意两个文明古国的再度交融》，环球网 https://world. huanqiu. com/article/9CaKrnK2Mcm，访问日期：2023 年 6 月 25 日。

及各方，在这样的传承下，东西方交流的不仅是丝绸、商品，更有知识、发明、思想和感情；今天，"一带一路"倡议再次促进中意丝路天然伙伴关系的发展，令这段历史悠久的丝路情谊更加浓厚，使这种建立在互利互惠基础上的丝路伙伴关系，在政治意义上又被赋予了文化意义与情感意义；中意签订的共建"一带一路"合作谅解备忘录，像是一次丝路伙伴的久别重逢，我们以崭新的、全球化的视角重温并深化双方的交流与合作。[1] 罗马圣玛利亚自由大学的马特欧·布雷桑认为，积极响应中国提出的"一带一路"倡议符合意大利的国家利益，"一带一路"倡议将为两国经贸关系发展注入新活力，也将为两国在第三方市场开展合作提供重大机遇；作为东西方两大文明古国，中意有着悠久民间交往历史，早在两千多年前，古老的"丝绸之路"就将两国民众联系在一起，因此人文因素为两国关系健康发展提供了有力保障。[2] 意大利罗马圣玛利亚自由大学（LUMSA）的马泰奥·布雷桑（Matteo Bressan）认为，几千年来，由和平与合作、开放与包容、学习与互利所构成的丝路精神代代相传，促进了文明进步，也为丝路沿线国家发展做出了贡献；中国于 2013 年提出的"一带一路"对整个欧亚大陆来说是一个重要的机遇，也是一个地缘政治与地缘经济项目，旨在以比过去俄罗斯和苏联项目更广泛的方式构建欧亚空间，凸显其地缘经济的优势；此外，"一带一路"将促进中国新疆的发展与稳定，通过乌鲁木齐市成为新丝绸之路的一个枢纽，促进出口和稳定，但在军事、安全、环境、人口迁移、水资源及能源使用等方面还存在问题。[3]

---

[1] http://opinion.china.com.cn/opinion_81_203181.html.

[2] 马特欧·布雷桑：《积极响应"一带一路"倡议符合意国家利益》，环球网 https://oversea.huanqiu.com/article/9CaKrnKjiLY，访问日期：2023 年 6 月 25 日。

[3] Matteo Bressan, "Le nuove Vie della Seta: l'iniziativa, le prospettive e i rischi," https://italian.cri.cn/special/focus_cinitalia/la_cina_vista_dall_italia/3858/20191225/398276.html, accessed June 25, 2023.

第二，意大利学界对"一带一路"的某些疑虑性认知。

"一带一路"威胁论与"中国威胁论"有着大体一致的特征，喜欢、支持、信任中国的国家自然就喜欢、支持、信任"一带一路"；反之，对中国有疑虑、有想法、有抵触的国家，也对"一带一路"有疑虑、有想法、有抵触。其中，安东尼诺・塞尔瓦蒂奇（Antonio Selvatici）是意大利最早提出"一带一路"威胁论的学者，他于2018年出版的专著《中国和"新丝绸之路"：入侵全球的项目》指出，"新丝绸之路战略"① 不仅是一个基建项目，同时还具有商业、能源和军事意义。在其他国家无法比拟的巨额公共资金的支持下，新丝绸之路意在打造东西方之间最大的贸易路线，并通过陆运与海运发展壮大。这是因为，中国拥有管理模式方面的竞争优势，不再打算做拥有廉价劳动力的世界工厂，而是打算通过新丝绸之路的战略成为新全球化的主角。欧洲政界首先必须了解中国已有的竞争平台，必须核实外国投资对国家主权的影响，最重要的是要意识到，在全球经济中必须遵守同样的规则，否则，灾难是无法估量的。② 他在2019年的一篇评论中认为，"一带一路"建设将加剧世界两极分化，甚至重新坠入美苏"冷战"的尴尬局面。"一带一路"将把中国经济模式及其势力范围扩展到西方，直至马尔盖拉港和的里雅斯特港，这不仅意味着跨国公司竞争更加激烈，还意味着持续多年的地缘政治平衡将被打破。当然，随着中意签署"一带一路"合作谅解备忘录，意大利学界的"一带一路"威胁论也就随之失去了炒作市场。

第三，意大利学界对"一带一路"的某些担忧性认知。

有少数意大利学者担心"一带一路"将在一定程度上挑战世界格局与欧洲发展，玛利亚・拉古京娜（Maria Lagutina）在《改善与

---

① 作者在书中将"一带一路"称为中国的"新丝绸之路战略"。
② Antonio Selvatici, *La Cina e la Nuova Via della Seta*：*Progetto per un'invasione globale*, Rubbettino Editore, 2018.

俄罗斯和乌克兰的关系》一文中指出，"'一带一路'被认为是中国对迄今为止主宰世界的西方模式的替代"。就欧盟而言，欧洲国家愿意在'一带一路'项目中做出贡献，尽管与俄罗斯、哈萨克斯坦和白俄罗斯的欧亚联盟的最初概念相去甚远，在未来，欧盟和欧洲经济联盟会建立更紧密关系，尽管是在一个完全不同的环境中——即在现代欧亚大陆上重建丝绸之路的背景下，该项目不可能建立一个从"里斯本到海参崴的大欧洲"，而是"从里斯本到上海的大欧亚大陆"；① 国际问题研究所（Istituto Affari Internazionali, IAI）"一带一路"研究项目成员尼古拉·比洛塔（Nicola Bilotta）认为，目前中意共建"一带一路"的风险尚未暴露，"'一带一路'尽管有高度的政治象征意义，但在金融合作领域与'一带一路'相关的谅解备忘录至今没有带来突破性的发展，也没有给意大利带来短期战略风险。它们只能为意中的金融合作提供一个（模糊的）方向，使这种合作是否能进一步推进以及如何推进的问题变得不明确"，这也将使意大利处于一种两难境地："欧盟成员国，包括意大利，未能将中国政策置于一个共同的框架内，这种担忧对于金融业来说是非常重要的"。"一带一路"在意大利的建设资金主要来源于中国，这将会使意大利失去自主性和独立性，威胁其政治与经济的独立性。该所的乔治·普罗迪（Giorgio Prodi）认为，"一带一路"的重点在于亚洲国家，尤其是中亚和中东地区国家，这将会对意大利的经济发展造成冲击，也将进一步削弱欧洲在世界经济中的地位。其中，在"一带一路"密切亚洲国家联系的同时，将影响欧洲经济地位及其利益，从而对意大利经济产生影响。该所的弗兰切斯卡·吉雷蒂（Francesca Ghiretti）从维护港口利益角度分析"一带一路"对意大利的影响，认为中意共建"一带一路"虽对意大利海事基础设施影响很小，但仍会使一

---

① Maria Lagutina, "Improving Relations with Russia and Ukraine," in Alessia Amighini (ed.), *China's Belt and Road: A Game Change?*, ISPI REPORT, 2017, pp. 72-74.

些港口发展受到影响。像中国这样的大国大规模投资其战略基础设施时，确会面临风险，必须采取风险管理或风险规避的方法，意大利选择了风险管理的方法来应对，这是欧洲人广泛认同的选择。① 西莫内·多西认为，中国的制度和发展模式可能会对欧洲的制度造成挑战，尽管中国和欧盟是重要的经济伙伴，但由于制度差异，经济贸易仍然存在许多障碍，尤其是"中国在欧洲社会代表了有问题的全球参与者，'中国特色社会主义'更被某些西方人视为'极权资本主义'。同时，中国人将欧盟对华的贸易限制视为两个世纪以来西方所持有的霸权主义意识形态的表现"，中国的政治经济体系与欧盟基本原则间仍存抵触。尼古拉·卡萨里尼（Nicola Casarini）与洛伦佐·巴尔迪亚（Lorenzo Bardia）认为，中国的经济复兴无疑取决于"一带一路"项目的成功实施，欧盟和意大利虽对中国项目具有广泛依从性，但也引起了一系列困惑，特别是项目建设中的环境问题。②

综上，随着中意共建"一带一路"的不断推进，意大利学界对"一带一路"逐渐形成了全面和综合的认知，除分析"一带一路"给意大利带来的机遇与挑战外，还分析了"一带一路"与欧洲、中东、中亚等地经济、金融、安全等方面的关系，为深化中意战略互信提供了一定的学理性借鉴。

第二节　意大利"一带一路"认知成因溯源

意大利学界的"一带一路"认知现状受到历史和现实双重因素的影响，且集中体现在以下三个方面：

---

① Francesca Ghiretti, "The Belt and Road Initiative in Italy: The Ports of Genoa and Trieste," *IAI Papers* 21, April 2021.

② Nicola Casarini, "Il rilancio economico della Cina passa per la nuova Via della seta in Europa," https://www.twai.it/articles/il-rilancio-economico-della-cina-passa-per-la-nuova-via-della-seta-europa/, 14 July 2017.

第一，意大利丝路学研究传统夯实了中意丝路共有认知基础。

中国与意大利都是拥有璀璨文化的世界文明古国，两国在东西方文化起源和发展上均有着重要的贡献与地位。意大利是古代罗马帝国的核心区域，也是文艺复兴的发源地；中国则是拥有数千年历史的东方文明古国，对东方和世界文化产生了巨大影响。两千多年前，一条纵贯亚欧的丝绸之路将东西方贸易连接在一起，伴随贸易传播的还有东西方灿烂的文化。这条丝绸之路的起点位于中国长安，终点正是意大利罗马：《后汉书·西域传》中称罗马为“大秦”，罗马人通过丝绸之路认识了被称为“塞里斯”的中国，两国的联系由此生发，意大利旅行家马可·波罗沿丝绸之路于 1275 年（元代）抵达中国并生活了 17 年，回国后写成的《马可·波罗游记》，成为中西文化交流史上的一座里程碑，正如习近平总书记所赞誉的那样：“一部《马可·波罗游记》在西方掀起了历史上第一次‘中国热’，马可·波罗成为东西方文化交流的先行者，为一代代友好使者所追随。”① 《马可·波罗游记》是由马可·波罗口述，鲁思梯谦笔录完成的纪行作品。马可·波罗并不是第一个进入欧洲人几乎完全不了解的中国地区的人，但他是第一个详细描述这段经历的人，让当时的欧洲对他所从事的领域有了非常广泛的了解，并借其所提供的相关信息架起了一座理想的“桥梁”，使欧洲能够通过它第一次接触贸易路线上的亚洲知识，后来被称为“丝绸之路”。② 具体而言，《马可·波罗游记》共有 4 卷 200 章，主要在第二卷共计 82 章的篇幅中记载了中国元朝的情况、前期的政治情况以及蒙古大汗忽必烈，同时也记载了中国许多城市的丰富物产和繁荣景象。游记以热情洋溢的口吻描述了元朝的驿

---

① 习近平：《东西交往传佳话，中意友谊续新篇》，新华网 http://www.xinhuanet.com/politics/2019-03/20/c_1124259057.htm. 访问日期：2023 年 6 月 25 日。

② Michele Tommasi, "Marco Polo: i viaggi e le esplorazioni raccontati nel Milione," https://www.studenti.it/marco-polo-viaggi-esplorazioni-raccontati-nel-milione.html, accessed June 10, 2021.

站、汗八里的宫殿和街道、上都的美丽、忽必烈大汗举行寿辰庆祝的情景和行猎生活等，讲述了许多珍禽异兽、奇风异俗、独特信仰方面的内容，还讲述了西安、开封、南京、镇江、扬州、苏州、杭州、福州等名城的繁华，从大都南行至杭州、福州、泉州及东南沿岸及诸海诸洲的行程和见闻等。可以说，《马可·波罗游记》中有关中国的天文、地理、驿站、货币、缫丝、制盐、造纸、建筑桥梁和宫殿的艺术、城市规划、市政管理、社会救济等方面的成就和经验，甚至面条、糖等诸般风物人情的描述，"为西方人对完全是另一个世界的含混、笼统的了解提供了一线光芒"①，激起了西方人对东方和中国的无限向往和巨大热情，以至于在马可·波罗死后掀起了西方人探索东方的热潮，从而开启了西方的大航海时代。

作为重要的文化符号，"马可·波罗、利玛窦在东西文明交流史上发挥过重要作用"。② 进入16世纪，海上丝绸之路的作用愈发重要，逐渐成为中意两国文化交流的纽带与桥梁。意大利天主教耶稣会传教士利玛窦是跨越这一桥梁的杰出代表，他于1581年到达中国澳门，逐渐熟悉了中国的历史地理和民俗风情，于1601年定居北京并长住10年之久，将中国儒家经典译成拉丁文介绍给欧洲，为中意文化交流作出了重要贡献，也对东西方文明的相互认知产生了重要影响。后人将他生前写成的有关中国的文字汇编成书，于1910年在意大利出版，吸引了更多传教士来到中国，在18世纪的清代，紫禁城成为中意文化交流与对话的前沿和中心。其中，1615年初版的《利玛窦中国札记》轰动欧洲，取代《马可·波罗游记》成为欧洲了解中国文化的基本读物，详尽准确地概括了中国文化的基本特征。《马

① 中国国际文化书院：《中西文化交流的先驱——马可·波罗》，商务印书馆1995年版，第223页。
② 习近平：《中意关系正站在新的起点上》，外交部官网 http://www.mfa.gov.cn/web/2yxw/20140611-328097.shtml，访问日期：2023年6月25日。

可·波罗游记》所描述的是一个广阔、富裕、强盛的中国形象，但未深究中国达到如此高度的文明程度的缘由。《利玛窦中国札记》主要取材于利玛窦在中国居住 27 年（1583—1610）间所写"日记"，概述了中国历史和地理，谈及中国工业和农业，解释了竹子的用途、煤炭提取系统、茶叶生产和消费及涂漆技术，描述了中国建筑、音乐和戏剧，讲述了使用印章签名和"文房四宝"、中国家具与欧洲家具的相似之处，概述了中国语言书写系统与口语表达的差距，梳理了中国、日本、韩国和越南使用汉语的事实，评论了中国方言的多样性和官话的存在，以及关注中国的行政制度、教育制度尤其是科举制度培养文人官僚的作用等。因此，平川佑弘誉之为"人类历史上第一位集欧洲文艺复兴时期的诸种学艺和中国四书五经等古典学问于一身的巨人"，傅吾康（Wolfgang Franke）称他为"有史以来最杰出的中西文化调解人"，魏扬波（Jean-Paul Wiest）更在首届尼山世界文明论坛发言中指出了利玛窦符号的重大现实意义："面对人类社会的严峻挑战和困境，许多人开始意识到，最有效的解决方案在于承认世界文化的多样性，并在不同文明之间进行持续对话，促进国家和民族之间的相互理解和信任。大约四百年前，利玛窦已经采用了这样的计划。在中国期间，他深刻尊重文化多样性，促进相互理解，是平等对话的大师。"①

事实上，利玛窦等第一批来华传教士开启了意大利的汉学研究，也成为意大利丝路学之渊薮。有学者将这一时期的意大利汉学发展分为两个阶段，实现了从传教式汉学到世俗式汉学的发展。② 传教士时代的意大利汉学家包括利玛窦、罗明坚、范礼安、熊三拔、卫匡国等一大批出色的代表人物，他们都以传教士身份来华传播基督教义，但

---

① L. Carrington Goodrich and Chaoying Fang, (eds.), *Dictionary of Ming Biography* (1368-1644), New York: Columbia Univ. Press, 1976, p. 1144.

② 图莉安：《意大利汉学研究的现况——从历史观点》，《汉学研究通讯》2006 年第 3 期。

在传教中感到有学习汉语和中华文化的现实需求，并在此学习过程中，有一批传教士受到中华文化的熏陶，逐渐从客观需要变成主观热爱，从而成为中华文化虚心的接纳者和热心的传播者，角色从单纯的基督福音传播者开始向东西方文化沟通者转变，在给中国带来了现代西方科学知识的同时，也向欧洲传播了东方文明。中国文化、中国政治制度尤其是儒家伦理已成其为之献身的一种新的宗教热情。除利玛窦外，卫匡国也极具代表性，他在中国生活的 8 年里，除从事传教活动外，还撰写了大量关于中国历史、地理、宗教、哲学、文法等方面的著作，其中以《中国先秦史》和《鞑靼战纪》为代表。《中国先秦史》出版于 1658 年，是欧洲汉学史上首部关于中国的历史著作，仿照李维的《罗马史》以编年形式叙述中华民族从起源到耶稣诞生前的历史，在 1777 年冯秉正的《中国通史》出版前，卫匡国的《中国先秦史》一直被认为是西方学者关于中国上古史的最佳著作。他的《鞑靼战纪》于 1654 年在安特卫普出版，主要讲述其亲身经历的清火明战争，也是首部从西方人视角观察中国境内民族冲突的真实记录，发挥了"足补我国正史之不足"的作用。1654 年，他又在阿姆斯特丹出版了《新中国地图集》，这是一部有关中国和日本的地理、民俗及统计学专著，其中收录了 17 张中国各省地图，详细记录了各省疆界、城市、山川、名胜、土产、工业、民风民俗，以及各省向中央纳贡的资料。该书出版后曾被译成多种欧洲文字，卫匡国也被称为"西方研究中国地理之父"。① 在利玛窦和卫匡国之后的三百年间，意大利汉学逐渐实现了从传教向世俗的转变：在内容上，从为传教服务的中国地理、风俗介绍，汉语语法、汉字等工具书编写和儒家代表人物和礼仪简介等实用性汉学，逐渐转向中国传统历史文化、中国古代文学研究等；在形式上，由传教士的个别行为逐渐转向开办学校教育

---

① 陈友冰：《意大利汉学的演进历程及特征——以中国文学研究为主要例举》，《华文文学》2008 年第 6 期。

和研究机构，其身份也由传教士转为世俗学者。1715 年马国贤神父在中国创建神学院，1724 年迁往那不勒斯，1732 年 4 月 7 日正式定名为"中国学院"，成为意大利汉学由传教士的个别行为转向学校正规教育的重要标志，而中国学院系那不勒斯东方大学的前身，不仅是意大利专业汉学的发轫者，也是欧洲汉学研究的先驱，除开设文法、修辞、希腊文、历史、地理、几何和哲学等高中程度的课程外，还另设中文、中国文化常识等课程，成为意大利汉学研究与人才培养的重镇。

从利玛窦来华到第二次世界大战结束是意大利丝路学的发轫期，在此阶段的研究人员经历了由传教士到世俗学者的转变，研究对象涉及中国的政治制度、宗教哲学、文学文字等。早期的学者们留下了丰富的历史文化遗产，为中意的交往与交流奠定了坚实的基础，当代汉学与丝路学在此基础上进一步完善与发展，实现了意大利丝路学的繁荣。

第二，意大利丝路学研究助力增强中意共建"一带一路"的战略互信。

自 1861 年意大利统一以来，有关中国的语言、历史和文明研究已取得了一定的发展，但与法国、英国、德国和荷兰相比，意大利汉学研究在整个 20 世纪上半叶都很薄弱，直到 20 世纪 60 年代，还主要局限于那不勒斯东方大学与罗马大学的东方学院（La Sapienza）这两个中心，20 世纪 60 年代中期，东亚学系作为一个重要的汉学研究和教学中心在威尼斯大学成立。在 1970 年中意建交的推动下，意大利丝路学研究也开始进入繁荣时期，其中那不勒斯东方大学、威尼斯大学东亚学系和罗马大学东方学院最为著名，威尼斯大学的丝路学研究对中国的重视程度更高，尤其是在 2018 年成立了马可波罗全球欧亚联系中心后，该机构的丝路学研究进入了重要转型期；除高校研究机构外，意大利还有专门从事丝路学研究和组织丝路学学术交流的协会，如国际地中海和东方研究协会、意大利中国研究协会等，都具有较大影响力。

国际地中海和东方研究协会（Associazione Internazionale di Studi sul Mediterraneo e l'Oriente，ISMEO）成立于 1933 年，前身为意大利中东和远东研究所（l'Istituto italiano per il Medio ed Estremo oriente）。1934 年 2 月，作为其负责人的图奇（Tucci）在"现代文化中的东方"演讲中指出，有必要重新思考我们对东方民族的心态，他不仅批评了当时东方研究的方法，还强调相互理解实为国家间经济与政治关系不可避免的基础。在"二战"前，该协会主要组织语言课程和教师交流、发放奖学金、主编面向受过教育但非专业人士的期刊（*Asiatic* 和 *Yamato*），并开设了一个小型东方艺术博物馆等。在图奇主持下，该协会还组织了对中国西藏（1948）与尼泊尔（1952、1954）的科学考察，并从 1955 年起与巴基斯坦、阿富汗和伊朗政府达成协议，在斯瓦特河谷、加兹尼、伊斯法罕及波斯波利斯等，展开了考古发掘与纪念碑修复等活动。此外，该协会还与尼泊尔、泰国、阿曼、也门及土库曼斯坦等国签订了协议，开展合作。1995 年，该协会与意大利—非洲研究所合并，建立了意大利非洲和东方研究所，旨在与亚非国家、地中海地区间展开学习、培训和研究，尤其是通过学者交流、合办会议和展览，开展合作、咨询和援助项目，加强文化遗产保护与合作，推进研究文献共享、出版社合作、语言文化培训，起草公约和缔结协议，为移民融入提供文化援助合作，设立奖项和研究资助，以及互设办事处等。该协会主席是意大利语言学家和伊朗问题专家阿德里亚诺·瓦莱里奥·罗西（Adriano Valerio Rossi），在 2001—2011 年间，他在威尼斯卡斯卡弗卡里大学教授"东西方关系史"课程。在 2012—2013 年间，他在西班牙莫斯学院讲授"儒家和道教概论"课程。在 2012—2014 年间，他在安东尼奥尼纳姆大学讲授"中国传教史"课程。从 2011 年开始，他担任罗马国际研究大学

"中国文化与社会"这一机构的代理教授。此外，他多次参与博物馆的展览策划，包括 2011 年罗马国家博物馆的"丝绸之路上的城市、人与神"主题展、佛罗伦萨第 13—15 届意大利艺术展等。2012 年，他出任外交部文化促进区官员。弗兰切斯卡著述颇丰，先后出版了《17—18 世纪的天主教徒在中国的传教活动》（1995）、《18—19 世纪的天主教徒在中国的传教活动》（1999）、《意大利的中国研究：1899—1999 年的参考书目》（2007）、《向东方：丝绸之路上的城市、人与神》（2011）、《中国的另一个世界》（2014）等。此外，致力于东亚和东南亚历史研究的罗伯托·恰拉（Roberto Ciarla），自 1975 年以来一直都是意大利和亚洲不同考古代表团的成员。自 1987 年以来，担任"罗布里地区考古项目"（ISMEO—泰国美术部）的主任。自 1985—2017 年间，担任罗马国家东方艺术博物馆主任与首席考古专家。自 2010 年以来，担任宾夕法尼亚大学博物馆的咨询专家。他一直是 MAECI 合作项目协调委员会成员，担任西北文化历史遗产保护修复中心（1995—1999）和世界银行项目"四川省文化遗产战略总体规划"（1997—1999）的项目经理，发表论文 200 余篇等。此外，意大利中国研究协会（Associazione Italiana di Studi Cinesi）成立于 1979 年，旨在推动意大利与中国研究有关的学术活动。在近四十年里，该协会会员的学术贡献在数量和质量上都不断增长。自 2016 年开始出版了《意大利中国研究协会文选》第一辑，目前已连续出版了三辑。此外，还多次举办"中国文明的知识与诠释""过去和现在的中国文明之路"及"罗马，中国与世界"等国际学术交流会并出版了会议论文集，该协会还每两年举办一届中国研究专题研讨会，目前已举办了十六届，2021 年第十七届 AISC 会议在都灵大学举办，题为"中国、中文、汉学：艺术的现状"。

需要指出的是，马可·波罗全球欧亚联系中心（Centro di Ricerca Marco Polo）的成立标志着意大利丝路学的全面转型。该中心于 2018

年在威尼斯大学亚洲北非研究系成立,致力于研究欧洲的历史与现实、地中海与亚洲关系等,从新的宗教身份、社会和政治制度及关系史等跨文化视角探讨国际合作问题。该中心开展多项活动,包括与国内外学者合办研讨会和讲座、举办国际暑期学校及开展丝绸之路研究项目等。目前担任该中心主任的是威尼斯卡弗斯卡里大学的圭多·萨马拉尼教授(Guido Samarani),致力于中国近现代史、中意关系史和中国外交政策研究,参与的项目有"意大利、欧洲、中国:当代历史互动与动态""中国现代思想:起源与发展"等。该中心副主任是阿尔多·法拉利(Aldo Ferrari),也来自威尼斯卡弗斯卡里大学,致力于亚美尼亚文化、高加索和中亚历史及俄罗斯文化史研究,曾参与"中亚与中国"研究项目。可见,马可·波罗中心从跨文化角度探索创新议题,如宗教身份、移民、气候变化、欧洲、亚洲与伊斯兰世界间关系,尤其对历史、宗教、哲学和艺术过程,信息通信技术对语言和象征性生产的影响,以及对西南亚和中亚研究倍感兴趣,但该中心的活动主要包括丝绸之路研究项目、工作坊和学术会议,旨在探究"中国与世界古今丝路关系",该中心的研究项目包括:"哈萨克斯坦:俄罗斯、中国和伊斯兰世界间的国家建设进程研究"(2019)、"中国对意大利参与'一带一路'共建的投资研究"(2020)、"中世纪中国与中亚的历史考古学研究"(2020)及"丝绸之路上的伊斯兰话语:词汇、语义及象征文化的融合研究"(2020)[1] 等。该中心还举办了一系列学术工作坊,包括关于"新丝绸之路生态社会回归研究"(2019)、"'一带一路'倡议:来自日本、巴基斯坦和伊朗的看法"(2020)、"中意关系五十年(1970—2020)"(2020)、"中国—阿尔及利亚经济关系:趋势,特征与问题"(2020)等。[2] 该中心还邀请国际知名学者做了一系列相关学术报告,包括远东国际公司安东

---

[1]　参见 https://www.unive.it/pag/36675/。

[2]　参见 https://aisc-org.it/pubblicazioni/。

内拉·皮瓦（Antonella Piva）的《中意：机遇与误解的贸易关系四十年》（2019）、韩国首尔大学黄志焕（Jihwan Hwang）的《韩国处于中国"一带一路"与美国"印太战略"的十字路口》（2020）、慕尼黑路德维希·马克西米利安斯大学夏玉婷（Maria Khayutina）的《青铜时代中国与新兴区域间的贸易路线》（2021）、卡利亚里大学芭芭拉·昂尼斯（Barbara Onnis）的《中国的外交政策：孤立与开放、低调与宏大之间》（2021）、特伦托大学索菲娅·格拉西尼亚（Sofia Graziani）的《21世纪中国在非洲的软实力》（2021）、伦敦大学巴雷特（T. H. Barrett）的《重新定向医学史：丝绸之路的遭遇》（2021）及博洛尼亚大学安德烈亚·皮拉斯（Andrea Piras）的《伊斯兰化初期丝绸之路上的蒙面先知与摩尼教的关系》（2021）等。① 此外，该中心还举办了一系列相关专题的暑期学校讲座，如2019年9月1—7日的"发现'一带一路'沿线的变化之路"讲座，旨在培养对"一带一路"倡议具有批判性与道德基础研究的年轻学者及从业人员。又如，2019年7月8—13日的"印度文字中的佛陀生平：接近帕利语和阅读梵语"讲座，旨在通过接触印度文学来源向学生介绍丝路佛教的变迁及其影响。可以说，该中心以亚洲北非研究系为依托，不仅关注古丝绸之路上的意大利与中国之间的联系、意大利与东方的联系等重要课题，而且整合大学内的多学科资源，在传统汉学研究基础上推进"一带一路"研究，并发展为集教育、科研与社会服务等多种功能为一体的新型研究机构。此外，该机构以"马可·波罗"这一文化符号为名，以古今丝路上各行为体间的联系为主要研究目标，已成为意大利开展丝路学研究与"一带一路"人才培养的重要平台。

尤须注意的是，一些意大利智库或研究所从政治、经济、安全、环保和地缘政治等多维度研究"一带一路"，如意大利国际政治研究

① 参见 https://aisc-org.it/pubblicazioni/。

所成立于 1934 年，是意大利最早专门从事国际事务的智库，其中国
计划的重点是政治决策、地缘经济战略及全球伙伴关系研究。对当今
中国的复杂性进行分析，并通过为专家和公司举办的活动或公开会议
进行讨论，旨在对中国的现在与未来有更深入的了解。该计划与 ISPI
地球经济学天文台合作出版每两个月发布的《一带一路》观察通讯
（*OBOR Watch*），并组织年度中国观察员会议。① 又如，国际事务研
究所，是意大利一家私立非营利性机构，创立于 1965 年，通过研究、
培训、会议和出版物来促进对国际政治的理解。该研究所与都灵世界
事务研究所（T. wai）合作编辑的双月刊《全球中国》（*Orizzonte Ci-
na*），是关注当代中国政治、外交政策和社会政治动态的季刊，旨在
向有兴趣在学界、决策、外交、商业和专业领域（尤其是意大利与
中国）工作的读者提供交流与合作平台。该期刊负责人尼古拉·卡
萨里尼，发表了有关中欧关系、东亚关系、中国外交、东亚安全及跨
大西洋关系等议题研究的一系列论著，2009 年出版了《重塑全球秩
序：欧中关系的演变及其对东亚和美国的启示》。② 该研究所重视中
意关系，长期关注"一带一路"研究，从 2020 年起展开"一带一
路"专项研究，分析了意大利与中国签署共建"一带一路"谅解备
忘录的内容与实施情况，编写关于基础设施、银行业、技术、国防及
媒体等宏观领域的评估报告等。还有都灵世界事务研究所，成立于
2009 年，致力于全球政治和安全领域学术与政策研究。其所长安
娜·卡法雷娜（Anna Caffarena）的研究议程包括全球中国、世界政
治、暴力与安全三方面，推动了对"一带一路"的跨学科研究，有
助于增强中意共建"一带一路"的战略互信。

　第三，欧美成为意大利学界认知"一带一路"的干扰性因素

　　在对"一带一路"的认知中，意大利学界仍存有一些质疑，主

① 参见 https://www.ispionline.it/it/ricerca/programma-cina。
② 参见 https://www.iai.it/en/pubblicazioni/lista/all/the-international-spectator。

要是由来自欧盟和美国的阻力所致。一方面，欧盟对"一带一路"存在疑虑，认为中国没有给欧盟投资者在中国市场投资并购的公平互惠环境，故在其 2016 年的一份文件中将与中国签署全面的双边投资协定作为双边关系中的紧迫任务。同时，开始收紧对中国企业赴欧盟投资并购的监管审核力度。对于 2012 年中国与中东欧 16 国建立的"16+1"机制，欧盟认为中东欧 16 国中有 11 个是欧盟成员国、4 个是其观察国，"一带一路"使"16+1"合作关系进一步密切，使得"一带一路"可能对欧盟形成东西分化的态势，破坏欧盟统一立场。对此，"16+1"文件公开声明，中国与中东欧国家的合作在欧盟统一框架下开展，并邀请欧盟相关组织和其他成员国旁听。此外，欧盟对中国企业中远海运收购希腊比雷埃夫斯港口也颇有微词，认为违反了欧盟竞争中立原则，因为此次并购得到了希腊政府的税收优惠。欧盟对"一带一路"可持续金融支持也持有怀疑等，这些都成为意大利学界少数人心存疑虑的原因所在。

　　另一方面，美国始终强调规则护持，这是美国对冲"一带一路"的主要借口和途径，中国的"政府主导的商业模式"是其攻击核心。美国学者弗朗西斯·福山认为，"一带一路"倡议标志着中国政策发生显著变化，"中国有史以来首次设法向他国出口发展模式"。还有分析认为，中国提出"一带一路"倡议，建立亚洲基础设施投资银行，旨在摆脱西方主导的国际制度束缚，建立基于中国价值和利益、由中国主导的世界经济新秩序。"债务陷阱论"则提出，中国可能会通过豁免债务换取战略资产，不断扩大政治影响力。2018 年 6 月，时任美国国防部部长马蒂斯在新加坡香格里拉对话会上提出，美国要在这一地区推动"私营部门主导的经济发展"，将"振兴我们的发展和金融机构，与地区经济合作伙伴更紧密地合作，提供端到端解决方案，不仅能够制造有形产品，而且还会传授经验和美国的专门技术，以确保增长是高价值和高质量的。不做空洞许诺，也不要放弃经济主权"。特朗普政府以国家安全为名封杀华为技术有限公司，推动32个西方国家"提出新的5G安全标准"，其后果将使"一带一路"沿线国家在与中国开展互联互通合作时产生更多顾虑。此外，美国还将利用其在议程设置和话语权方面的优势，加强"永远给不出证据"的诋毁抹黑，展开更大规模的"舆论恐吓"。有美国学者建议，美需不遗余力地宣传所谓"一带一路"的"腐败问题"。美国普林斯顿大学冲突实证研究项目副主任伊桑·卡普斯坦及联合主任雅各布·夏皮罗将此种行动称为"柔道战术"，即利用"一带一路"自身存在的问题展开舆论行动。因此，美国政界、学界、媒体联手污名化"一带一路"，更成为意大利学界少数人心存顾虑的原因所在。

总之，意大利大多数学者认为"一带一路"是意大利经济复苏与社会稳定的重要机遇，须牢牢把握这一契机以稳定意大利欧洲大国的政治地位。然而，欧盟与美国的"一带一路"认知倾向又影响了意大利的涉华民意，并成为美欧干扰意大利加入"一带一路"共建的重要组成部分，使得意大利学界的"一带一路"认知日趋复杂化。

第三节　助力"一带一路"
高质量建设的因应之策

为进一步优化意大利学界的"一带一路"认知现状，故提出以下三方面建议予以推进：

第一，应进一步构建中意共建"一带一路"的利益共同体。

目前，意大利正处于经济发展的低谷期，面临高失业率、贫富分化、基础设施落后和南北发展不协调等诸多问题，因此，探索中意的共同利益，使意大利成为直接的利益相关者尤为重要。通过分析意大利学界"一带一路"认知现状后发现，多数学者对"一带一路"持肯定态度，认为中意共建"一带一路"是实现意大利发展的重大机遇。实际上，"一带一路"建设的目标与意大利的利益契合程度较高。自 2018 年第四季度起，意大利经济的颓势逐渐显现。欧盟委员会副主席东布罗夫斯基（Valdis Dombrovskis）表示，严重的债务危机和潜在的预算井喷，使得意大利经济变得脆弱不堪，高额的公共债务使意大利成为欧盟内财政赤字在 GDP 中占比最高的国家之一，仅次于排名第一的希腊。目前意大利的债务规模高达 2.3 万亿欧元。在意大利公布的 2019 年预算草案中，将财政赤字占 GDP 的比例提高至 2.4%，与 2018 年的 1.8% 相比大幅上升。欧盟认为，这一债务水平应被视为不符合规定，可能迫使欧盟对意大利启动"超额赤字程序"，即要求有关国家提供纠正行动和政策的计划，并定下实现的最后期限，若逾期未完成将被罚款。意大利帕维亚大学政治经济学专家普利西表示："如果赤字在 2% 左右，意味着（意大利）和欧盟发生摩擦，而达到或超过 2.4% 则意味着直接和欧盟开战。"加入"一带一路"朋友圈，也成为作为欧元区第三大经济体的意大利在经济衰退浪潮中抓住的一根稻草。因此，中意双方的学者可探索"一带一路"建设的优先合作路径，寻找最大公约数，就意大利当前最突出的问题和中意"一带一路"建设的重点项目展开讨论。就资金方面，中意可以将融资形式从单边为主转向多边发展，探索"亚洲基础设施投资银行+世界银行+亚洲开发银行"的多方合作模式，以消除意大利对中国注资的疑虑等，有针对性地构建中意共建"一带一路"的利益共同体，逐步增强战略合作的互信度。

第二，应进一步探究中意丝路共有记忆中丝路精神的现实意义。

中国和意大利处于丝绸之路的两端，有着共同的丝路记忆。意大利学者普遍认为古丝绸之路的终点在罗马，"新丝绸之路"终点也在意大利。事实上，意大利与中国因各居丝绸之路的两端，使其友好交往传统为双方奠定了良好的认知基础，而且，意大利丝路学研究起步早，从 13 世纪的马可·波罗旅华日记至今已历数百年，而这种研究传统则为意大利学界认知"一带一路"提供了学理基础。目前，意大利处于经济转型的关键期，需要大量的资金和广阔的市场来提高其在欧洲和西方世界的地位，"一带一路"的高质量建设有利于释放意大利的经济活力，也为优化意大利认知"一带一路"的社会民意基础注入了现实动力，"一带一路"引发意大利学界的高度关注即为明证，尤其是意大利学界聚焦中国提出的旨在复兴丝绸之路的"新丝绸之路"、国际格局变化中的中国角色等议题进行研究，出版了一大批关于丝绸之路与"一带一路"的专著，意大利智库也开始增大对中国和"一带一路"的关注度。因此，应进一步探究中意丝路共有记忆中互惠包容合作的丝路精神的现实意义，以助力夯实共建"一带一路"的价值认同基础。

第三，应进一步加强中意丝路学交流与合作的机制建设。

2018年意大利国际问题研究所在罗马主办"'一带一路'倡议：发展与前景"国际研讨会，意大利前总理真蒂洛尼（Gentiloni）在致辞中强调："'一带一路'是一项举世无双的举措，是当今世界上最大的投资计划和最大的投资机会，需要共同的投资以及公平和自由的贸易"，尤其是"学者与智库需要在没有任何意识形态敌意的情况下，讨论倡议的机会、优势和条件"。[①] 事实上，意大利丝路学起步于历史悠久的汉学研究，还拥有一批权威研究机构与人才培养基地，都可成为中意丝路学交流与合作的重要资源。目前，中意丝路学学术交流与合作的平台较少、研究领域较为单一，而且跨国课题合作规模有限。基于此，需要从内容到形式，进一步加强两国丝路学界的学术交流与合作，助力中意丝路学对话机制平台建设。

---

① "Analysts in Rome call for EU unified response to Belt and Road Initiative," http://www.xinhuanet.com/english/2018-10/03/c_137509187.htm, accessed October 3, 2018.

中　篇
高质量共建"一带一路"中
"周边国家是首要"

第七章
日本"一带一路"学术动态研究

日本学界的"一带一路"认知较为复杂矛盾，这是由多方面原因所致，故应有针对性地制定解决对策，以优化日本学界的"一带一路"认知。

第一节　日本"一带一路"研究现状梳理

自中国提出"一带一路"倡议后，日本学者备受官方认知的影响，也大体形成了三个主要认知阶段：

第一，日本学界对"一带一路"的轻视与妄议。

在"一带一路"倡议提出的初期，由于总体"路线图"、具体措施及相关国家反应尚未清晰，日本政府并未对中方倡议做出明确、公开的反应。日本外交部门最初认为，该倡议是中国领导人在实施周边外交时提出的一个新概念，目的是联络中亚、东南亚等邻国，有针对性地加强与周边国家的经贸、投资与能源关系。总的来看，这一倡议与日本"并无直接关联"；考虑到中日关系当时严重恶化，处于近乎敌对状态和对抗边缘，日本也不认为中方会邀请日方参与这一倡议，实现合作共赢。① 当时，中日两国的关注焦点和斗争领域集中在钓鱼岛等问题上，尽管日方考虑到确保与扩大本国能源、资源供应，对中国在其周边能源供应国开展外交联络持续"保持关注"，并"适时干预"，但对于"一带一路"倡议本身，日本政府倾向于认为，比较可能的情况是：中国期望以新的概念带动周边外交实践的发展，并不太可能全面落实这一相对宏大的构想，基本上认为"事不关己"，故未将其作为政策应对课题，也未作出有针对性的官方回应。

事实上，日本的桥本龙太郎内阁曾于1997年提出了"丝绸之路外交"，以中亚和高加索八国作为外交重点，拓展日本在该地区的影响力。该设想比美国的"新丝绸之路"计划以及由俄罗斯、印度及伊朗三国倡议的"北南走廊计划"都要早。日本建立了以"日本+中亚"外长会谈为基础的地区合作机制，加大了对中亚国家的战略援助。麻生太郎任首相时，于2006年提出建立从日本经由东南亚、中亚到中欧及东欧，涵盖欧亚大陆"外围国家"的"自由与繁荣之弧"，借此在中亚等地区拓展"新丝绸之路外交"和"价值观外交"。但"自由与繁荣之弧"或"新丝绸之路外交"并未发展成为体系性的、引导日本外交战略的政策框架。在此背景下，日本对中国"一带一路"倡议的认知，并不缺少自身外交政策实践的"参照"。但在此时，日本至少并未充分预见到：首先，中国提出的"一带一路"之后会发展扩容为如此大规模、全领域的区域经济振兴规划；其次，中国政府会以如此战略性的决心和力度推进"一带一路"倡议，促进具体政策"落地"；最后，日本与"一带一路"之间会不可避免地产生如此密切的互动。

在"一带一路"建设中，与区域内新兴国家在基础设施建设

---

① 根据笔者2015年10月7—9日在日本调研时，对日本外务省官员、早稻田大学中国问题学者等的采访。

方面展开合作，包括构建相关融资支持体制是支柱之一，也是中国早期推进的重点课题。而这与日本自身推进基础设施项目出口，为"安倍经济学"创造新的外部增长点的目标发生了交错。亚投行的启动，让日本开始认识到中国推进"一带一路"倡议的意志和决心。从 2014 年中期起，日本官方对"一带一路"倡议，特别是亚投行问题开始做出反应。2014 年 5 月初，在亚洲开发银行（以下简称"亚开行"）年会上，日本主导搁置了扩大中国在亚开行表决权的增资问题。其后，亚开行行长中尾武彦对媒体称，会上中国提出了设立"有别于亚开行的基础设施投资银行的设想"，扩大影响力的意图明显。但此时日方认为，中国计划建立的银行出资预计基本来自新兴国家，"如果评级很低，筹措资金的成本会很高"，并不看好亚投行的竞争力。而且新兴国家对于亚投行的看法"也存在疑问"，[①] 折射出日本官方起初不看好"一带一路"的认知态度。

日本官方对"一带一路"的最初认知，也左右了日本学界的最初认知：近藤大介认为，"一带一路"倡议旨在重构以中国为中心的古代东亚外交形态，即以中国为"宗主国"与以周边国家为"朝贡国"所构成的"现代版册封体系"；[②] 高木诚一郎也认为，中国提出的"一带一路"倡议，意在重构中国为"宗主国"、包括日本在内的周边国家为"朝贡国"的现代版的"东亚朝贡体系"；[③] 松田康博认为，即使中国没有意愿恢复历史上绝对主宰东亚的辉煌，但借其日益上升的经济实力，中国的目标也会包括在国际秩序建构中力争主动、追求地

① 《アジア投資銀の衝撃："G7の参加、絶対ない"》，《日本経済新聞》2015 年 4 月 15 日。
② 近藤大介：《習近平外交の中核"一带一路"と、飛躍的発展の可能性を秘めた中印関係のゆくえ》，https://gendai.ismedia.jp/articles/-/40509，发布日期：2014 年 9 月 22 日。
③ 高木誠一郎：《二十一世紀海上シルクロード構想》，《東亜》2015 年 4 月号，https://www.fujisan.co.jp/product/1281680376/b/1215761/。

区事务主导权的诉求；① 茅原郁生认为，中国提出"一带一路"的战略意图不明确，仍显出克制态度，中国所主导的"大经济区"计划仍在日本考虑范围之内，② 等等。因此，在滨田和幸看来，日本因 2015 年印尼雅万高铁项目竞标中输给了中国，激发其危机感与竞争心理，故在基建项目出口、地区贸易机制等方面与中国展开了更多竞争，引发日本不得不开始关注"一带一路"运行并加速布局应对策略，③ 更多学者也开始从不同方面研究"一带一路"并形成了初步认知。

第二，日本学界对亚投行的热望与犹疑。

2014 年 10 月 24 日，中国等 21 个亚投行意向成员国在北京签署亚投行筹建备忘录，其中不仅包括东南亚、南亚、中亚和中东的主要国家，甚至还包括日本原本认为"被排除在外"的印度，以及在南海与中国存在争端的越南和菲律宾。这和日本初期的判断出现了差异。由于亚投行得到了较日本最初设想更为广泛的国际支持，日本政府开始正视亚投行，对是否加入亚投行展开探询。但这一时期，由于对亚投行一贯的轻视、抵触思维，对中国战略意图的怀疑，以及顾及美国态度的考虑，形成了日本政府对亚投行的两面态度：一方面，公开质疑亚投行能否保证融资的公开与透明、能否杜绝腐败、能否保护好环境等，并以此作为否认亚投行作用、拒绝参加亚投行的理由，这成为日本官方的"程式化口径"；另一方面，在日本政府看来，由于中国的积极进取，围绕对基础设施建设需求旺盛的亚洲新兴国家的开发融资问题，"中日之间已经形成了互相争夺的态势"。中国主导筹建的新融资体制即亚投行与日美主导的亚开行之间将不可避免地发生

---

① 松田康博：《習近平政権の外交政策：大国外交・周辺外交・地域構想の成果と矛盾》，《国際問題》2015 年 4 月。

② 《戦略目的はなお不明確 抑制的な姿勢見せた習演説》，https://vpoint.jp/opnion/viewpoint/136903.html，发布日期：2019 年 5 月 20 日。

③ 浜田和幸：《中国の進める現代版シルクロード戦略一带一路サミットの行方》，《産業新潮》2017 年 6 月。

竞争，"这或将导致原有地区乃至全球经济秩序迎来转折点"，① 尤其是中国积极推进"一带一路"倡议，联络各方筹建亚投行，唤起了日本针对中国的惯有竞争心态与戒备心理，但随着"一带一路"倡议日益显示的开放性姿态，是否参加亚投行就成为首要的"必选题"。在日本政府内部，也出现了"如果亚投行成立是大势所趋，日本应尽早加入以确保足够发言权"的意见。各种证据显示，从 2014 年底到 2015 年初，日本政府动用各种渠道，对亚投行筹建进行了有针对性的情报收集和评估。但是，负责汇总情报与分析的外务省和财务省官员对亚投行持有明显的、先入为主的轻视与抗拒，这影响了其评估报告的客观性，进而直接影响了日本首相官邸的决策。② 在 2014 年下半年，在中日关系出现缓和的背景下，中方也曾以开放态度邀请日方参加亚投行，但已倾向否定与冷对亚投行的日方，并未积极回应中方的诚意邀请，从而错失了合作机遇。③

进入 2015 年后，随着亚投行筹建进程加快，特别是英、法、德、意等欧洲国家纷纷宣布加入亚投行，亚投行意向成员国阵营空前壮大，其发展前景显然超出了日本的估计。④ 日本政府原先判定西方七国集团成员不会加入亚投行，这一误判导致日本在亚投行问题上面临着"外交被动"。2015 年 3 月 31 日为亚投行创始国申请截止日，日本政府面临着"期限前表态"的压力。2015 年 3 月 21 日，日本副首

① 根据笔者 2015 年 10 月 7—9 日在日本调研时，对日本外务省官员、早稻田大学中国问题学者等的采访。
② 《日本の対処後手に、参加誤算、6 月末までに再判断》，《日本经济新闻》2015 年 4 月 1 日。
③ 《日本经济新闻》称，金立群对邀请日本加入亚投行态度积极，在 2014 年秋就与日本财务省官员接触，表示欢迎日本在亚投行发挥建设性作用。在亚投行创始国申请截止日期前，金还与亚开行行长中尾武彦会谈，劝说日本以创始会员国身份加入亚投行，并承诺在亚投行内为日方预留高管及独立董事席位。详见：《アジア投資銀、幻の日本人副総裁》，《日本经济新闻》2015 年 4 月 15 日。
④ 《アジアの開発金融、日米が中国主導に警戒感、英が参加》，《日本经济新闻》2015 年 4 月 13 日。

相兼财务金融大臣麻生太郎在内阁会议后对媒体表示，政府 "正在探讨参与（亚投行）的可能性"，但 3 月 24 日麻生又表示，日本政府针对亚投行的关切问题（运营体制公正性、透明性等）还没有得到回复，"因此很难给出是否参加的答复"，从而表明日本很可能不参加亚投行。3 月 31 日即截止日当日，麻生再次对外宣称，由于亚投行 "治理标准" 并不明确，"（关于日本）是否参加（亚投行），不得不采取非常慎重的态度"，从而放弃了在期限前以创始会员国身份加入亚投行①的可能，但日方并未放弃将来参加亚投行的可能性，而是考虑 "根据形势作出判断"。在这一时期，围绕亚投行问题，日本政府乃至执政党内部的意见分歧有所扩大与公开化。外务省和财务省重视与美国进行协商，对加入亚投行持慎重态度，而负责基础设施出口的经济产业省、反映经济界诉求的首相官邸的部分部门则出现了应该加入亚投行的意见。自民党总务会长二阶俊博于 2015 年 4 月下旬在东京发表演讲，敦促安倍决定是否加入亚投行，"若改变主意想要加入则越快越好"。他还明确指出，日美对于亚投行提出的质疑，一定程度上是出于竞争性的情绪化表态，"政府内部出现了认可加入中国主导筹建的亚投行的看法"。时任日本驻华大使木寺昌人在接受英国《金融时报》采访时称，日本经济界已就加入亚投行采取宣传攻势，期望影响决策，"宣传效果目前看来很好"。他还大胆预测日本可能在 6 月申请加入亚投行。② 而在野党也借此批评安倍政权在亚投行问题上决策失误，未能和西方国家集团保持一致。③ 在错过 3 月底以创始会员国身份加入亚投行后，日本是否会在 6 月底亚投行确定出资比例和组织形态、各方签署正式协议前以普通会员国身份加入，

① 《アジア投資銀参加、判断先送りを表明 麻生財務相》，《日本経済新聞》2015 年 3 月 31 日。
② 《設立準備進む AIIB、日本はどうする》，《日本経済新聞》2015 年 5 月 22 日。
③ 《野党、政府のアジア投資銀対応を批判》，《日本経済新聞》2015 年 4 月 1 日；《アジア投資銀 "交渉参加も選択肢" 民主代表》，《日本経済新聞》2015 年 4 月 20 日。

备受外界关注。

在对亚投行前景进行重新评估后，日本官方关于亚投行的表态逐步具有了一定的弹性。一方面，日方继续以"亚投行存在运营体制方面的问题"作为拒绝加入的理由；另一方面，又展示出"合作姿态"，为自己争取舆论主动，预留了退路。2015 年 4 月 3 日，麻生在内阁会议后答记者问时称，如果日本所要求的确保公正的组织运营等条件能得到满足，"并非没有考虑（加入亚投行）的余地"。① 安倍的表态也反映了这一"不急于加入，不断绝后路"的骑墙姿态，如2015 年 4 月 20 日，安倍在日本富士电视台节目中表示，日本"和不少国家一样"，对亚投行组织运营的公正性和透明度表示疑虑，并以"从不良高利贷处借钱的企业，最终将失去未来"的比喻，暗讽亚投行运营将出现问题，并强调"不会在留有疑问的情况下就加入（亚投行），当然会谨慎行事"。又如，2015 年 4 月 22 日，安倍在雅加达的亚非峰会上见到习近平总书记时又转换了口径，表示日方认识到亚洲对基础设施投资有巨大需求，"愿基于这一认识，同中方探讨有关亚投行的问题"。② 事实上，在亚投行问题上，日本决策受制于美国因素的影响。日本政府认为，中方推进"一带一路"和亚投行，势必涉及中美博弈的敏感问题，作为美国盟友，日本始终密切关注并紧跟美国立场。在确认了美国不会公开反对亚投行但也不会成为其成员和支持者的基本态度后，日本政府也明确了自己的表态底线。2015年 4 月下旬，安倍访美前夕接受《华尔街日报》专访，针对"美国拒绝加入中国主导的亚投行，日本是否想加入"这一提问，安倍并未正面回答，而是肯定了亚投行的价值，但他再次表示，关于亚投行的运营体制"有太多不明的问题需要解决"。安倍还强调，"作为美

① 《ワシントンに伸びる中国 AIIB の影》，《日本经济新闻》2015 年 4 月 12 日。
② 《首相と習主席"日中関系、一定の改善"で一致》，《日本经济新闻》2015 年 4 月
23 日。

国的同盟国，我知道展示我们的领导力、与和我们有着一样世界观的美国保持同步是很重要的"①。在安倍访美的记者会上，奥巴马在回答记者提问时称，美国 "从来没有" 反对中国主导的亚投行，"但是它需要高标准和透明度"，安倍对此表示附和。② 但是，日本因亚投行所引发的危机感与竞争意识与日俱增。2015 年 5 月 4 日，麻生在出席亚开行年会的演讲中称，日本将与亚开行联手，并携手民间企业扩大投资，在地区基础设施项目中 "发挥主导作用"，以促进能给亚洲带来良性的基础设施投资，且这些项目 "对环境和当地社区友好"，暗指其与亚投行的项目质量存在差别。2015 年 5 月 21 日，安倍公布了日本政府新出台的 "强化面向亚洲的基础设施投融资的构想"，核心内容是在未来 5 年内，由日本的金融机构及日本主导下的亚开行向地区新兴国家提供基础设施项目贷款 1100 亿美元，这一数额刚好超过亚投行初期准备金（1000 亿美元）。安倍虽未直接提及亚投行，但他明确指出，亚洲经济开发 "不仅是投资规模，还要注重环境与人才培养的高质量"③，连日媒都承认他的发言 "专门针对中国"。外界普遍认为，日本推出这一 "1100 亿美元基建基金"，毫无疑问是针对中国主导下的亚投行而提出的，表明日本尽其所能地捍卫自己在亚洲基建融资体制方面的 "传统领导权"。

　　日本官方对亚投行的复杂认知，也引发日本学界从经济视角研究 "一带一路" 并形成了相应的复杂认知：日本 PHP 综合研究所报告认为，"一带一路" 倡议与亚投行等，是中国以经济实力为基础正在构建的 "与自由主义国际秩序不同" 的新秩序及其制度④；朽

---

① 《日米 "不動の同盟国" 共同声明、TPP 妥結へ協力》，《日本経済新聞》2015 年 4 月 29 日。
② 《日米首脳、アジア投資銀 "公正な統治必要"》，《日本経済新聞》2015 年 4 月 30 日。
③ 《安倍首相 "アジアインフラに13 兆円"、ADB と連携》，《日本経済新聞》2015 年 5 月 21 日。
④ PHP 《新世界秩序》研究合编：《自由主義的国際秩序の危機と再生：秩序再編期の羅針盤を求めて》，PHP 研究所，2018 年 10 月，第 106 页，https://thinktank.php.co.jp/wp-content/uploads/2018/10/20181025_01.pdf。

木昭文认为，中国试图在共建"一带一路"中以自由贸易试验区为依托，实现区域贸易投资一体化，以摆脱中等收入国家的长期陷阱①；丸川知雄认为，中国所提倡的"一带一路"，并不想重新书写世界经济规则，而是想为新兴国家提供发展资金和技术，故发达国家应对中国的贡献持欢迎态度②；大桥英夫认为，"一带一路"倡议可推动对中国有利的贸易、融资规则，并冲击原有的对日本有利的规则，使中国借此从日本手中争得更多海外市场份额，造成中国特色的"官民合作体制"或将在国际竞争中置日本企业于不利地位的后果③；中里幸圣认为，全球尤其是亚洲基础设施发展需求巨大但供应不足，很大原因在于资金短缺，使日本与中国在借助亚行等国际组织与援助机构开展基础设施建设方面存在竞争④；大木博巳认为，经济走廊建设是"一带一路"合作的重要支柱，但中国出口是否会造成贸易赤字扩大、投资资金不足、企业债务增加、外汇储备减少，以及投资成本收益率不透明等，都是日本需要担心的问题⑤，等等，折射出日本学界对亚投行以及"一带一路"经济合作的不同认知。

第三，日本学界对"一带一路"合作的重视与纠结。

随着"一带一路"国际合作所蕴含的周边影响力与潜在经济效益的切实彰显，日本也开始考虑参与"一带一路"合作的可能性及其方式。近年来的中日关系缓和，特别是中日经济交流与合作的逐步

---

① 朽木昭文：《習近平新体制の産業集積の形成と地域統合：自由貿易試験区と一帯一路建設》，发布日期：2017年11月，https://iti.or.jp/flash/356。
② 丸川知雄：《世界経済の"中心"としての中国》，《国際問題》2017年9月号。
③ 大橋英夫：《TPPと中国の"一帯一路"構想》，《国際問題》2016年6月号，https://www2.jiia.or.jp/kokusaimondai_archive/2010/2016-06_004.pdf?noprint。
④ 中里幸圣：《世界のインフラ整備は覇権争いの様相》，《大和総研》2017年6月30日，https://www.dir.co.jp/report/research/capital-mkt/securities/20170630_012104.html。
⑤ 大木博巳：《中国の国際産能合作と対アジア輸出・投資》，《国際貿易と投資》2017年12月，https://www.iti.or.jp/report_62.pdf。

回暖，日方意识到在"一带一路"合作议题上一味反对中国并不符合自身利益。2015 年 6 月初，重启了中断三年多的中日财长对话，麻生对亚投行作出积极评价，称其他国际金融机构已不能满足新兴市场国家要求。中日财长通过会谈与私下交换意见，在亚投行和基础设施投资方面"达成了相互理解"①，形成的会议共同文件称，中日在推进亚开行与亚投行的协调合作，共同推进基础建设的方针上达成了一致。日本虽然不作为亚投行一员，但因有利于共同利益，仍将与中国在相关经济领域展开合作②，表明日本虽已确定"与美国共进退"不参加亚投行的立场，但在亚投行问题上却还是"展示出了一定程度的合作姿态"，以确保日本能够分享利益。2015 年 6 月 29 日，亚投行 57 个意向创始成员国财长或授权代表在北京签署《亚投行协定》，日本和美国最终没有参加。不过，在日本官方对亚投行态度缓和的情况下，日本主流媒体均表示，日本政府有必要对亚投行发展前景进行评估，同时要研究日本加入亚投行的必要性。③ 在日本政府看来，作为新生事物的亚投行在资源及影响力上尚无法与亚开行、世界银行等相比，但依托中国财力，其借贷能力的增长潜力可观，再加上中国已通过国开行等本国银行积极参与地区基础设施融资。可以预计，日本所面临的来自中国及其主导的亚投行的竞争将越来越强。而且，因亚洲新兴经济体发展减速、货币贬值与资金外流趋势明显等，使日本基建出口面临更大阻力，日本在基建项目出口竞争方面的危机感与紧迫感前所未有，中国在印尼雅万高铁项目竞争中的胜出，给了日本更强的刺激，④ 日本政府就妄断中国在竞争中"向印度尼西亚提

---

① 《日中财务相、喫煙所で"一服"、硬软织り交ぜ中国けん制》，《日本经济新闻》2015 年 6 月 13 日。

② 《日中が空白埋める一步、财务对话 3 年ぶり再開》，《日本经济新闻》2015 年 6 月 6 日。

③ 《官房长官"アジア投资银、地域发展に役割期待"》，《日本经济新闻》2015 年 6 月 29 日。

④ 《中国、东南アで铁道着工、"一带一路"构想へ着々》，《日本经济新闻》2015 年 12 月 3 日。

出了打破常规的条件",对中国、印度尼西亚均表示了不满,此后日本集中力量在基础设施项目方面"拓展出口"。2015 年 11 月 21 日,安倍在出席日本-东盟首脑峰会时宣布,将向日本的国际协力机构(JICA)和亚开行提供 100 亿美元贷款,作为其"1100 亿美元基建基金"的第一步,并承诺简化政府开发援助(ODA)资金的贷款条件和审批手续,降低贷款门槛,扩大对亚洲国家基础建设项目支援。2016 年 1 月 16 日,亚投行正式开业运营,对此麻生表示,日本政府对于亚投行的既定立场不变,同时对亚投行与亚开行、世行之间展开合作表示欢迎。① 2016 年 5 月 2 日,在法兰克福的亚开行年会上,亚投行行长金立群与亚开行行长中尾武彦签署了谅解备忘录,开始进行合作融资项目。2016 年 5 月下旬,在日本伊势志摩 G7 峰会上,安倍宣布推进"高质量基础设施"出口,日本政府将在今后 5 年内向亚洲各国最多提供 2000 亿美元资金,该数字比原计划的约 1100 亿美元翻了近一番。面对中国倡议的"一带一路",日本政府采取竞争与合作并举的"两手策略",折射出对"一带一路"国际合作的重视与纠结的混杂立场及认知倾向。

日本政府对"一带一路"国际合作的认知外溢日本学界,并形成相互唱和的态势:如山本吉宣认为,由于欧美各国的内部崩溃、特朗普的反全球化与反自由主义,以及西欧日益抬头的民族主义、反移民倾向所致一体化困局等,使得自由主义的国际秩序正陷入前所未有的衰落动荡期;② 细谷雄一认为,"一带一路"倡议体现了中国欲成为新全球化运动领导者,以寻求填补全球治理新力量并力争在秩序与规则方面取得主导权的意图;③ 日本富士通研究所报告认为,"一带

---

① 《中国、新秩序へ足がかり、アジア投资银が开业》,《日本经济新闻》2016 年 1 月 16 日。
② 山本吉宣:《国际秩序の史的展开》,《国际问题》2018 年 1—2 月 [合并号]。
③ 细谷雄一:《トランプ政权成立後の国际秩序》,《Quarterly》第 8 卷第 3 号,2017 年,https://npi. or. jp/publications/data/iips_quarterly_08_03. pdf。

一路"倡议含有地缘政治的意味，中国通过基础设施建设将成为亚洲最有影响力的国家，并进一步夺取美国在亚洲的主导权，进而重新定义亚洲的地缘政治；① 大西康雄认为，中日民间在"第三方市场"的经济合作，应是日本与中国在"一带一路"框架下开展具体合作的主要路径；② 冈田充认为，作为意在牵制中国的战略，"印太战略"谋求与"一带一路"的共同发展，令人难以理解；③ 远藤乾认为，作为既存国际秩序受益者与参与者，日本无法通过硬实力强行塑造国际环境或新秩序，但在利用软实力稳定与引领现有秩序及规则方面，日本似乎比中国更易得到国际认可与支持；④ 江源归由认为，"一带一路"与沿线国家和地区的战略对接，是通过达成不同双多边自由贸易协定，构建一个包含 RECP 在内的巨大自由贸易区域网络；⑤ 田中明彦认为，中国与日本在东南亚并非零和博弈，与中日同时保持好关系是东南亚国家的最佳选择。随着中国对东南亚经济影响力的激增，日本东南亚政策不能只限于东南亚国家，中日关系也应成为其重要组成部分⑥等。因此，河合正弘提出日本参与完善"一带一路"的几个方法，主要包括避免在基础设施合作中向强权或专制政府推广"中国模式"，宣示"一带一路"没有地缘政治和军事目的之意图，遵守沿线国家和地区的法律法规，努力改

---

① 《中国のシルクロード戦略を読む対外開放政策の "昇級版" か地政学的な戦略か》，https://www.fujitsu.com/jp/group/fri/column/opin-%20ion/201504/2015-4-4.html。
② 大西康雄：《転機の一帯一路と "新時代" の中国経済》，https://www.asia-u.ac.jp/uploads/files/20200807151507.pdf。
③ 岡田充：《機能不全の "インド太平洋戦略" 中国包囲の行き詰まり》，進藤栄一、周瑋生、一帯一路日本研究センター編：《一帯一路からユーラシア新世紀の道》，日本評論社 2018 年版，第 164 页，https://www.nippyo.co.jp/shop/book/7922.html。
④ 远藤乾：《国際秩序は揺らいでいるのか》，《国際問題》2018 年 1—2 月［合併号］。
⑤ 江原規田：《2017 年から見た一帯一路構想の展開~アジアの視点を中心に~》，《國際貿易と投資》2017 年 10 月，https://www.iti.or.jp/kikan110/110ehara.pdf。
⑥ 田中明彦：《日中関係と東南アジア ゼロサムではない視点を》，《アジア 時報》，2017 年 9 月号（通巻 529 号），https://mainichi.jp/articles/20170808/ddm/004/070/002000c。

善共建国的商业机遇、就业机会、专业知识转让及环境保护，开展以沿线国债务偿还力为前提的贷款以防范"债务陷阱"，在透明、民主、公平、普惠原则下向所有国家和企业开放"一带一路"基础设施项目，以及制定对包括六大经济走廊在内的大型基础设施项目的绩效评估体系等①建议；山本吉宣更认为，在探寻日中合作可能性时，日本要关注自身相对收益，对中方的合作倡议抱以谨慎态度为妥，所以日本参与"一带一路"的关键是，在坚持自身策略独立性的同时，引导中国遵守国际规则，② 折射出日本学界对"一带一路"充满复杂性的认知现状。

综上，日本政府的"一带一路"认知大体经历了三个阶段并与学界形成相互唱和的联动态势，对"一带一路"倡议的认知多集中于战略竞争层面，态度较为僵硬和冷淡，并呈现出以下特点：第一，对中方倡议总体上态度冷淡，立场僵硬，否定与怀疑的意见大于肯定，但随着形势发展以及中日互动的加强，日方基于自身利益所表现出的合作意愿和灵活性也有所增强；第二，相比于"一带一路"的概念与整体规划，日本政府与学界多关注中方筹建亚投行、对周边国家投资和基础建设项目出口的动向，其反应和对策均围绕"一带一路"的具体动向展开；第三，尽管日本学界承认"一带一路"在经济上具有互利开放性，但更倾向于认定该倡议反映了中国重塑地区秩序、机制及规范以增强自身权力的意图，表明日本对"一带一路"倡议始终抱有战略戒备与防范的心理。

---

① 河合正弘：《"一带一路"構想と"インド太平洋"構想》，《日本国际问题研究所》，*World Economy Repor* Vol. 2，2019 年 8 月，https://www2. jiia. or. jp/pdf/research/R01 _ World_Economy/05-kawai. pdf，https://www2. jiia. or. jp/RESR/column_ page. php?id＝348。

② 山本吉宣：《中国の台頭と国際秩序の観点からみた"一带一路"》，*PHP Policy Review* 2015 年 8 月 28 日，https://thinktank. php. co. jp/wp-content/uploads/2016/05/policy _ v9 _ n70. pdf。

第二节 日本"一带一路"认知成因溯源

研究发现，在日本政府"一带一路"认知的带动下，形成了日本学界的"一带一路"认知现状，其原因集中体现在以下三个方面：

第一，日本丝路学两大学派并存，造就了日本学界不同的涉华认知群体。

日本学者采用的研究术语"絹の道"，其概念翻译自英语"Silk Road"。明治维新后日本知识界掀起了向西方学习的热潮，早在英国游历期间，被聘为英国皇家地理学会会员的大谷光瑞就对中亚产生了浓厚兴趣，于1902年回国途中就开始了第一次中亚探险，将目光聚焦于中国的西部边疆和中亚地区。1905年，日本打赢了日俄战争，在此背景下大谷光瑞趁势又组织了两次中亚探险，刺激了日本东洋学丝路研究的发端。明治维新以来，日本丝路学研究从一开始就带有深刻的"东洋学"[①] 印记，日本的"丝绸之路"学既有欧洲学统，亦渗透着浓厚的日本中心主义和亚洲主义的双重情结，注重文本分析和实地考证，同时又具有广博的视野，形成了独树一帜的东洋学和敦煌学，奠定了日本学界对东西交流史的主导性地位。历史上日本不是陆上丝路的主角，因此选择塞外史的研究路径，通过扎实文本考订建构日本对陆上丝绸之路研究的话语权，而日本亚洲海域史研究范式的形成，表明日本学界争夺海上丝绸之路研究话语权的学术野心，强调其

---

① 是在近代日本"东洋"观的基础上，在欧美的东方学刺激下形成的关于亚洲研究，特别是东亚研究的综合性学科。它既是传统汉学的自然发展与延伸，也是对西方的东方学的一种仿效与移植，在思想方法上深受西方的"东方—西方"二元世界论、"落后—先进"或"野蛮—文明"的文化价值判断论、"中心—边缘"的文明结构论等的影响，同时在日本近代"亚细亚主义"思潮的影响下，密切服务于日本近代"亚洲经略"的"国策"，形成了自己独特的问题导向与理论模式。其最突出的功能是"认同—辨异"，即在"东洋—西洋"的对立中认同东洋，在"东洋—日本"的比较中辨析日本的特殊性与优越性，因而带有明显的日本民族主义与国家主义属性。

参与的主体性和研究的主导性。自 1895 年中日甲午战争后，日本学界通过构建 "脱亚入欧" 的亚洲主义树立了学术自信。那珂通世治学的领域之一是蒙元史与北亚历史地理，其编写完成的《成吉思汗实录》，被誉为世界性蒙古史研究划时代的著作。另外还著有《蒙古史考》《高句丽古碑考》等论文集，对日本学者从日本到朝鲜，再到蒙古高原以至中亚的历史地理文化交流等研究产生了深远影响，为日本丝路学研究打下了基础。

在日本丝路学发展中诞生了东京学派和京都学派且并存至今，程度不同地影响了日本学界的涉华认知进程。

就东京学派而言，其创始人白鸟库吉，是日本东洋史、满蒙史、西域史研究的集大成者，致力于考证中国文献中记载的各种塞外民族和域外政权的历史，并运用西方最新的科学研究方法，从全新角度对旧问题加以新解释，在努力构建古代中国人域外地理知识谱系的过程中，梳理了中外文明交流史以及中国与周边民族的交融史，从不同方面探究了 "中国与世界丝路关系" 这一重大议题，发表了《匈奴、东胡语言考》《乌孙考》《论大秦及拂菻国》《大宛国考》《罽宾国考》《塞外民族考》《粟特国考》《条支国考》《〈大秦传〉中所见的支那思想》及《〈大秦传〉中所见的西域地理》等论文，向当时在此议题研究中占领先地位的西方汉学界提出了挑战，并提出了有关阿尔泰语系、大秦国地理位置以及《汉书·西域传》中所述大宛、粟特、康居等国位置及其疆域的新见解，他的《罽宾国考》(《东洋学报》7卷 1 号，1917 年) 一文，对已成定论的法国沙畹等人提出的 "克什米尔说" 进行质疑，故被誉为 "雄辩之作"。在白鸟库吉的影响下，形成东京文献学派内部以师承关系为主要纽带的四代学者：藤田丰八是其第二代代表性人物，与我国罗振玉、王国维诸位相师友，专攻西域、南海诸古国地理，并在东洋史、东西交通史、敦煌学各方面著述丰富。他在伯希和的敦煌文献中发现了失传的《慧超往五天竺国传》

并整理出版了《〈慧超往五天竺国传〉节略本残简笺》。其友人池内宏在其身后辑其遗文为《东西交涉史之研究》一书，其中包括 "南海篇" 与 "西域篇" 两部分，并被分别出版了题为《中国南海古代交通丛考》与《西域研究》的汉译本，影响深远；松田寿男是其第三代代表性人物，其学术贡献主要包括：一是对中国西域历史地理研究，著有《关于汉魏史书所传诸国的论证》（1956 年初版、1971 年增版更名为《古代天山历史地理学研究》[早稻田大学出版部]）一书，是对 "丝绸之路" 的考证性研究，是在北边横贯游牧地带的 "草原之路"、中部的沙漠之路和南部的海洋之路这样一个交通路线中，认识中国的对外交流与 "丝绸之路"。基于这样的认识，他对中国古代西域的交通地理进行了较细密考证，尤其是对进入现今阿富汗地区以后通向欧洲路程的考证，颇有成就；护雅夫是其第四代代表性人物，主要从事阿拉伯语和中亚史研究，主要著作有《阿拉伯的觉醒》（合著，讲谈社 1978 年版），《汉和罗马》（平凡社 1970 年版）、《北亚史》（与神田信夫合著，山川出版社 1981 年版）、《古代突厥民族史研究》（山川出版社 1967 年版）、《古代游牧帝国》（中央公论社 1976 年版）、《草原和绿洲的人们》（三省堂 1984 年版）、《中亚史——在丝绸之路上兴亡的诸国》（旺文社 1981 年版）、《中亚细亚的世界》（冈田英合编，山川出版社 1990 年版）、《中华文明和内陆亚洲》（与三上次男、佐久间重男合著，讲谈社 1974 年版）、《土耳其的社会与经济》（亚洲经济研究所 1971 年版）、《亚洲内陆、西亚的社会和文化》（山川出版社 1983 年版）、《游牧骑马民族国家——苍狼的子孙》（讲谈社 1967 年版）、《李陵》（中央公论社《中公丛书》1974 年版；同社《中公文库》1992 年版）等，这些都成为研究中国和中亚交通史的必备文献，折射出东京学派在涉华认知建构中所具有的重大现实影响。

京都学派是一个研究中国古代历史、思想和文学的日本汉学学派，是由日本京都帝国大学东洋史的内藤湖南、狩野直喜、桑原骘藏及其有着师承关系的一批日本学者组成，其创始人之一的桑原骘藏，致力于东西交通史、丝绸之路等专题研究，其成名作是《宋末提举市舶西域人蒲寿庚事迹》，另有《唐宋贸易港研究》（杨炼译，1935年版）、《张骞西征考》（杨炼译，1935年版）、《隋唐时代西域人华化考》（何健民译，1939年版）等论文，被收录在日本弘文书堂于1933年出版的"东西交通史论丛"中。其中，《张骞西征考》一文，以汉文史料为基础，在梳理了匈奴、月氏、乌孙等种族、居住地和迁徙史的基础上，分析了张骞两使西域的意义及其影响，代表了当时陆丝研究的最高水平。在海丝研究领域，桑原骘藏的《蒲寿庚考》一书影响深远，虽以蒲寿庚事迹为线索，实际梳理的是唐宋以来中国与阿拉伯诸国交往通商的历史，对较具争议的几个问题进行了考证。该书最大的贡献就是，首次廓清了中国中古与西南亚诸国的海上交通史，以及伊斯兰教中国化的原因及过程，在广征博引中阐明了有争议性的问题；京都学派另一创始人是羽田亨，在满蒙史、西域史、敦煌学、东西交通史和民族学诸多领域，均取得重大成就，尤其因掌握了汉语、英语、德语、法语、俄语、突厥语、蒙古语、满语、藏语、波斯语、梵语、粟特语等十多种语言文字展开研究，使其学术视野与学术成果一直处在世界丝路学研究的前沿，他的代表性著作有《西域文明史概论》《西域文化史》《羽田博士史学论文集》，主编有《满和辞典》、多卷本《敦煌遗书》和18卷的《明代满蒙史料》等。早在1910年，他就发表了《伯希和中亚旅行——敦煌石室遗书发现始末》一文，揭示出敦煌所现新史料的重大意义。他撰写了《大谷伯爵所藏新疆史料解说》等享誉国内外的论文，在此基础上所写的《西域文明史概论》与《西域文化史》更被公认为"里程碑式的著作"；现为京都大学大学院的杉山正明（1952—　），专长于蒙古史、中亚游牧民族史，主要著作有《大蒙古的世界——陆上和海上的巨大帝国》、《忽必烈的挑战——通向蒙古包海上帝国之道》、《蒙古帝国的兴亡》（上、下）、《耶律楚材及其时代》、《游牧民所见的世界历史》、《中亚大陆的统合：9—16世纪》、《岩波讲座世界历史》、《改变世界历史面貌的蒙古》及《反说亚细亚史》等，特别是《忽必烈的挑战——通向蒙古包海上帝国之道》一书，成为他立足多种语言文献资料，从世界史角度研究元代历史的转型之作，折射出京都学派批判只用汉语文献的局限，主张突破中国史、汉民族史的研究视野，以及主张超越以西欧、中国为主体的观点，以描绘有别于以往的世界史观的学术新旨趣。

除两大学派外，日本还有其他丝路学家，如著有《丝绸之路踏查记》《东西文化之交流——新丝绸之路论》《丝绸之路——过去与现在》《丝绸之路的终点站——赴正仓院之路》《丝绸之路文化史》《丝绸之路史》的早稻田大学的长泽和俊；著有《清代海外贸易史研究》的日本关西大学亚洲文化交流研究中心主任松浦章；著有《粟特人的东方活动与东部欧亚大陆世界历史的展开》的日本关西大学亚洲文化研究中心的森部丰等，在全球宏观视野探讨"中国与世界丝路关系"，与东京学派从多民族微观视角探讨"中国与世界丝路关系"、京都学派从跨学科专题性探讨"中国与世界丝路关系"形成了区别，由此勾勒出日本丝路学研究重镇的全貌，不仅塑造了日本社会不同的涉华认知传统的形成，还影响了日本学界的"一带一路"认知现状。

第二，日本丝路学家的涉疆议题研究，参与塑造了日本学界不同的涉华认知立场。

日本丝路学的涉疆议题研究缘起于西域探险并充满战略扩张的野心。无论从陆上丝绸之路，还是海上丝绸之路而言，日本都不能算是其中的核心国家，抑或具有影响力的重要国家。然而，从日本本身文明发展的角度而言，丝绸之路又是其不可分割的重要部分。作为一个岛国，日本一直在寻找其文明的诞生与亚洲大陆间可能的联系。19世纪末20世纪初，日本通过明治维新确立其亚洲大国地位后，这项工作便成了日本思想家、考古学家、历史学家的首要任务，大谷光瑞、橘瑞超的日本探险队便是其中的代表。

大谷光瑞是日本净土真宗西本愿寺派第二十二代宗主，并因其与日本皇室的姻亲关系，而成为日本举足轻重的人物。他致力于改变佛教在日本被神道教等挤压的不利局面，扭转"毁佛废释"运动造成的佛教颓势。而完成这一目的的重要方式，就是出国考察，学习外国的佛教研究方法与理论，并为日本的佛教找到更加权威、更加宏伟的历史叙事源头。1899年1月，大谷光瑞出国游历，首次出访地就是中国，但却看到了佛教在中国的衰败。1899年12月，大谷光瑞前往锡兰、印度等地考察佛教遗迹，其佛教的衰颓更令人震惊。随后，他从印度出发前往伦敦，开始了长达两年半的访学之旅，受到了极大的学术冲击：日本佛教长期依靠汉文经典来立教和传教，而欧洲佛学和印度学则强调依靠梵文、巴利文等非汉文佛教经典来阐释历史，使他产生了超越中国佛教、从佛教源头印度与日本之间寻找新的佛教东传路径的想法，而这也成为其日后组建西域探险队的重要原因之一。1902年8月，大谷光瑞从伦敦出发沿欧亚大陆回国，在回国途中开启了第一次西域探险：探险队分为两队，一队以大谷光瑞为首翻越帕米尔高原进入印度调查佛迹，另一队以渡边哲信为首在新疆和阗、库车等地探险，正如英国《泰晤士报》1902年9月11日第12版的报道所言："这支考察队的目的是在中亚、印度和中国寻找佛教遗物，尽可能远地探寻佛教从其发源地向北、向东传播到日本的线路。"①1908—1909年，大谷光瑞组织了第二次西域探险，派遣橘瑞超与野村荣三郎为领队从伦敦出发前往斯文·赫定所说的"楼兰遗址"探

---

① 转引自王冀青：《斯坦因与日本敦煌学》，甘肃教育出版社2004年版，第39页。

险并大获成功；1910 年，大谷光瑞组织了第三次西域探险，橘瑞超从伦敦出发赴西域，但将足迹扩至青藏高原地区而偏离了大谷光瑞事先拟定的路线，在 1911 年辛亥革命爆发后橘瑞超一度失联直到 1912年才在敦煌与吉川小一郎会合后回国，吉川小一郎则于 1914 年带着探险成果回到日本。大谷光瑞曾祖露："在前后三次的勘察研究中，吾之目的不止一个。其中最重要的在于弄清佛教东传之途径，探寻古代中国取经僧人进入印度的足迹，更加深入研究中亚流行伊斯兰教之后，佛教蒙受压迫等状况，或许能解开佛教史上的诸多疑团。其次，收集此地残存之经论、佛像、佛具等，为探讨佛教教义及考古学研究提供资料。如可能还欲一并解开地理学、地质学及气象学上的种种疑团。"① 因此，在大谷光瑞三次西域探险的影响下，日本丝路学开始了涉疆议题研究并产出了大批学术成果，最终形成了一种涉疆议题研究惯例，为日本对华侵略扩张战略提供学理支撑，影响深远，如1997 年日本前首相桥本龙太郎提出了"丝绸之路外交"，提议将中亚及高加索八国称为"丝绸之路地区"，并将其置于日本新外交战略的重要位置。此后，日本对中亚的外交逐渐也被称为"丝绸之路外交"，并被赋予新的战略意图：一是从经济利益出发，保障自身能源来源多元化，抢占中亚地区这个储量不亚于中东的能源宝库；二是从地缘政治着眼，谋求日本在中亚和高加索地区站稳脚跟。2004 年，日本重提"丝绸之路外交"战略，推动设立"中亚+日本"合作机制，旨在通过加强政治影响与经济渗透来争取重要地区能源开发与贸易主导权。2012 年，日本向"丝绸之路地区"提供 2 191.3 万美元的政府发展援助，投资领域涉及道路、机场、桥梁、发电站、运河等基础设施建设。

可见，日本丝路学家的涉疆议题研究，缘起于大谷光瑞的三次西

---

① 香川默识编：《西域考古图谱》，1915 年版，据学苑出版社 1999 年影印版，大谷光瑞作《原序》，第 3 页。

域探险，充满了文化掠夺与战略扩张的野心，并塑造了日本社会尤其是知识精英复杂的涉华立场，进而影响了日本学界的"一带一路"认知进程。

第三，日本丝路学的发展困境，造成日本学界的"一带一路"认知日趋复杂化。

日本丝路学发展一直存在学术与政治间的张力，且集中体现在研究动机遭遇诸多非学术因素干扰而难以摆脱，逐渐形成了发展困境，影响日本学界不同的涉华认知，甚至真假难辨，使其"一带一路"认知日益复杂化。

日本学者对"丝绸之路"这一概念的认知存在较大分歧，色川大吉曾指出："日本人的丝路热最初是针对中亚整体，或者是针对亚洲大陆的内陆地区、即对内陆亚洲的一种憧憬，之后逐渐转移焦点，变成了丝绸之路。"（转自松本清张等，1977：215），这里的"丝绸之路"是一个非常模糊的地理概念，在间野英二（2008：407）看来，"'丝绸之路'作为指代地域的词语过于暧昧，不赞成研究者在研究论文中使用该词"，他进一步引用杉山正明的观点指出，"丝绸之路"这个词"明显包含着（西方）19 世纪的文明观与偏见"（间野英二，2008：407—408）。可见，作为一个地理概念，"丝绸之路"既有模糊不清的一面，又因其具有西方视角而遭到部分日本学者的排斥，那么既具有相对清晰的地理界定，又能站在东方立场来表述的就是"西域"，这成为日本丝路学研究的重点，也使其涉疆议题研究充满复杂动机。

同样，日本学者对"海上丝绸之路"的概念界定也凸显学术与政治间的张力：1963 年 6 月，三杉隆敏在游历美欧后来到了位于欧亚交界处的土耳其伊斯坦布尔，奥斯曼帝国苏丹建造的托普卡帕皇宫收藏的一万二千余件唐宋以来的中国瓷器引起了他的极大关注，尤其是收藏品中高达 50 厘米以上的青花瓷大罐，令其产生无限遐想，如此巨大的瓷器，仅靠骆驼商队是难以大量从中国运至欧洲的。结合《厄立特里亚航海记》《道里邦国志》《马可·波罗游记》等文献，其脑海随之浮现"海上丝绸之路"的景象。产自遥远中国的瓷器，正是通过江、海联动方式被运送到西方。他还根据文献记载大致复原了航行路线。其后的一百余次海外旅行、对五十余国博物馆与考古遗迹的考察，更坚定了三杉隆敏的这一想法，并于1968年在其《探寻海上丝绸之路——东西陶瓷交流史》一书中首次提出"海上丝绸之路"的概念。他的第二部著作《海上丝绸之路——中国瓷器的海上运输与青花编年研究》，具有更多学术色彩，除介绍在世界各地博物馆及考古遗址所见的古代中国瓷器、船舶资料等外，还广泛引用《历史》（希罗多德）、《旧约圣经》、《一千零一夜》、《汉书》、《后汉书》、《法显传》、《岭外代答》、《诸蕃志》、《太平御览》、《马可·波罗游记》等文献材料，对海上丝绸之路的出现、发展等进行深入研究，认为公元1—5世纪是海上丝绸之路发展的黎明期，并引用《汉书·地理志》加以佐证。三杉隆敏与藤本胜次、山田宪太郎合著的《海上丝绸之路——绢·香料·陶瓷器》一书，运用东西方的多语种文献，探讨了丝绸、香料和陶瓷器在中西方的流通方式与路径。三杉隆敏与椭原昭二合著的《海上丝绸之路事典》一书，对海上丝绸之路所涉历史事件、人物、港口、地图、船只、交易品种、关联史料、博物馆等作了分门别类的介绍，后来出版的《调查海上丝绸之路辞典》，实为其增订版。三杉隆敏的《海上丝绸之路——大航海时代的陶瓷冒险》一书指出，海上丝绸之路是在航海技术发达后出现的，从时间上看要晚于陆上丝绸之路。宋代以后，海上丝绸之路进入急速发展与繁荣时期，初期以香料、象牙、玳瑁等"海外珍物"为主要交易对象，元代以来中国出产的瓷器、丝绸、茶叶、漆器等占主导地位。此外，自从三杉隆敏将"海上丝绸之路"这一概念带入丝路学研究视野以来，日本学者不仅推出了大量著述，也贡献了相关的研究理论及方法，构建了自成一体、缜密开阔的海上丝绸之路知识体系。亦即，海上丝绸之路是一条交通大动脉，连接了日本与世界、东方与西方，涉及海上贸易、港口城市、市舶制度、造船技术、僧俗往还、宗教文化传播、海外移民、物种引进，甚至是战争与和平等诸多方面，称得上是一门大学问，从而构成了庞大的知识体系。海上丝绸之路研究，不仅需要广博知识与开阔视野，更需要驾驭知识的能力，日本学者海上丝绸之路研究取得了重要成就，但也受制于日本海外扩张战略的干扰而深陷困境，且影响深远。

　　总之，日本丝路学研究起步于西域探险、形成学派并存格局，以及注重涉疆议题与海上丝路等专题性研究，但存在学术与政治间张力，不仅形成了日本社会复杂的涉华认知，也影响了日本学界的"一带一路"认知现状。

第三节　助力"一带一路"高质量建设的因应之策

　　中日丝路交往的历史源远流长，本着"回到丝路找思路"的原则，助力增强中日战略互信，且从以下两方面予以努力：

　　一方面，应积极推动中日共建丝路学术共同体。作为丝路学研究重镇，日本在敦煌学、西域学、海上丝绸之路等领域已取得了重要成就并产生了学术影响力，尤其是在 20 世纪欧美大国占据绝对学术高地之时，日本的丝绸之路研究贡献了少有的东方叙事，并形成日本丝路学研究的骨干力量与学术机构，如知名的学术资源库"东洋文库"、京都大学人文科学研究所、日本关西大学亚洲文化研究中心、九州大学人文科学研究院、大阪大学文学研究科、东海大学文化社会学部及东京大学东洋文化研究所等。因此，在 21 世纪全球发展呈现东升西降的背景下，中国丝路学界应与日本丝路学界合作共建丝路学术共同体，在中日共研丝绸之路的基础上，探讨中日共研"一带一路"的切实途径，进一步加强学术交流与合作，在共同探讨"中国与世界古今丝路关系"中增信释疑。

另一方面，应高度警惕日本丝路学发展困境的负面影响。对日本学界而言，丝路学研究不仅是一项学术事业，更是一项战略任务，其背后贯穿着 19—20 世纪日本价值观的蜕变历史。其中，如果没有丝绸之路研究，日本就缺少了产生亚细亚主义的考古资料与历史基础。亚细亚主义也曾在中国成为亚洲人民团结精神的代名词，直到亚细亚主义被军国主义利用而变质，并成为日本军国主义侵略扩张的思想工具。李大钊曾在《大亚细亚主义与新亚细亚主义》中写道："（大亚细亚主义）不仅足以危害日本，并且可以危害亚细亚一切民族，危害全世界的平和。"事实上，日本丝路学研究深受日本军国主义思想中亚细亚主义的影响，故在西域探险、敦煌考证、涉疆研究、海丝阐释等领域存在学术与政治的张力而难以自拔。因此，应高度警惕日本丝路学发展困境的负面影响，在中日两国丝路学界共建丝路学术共同体的实践中，以积极沟通、摈弃仇恨、消除误解，以应对丝路学研究中的干扰因素。在此基础上，深化中日双多边合作，尤其应加强中日在丝绸之路领域的民间交流与合作，从学界与民众两个层面共同夯实中日战略互信的基础。

第八章
韩国"一带一路"学术动态研究

韩国不仅成为丝路学研究的重镇，还形成了"小国大学术"现象，因此，其学界对"一带一路"的认知现状，成为影响中韩关系乃至中韩共建"一带一路"的重要参考。

第一节　韩国"一带一路"研究现状梳理

韩国对丝路研究的兴趣始于 20 世纪 50 年代，以 1954 年大韩蚕丝会发行的《丝绸之路》期刊为开端，大体经历了三个发展阶段：第一阶段（1951—1990 年）是丝路学研究的"萌芽期"。共发表了 9 篇学术论文和 20 本著作，主要研究者有高柄翊、金震矿、林孝在、徐景洙等，这些研究主要集中在丝路历史或丝路文化考察上。大韩蚕丝会于 1954 年创刊的《丝绸之路》① 是第一本关于丝绸之路研究的定期刊物。该创刊号发表了对韩国蚕事业生产技术的介绍及蚕事业的现状和对未来的展望，还有法国、日本、西班牙等海外蚕事业的相关

① 《丝绸之路》杂志，创刊于1954，目前发行到第65卷（通权第554号，2020年冬季号），http://ksa. silktopia. or. kr/board/silkload/lists/key/44。

内容。1965 年《丝绸之路》第 6 期刊发的金震矿《丝绸之路的昨天和今天》一文探讨了丝绸之路的本质和意义。在初期的丝路研究者中，高柄翊①致力于以中国为中心的东亚历史和文化传统研究，其于1970 年出版的《东亚交涉史研究》一书，包含了中亚研究和"蒙古—高丽"关系研究等。此外，1984 年东亚日报社发行的著作《沿着慧超之路》，是高柄翊沿慧超之路探访中国和印度后的研究成果。第二阶段（1991—2005 年）是韩国丝路学研究的"发展期"。共发表学术论文 110 篇、学位论文 2 篇、著作 67 部。与第一阶段相比，研究数量明显增多，研究范围不再只局限于音乐、美术、建筑等领域，还拓展到了政治、经贸等领域，丝绸之路的舞台也从陆路延伸到海上。主要研究者有全仁平、金成坤、文炳大、崔在秀、郑守一、权永弼、张炳旭、洪珠熙等，都试图跨学科开展丝路研究，并有如下明显特征：1. 凸显出丝路学研究的理论意识。郑守一②是致力于研究丝绸之路的学者，有《高句丽和西域关系的考察》（2002）、《慧超的西域纪行和〈往五天竺国传〉"（2004）2 篇论文和《丝绸之路学》（2001）、《古代文明交流史》（2001）、《文明之路——丝绸之路》（2002）、《文明交流史研究》（2002）、《慧超的往五天竺国传》（2002）等著作。他在《丝绸之路学》中，将丝绸之路分为"传统丝绸之路"和"新丝绸之路"，"丝绸之路"则主要包括草原之路、绿洲之路、海洋之路三大干线，并因海上丝路的环地球性而扩大了丝绸之路的研究范围。此后，他又与梁承润外 8 人联合出版了《海上丝绸之路》，这是一部关于中国、越南、马来西亚、印度、海湾、意大利、葡萄牙等国家和地区海上丝路贸易的学术成果。2. 注重丝路美

---

① 高柄翊（1924—2004）：历史学家，1979 年任首尔大学校长，著有《亚洲历史之像》（1969）、《东亚交涉史研究》（1970）、《东亚史传统》（1976）、《东亚传统和近代史》（1984）及《东亚史传统和变用》（1997）等，随笔集有《望远镜》（1974）、《书生与士人》（1985）及《岁月和世代》（1999）等。

② 郑守一（1934— ），韩国文明交流研究所所长，前檀国大学社会学教授。

术研究，权永弼①有《敦煌壁画研究试探》（1992）、《韩国中亚研究的过去与现在》（2001）等 5 篇论文以及《丝绸之路美术》（1997）、《东吹而来的丝绸之路风上·下》（2002）、《伦图斯样式的美术》（2002）等 6 部著作。其中，《丝绸之路美术》一书介绍了朴素主义美学的序幕、中亚绘画中山水元素的源流及其发展等，为揭示丝绸之路中流传下来的东西交流的美术证据做出了巨大贡献。3. 注重丝路音乐研究，全仁平②发表了《丝绸之路音乐之美》（1991）、《敦煌壁画上各种乐器的传入》（1991）、《寻找我们音乐的新根源——丝绸之路的音乐和人们》（1991）等 15 篇论文和《丝绸之路音乐和韩国音乐》（2001）、《丝绸之路，路上之歌》（2003）等 8 部著作。③ 其中，《丝绸之路，路上之歌》一书介绍了丝路沿线国家的主要音乐，以及其所表达的相关国家的人情、风俗和生活。④ 此外，他在 1991 年发表的《敦煌壁画上各种乐器的传入》一文，考察了通过丝路传播的乐器，并考证了乐器的传播是否伴随着音乐的传播以及其他传播方式等。4. 跨学科研究丝绸之路并产出相关学术成果：据《韩国敦煌文学研究的回顾与展望》⑤ 可知，1991—2010 年间发表的敦煌文学论文达 85 篇之多。如李炳燮的《关于传入古代半岛的早期希腊道教的研究：以海上丝绸之路和陆上丝绸之路为中心》（2001）和赵容成的《关于丝绸之路地区传教现状和战略部署的研究：以 GMS 为中心》（2004）等学位论文，赵奎镇的《丝绸之路的历史及其国际通商学意

---

① 权永弼（1941— ），美术史家，尚志大学教授，前韩国艺术综合学校教授，第一届中亚学会会长（1996）。
② 全仁平（1945— ），联合国教科文组织韩国委员会丝绸之路协调委员会委员、韩国音乐评论协会副会长、亚洲音乐学会会长。
③ 论文篇数和单行本卷数在作者的多篇著述中，只参考了与丝绸之路相关的。
④ 另外，创造韩文的世宗大王李祹在音乐方面造诣也很深，创作了《女民乐》这首与丝绸之路有关的音乐，引起了很多人的兴趣。这说明中国音乐受西域音乐，即丝绸之路音乐的影响，并传播到韩国和日本等周边国家。
⑤ 金贤洙：《韩国敦煌文学研究的回顾与展望》，《敦煌学》第 30 辑，2013 年。

义》（2003）、张炳玉的《中亚国际政治的理解》（2001）、金成坤的《丝绸之路和韩半岛的建筑文化》（1997）等论文。还有一定数量的关于"季节丝绸之路"的研究成果。第三阶段（2006 年—至今），是韩国丝路学研究的"扎根期"。共发表论文 252 篇、学位论文 4 篇、单行本著作 92 卷。从数量来看，第三阶段十几年来的研究成果是第一阶段和第二阶段研究量总和的 2 倍，研究范围也在第二阶段多个学术范畴的基础上得到了相当程度的扩大和发展，重新确立"丝绸之路"这一概念，为构建丝绸之路学夯实了基础，尤其以郑守一为代表，出版了《丝绸之路文明纪行》（2006）、《文明谈论与文明交流》（2009）、《草原丝绸之路》（2010）、《丝绸之路辞典》（2013）、《海上丝绸之路辞典》（2014）、《丝绸之路，在路上看路》（2014）、《丝绸之路图录：海路篇》（2014）等一大批著作。其中，《丝绸之路辞典》一书，通过介绍丝绸之路相关的各种事项及技术，为人们提供了关于丝绸之路和丝路文明交流的相关知识，是一部详细整理了丝绸之路历史、地理、人文、宗教、思想、贸易等内容的巨作，已成为韩国乃至世界丝路学研究中非常重要的工具书。[①] 在随后出版的《海上丝绸之路辞典》中，以"海上丝绸之路"为新概念，以 119 个表示泛全球性枢纽港的词条和与海上丝绸之路相关的 621 个词汇为标识语，还附有大量真实现场照片等资料，旨在强调对三面环海的韩国来说，海洋环境就是宿命，每个韩国人都应拥有丰厚的海洋知识。此外，郑守一还认为丝绸之路的东端是韩国庆尚北道的庆州，[②] 并以此为契机，带动了当地政府为探索丝绸之路而举办相关活动，[③] 表明韩国丝路学研究在第三阶段取得的实效，并有如下明显特征：1. 扩大

---

① 《丝绸之路辞典》目前正在进行英语译本的翻译工作。

② 정수일，《실크로드의 새로운 이해》，《e-Eurasia》 vol. 19，2009. 쪽.

③ 庆尚北道一直举办丝绸之路学术会议、丝绸之路勘探等活动。2015 年 8 月 21 日曾举办过为期 59 天的"庆州世界文化博览会 2015 年丝绸之路—庆州"。

了"海上丝绸之路"概念的研究范畴。中国提出共建"一带一路"的倡议，引发国际社会广泛关注。在郑守一看来，"一带一路"由中国国家最高领导人直接宣布，并在井然有序的指挥下得以实现，也因此格外受世界各国的关注。这不仅会对丝路沿线国家和地区产生重要影响，还对世界局势的变化产生不可估量的影响。① 因此，海上丝绸之路正作为"东西方交流之路"而迅速崛起，具有环地球性，其概念也有了相当程度的扩展，其研究范围也因此变得多样化和专业化。2. 开始研究"丝绸铁路"，由韩国国土研究院和韩国铁道学会主导，从经济、贸易、物流、运输、交流等多角度展开研究，包括"朝鲜半岛纵贯铁路""西伯利亚横贯铁路"，以及以此为基础所构建的"泛东北亚铁路运输网"等，并涌现一批成果；3. 韩国丝路学研究不仅学者汇集、成果增多，而且在郑守一牵头的"丝绸之路学"的引领下，不断深化研究，且影响力渐显。

　　韩国丝路学研究机构的设立始于 20 世纪 90 年代前，1987 年成立韩国敦煌学会，1996 年成立韩国中亚学会，2006 年成立的韩国文明交流研究所，更是致力于研究丝路文明不可分割的密切联系。另外，韩国庆尚北道从 2008 年开始就以庆州文物遗址为中心，逐渐开始探索与中国、中亚丝绸之路上的交流，各个大学的研究氛围也十分活跃。② 其中，郑守一力图超越既定观念重新阐释"丝绸之路"，将丝绸之路作为人类文明交流之路的代称，不仅使丝绸之路在空间上以复线乃至网状性阐释而扩大，还在功能上聚焦文明交流意义的发掘。另外，以海洋的一体性和连续性为特征，强调连接旧大陆和新大陆的

---

① 정수일，《해상실크로드의 환지구성문제를 논함-중국의 "21 세기 해상실크로드" 예를 중심으로》，2015，대만중앙연구 회의 학술회 발표 논문.

② 目前，丝绸之路相关研究所有木浦大学图书文化研究所（1983）、韩国海洋大学国际海洋问题研究所（2000）、高丽大学民族文化研究院敦煌学中心（2009）、东国大学文化学术院欧亚丝绸之路研究所（2014）、启明大学丝绸之路中亚研究院（2014）、韩国外国语大学丝绸之路研究中心（2014）。

海上丝绸之路的环地球性，认为现代丝绸之路的范畴应作为广义概念去理解，这些都成为韩国学界认知"一带一路"的重要基础，使得韩国成为关注"一带一路"国家中比较特殊的个案：韩国作为中国的一个重要邻国，尚未与中国政府签署"一带一路"正式合作协议，但却一直高度关注"一带一路"的发展，媒体和网民的关注热度大体呈上升趋势，两国学界也正处于围绕"一带一路"扩大交流与合作的良好时期。

目前，韩国学界的"一带一路"认知现状，主要集中体现在以下三个方面：

第一，韩国学界多对"一带一路"持积极性认知。

韩国学界大多数学者对"一带一路"持有积极的认知，如李康国曾在入选韩国教育部"世宗图书"的《"一带一路"与新北方新南方政策》（2019）中主张，在推进新北方与新南方政策之际，韩国不仅应该效仿中国的"一带一路"，还应引导全民参与"一带一路"与新北方新南方政策的对接性合作，以助力真正实现"互利共赢"。[①]此外，李康国还在《"一带一路"：中国新丝路战略》一书中认为，"一带一路"通过国家间合作来建设基础设施，实现人与商品的自由移动，故应深度理解"一带一路"以制定"互利共赢方案"。[②] 又如，李南周认为，韩国政府提出的新北方与新南方政策，旨在欧亚合作中寻找和平与发展契机以不断探索"西进"的可能性。从这一点看，中国的"一带一路"与其说是挑战，不如说是机遇；李沧洲认为，中国"一带一路"倡议并非单纯地连接内陆与海上的两条丝绸路线，而只旨在通过建设基础设施与产业园区，以形成一个提高物流效率、连接产业、几乎覆盖全球的巨大经贸合作网络；金玉俊认为，"一带一路"倡议为共建国家和地区提供了更多的"市场、投资、合

① 이강국，《일대일로와 신북방 신남방 정책》，북스타출판사，2018. 8，pp. 23 – 25.
② 이강국，《일대일로 중국의 신실크로드 전략》，북스타출판사，2016. 1，pp. 11 – 15.

作机会", 这对中亚国家与欧洲国家来说, 都是 "非常有吸引力的提案"; 李修行认为, 中国 "一带一路" 共建项目 "是将中国经中亚、东南亚、中东等地区到欧洲的陆路和海路连接起来", 并加强经济合作的新实践, 也是 "包含世界人口 63%、经济规模 29%、交易规模 23.9% 的地区在内的巨大项目", 故建议韩国铁路网要与欧亚铁路网相互连接, 以助力形成欧亚经济一体化方案, 韩国应借中国 "一带一路" 带来的新机遇来参与其中, 尤其要助力韩国企业的参与来融入欧亚经济一体化进程。[①] 此外, 李南州认为, "一带一路" 将欧亚大陆作为新的全球合作空间, 凸显了发展中国家的重要作用。如果发展中国家在这一过程中能够发挥主导性作用, 则可防止欧亚国际合作中出现 "中心—边缘结构", 也可在全球层面提供改变西方发达国家所主导的 "中心—边缘结构" 的新动力, 这对构建世界新秩序具有重大意义。[②] 还有, 金泰满认为, "一带一路" 的民心相通举措的推进, 表明 "中国试图在与冷战意识形态保持距离的同时, 在新型国际关系中构建自己的国家形象", 只要韩国对此做出积极回应, "'韩中人文交流' 就能有效地发挥作用"[③], 等等, 表明韩国学界对 "一带一路" 持积极性认知的主流态度。

第二, 韩国某些学者对 "一带一路" 持担忧性认知。

韩国学界也有学者对 "一带一路" 持某些担忧: 如郭江洙认为, "一带一路" 能否实现的关键在于中国如何突破美欧日等国的牵制, 由于美、日对中国崛起采取了迂回方式进行牵制, 至今两国都不加入亚投行, 将来少不了对华展开攻势。而英法德等国虽加入了亚投行,

① 이수행, 조응래, 《중국의 일대일로(一帶一路)와 시사점》, 《경기연구원 이슈&진단》 제 193 호, 2015. 7.
② 이남주, 《중국의 서진전략과 일대일로-아시아 협력의 새로운 전환점이 될 수 있는가?》, 《황해문화》 제 89 호, 2015.
③ 김태만, 《시진핑(习近平)의 문화정책과 "일대일로(一帶一路)"의 문화전략》, 《동북아 문화연구》 제 44 집, 동북아 시아문화학회, 2015. 9.

但与中国难免会因利害关系而产生矛盾，这将成为实现中国梦的制约性因素。① 袁宗泰认为，"一带一路"与俄罗斯的"欧亚经济联盟"（EEU）、印度的"季风计划"等相关政策"存在竞争关系"，来自俄罗斯、印度的牵制也不可忽视，故担心"一带一路"的发展可能会受到俄罗斯、印度的牵制。② 又如，曹成大认为，"一带一路"与俄罗斯的"欧亚经济联盟"存在"冲突"，故担心中国的"一带一路"建设有可能取代俄罗斯对中亚的影响。③ 还有，黄载源担心"一带一路"投资巨额的基建项目"会被中国大企业独占"而将"韩国排除在外"，担心"一带一路"是以中国"西部地区为中心的政策导向"而"没有考虑韩国"所具"贯通欧亚大陆的功能"，担心中国的"一带一路"倡议可能会影响韩国的"欧亚倡议"而拥有话语权，以及担心"一带一路"沿线国家会被纳入中国主导的全球经济网络而"不得不与中国企业竞争"，这些都将影响韩国作为"一带一路"主要参与国来发挥应有作用，还将对韩国产生一种"负担"。④ 又如，李南州认为，要想在"一带一路"共建中真正发挥发展中国家的主导性作用，需要消除两大担忧：一是中国的"西进"之举"有可能形成新的欧亚与亚太间的对立格局"，二是实质性的经济合作，"特别是中国资本进军海外能否摆脱新自由主义理论的问题"。⑤ 综上，形成了韩国某些学者对"一带一路"的担忧性认知。

第三，韩国某些学者对"一带一路"持有质疑性认知。

韩国学界也出现对"一带一路"的质疑言论，如郭江洙认为，"一带一路"是中国从过去的"韬光养晦"向现在的"有所作为"

① 곽강수，《중국의 원대한 꿈 일대일로（一带一路）전략》，《CHINDIA plus》，2015. 5.
② 원증태，《AIIB 이어 "일대일로"까지...中，경제 패권 향해 흥행몰이.，2015. 6. 9.
③ 조성대，《중국 "일대일로" 추진 과정에 난제 산적》，2015. 4. 16.
④ [일대일로 대해부] "중기업들과 해볼만해...서부내륙 노려라"，Edaily，2015. 6. 7.
⑤ 이남주，《중국의 서진전략과 일대일로-아시아 협력의 새로운 전환점이 될 수 있는가?》，황해문화》제89호，2015.

的战略大转移，也是中国 "对抗美国、争夺主导世界秩序霸权的长期大战略"，但又认为 "一带一路" 首先是为了促进中国与沿线国家的经济交流、创造新需求、有效分配新资源、共建经济共同体、使沿线国家在利用中国资金中扩大中国影响力，以及加快人民币国际化进程。① 又如，武光镇认为 "一带一路" 建设的 "政治经济背景是显而易见的"，旨在 "打破以美国为中心的现行世界秩序"，"推动世界秩序多极化" 发展，以及应对美国遏制中国崛起而提出的战略，是中国试图把西方的 "中国威胁论"（中国崛起给世界带来的威胁）转换成 "人类命运共同体论"（中国崛起给世界带来的合作共赢）的战略选择。② 还有，徐祯卿认为，"一带一路" 是实现中华民族复兴的中长期战略，中国借此扩大了对欧亚丝路国家和地区的地缘政治影响力，并通过 "经济关系的深化、能源市场的稳定、海外市场的开拓、海军力量的强化" 等方式，"与美国在经济实力及军事实力的层面上争夺欧亚大陆"，使中美产生了地缘政治的根本性冲突，中国欲将 "以亚洲为中心的欧亚地区建设为强国化的战略桥头堡"，"美国能否承认中国在亚洲地区的中心地位" 将取决于 "两国间的相互信任"，而 "一带一路" 的 "互联互通" 又意味着中美已然进入了 "规范和制度主导权竞争" 的新局面，中国力求通过 "构建中国特色的地缘政治理论来反击美国"，这种尝试势必会对反击美国称霸亚洲的做派具有一定的 "撼动性意义"。③ 再如，韩友德认为，中国的 "一带一路" 倡议就是经济外交的典型案例，其经济目的与政治意图并存。从经济目的看，中国国内经济发展需要化解产能过剩，这是 "一带

---

① 곽강수, 《중국의 원대한 꿈 일대일로（一带一路）전략》, 《CHINDIA Plus》, 104 권 0 호. 2015, pp. 16 – 17.

② 오광진, 《중국 21 세기 해상 실크로드: 일대일로（一带一路）전략 세계 질서다극화가 최종 목표》, 《CHINDIA Plus》, 98 권 0 호, 2014.

③ 이수행, 조응래, 《중국의 일대일로（一带一路）와 시사점》, 《경기연구원 이슈&진단》제 193 호, 2015. 7. pp. 1 – 25.

一路"倡议的经济动因。从政治意图看，主要是针对美国 EBC（Everyone But China）的太平洋经济战略，亦即与"一带一路"沿线六十多个国家开展共建的 EBA（Everyone But America）国际合作框架，并通过出资 400 亿美元成立丝路基金、出资 500 亿美元成立亚投行来为"一带一路"建设提供投融资支持，表明"中国不想再把在海外挣来的美元放在美国债券市场，而是想独立自主地开展经济外交"，[①] 但"一带一路"的意义，并"不局限于经济领域，也包含着政治意图，即应对西方包围中国的战略、维护中国国家安全，以及维持与周边国家的政治友好关系"。[②] 综上，形成了韩国某些学者对"一带一路"的质疑性认知。

由此，以上三方面形成了韩国学界认知"一带一路"的基本现状。

第二节 韩国"一带一路"认知成因溯源

韩国在丝路学研究领域所形成的"小国大学术"的现象，成为影响韩国学界形成"一带一路"认知的关键因素，且集中体现为以下三个方面：

第一，韩国的东洋史研究影响其学界的"一带一路"认知。

在日本的影响下，韩国约从 1948 年开始研究东洋史学，并在 1948—1949 年间出版了金赏基《东方文化交流史论考录》（乙酉文化史）和《中国古代史纲要》、金日出于《历史学研究》1949 年第 1 期上刊发的《春秋会盟论考》、高柄翊的《伊斯兰教徒和元代社会》

① 한우덕：《일대일로（一带一路）에 얽힌 정치경제학》，《CHINDIA Plus》，102 권 0 호，2015，pp. 28 – 29.
② 한우덕，신창타이 경제：《시코노믹스（Xi conomics），반부패，일매일로...신창타이 핵심은 "개혁 보너스"》，《CHINDIA Plus》，101 권 0 호，2015，pp. 25 – 27.

及全海宗《唐代均田考》等论文。韩国学者在日本帝国主义时期虽然没有表现出活跃的研究活动，但当时就已对东洋史学有强烈求知欲，① 其中以东洋史学会会长李容范、国立中央博物院亚洲部部长闵秉勋等为代表。李容范的主要成果有《丽丹贸易考》《辽代春游考》《高句丽—辽西的进军纪道和突厥》及《奇皇后册立与元代资政院》等论文、博士学位论文《中世纪东北亚细亚史研究》（1976），以及《古代的满洲关系》（1976）、《韩满交流史研究》（1989）、《中世纪满洲蒙古史研究》（1988）、《中世纪西方科学的朝鲜传统》（1988）及《韩国科学思想史研究》（1993）等。他从以中国为中心的东方史阐释框架中摆脱出来，扩大了对高句丽、渤海、高丽北方的历史活动及与北方民族系史的研究，揭示了看似与韩国历史毫不相关的蒙古、契丹等满蒙地区与朝鲜半岛的丝路交流。

正是李荣范等人对东洋史的研究，埋下了韩国学者形成"一带一路"是实现"中国梦"的认知的种子。檀国大学蒙古研究所的金善浩强调，中国的崛起和"中国梦"的实现，说明习近平政府在外交政策上以国力为基础的政策非常大胆，特别是"一带一路"倡议更是中国的全球化的战略，是超越欧亚大陆主导世界的伟大外交战略。还有韩国学者认为，"一带一路"建设将导致韩国难以成功实施"新北方政策"，如韩国当代中国研究学会的金俊英与李贤泰都认为，韩国与中国东北地区在"一带一路"建设中的合作水平持续低迷。在政策上，中国东北地区的"一带一路"倡议主要集中在蒙古与俄罗斯，对韩国的考虑并不多。如果这种情况持续下去，韩国可能难以成功实施"新北方政策"。因此，要想使韩国的"新北方政策"与中国东北地区的"一带一路"建设真正对接，需要两个政策的有创意性的合作方案，以及对中国东北地区"一带一路"建设的准确研判。

---

① https://terms. naver. com/entry. naver?docId = 544440&cid = 46623&categoryId = 46623.

第二，韩国丝路遗产助力增强中韩"一带一路"合作互信。

韩国丝路研究的大量文物主要存于庆州，与中国和日本相关的丝路文物主要藏于韩国国立博物馆与位于光州市的新安专设博物馆等，其来源主要为大谷光瑞探险队和新安沉船打捞。亦即，从现在收藏情况来看，大谷收集品主要分散为三个部分：第一部分现收藏于日本东京国立博物馆，这部分原存放在京都恩赐博物馆，1944 年经日本人木村贞造购买，后木村捐赠给博物馆；第二部分是 1915 年由橘瑞超开列目录，卖给了时任朝鲜总督的寺内正毅，现收藏于韩国首尔国立博物馆；第三部分则由大谷光瑞本人带到旅顺，现收藏于旅顺博物馆。① 新安沉船是自 20 世纪 70 年代在朝鲜半岛西南部新安海域发现的一艘中国元代沉船，沉船的发现，对了解元代的海外贸易情况、瓷器的生产和输出以及航线等极具重要研究价值。此外，庆州市因其丰富的文化遗产而被称为"没有围墙的博物馆"。庆州的文化遗产见证了丝绸之路的千年历史，并拥有韩国第一批联合国教科文组织指定的世界文化遗产。在此基础上，韩国启动了丝绸之路项目，于 2013 年 3 月 20 日成立了庆尚北道丝绸之路推进委员会，该委员会通过了韩国丝绸之路项目，组建了韩国丝绸之路探险队，分两批进行探考，足迹涉及韩国庆州、京畿道、中国扬州、郑州、扬州、西安、敦煌、乌鲁木齐、喀什以及吉尔吉斯斯坦、哈萨克斯坦、乌兹别克斯坦、土库曼斯坦、伊朗、土耳其等多个国家和地区，旨在重审作为文明交流通道的丝绸之路。2013 年 10 月 30 日，韩国丝绸之路项目推进本部与丝绸之路项目企划委员会在庆尚北道、庆州市、东国大学（庆州）、高丽大学、韩国文明交流研究所等 5 家机构共同签订了合作协议。②

---

① 《大谷光瑞与旅顺博物馆（ZT）》，http://blog. sina. com. cn/s/blog _ 5015e65f0102 xhft. html，发布时间：2017 年 9 月 10 日。

② 코리아 실크로드 프로젝트［Korea Silk Road Project］，https://terms. naver. com/entry. naver? docId = 2783730&cid = 62093&categoryId = 62093.

正是由于韩国对丝路文化遗产的保护、发掘、考察及研究，才使其学界对"一带一路"倡议形成了"保持文化同步，共绽'人文之花'"的认知，如金玉俊认为，"一带一路"倡议是促进周边国家与相关国家间文化交流、探索文化共同繁荣的双赢战略。又如，金泰满认为，韩国只要在文化交流方面紧跟中国节拍，就能实现中韩人文交流，"中国共产党提出了'中国特色社会主义文化发展道路'的口号，他们要在文化总体规划、文化目标以及文化政策方面成为一个文化强国。因此，我们应该理解习近平基于人文主义的理念，在不断审视中发现中国确实可以成为一个文化强国。正如'一带一路'所强调的那样，中国试图在与冷战意识形态保持距离的同时，在新型国际关系与和平中建立自己的国家领导形象。基于此，只要韩国配合中国的下一步计划，'韩中人文交流'就能有效地发挥作用。因此，在实现和加强两国真正的人文交流中，韩国应该与中国保持同步，扩大相互间的学生交流和其他所有合作领域"。① 可见，韩国大量丝路文物为韩国学界认知"一带一路"奠定了坚实基础。2021 年是中韩建交30 周年，两国关系面临深化发展新机遇。中国愿同韩国共同启动中韩文化交流年，双方用好中韩关系未来发展委员会平台，回顾总结双边关系 30 年发展成果，规划未来发展，增进人民友好，推动中韩战略合作伙伴关系迈上新台阶。②

第三，韩国丝路学发展助力优化"一带一路"国际认知。

"二战"后，韩国在朴正熙总统执政期间，与日本恢复正常邦交，借助日本科技实力及美国的经济援助，创造了韩国经济腾飞的"汉江奇迹"。当然，韩国经济腾飞的原因有外力，更有内因。其中，

① 김태만，《시진핑(习近平)의 문화정책과 "일대일로(一带一路)"의 문화전략》，《동북아문화연구》제 44 집，2015. 9，http：//www. dbpia. co. kr/journal/articleDetail？ nodeId = NODE 06520581.

② 《［视频］习近平同韩国总统通电话》，https：//tv. cctv. com/2021/01/27/ VIDEC4W9DMo1wMzmdmrqaeIE210127. shtml，发布时间：2021 年 1 月 27 日。

韩国对科技的重视与发展，则是将强大自身是解决问题的唯一方式展现得淋漓尽致。近年来，韩国积极参与国际事务，如韩国连续两年受邀参加七国集团（G7）峰会等，但碍于韩美同盟和美国在亚太地区的势力趋强，其国际影响力始终得不到充分展现。因此，随着韩国学界丝路学研究国际影响力的日益提升，韩国开始将百年显学的丝路学作为谋求提升国际地位与获得国际认可的重要突破口之一，并采取如下举措：1. 郑守一聚力构建"丝路学"学科体系。郑守一是韩国文明交流研究所所长，在韩国首次提出"丝路学"这一概念，尤其是在《丝绸之路学》这部著作中对"丝路学"这一学科进行了系统性探讨，在丝路研究的学科化领域取得了重大突破，为全球丝路学发展做出了重大贡献。2008 年，他成立了韩国文明交流研究所。之后，《新闻周刊》将他评价为"分裂时代不幸的天才学者""文明交流学的世界权威者"，著有《丝绸之路学》① 《丝绸之路词典》② 《文明丝绸之路——藏于丝绸之路下的文明交流史》③ 等，通过对整个文明交流史进行学术性整理的尝试，深刻细致地诠释了藏于丝绸之路中的文明交流史。他由此萌生了只有文明交流才能孕育人类期盼已久的共生共荣的观念，坚信人文科学能够保证从古至今被认为是遥不可及的理想的人类文明普遍展开，将存续蓝图的"文明交流论"流传后世是作者的终极目标。季羡林先生是郑守一的学术启蒙人，季老与郑守一是名副其实的师徒④，使韩国丝路学与中国丝路学有了难以割舍的学缘关系，郑守一沿着季老的"丝绸之路"开始了"丝路学"研究的学科化探讨，其主要观点包括"以此前积累的研究成果为基础，确立和创造'丝绸之路学'这一新的国际学科，已成为不可推迟的时

---

① https://book. naver. com/bookdb/book_detail. nhn?bid = 3568（《丝绸之路学》）.

② https：//book. naver. com/bookdb/book_detail. nhn?bid = 7342717（《丝绸之路辞典》）.

③ https：//book. naver. com/bookdb/book _ detail. nhn？bid = 82639（《문명의 루트 실크로드-비단길 속에 감추어진 문명교류사》）.

④ http：//www. kice. ac/sub/Board/board_02_view. asp?Num = 70（韩国文明交流研究所）.

代要求";"丝绸之路学所涵盖的时代是从公元前 10 世纪到公元 17 世纪（古代和中世纪）的时期""近现代东西文明的交流通道是具备不同发展形态和内容的'新丝绸之路'。因此，与此相应的丝绸之路学应该命名为'新丝绸之路学'"等。2. 加强韩国与联合国教科文组织的学术联系，推动其丝路研究与世界接轨：第一，自从 1988 年以来，联合国教科文组织努力支持丝绸之路作为文化交流和对话的相关研究。与此一致，联合国教科文组织/韩国资金——投入基金会项目"支持准备南亚丝绸之路世界遗产系列提名"。① 该项目显著的增强了南亚公约国家理解、保护和登记其丝绸之路遗址/道路/走廊的能力，特别是不丹和尼泊尔。该项目也在南亚丝绸之路世界遗产系列提名框架下，搭建了一个在这些国家之间可持续对话的平台。此中，韩国付出了巨大贡献和努力。② 第二，教科文支持下的亚太地区非物质文化遗产国际信息与网络中心（ICHCAP），作为教科文组织第二类中心，于 2011 年在韩国全罗北道全州市成立。在 2003 年《保护非物质文化遗产公约》的框架内，积极开展信息和网络计划，支持教科文组织在亚太地区 48 个会员国中的战略计划，最终目标是通过非物质文化遗产促进 2030 年联合国可持续发展目标。ICHCAP 认为，保护非物质文化遗产是促进本区域文化多样性和可持续发展的必要条件。第三，2015 年 12 月 1 日至 2 日，东方丝绸之路故事会议在韩国庆州成功举行。③ 本次会议由联合国教科文组织在庆尚北道政府和庆州市政府的支持下召开，来自韩国、日本、中国和一些其他丝绸之路沿线国家包括伊朗和哈萨克斯坦的学者，以及庆州市和庆尚北道的代表们参加了本次会议。会议也为丝绸之路东段和中亚遗产有关研究成果的交流提供了独特的平台。此外，韩国还有一些关于考古、历史等领域的

---

① https://zh.unesco.org/silkroad/content/lianheguojiaokewenzuzhihanguozijin.
② https://zh.unesco.org/silkroad/silk-road-institutions.
③ https://zh.unesco.org/silkroad/content/2015niandongfangsichouzhilugushihuiyi.

学术机构也获得联合国教科文组织的认可和支持，开展了不同形式的合作和交流。如新罗文化遗产研究所、国家海洋文化遗产研究所等。

3. 韩国注重与世界丝路研究大国间合作，以推动构建全球丝路学术共同体网络。2015年10月来自不同国家、国际组织和有关机构的智库共同建立了"丝绸之路智库网络"（SILKS），其秘书处位于中国国务院发展研究中心国际合作司。作为SILKS的成员之一，韩国借此平台积极开展学术交流与合作。韩国高校也注重与其他国家大学的联系，成均中国研究所①是2012年在成均馆大学东亚学术院东亚研究所基础上改扩而成立的涉华研究机构，重视与中国进行可持续沟通与交流，致力于具有长期协同效应的共同研究，目前已与中国多所高校研究机构签订了合作备忘录，并与这些机构定期举行国际学术会议，促进共同研究与共同出版等。同时，该研究所还为中国研究提供公共产品，向政府、大众舆论和企业等如实传达学界客观、中立的见解，为韩国涉华决策提供咨询，并努力促进中韩友好各领域的交流与合作。此外，韩国一带一路研究院②成立于2018年2月，旨在加强新时代中韩交流与合作，并与中国多所高校合作推进。该研究院的建设宗旨如下：加强与中国对"一带一路"倡议的认识和合作；提出中韩之间新的经济交流合作方案，为两国的共同利益做出贡献；集中研究并重新审视中韩之间的传统历史与文化交流；发掘新时代中国年轻新锐学者，通过共同研究和现场考察等，为中韩互利做出贡献。综上，韩国的丝路学发展，切实有助于优化"一带一路"国际认知。

第三节　助力"一带一路"高质量建设的因应之策

习近平总书记强调要"以文明交流超越文明隔阂、以文明互鉴

---

① https://sics.skku.edu/sics-cn/intro/greetings.do（成均中国研究所）.

② http://newsilkroadinstitute.org/.

超越文明冲突,以文明共存超越文明优越",树立平等、互鉴、对话、包容的文明观,这也是中韩丝路学界进一步加强交流与合作的指导思想,故应从以下三方面予以努力:

第一,应进一步加快中韩丝路学术共同体建设进程。

韩国丝路学研究始于 20 世纪 50 年代,以 1954 年大韩蚕丝会发行的《丝绸之路》期刊为标志,历经三个发展阶段而逐步走向成熟,尤其是在丝路学学科建设方面作出了重要贡献并赢得国际影响力,创造了"小国大学术"的奇迹。近年来,韩国学界将丝绸之路研究、丝路学学科构建与"一带一路"研究相结合,引发韩国社会对"一带一路"的积极认知。因此,中国应与韩国学界继续共研丝绸之路,力争共同研究"一带一路",进而共同推进丝路学学科建设进程,如中韩两国政府和科研机构应积极鼓励"一带一路"的学术交流,搭建两方增进互信的合作平台,尤其应重点建设中韩丝路学对话机制,并以此推动构建中韩丝路学术共同体,如实现中国上海外国语大学丝路战略研究所的《新丝路学刊》与韩国"一带一路"研究院的《一带一路》《丝路与青年》期刊的有机联动,尝试发行中韩双语版本,坚持政策研究与理论研究并重,既对中韩两国"战略对接"实践中存在的重大现实问题展开动态研究,还有机结合西域学、敦煌学等最新研究成果来深化动态研究,助力中韩共同推进丝路学学科体系建设。又如,在东北亚局势趋于和平与发展方向的良好背景下,通过交流对话来化解中韩认知差异,推动中国"一带一路"与韩国"新北方政策"实现战略对接,以中韩丝路学术共同体建设来助力两国务实性合作,以务实性合作带动学术交流与合作,在相互促进中增信释疑。

第二,应进一步加强中韩"一带一路"智库的交流与合作。

智库是资政育商服务社会的思想库,具有影响政策、人才荟萃、知识密集和联系畅达等特点,在中外高级别人文交流与合作中扮演了至关重要的角色。高校"一带一路"智库在优化"一带一路"国际认知、助力中外共建互信等方面的作用凸显。因此，中外"一带一路"高校智库合作，应积极开发独具特色的研究议题、确保研究人才和研究预算、构建稳定的合作网络、参与各种"产官学"合作活动、同时发行中外文期刊，以促进中外丝路学研究的国际化，并通过多层次期刊平台交流与合作形成丝路学术共同体网络。目前，中国高校"一带一路"专项智库的综合影响力正在逐年扩展，截至2022年，排名前五位的分别为中国人民大学重阳金融研究院、西北大学丝绸之路研究院、上海外国语大学丝路战略研究所、北京师范大学"一带一路"学院、北京外国语大学丝绸之路研究院①。同时，韩国的成均中国研究所、延世大学中国研究院以及"一带一路"研究院等也对中国"一带一路"倡议研究持续且深入。因此，应进一步加强中韩"一带一路"智库的交流与合作，不仅可助力中韩丝路学交流与合作，也可为中韩务实性合作提供政策建言，进而推进中韩关系健康与稳定发展。

第三，应进一步加强世界丝绸之路大学联盟的多边交流与合作。

2014年11月4日经大韩民国国会丝绸之路研讨会批准，世界丝绸之路大学联盟（SUN）组委会于2014年11月28日成立，2015年2月2日，韩国外国语大学（HUFS）与庆尚北道政府签订了共建世界丝绸之路大学联盟的合作协议，并于2015年4—6月访问了蒙古、中国、俄罗斯、印度、斯里兰卡、哈萨克斯坦、乌兹别克斯坦、吉尔吉斯斯坦、意大利、希腊、土耳其、埃及、约旦等准成员国的大学。目前，世界丝绸之路大学联盟由UPSUN联合丝绸之路大学校长网络、国际丝绸之路研究协会、丝绸之路大学联合学生网络、SPO丝绸之路交响乐团、SUN秘书处等组成，郑守一曾任国际丝绸之路研究协

---

① 国关国政外交学人：《中国高校"一带一路"智库影响力报告（2020）》，https://mp.weixin.qq.com/s/gRgdW9Yug2TJZIPR-VKf4w，访问日期：2020年10月1日。

会的第三任主席。在短短 7 年时间里，世界丝绸之路大学联盟的成员大学已发展到相当大的规模，① 成为中韩青年开展丝路考察与研究的新平台，故应在此多边平台上开展丝绸之路考察与"一带一路"研讨，应组织暑期丝路跨国考察或丝路游学活动，在行走丝路中体认丝路精神。应定期举办中韩丝路学专题会议，邀请在丝路学领域有声望的丝路学名家作主旨报告，让更多丝路学研究领域青年学者有机会参会宣读论文、交流思想。通过以上活动，切实践行丝路学的学术性与实践性相结合的双核特质，为中韩丝路学界的交流与合作提供新动力。

---

① 丝绸之路大学联盟：《丝绸之路大学联盟成员一览表》，http://uasr.xjtu.edu.cn/info/1092/1707.htm，访问日期：2020 年 10 月 1 日。

第九章
东盟国家"一带一路"学术动态研究

　　东南亚各国历史上与中国保持了密切的经贸和文化交流。早在两千多年前,双方通过文化交流和人员往来,形成对双方经济和社会有着重要影响的丝绸之路、茶叶之路、瓷器之路、香料之路等。目前,东盟十国均与中国签署了"一带一路"合作协议,中国同东南亚各国已经进入常来常往、越走越亲的发展阶段。总体来说,东南亚各国认同丝绸之路的民意基础较好,这与东盟国家容易支持和接受"一带一路"倡议形成正相关。东盟依据立场协调一致原则,对"一带一路"发展做出了官方回应,发挥了协调统一、集体定调的作用。而各国因存在各自国情、利益诉求和地缘风险、经济风险等差异,因此,即使是在"一带一路"合作中与中国关系最紧密的东盟国家,各自对"一带一路"认知也不尽相同。因此,在廓清东盟国家学界"一带一路"认知现状及其原因基础上,才能有针对性地提出增强中国与东盟共建"一带一路"互信的对策,进而助力"一带一路"行稳致远。

第一节 东盟国家"一带一路"研究现状梳理

"一带一路"倡议发布后,很多东盟国家纷纷加入,东盟十国对"一带一路"的看法大体分为三类:积极响应、谨慎观望、怀疑否定。随着国际形势变化,部分东盟国家已经并正在经历着一些或大或小的动态调整。其中,老挝、柬埔寨和泰国等认为,"丝绸之路的复兴必将使亚洲地区成为促进全球经济增长的重要推动力,与此同时它将为这些国家带来幸福,繁荣和团结";菲律宾销量最高的报纸《询问者》的报道之一将"一带一路"描述为"特洛伊木马",称其将危及该国领土完整;被视为"谨慎积极"的国家包括文莱、印度尼西亚、马来西亚和新加坡,而刚开始菲律宾、越南和缅甸被认为"持怀疑态度",随着政界态度转向,越南学界主张积极参与但态度飘忽不定,缅甸学界也出现对"一带一路"风险的担心。具体体现在如下三个方面:

第一,东盟国家学界对"一带一路"的积极性认知。

新加坡国立大学东亚研究所所长郑永年认为,"一带一路"是中国向国际社会提供的公共产品,当今世界,只有中国有能力、有意愿支持"一带一路"沿线国家基础设施建设。[①] 新加坡国立大学亚洲与全球化研究所所长黄靖认为,"一带一路"建设应按照经济规律去办,这不仅是最有效地化解其他国家在政治上对"一带一路"倡议产生疑虑的方式,也是最有效地与其他国家建立友好关系的方式,只有这样,中国才能通过倡议促进国内经济转型和产业升级。[②] 新加坡隆道智库研究院总裁许振义认为,"一带一路"尤其是"新海丝"是

---

① 郑永年:《"一带一路"是中国向国际社会提供的公共产品》,《新京报》2019年4月25日。
② 马玉洁:《新加坡眼中的"一带一路"》,《财经国家周刊》2015年第16期。

一个两国合作的新机遇，可与第三国合作参与投资、规划、管理、融资、港口和机场建设等。因此，2018 年 4 月的博鳌论坛上，两国领导人签署了在"一带一路"框架下的第三国服务合作文件，"一带一路"倡议表明了中国扩大开放的态度，新加坡也有了拓展双边合作的新起点。

在中国提出"一带一路"倡议后，泰国提出"泰国 4.0"、东部经济走廊发展战略与之对接。泰国国家研究院直属泰中战略研究中心主任苏拉西·塔纳唐积极推进"一带一路"倡议与泰国发展战略对接，强调要借鉴"中国的治国理政经验、中央政府对国家的高效管理经验"。① 泰国国家研究院泰中"一带一路"合作研究中心副主任唐隆功·吴森提兰谷于 2020 年 9 月 8 日在《人民日报》发表题为《"一带一路"建设将迸发更大活力》一文，指出东盟国家和中国是一衣带水的近邻，对共建"一带一路"倡议持欢迎态度，认为共建"一带一路"给地区发展带来了利好。② 泰国国家战略智库研究院执行院长优沃迪·卡甘盖认为：泰国政府制订了"20 年国家战略规划"并提出了"泰国 4.0"战略及"东部经济走廊"规划，初步明确了未来 5—20 年的国家战略布局与政策导向，泰国国家发展战略目标及重点领域在很大程度上与中国"一带一路"倡议高度契合，相信中泰在电子商务、人工智能等新兴领域具有广阔合作空间。同时，泰国也希望向中国学习扶贫的成功经验"。③ 泰国法政大学比里·帕侬荣国际学院杨保筠认为：泰国处于中南半岛关键地理位置，能与中国在这一区域共建铁路，有利于帮助提升泰国与东盟其他国家间互联互

---

① 《泰国国家研究院泰中战略研究中心主任苏拉西：中国的发展经验值得借鉴》，https://www.chinanews.com/gj/2019/10-07/8972655.shtml，最后访问日期 2021 年 7 月 20 日。

② 唐隆功·吴森提兰谷：《"一带一路"建设将迸发更大活力》，http://world.people.com.cn/n1/2020/0908/c1002-31852743.html，最后访问日期 2021 年 7 月 30 日。

③ 《疫情后对西方的崇尚将降低》，《光明日报》2020 年 10 月 21 日 12 版，http://epaper.gmw.cn/gmrb/html/2020-10/21/nw.D110000gmrb_20201021_1-12.htm。

通，并对推动"丝绸之路经济带"和 21 世纪"海上丝绸之路"战略实施意义重大。① 因此，"一带一路"赢得泰国各界欢迎，认为尽管"一带一路"倡议由中方发起，但将给所有参与国带来益处。②

2017 年 11 月 12 日，越南和中国签署了《共建"一带一路"和"两廊一圈"合作备忘录》，"两廊一圈"与"一带一路"倡议对接已成中越经贸合作中最为重要并紧迫的议题，引发越南学界高度关注，如越南胡志明国家政治学院副院长阮曰草认为，"一带一路"倡议和亚洲基础设施投资银行是当今世界全球一体化深入发展的产物，是中国与亚欧大陆乃至全世界人民的共同意愿，将成为推动本地区乃至世界向多极化、多中心趋势发展的重要因素之一。此种看法与部分越南学者认为"一带一路"是为实现中国"霸权梦"的观念形成鲜明对比。又如，越南外交学院的范海莲认为，中越两国都是社会主义国家，这是两国最大的政治公约数与合作的政治基础。中越两国在落实共建 21 世纪"海上丝绸之路"建设方面已取得了显著进展，且仍有巨大合作空间，如中国对越南的直接投资、越南的基础设施建设等领域都可进一步深化合作。

被缅甸尊为"经济学泰斗"的仰光经济大学校长吴丁温认为，中国古代陆上丝绸之路，从西安经由中东、俄罗斯、东欧到土耳其。海上丝绸之路也没有经过缅甸。近年中国提出"一带一路"倡议，经两国协商最终敲定了中缅经济走廊建设计划，这是基于两国友好关系，在两国领导人共同关心下制定的专属中缅的"一带一路"方案，也是在两国长期合作基础上产生的崭新宏大合作战略。"二战"后"马歇尔计划"曾使经济衰退的欧洲重振雄风，中国提出的"一带一

---

① 《中国参与泰国铁路建设将有助于推动发展"一带一路"战略》，《国际在线》2014 年 12 月 19 日，http://news.cri.cn/gb/42071/2014/12/19/5931s4810600.htm。
② 《泰中文化经济协会会长颜钦：各方愿助"一带一路"变为现实》，https://news.china.com/finance/11155042/20171124/31715231.html。

路"倡议，主要是为广大发展中国家量身定做，是跨越洲际的发展战略，将使缅甸这样的发展中国家重新崛起并迅速发展起来。如果"一带一路"沿线国家结成经济联盟共谋合作，这些国家就一定能迅速地获得发展。但若缅甸不积极参与"一带一路"共建，那么我们将落后于其他"一带一路"沿线国家很多年。在新冠肺炎疫情肆虐之际，我们所能依靠的只有"一带一路"沿线国家的巨大市场，其他发展中国家也面临这样的形势。① 此种话语领袖的态度引领了缅甸学界"一带一路"的基本认知。

柬埔寨国民经济最高委员会（SNEC）高级顾问梅凯岩（Mey Kalyan）强调，"加强对'一带一路'的研究是一个加强双边关系的基础性研究，有利于避免中柬之间的误解"。② 柬埔寨战略研究所高级研究员钱博然认为，中国南海问题非常敏感，是中国与东南亚邻国间产生信任赤字的重要根源，制定《南海行为准则》将是管控南海紧张局势、增进东盟国家对中国真实意图信心的重要步骤。③ 柬埔寨皇家科学院国际关系研究所所长金平认为，中国提出的"一带一路"倡议是被国际社会所接受的公共产品，为世界各国深化合作提供了重要平台和机遇，"我们都是'一带一路'建设的利益攸关方和主人翁"，"一带一路"倡议是国际和平、稳定、繁荣、和谐的重要力量，"是一个非歧视性的、包容性的合作平台"。"柬埔寨是'一带一路'建设最坚定的支持者"。"一带一路"建设将推动区

① 《缅甸经济学泰斗这样评价"一带一路"和中缅经济走廊》，澎湃网 https://www.thepaper.cn/newsDetail_forward_7863485，发布时间：2020 年 6 月 16 日。

② "Cambodia's Role in the Maritime Silk Road", Khmer Times, https://www.khmertimeskh.com/news/26526/Cambodia-s-role-in-the-maritime-silk-road/, 2016-06-27.

③ Cheunboran Chanborey. "China's Maritime Silk Road and ASEAN Connectivity: Regional Politico-Economic Perspectives", in Department of International Studies Royal University of Phnom Penh (ed.). The Belt and Road Initiative and Its Implicationsfor Cambodia Symposium Proceedings, pp. 102-103, https://www.academia.edu/25344864/The_Belt_and_Road_Initiative_and_Its_Implications_for_Cambodia_Symposium_Proceedings.

域内部和跨区域互联互通建设，是互相学习、互相尊重、互惠互利的合作，参与共建"一带一路"的国家应迅速提高制度建设、领导能力、人力资源水平，抓住机遇，实现可持续发展目标，使"'一带一路'项目真真切切地让老百姓受益，从而提高民众对于'一带一路'倡议的了解和认知"，① 尤其是加入"一带一路"将为柬埔寨带来可观的收益，包括道路、机场建设投资等方面所取得的成效要归功于中柬共建"一带一路"。而且，我们的政府已经制定了"一带一路"倡议下应有的控制债务措施，柬埔寨的所有发展项目现在都处于可管控范围内，且不再有主权担保，这些项目很多都是BOT。因此，我们不应担忧债务风险，但我们仍须高度关注，尤其是其成本和透明度。②

　　马来西亚学界对"一带一路"持欢迎态度。2015 年 10 月 28 日，马来西亚战略和国际事务研究所加入丝路国际智库网络（Silk Road Think Tank Network，SiLKS），③ 成其创始成员单位。马来西亚战略和国际事务研究所 Dato' Abdul Majid Khan 认为，"我们遇到了一个中国人需要世界、世界需要中国人的机遇，这是一件好事。在这种情况下，我们应该欢迎中国的投资，特别是在马来西亚的投资"。④ 马来西亚《南洋商报》2017 年 6 月 19 日报道马大中国研究所研究员张淼在马来西亚财政部 2018 年预算案磋商会上讲解中国"一带一路"倡

---

① 《专访："一带一路"倡议为世界各国深化合作提供重要平台和机遇——访柬埔寨皇家科学院国际关系研究所所长金平》，新华网 http://www.xinhuanet.com/2019-04/24/c_1124408992.htm。

② "Belt and Road: the good and bad," *Khmer Times* May 15, 2019, https://www.khmertimeskh.com/50604195/belt-and-road-the-good-and-bad/.

③ 丝路国际智库网络是由国务院发展研究中心联合有关国际组织、智库和跨国企业于 2015 年 10 月在第二届"丝路国际论坛"上正式发起成立的国际智库合作网络。目前，SiLKS 已有 53 家成员和伙伴，包括 32 家权威智库、12 个国际组织和国际机构、5 家跨国企业、3 所大学和 1 个政府机构。

④ "WHAT PRIME MINISTER NAJIB RAZAK'S TRIP TO CHINA REALLYMEANS FOR MALAYSIA," ISIS Focus: 1/2017 ISSUE NO. 4.

议的核心观点。在张淼看来，"一带一路"带给沿线 65 个国家（包括马来西亚）最大的机遇，是中国国有金融机构所提供的资金支持为马来西亚带来更多就业机会。据贸工部公布的数据，2015 年中国在马投资的 191 个制造业项目为 2 万多人提供了工作岗位；预计未来，33 个马中合作项目将再创 1 万个就业机会；新建立的数码自由贸易区也将为超过 6 万多个中小型企业和年轻人提供就业机会，助其实现创业梦。随着中国资金的流入，中国在一些行业上的竞争力（例如高铁技术）会通过技术转移和管理经验分享等传入马来西亚。中国制造业在近 20 年成长中已同世界各制造业大国建立了千丝万缕的关系，中国在马制造业的投资会将马来西亚生产者带入这一复杂的生产网络，并在生产过程中加强马来西亚的生产效率和国际竞争力。所以，"一带一路"为马来西亚带来的不仅仅是基础设施等"硬件"上的升级，更是提升竞争力等"软件"上的成长，搭着中国国企伙伴的顺风车，马来西亚中小型企业可走出海外市场扩展的第一步。此外，"一带一路"还有诸多潜在的互利共赢的优势，更有助于促进社会、教育、文化等全方位、立体化的马中交流，从而为两国友好交往提供最有力的保障。当然，挑战永远与机遇同行，怎样根据马来西亚的实际情况调整投资方式方法，是政策制定者和市场践行者所面临的最大挑战。当地中小型企业如何从中受益也是马国政府急需面对的现实。只有如此，中国的"一带一路"才会在不久的将来同马来西亚的"国家转型计划"深度对接，形成协同效应。马来西亚战略与国际研究所 2015 年 3 月发布 ISIS focus 报告收录了沙赫里曼·洛克曼（Shahriman Lockman）题为《21 世纪海上丝绸之路与中马关系》的子报告，他认为"马来西亚原则上是'21 世纪海上丝绸之路'的支持者，但我要敦促在执行这一倡议时始终认真考虑马来西亚和整个东盟的利益"。"作为一个崛起的大国，中国有责任确保该地区和世界其他地区的安全，且已在很大程度上做到了这一点，包括我在内的大多数马来西亚人都相信，将来会继续这样做。"① 马来西亚《新海峡时报》网站 2017 年 5 月 1 日刊发的马来西亚海洋研究所苏玛蒂·珀马尔题为《中国的"一带一路"倡议：加强经济联系实现互利》一文中指出，马来西亚认为"一带一路"倡议将助其实现到 2020 年成为一个有竞争力的国家的经济目标。要利用"一带一路"倡议带来的经济机遇，马来西亚就应将其经济发展战略和政策协调好，并制订国际层面和地区层面的计划，以促成与中国共同实施大型基础设施项目合作。因为，不能低估加入"一带一路"倡议的经济重要性，因为它可为希望吸引外国投资的国家提供商业和投资新机遇。据亚洲开发银行的报告，2010—2020 年间，亚洲基础设施开发将需大约 8.2 万亿美元（约合 56.5 万亿人民币）的资金。世界银行和亚洲开发银行是为基础设施建设提供资金的两家主要金融机构。在人口不断增长的同时，亚洲的经济也在加速发展，这将转化为更大的市场和更多的就业，同时也将增加建设基础设施项目的机会，亚投行可能成为第二个为基础设施开发尤其是"一带一路"倡议所涉基础设施开发提供资金的平台。因此，马来西亚尊重两国的和平共处以及双方为加强经济关系做出的努力。马来西亚的地缘政治位置、作为重要中等国家的地位等有助于加强马中关系，马来西亚对"一带一路"倡议持积极态度。鉴于"一带一路"倡议可能是替代跨太平洋伙伴关系协定（TPP）的可行计划，马来西亚应重点关注"一带一路"倡议的主要领域，包括港口基础设施、陆地与水上运输通道、港口合作等，以提高海上物流信息技术能力。② 马来西亚战略与国际研究所的法立诺认为新"丝路"立足于人民日常生活上的交往、互动和合作。同在该

---

① Shahriman Lockman, "The 21st Century Maritime Silk Road and China-Malaysia Relations," Stable URL: http://www.jstor.com/stable/resrep13552.1.

② 《马来西亚学者："一带一路"将使中马实现双赢》，http://column.cankaoxiaoxi.com/2017/0503/1953846.shtml，访问时间：2020 年 12 月 6 日。

所任职的沙里曼认为"一带一路"倡议不仅是为了中国，也是为了沿线国家。[1] 马来西亚莫纳什大学社会艺术学院院长柯群英（Kuah Khun Eng）的《中国的软实力："一带一路"走廊沿线的文化同构》一文认为，"一带一路"倡议将促进沿线文化交流并形成华侨社区聚落，通过在全球建立孔子学院、课堂和分支机构，中国正在说服和推动全球拥抱其在全球舞台上的角色，也在重新定义全球转型以及通过自己的学术话语产生影响。这些行动将加深中国与"一带一路"沿线国家的文化联系。因此，它创造"协作属地空间"与不通过经济纽带联结的文化洼地，文化交流将影响深远的互动和联系，从想象意义上塑造一种共享社会文化利益的多元共同体[2]。马来西亚新亚洲战略研究中心理事长许庆琦认为"一带一路"倡议是一个由中国提出的、开放的、推动国际经济合作的平台，它基于但不限于古丝绸之路的地理范畴，"一带一路"秉持丝路精神，通过数字联通、设施联通、资金融通、贸易畅通和投资及民心相通，增进全世界人民福祉，是人类历史上前所未有的壮举。

印尼国际战略研究中心联合创始人林绵基是印尼知名华人学者，也是东南亚资深的国际问题专家，多年来致力于推动对华友好关系。20世纪70年代初，他参与创建了印尼国际战略研究中心，为印尼政府、议会、政党、企业家和非政府组织提供意见和决策参考，成为印尼影响力最大的智库之一，与中国多家知名智库建立了密切联系，林绵基还是丝路国际智库网络第一届指导委员会成员。他认为：当前全球治理体系存在巨大缺陷和不足，在推动世界发展的实践中已逐渐力不从心，亟须变革和完善。中国提出的"一带一

---

[1] Shahriman Lockman, "The 21st Centry Maritime: Silk Road and Ching-Malaysia Relations," *I-SIS Focus*, May 2015, pp. 1 - 5.

[2] Khun Eng Kuah, "China's Soft Power: Culturalisation Along the Belt Road Corridors, Silk Road to Belt Road: Reinventing the Past and Shaping the Future," *Silk Road to Belt Road*, pp. 121-145.

路"倡议正是当前国际治理体系的重要补充。因为,"一带一路"这一重要的全球性倡议,不是局限于基础设施建设领域,还包括贸易、金融、人文交流等多领域的全球性合作,理应得到全世界的支持,以推进全球治理。此外,印尼国际战略研究中心发布的"一带一路"研究智库报告《印尼对"一带一路"的认知和应对》认为,"一带一路"倡议被视为是具有战略意义的倡议,已通过金融、贸易、投资、地理、文化和公共外交等许多方式大力推动。从东盟国家角度出发,"一带一路"倡议在该地区的可行性和有效性需要中国与东盟的坚定承诺与合作。

第二,东盟国家学界谨慎观望的"一带一路"认知。

印度尼西亚汉学家奥古斯丁·维博沃(Agustinus Wibowo)是印尼旅行作家和华裔摄影师,在他看来,"一带一路"倡议是一项旨在将中国与其邻国和文明联系起来的举措,旨在与周边国家和世界分享中国增长的利益,实现共同的可持续繁荣。因为,中国的成长一直是许多其他亚洲发展中国家的榜样,中国试图在发展中国家中获得领导地位,同时也在试图证明中国的增长对整个世界都有利。"一带一路"标志着中国的增长可能对其他国家和世界都有利,中国不是在威胁而是在支持其邻国的发展。当然,该倡议的实施,也面临南海与东盟国家海上边界问题以及与中亚国家边界等敏感问题,但也在"一带一路"框架外讨论并解决了中国与邻国间的争端,并在有争端的国家推广"一带一路"时强调经济合作,力求通过经济合作来解决争端。此外,中国面临的挑战是其成为世界大国之一的国际形象,"一带一路"也可能被视为中国试图创造新秩序来挑战世界秩序,故应开展自愿、平等的人文交流,以使任何国家都不会感到在文化上占主导地位,"一带一路"将增强中国文化的吸引力,因为全世界都对中国如何从传统经济转变为全球经济强国感到好奇,中国文化中最具普遍吸引力的是其勤奋、对和谐的热情和乐观精神。①

菲律宾马尼拉雅典耀大学经济系荣休教授、达沃雅典耀大学棉兰老经济研究所所长格梅里诺·马丹巴·巴蒂斯塔（Germelino Madamba Bautista，Director for joint Ateneo Institute of Mindanao Economics. Ateneo de Davao University）认为，中国经济经过几十年的发展，如今资本过剩是一个事实。中国必须找到其他投资目的地，这其实也是中国回报世界经济的方式之一②。

越南社科院中国研究所团队对"一带一路"持观望态度，在 2015 年 6 月 11 日北京举行的"一带一路与亚洲合作共赢"国际研讨会上，越南社会科学翰林院中国研究所原副所长冯氏蕙认为，中国实现"一带一路"需面对来自国内外的很多挑战：国内挑战主要是相关地区发展不平衡、发展思路不一致，对外承包工程存在质量问题等；国外挑战主要包括沿线国家发展水平存在差距所引致各种障碍，未得到美国、日本和印度等大国认可，与一些国家在海洋和陆地边界上存在领土主权争议，受到恐怖主义、宗教极端势力的威胁和干扰等。因此，建议中国做到"坚持讲信修睦""坚持合作共赢""坚持守望相助""坚持心心相印""坚持开放包容"，同时履行好"亲诚惠容"的周边外交理念，尊重相关国家的差异并与之进行沟通与合作。越南社会科学翰林院中国研究所原所长杜进森强调："一带一路"的"五通"举措，应将"民心相通"放在"五通"的首要位置，"因为只有民心相通，其他四项内容才能相通"。越南社会科学翰林院中国研究所现任副所长黄世英则认为，如果不涉及领土主权问题，越南才有可能参与。但是，冯氏蕙在 2017 年出席"一带一路"国际合作高峰论坛期间接受国际在

---

① Ruan Fan, "Indonesian Sinologist on China's 'One Belt, One Road' initiative," http://www.chinadaily.com.cn/silkroad/2015–07/13/content_21507346. htm, accessed July 13,2015.

② 《"一带一路"与菲律宾——东亚国家与地区看"一带一路"系列之六》，中评网 http://www.crntt.com/doc/1056/7/8/5/105678588. html? coluid = 7&docid = 105678588&kindid = 0&mdate=0302112712，发布日期：2020 年 2 月 28 日。

线访问时的态度发生明显变化，她认为"中国提出的'共商、共建、共享'建设'一带一路'的原则，非常符合各国的发展战略"。随着"一带一路"建设的不断推进，习近平主席提出的"五通"与"共赢"的目标一定会实现。"一带一路"倡议符合越南奉行的多边外交政策，即与世界各国结交朋友，拓宽与各国特别是中国的贸易、文化等交流与合作，越中两国已经建立了全面战略合作伙伴关系，因此扩大与中国在各领域合作、促进两国友好关系已成为越南最大的现实需求。[①]

　　缅甸学者一般将美国的"印太战略"视为对冲"一带一路"的战略工具，比较关注中美竞争对地区安全造成的影响，如缅甸仰光大学国际关系学院钦玛玛妙（Khin Ma Ma Myo）认为，"缅甸寻求管理不安全感和模棱两可，与大国保持关系并努力平衡各种'外部影响'。不结盟政策实际上是缅甸长期以来的外交政策，该政策要求平衡内部因素，同时独立管理对外关系"。[②] 越南经济与政策研究所中国项目主任范士成既认同"一带一路"，也提出了质疑，他在《越南与世界报》发表的《十九大后的"一带一路"》一文中认为，"一带一路"的政策实施缺乏阐释性、战略性和明确行动范围，因此中国将"一带一路"写入党章，赋予其最高的法理基础和政策强制性，以指导各级地方政府工作。但"一带一路"建设面临某些项目建设的政治意义大于经济成效、各国的金融借贷能力有限，以及中国投资项目建设的环境问题堪忧等三大挑战。[③]

　　第三，东盟国家学界怀疑否定的"一带一路"认知。

　　新加坡学者认为"一带一路"将给东盟带来如下几个战略性挑

---

① 《越南学者："一带一路"为各国合作搭建广阔而高效的平台》，http://news.cri.cn/20170505/379bf097-4f5f-2d3f-58c3-7552d77625d0.html，发布日期：2017 年 5 月 5 日。

② Myanmar's Perspective on Indo-Pacific by Prof. Dr. Khin Ma Ma Myo, MYANMAR INSTITUTE OF STRATEGIC AND INTERNATIONAL STUDIES(MISIS)智库报告。

③ "Vành đai, Con đường,"sau Đại hội 19, 01/12/2017, https://baoquocte.vn/vanh-dai-con-duong-sau-dai-hoi-19-61717.html.

战：一是担心自主权问题。新加坡拉惹勒南国际研究院的皮塔克达姆容基特（Pitakdumrongkit）认为，东盟参与"一带一路"项目建设，不仅可能使本国债台高筑，还可能使某些国家失去对本国领土主权的控制。① 新加坡东南亚研究所的阿拉斯（Arase）认为，中国日益增长的海军力量、通过"一带一路"倡议而开展的经济外交和展现修正主义的区域治理雄心汇聚于东南亚，出于对中国经济过度依赖的担心，东盟在参与"一带一路"的同时，也做出了靠近"印太战略"的选择，以此来平衡中国力量②。二是担心东盟的分裂。尽管"一带一路"倡议有部分功能是推进东盟的同质化经济社会发展，但东盟内部成员经济社会的非同质发展，又使得东盟参与"一带一路"的程度、内容和方向各有不同，也为外部分裂东盟创造了经济前提，部分国际智库以对"一带一路"倡议的态度来划分东盟引发担忧。三是担心"债务陷阱"的问题。"一带一路"倡议能不能有利于东盟的经济成长，特别是如何免除"一带一路"倡议带来的"债务陷阱"，是东盟最为关注的问题之一。东盟不仅看中"一带一路"倡议带来的投资机会，也看中中国未来这一潜在的大市场成为东盟经济增长的主要推动力，如新加坡东南亚研究所的莱希纳（Lechner）等人认为，"一带一路"倡议投资的经济效应可能是根本性的，并可能消除东盟内部的收入不平等，③ 但也存在规避"债务

---

① Kaewkamol Pitakdumrongkit, "Economics and Trade Impact of the Silk Road Economic Belt Initiative," Das. de, https://www. kas. de/documents/288143/6741384/panorama_trade_Kaewkamol Pitakdumrongkit_EconomicsandTradeImpactoftheSilkRoadEconomicBeltInitiative. pdf/41971206-550c-8336-5700-f98fe785a767?t = 1564644931834, accessed 15 Decerber 2020.

② David Arase, "Japan's Strategic Balancing Act in Southeast Asia," ISEAS, November 12, 2019, https://www. iseas. edu. sg/images/pdf/ISEAS_ Perspective _2019 _94. pdf, accessed 15 January 2020.

③ Alex M. Lechner, Chee Meng Tan, Angela Tritto, Alexander Horstmann, Hoong Chen Teo, John R. Owen, Ahimsa Campos-Arceiz, "Trends in Southeast Asia No. 18: The Belt and Road Initiative: Environmental Impacts in Southeast Asia," ISEAS, 2019, https://www. iseas. edu. sg/im-ages/pdf/TRS18_ 19. pdf, accessed 14 December 2020.

陷阱"的挑战。因此，考虑到东盟国家的安全诉求，中国在东盟的基础设施投资多使用第三方开发模式，但也有学者担心，随着中国直接开展与其他东盟国家的合作，新加坡在东盟的独特优势地位可能遭遇负面冲击。①

针对中国实施的"一带一路"倡议，泰国学界也有一些疑虑，如兰是大学（Rangsit University）外交学院院长颂博（สมปองสงวนบรรพ์）认为，东盟互联互通总体规划与中国"一带一路"倡议在思路、目标和规划方面是相符的，唯一差别在于东盟缺乏资金。"一带一路"是中国重要的国家发展战略，之所以出现在这个时代，是因为中国的经济和军事实力的增强，中国将通过互联互通在世界舞台上发挥更大作用。又如，泰国博仁大学（Dhurakij Pundit University）经济学院的威萨努（วิษณุวงศ์สินศิริกุล）在泰国 Prachachat 报专栏上发文指出：从海上丝绸之路沿线国家来看，越南、菲律宾等因在南海问题上与中国有争端，因此导致这两国不太积极的"一带一路"立场，虽然泰国在此问题上与中国没有争端，但这个问题对整个东盟国家将会造成很大影响。泰国继续教育主席江萨（เกรียงศักดิ์เจริญวงศ์ศักดิ์）认为，虽然"一带一路"可实现国家间共赢，但在推进合作时也存在许多困难，因为，该倡议可能是中国企图扩大地区影响力之举，使得许多国家在与中国合作时不免产生顾虑，尤其在投资方面，中国掌握着最大话语权。但是，东盟国家将应对新旧霸权的挑战，这也是东盟国家选择与中国合作的重要原因。此外，泰国农业大学社会学学院的高维·翁苏拉瓦认为，尽管"一带一路"建设取得了一些成效，但在"一带一路"共建项目中，许多欠发达的亚非国家无力支付资金且无法从中获益，其中以斯里兰卡为例，斯里兰卡无法偿还借款，于是只能将新建成的深水港转让给中国。泰国正大管理学院

① 张明：《新加坡与海上丝绸之路》，载《彭博商业周刊》2015 年 11 月 26 日。

的颂波·马纳让散认为，中国之所以会把这一国家战略命名为"丝绸之路"，是因为"丝绸之路"这一词语能重现中国曾经繁荣强盛的景象，当时的中国与欧洲已有所往来。因为这个词语本身就具有极大象征意义，所以当谈到"丝绸之路"时，其含义不言而喻。听到这个战略的人无需费力去猜测这个政策的目的，而是要问一个问题：中国将如何实施这一战略。泰国国家安全委员会颂穆·空荣认为，"中国希望利用过去在丝绸之路中商人的原始形象，意在让中国看起来不那么强硬，减少其他国家的担忧和焦虑，并强调和平，从而说服其他国家看到这一战略所带来的经济上的共同利益，这将使其他国家产生更多信任并希望与中国合作参与到这一战略。因此，'21世纪的丝绸之路'这一名称得到了推广。可以说中国利用软实力来达到增强中国政治实力和地位的目的"。[1]

菲律宾马尼拉雅典耀大学（Ateneo de Manila University）若尼娜·费尔南多（Jonina O. Fernando）的《中国在菲律宾的"一带一路"倡议》一文指出，当中国试图通过"一带一路"倡议重塑全球贸易时，它面临着来自其他国家越来越多的批评，中国被指控对菲律宾等发展中和政治上不稳定国家使用了"债务陷阱外交"，因无法偿还巨额债务而增强了中国对这些国家的控制和影响力。尽管菲律宾决策者考虑与中国扩大合作是明智的，但如果不考虑相关风险和障碍，他们将被撤职。马尼拉需要与中国保持更紧密的联系，并有可能在与中国发生争端的地区失去对资源主权的要求，其他东盟国家亦如此，所以美国可能是菲律宾最重要的安全伙伴。[2] 菲律宾国立大学亚洲研究中心前主任爱琳·巴维耶拉（Aileen Baviera）认为，中菲两国关于地缘政治的海上领土方面的分歧可能阻碍"一

---

[1] 《民意报》2019年11月20日专栏点评 https://www.matichon.co.th/article/news_1758543.
[2] Jonina O. Fernando, "China's Belt and Road Initiative in the Philippines," EastWestCenter.org/APB, Number 542 | December 16, 2020.

带一路"倡议在东南亚的推行。菲律宾经济仍然在稳步增长，年轻一代接受了良好的教育，所以菲律宾经济前景是很乐观的。如果菲律宾吸引更多投资，那么更好的基础设施、更低成本的电力和互联网对于经济增长的贡献会是巨大的。所以，中国与菲律宾克服目前"一带一路"项目中面临的困难，在投资领域持续开展合作非常重要。

2017年6月22日越南历史研究网站上登载陈忠信的《21世纪的丝绸之路：中国的新秩序》一文，将"一带一路"倡议解读为一项野心勃勃的再造丝绸之路的经济发展计划，认为随着经济地位的迅速提升，中国别无选择地为自身寻找一个稳健的定位，以便可以瓜分和独占"天下"，但"一带一路"在实际操作层面还缺乏软实力、优越的治理能力、出色的政策预判能力，以及一支具有远见卓识和创新能力的科技人才队伍。① 丁程云在《从历史视角看中国通过"一带一路"倡议实现崛起》一文指出，"一带一路"倡议可能是目前中国外交政策中最重要的决策，是一个旨在着力加强中国与世界尤其是其西部地区联系的庞大项目，提出"一带一路"倡议的决策契合中国当前和未来的发展，"一带一路"倡议是中国意图恢复昔日历史荣光和雄心壮志之举，意味着在建构过程中寻求昔日治理资源是BRI的唯一特征，反映了中国历史上的长期发展规律。② 阮春义认为，"一带一路"的目的是通过贸易和投资扩大中国资本对亚洲影响力，也是为了增强中国的经济实力，还是利用经济利益拉拢各国接受中国作为海上强国并使其在海上争端中的行为合法化，以及更是为了压制美国、日本、澳大利亚和印度的影响力，故

---

① 《21世纪丝绸之路：中国的新秩序》，https://nghiencuulichsu.com/2017/06/22/con-duong-to-lua-cua-the-ky-21-mot-trat-tu-moi-cua-trung-hoa/，accessed 17 December, 2020。

② Dinh Trinh Van, The Rise of China's Past in the "Belt and Road Initiative" (from Historical Perspectives), Silk Road to Belt Road: Reinventing the Past and Shaping the Future, pp. 25-38.

"买了中国'丝绸'的国家日后必定走向一条自缢脖颈的不归路"。① 武成功的《东南亚和南亚的海上丝绸之路：一个体系正在形成》一文认为"21世纪海上丝绸之路（MSR）是一项在几乎所有沿线国家开展的强大计划。除越南和印度外，其他东盟国家和南亚国家都有中国参与建设的港口项目，通过这些港口，理论上说中国已经将9个国家中的7个连接起来直达南半球"，尽管担心安全和环境污染等问题，但不可否认中国投资项目的吸引力，因此各国毫不犹豫地创造非常优惠的条件，这些优惠政策给中国带来巨大经济和战略意义。与印度相比，越南还不是一个能够影响地区国家的强国，或者利用对外投资以对冲中国。因此，随着国家港口设施发展，越南需要寻求措施，最大限度地利用"21世纪海上丝绸之路"的新机遇。②

柬埔寨学者也对"一带一路"所面临的经济与安全风险给予较多关注，孟库奇塔亚与童猛达威认为，"一带一路"倡议将给柬埔寨经济带来的一个主要风险是对中国企业的严重依赖，柬埔寨廉价劳动力和贸易配额是吸引中国投资者的一个重要因素。当柬埔寨成为中等收入国家后，中国企业将不能再享受"柬埔寨制造"产品在出口关税方面的优惠，届时柬埔寨将遭遇中国资本流出和中资工厂关闭的风险。由此带来的后果是，柬埔寨的失业率将会因为大规模工厂关闭潮而上升，引发柬埔寨经济混乱。此外，因为接受大量中国军事援助，柬埔寨在中国与越南和其他南海声索国对抗中扮演了骨干角色，或多或少地会影响柬埔寨的对外政策。尽管中柬之间关系良好，但近十年来中柬关系的深化还是加剧了人们对中国在柬埔

---

① Uyên Châu(渊舟)："Con đường tơ lụa của Trung Quốc sẽ chẳng đi đến đâu?"（中国的丝绸之路将走向何方?）https://dantri.com.vn/the-gioi/con-duong-to-lua-cua-trung-quoc-se-chang-di-den-dau-1433720844.htm.
② 转引自 http://nghiencuubiendong.vn/y-kien-va-binh-luan/6162-con-duong-to-lua-tren-bien-qua-dong-nam-a-va-nam-a-mot-he-thong-dang-dinh-hinh。

寨影响力的担忧。① 柬埔寨战略研究所所长万纳瑞斯·常认为，东盟国家一定程度上支持中国以"一带一路"作为经济外交的抓手，但同时也担心经济上过度依赖中国会限制自身外交政策的选择与战略灵活性。②

　　总之，东盟国家研究丝绸之路的学者大多主张积极研究"一带一路"，参与共建"一带一路"，围绕"一带一路"诞生的国际、国内背景、目标、角色和给东南亚各国带来的影响等方面进行了热烈的讨论，同时也体现出担忧"一带一路"造成的经济风险、安全风险等，相当一部分学者的研究范式带有欧洲中心主义的色彩。目前除新加坡外，国际学界对东南亚的研究主要集中于西方欧美和日本学者，其他东盟国家对"一带一路"的系统研究和独立见解较少，易受到域外学者的影响。此外，东南亚各国也有学者近年聚焦"一带一路"研究和丝绸之路研究，越南等东盟国家学者的"一带一路"媒体文章，也夹杂着对"一带一路"的碎片化、甚至断章取义的错误认知，给东南亚相关研究造成不小影响。东南亚各国对"一带一路"倡议的认知主要经历了三个阶段：2013—2017 年的态度分化期，积极响应（老挝、柬埔寨、泰国），谨慎观望（文莱、印度尼西亚、马来西亚和新加坡），怀疑犹豫（菲律宾、越南和缅甸）；2017—2019 年的全面转好期，大部分东盟国家对"一带一路"都坚持积极响应或转向积极态度（智库参加丝路国际论坛，签订政府间共建"一带一路"协议、共建"一带一路"示范项目推进情况等指标）；2020 年至今稳定发展期，新冠肺炎疫情冲击和大国博弈下东盟国家的立场未有改变，积极参与"健康丝绸之路"与"绿色丝绸之路"建设。东盟国

---

① Morm Kulkitya and Thong Meng David. "The 21st Century Chinese Maritime Silk Road: Impacts on Cambodia," p. 16, https:// www. slideshare. net/MORMKULKITYA1/the-21st-century-chinese-maritime-silk-roadimpacts-on-cambodia-50938874.

② Vannarith Chheang, "China's Economic Statecraft in Southeast Asia," ISEAS Perspective, No. 45, 2018, pp. 1-7.

家总体认知态度存在共性，也存在个性，以上三类不同的"一带一路"研究倾向，大体勾勒出了东盟国家学界"一带一路"认知的基本现状。

第二节　东盟国家"一带一路"认知成因溯源

在现有国际体系框架下，正面认知更多来自于利益认同，而负面认知则是利益相悖的产物。认同是收益大于风险的反应，拒斥与规避心理同样也是风险大于收益的反应，都不稳定，貌似客观理性的结论都或多或少地夹杂着民族主义、国家主义立场，使得认知成因变得复杂难测。造成东盟国家分类化认知"一带一路"的原因很多，但主要体现在以下三个方面：

第一，东盟国家学者在丝绸之路研究中形成了复杂的涉华认知。

东南亚各国与中国形成经济、安全、人文等全方位丝路伙伴关系历史悠久，都是丝绸之路的见证者与贡献者，而历史上汉文古籍中的记述卷帙浩繁，对东南亚各国的民族国家建构和对外交往的史学叙事发挥了重要作用。历史上东南亚学界自觉对丝绸、茶叶、陶瓷的贸易之路进行丝路学的阐释起步较晚，但中国与东南亚的和平友好交往的历史资源为他们认知"一带一路"提供了很好的镜鉴作用。在东南亚学者看来，古代丝路遗产有正面的，也有负面的，正面的包括郑和下西洋的和平友好之旅，负面的有西方地理大发现和大航海时代带来的殖民主义历史。丝绸之路的历史记忆有经济贸易往来的正面认知，也有高附加值与原材料的商品交换的中观认知。东盟各国学者在丝绸之路研究中，大都绕不开朝贡体系、殖民主义等历史包袱，渗透着对"一带一路"的畅想和期许。虽然承载着恢复海上丝绸之路繁荣的愿景，但是充当配角的历史记忆把他们关进了自我隔膜的信息茧房，导致其在面对"21世纪海上丝绸之路"的倡议时，心中不免滋生出一种自负和感恩相互交织的复杂情结，他们的叙事和认知起点不免夹杂着选择性规避、断想、拒斥与接受等复杂情感，片面强调东南亚在海上丝绸之路的作用和地位，从而不断投射放大，最终形成政界、学界、媒体相互纠缠又彼此分化的复杂认知。其中，"中国威胁论"在东南亚学术圈仍有一定市场，是内因和外因共同作用的结果。部分国家学者出于各种原因无端绑定"领土争端""安全威胁"和"投资陷阱"等现实敏感问题，使其成为干扰共建"一带一路"顺利实施的"绊脚石"。有些东南亚学者简单将中国古代的"家国天下观"狭隘地理解为"中国中心论"，认为"一带一路"的互联互通将导致"条条大路通北京"，是为了"激活朝贡体系"，故给沿线国家带来安全隐患。部分东南亚学者受西方理论的影响，强化了内心的民族史观，将朝贡体系视为认知古代中国与东南亚各国关系的"负面遗产"，片面强调朝贡体系的等级意识。此外，由于东南亚各国独立较晚，历史上受西方殖民主义的遗毒较深，使其学者内心的文化民族主义情结较深，部分学者便将"一带一路"国际合作一概而论地纳入"感性抵抗"的意识底层，如越南民智（Dan Tri）电子报登载了越南社会科学翰林院中国研究所杜明高博士的署名访谈"中国正在建设 21 世纪海上丝绸之路"，认为越南加入"新海丝"建设将面临极大风险，中国建设海洋强国的强烈愿望与建设"新海丝"有必然联系，"新海丝"是郑和开辟的海上丝绸之路的翻版，显示了中国的政治"野心"，如果各国贸然参与"新海丝"建设，那么无形中就等于公认这条航线由郑和开发、中国最早发现"长沙"和"黄沙"群岛等历史依据。此外，中国实施"新海丝"计划的初衷还包括抗衡美国提出的 TPP，实现低烈度冲突，利用经济和军事上的优势达到"不战而胜"之目的。又如，越南学者阮红滔的"丝绸之路抑或在东海的私利"一文认为：中国实施的"21 世纪海上丝绸之路"战略不外乎具有三个战术：一是将牛舌线（九段线）法典化，并争取在各类国际组织和论坛合法注册；二是围绕牛舌线开展一系列破坏和试探行动，以强力展示占领权和管理整个东海；三是针对各国批判中国的观点进行强势宣传，坚持挑战国际社会的底线。① 可见，东盟国家学者在丝绸之路研究中所形成的复杂涉华认知，正在产生影响，使其形成复杂的"一带一路"认知现状。

第二，外部因素干扰了东盟国家学界的"一带一路"认知。

东南亚作为一个地理单元，自"二战"后才产生，东盟各国伴随着民族解放运动的兴起纷纷独立。鉴于在古代丝路历史交往中，对本土与外部世界特别是与中国交往的记述呈现出碎片化样态，缺乏实地调查的学术性文献和研究成果。尽管东南亚多次出现不同族群迁徙、不同文明融合的现象，但记录历史上东南亚地域各政权与外部特别是中国交往的本土文献资源较为稀少。随着郑和下西洋和地理大发现，海上丝绸之路作为贸易之路成为贯穿起印度洋（中国文献曾记载为西洋）世界体系的纽带。西方传教士叩开了东南亚的大门，充当了西方列强在东南亚进行殖民统治的急先锋，跟随西方探险家和商团进入东南亚进行传教，在被殖民时期，东南亚各国的学者自发研究对外交往的尝试，不得不在很大程度上依赖传教士日记、旅行记和其他西文文献的记述，由此形成东南亚国家依赖外部文献研究丝绸之路的最初路径，也因此，在建构涉华认知时易受西方大国学术话语影响。

以美国为首的西方学界相当一部分人将"一带一路"政治化，发表了大量研究东南亚与"一带一路"的学术成果，干扰了东南亚学者研究丝绸之路和"一带一路"。国际学界对东南亚古今丝路研究的学术成果较少，笔者以 AESEAN+Silk road 为关键词在 Z-Labrary

① 此文原载于越南《国际研究》2014 年第 3 期，转引自 http://www.nghiencuubiendong.vn/nghien-cuu-vietnam/5963-con-duong-to-lua-hay-tu-loi-tren-bien-dong，访问时间：2021 年 7 月 30 日。

网站上检索，跳出的文章总共只有 8 篇，发表时间从 2017—2020 年，除新加坡外，东南亚各国对"一带一路"的研究大半是用母语撰写，因此学术话语的影响力受限。美欧大国对东南亚与"一带一路"进行了先导式研究，而且开源成果多，网上检索跳出率高。在学术话语引领方面起点高，具有先发优势。东南亚学界有代表性的智库报告和论文观点中或多或少地受到西方学术话语的影响，如比利时皇家国际关系研究所（EGMONT）巴拉日·乌伊瓦里（Balazs Ujvari）在《东盟视角下的"一带一路"倡议》中认为，东盟国家对"一带一路"倡议的态度分为三种倾向，老挝、柬埔寨和缅甸最拥护"一带一路"倡议，原因是这三个经济体规模较小，中国对三国资金投入绝对值大和人们对债务担忧少。缅甸批准了包括 24 个项目的价值 20 亿美元的中缅经济走廊建设协议。虽然缅甸对中国贷款持开放态度，但由于担心对下游地区农业和鱼类等造成环境影响，前缅甸总统吴登盛中止了耗资 36 亿美元的密松电站项目，因担忧若开邦冲突与罗兴亚人问题所引发的债务危机而缩减 73 亿美元的缅甸皎漂深水港扩建项目。此外，越南、泰国和新加坡虽对"一带一路"持欢迎态度但心存芥蒂，马来西亚持谨慎和不情愿的态度。又如，美国亚太安全研究中心学者莫汉·马利克（J. Mohan Malik）发表在《当代中国》期刊的《缅甸在中国海上丝绸之路倡议中的作用》一文探讨了缅甸在中国总体战略特别是在"21 世纪海上丝绸之路"倡议中不断变化的作用。为预测缅甸的收益和成本，该文分析了海上丝绸之路的地缘经济和地缘战略意义，对海上丝绸之路在缅甸的辐射范围和局限性都有说明，并讨论了海上丝绸之路可能出现的障碍、弯路、裂痕和断层①等一系列问题。还有，越南学者范氏玄庄于 2014 年 10 月 20 日编译了美国纽约综合大学沈丹森（Tansen

---

① J. Mohan Malik, "Myanmar's Role in China's Maritime Silk Road Initiative," *Journal of Contemporary China*, DOI: 10. 1080/10670564. 2018. 1410969.

Sen）充满敌意的《丝绸之路外交与历史歪曲》① 一文，将张骞"凿空西域"之举解读为西汉扩张政策，张骞的唯一贡献是向汉朝朝廷表奏中亚地区的社会体制和族群。将郑和"七下西洋"之举描绘成 7 次探险和征服行动，妄断其目的是册封诸侯、控制印度洋战略走廊。认为"一带一路"的目的是传播以中国为中心的世界秩序，且这种世界秩序带有深刻的地缘政治意义。这些外部干扰因素对东盟国家学界认知"一带一路"产生了深远影响。

第三，东盟国家丝路学研究因主体意识缺失而影响了涉华认知。

研究发现，东南亚学界在丝绸之路研究中的师承关系不太明晰，尚未形成丝路学研究团队，既受到欧洲丝路学"西方中心论"的话语体系影响，又受到美国丝路学"地缘政治博弈论"话语体系的影响，还受到印度丝路学研究中强调自我意识的影响，使得东南亚学界尚未出现比肩欧美、日韩等国的丝路研究大家，故因主体意识缺失而无法形成独立的涉华认知，尤其是在研究"中国与世界古今丝路关系"这一丝路学核心议题上陷入困窘：在东南亚学者的研究中，古国在与中国王朝交往中虽扮演主动参与者的角色，但由于考古资料的发掘主要是域外沉船遗迹，带有自主意识的海上贸易论据仍有些差强人意，无法抛开华商贸易、西方殖民开发和阿拉伯和波斯商船的通道作用这些历史背景而单独论述。大航海时代以来，东南亚是一个被西方殖民国家书写的他者角色，主要以传教士日记、探险家游记等文献为载体，带有鲜明的"欧洲中心主义"色彩。殖民体系瓦解后，由于早期资料文献的阙如，东南亚学界虽努力抬升东南亚在海上丝绸之路的自我地位以增强存在感，但在外来文献的记录中东南亚实际上只扮演了海上丝绸之路的配角或被动参与者，也由此止步于他者叙事而

---

① http://nghiencuuquocte. org/2014/10/20/ngoai-giao-con-duong-to-lua-xuyen-tac-lich-su/，访问时间：2020 年 12 月 7 日。

逐渐失去了话语叙事的主体性。但日本丝路学则以构建东洋学来抗衡欧美的西洋学，在法国沙畹首先提出"海上丝绸之路"概念、德国普塔克的《海上丝绸之路》与法国弗朗索瓦·吉普鲁《亚洲的地中海：13—21世纪中国、日本、东南亚商埠与贸易圈》等成果问世的基础上，致力于海上丝绸之路研究，使得脱胎于东洋史的日本海丝研究独树一帜，并塑造了日本争夺海丝话语权的主体性和主导性，客观上宣扬了日本与东南亚的天然伙伴关系，使东南亚对日本形成了经济与安全上的依赖感，在海洋史研究等学术旨趣和方法上深得要领，形成了日本丝路学研究重镇。

东盟国家也出现了主体意识渐强的学者，如王赓武在《王赓武谈世界史：欧亚大陆与三大文明》的中文序言中认为："沿着所谓'丝绸之路'而展开的陆路贸易，靠的是众多不同的部落国家和绿洲古镇的共享利益，并且总是受制于局部冲突（若非全面战争）。相比之下，海上的联系就甚少涉及政治角力。"① 又如，新加坡尤索夫伊萨克东南亚研究所高级研究员柯宗元（Kwa Chong Guan）认为："冯·李希霍芬（Von Richthofen）对欧亚大草原的汉族历史和罗马帝国地理知识的兴趣是为了了解中国的地理，他是从亚洲内部边界接触的。从这个角度来看，不仅是中国人，罗马帝国、拜占庭帝国和印度帝国都处于欧亚草原中心的外围。这些帝国的历史发展是草原游牧帝国历史动态的结果。"② 这些学者所描述的丝绸之路长时段历史具有自我和他者的双重视角，至少包括南岛联系（公元前5世纪—前2世纪）、连接新兴酋长领地（约公元前2世纪—公元3世纪）、泛亚洲佛教世界的海上联系（公元4—10世纪）、波斯贸易世界（公元7—17世纪）、亚洲海上贸易繁荣（10—13世纪）、14世纪危机、贸易时

---

① 转引自 https://www.sohu.com/a/326167779_550967，访问时间：2021年7月20日。

② Kwa Chong Guan, "The Maritime Silk Road：History of an Idea," NSC Working Paper No. 23, pp. 3.

代（1450—1680）、西方资本主义经济和现代性的兴起（18 世纪以后）等几个阶段。

但是，域外学者对丝路学研究倾向也影响了部分东南亚学者的涉华认知。东南亚学者的跨国流动性较高，学历背景呈现多元化，有欧美留学背景的学者，还有留华、访日学者，因此学者采用的研究理论和方法亦呈现出较为多元的样态，如老挝学者宋萨·邦考（Somsack Pongkhao）与其匈牙利佩奇大学导师沃勒什·佐尔坦（Vörös Zoltán）合写的《老挝与"一带一路"倡议》等。曾在中国台湾、英国、美国游历和研究的现任耶鲁—新加坡国立大学学院历史系主任王添顺（Derek Heng），一方面强调 10—14 世纪中马在南海贸易通道的相互依存性和贸易分工，认为"就前现代时期的马来地区关系而言，中国显然并没有试图征服马来地区"，另一方面又指出"中国铜钱作为马六甲海峡南部以及暹罗湾地区广泛使用的交易货币，经济产出如何主要取决于消费市场的需求以及中心与边缘的关系两大因素，由中心区域主导和控制，其与边缘地区形成互动的媒介，这表明经济相互依存关系获利与否很大程度上是由中国人决定的。不平等关系的发展和马来地区处于贸易关系下层的现实使该地区陷入对中国经济需求的共同依赖，难以从中脱钩"①，折射出东盟国家丝路学研究主体意识缺失的真相，进而影响了涉华认知。

第三节　助力"一带一路"高质量建设的因应之策

东南亚各国是全球"一带一路"网络的重要战略支点和陆海相连的经济文化枢纽，"一带一路"实现高质量发展，离不开凝聚沿线国

---

① Derek Heng ,"Trans-Regionalism and Economic Co-Dependency in the South Sea: the Case of China and the Malay Region（tenth to fourteenth centuries AD）," *The International History Review*, 2013 IJ Routledge Vol. 35, No. 3, pp. 486–510.

家官方和民间尤其是精英阶层对"一带一路"国际合作的共识。通过考察东南亚智库和学者对"一带一路"的认知,笔者发现各国不同领域、不同背景的学者对"一带一路"的内涵和定位还存在较大分歧,东南亚各国学者在不同对话平台对"一带一路"的解读也并非完全自洽。可以预见,东盟各国针对"一带一路"的认知虽然呈现出越来越积极的迹象,但是不可避免地受到国际形势变化和国际舆论的影响。因此,建议从以下三方面着力推进中国与东盟学术交流与合作:

第一,应进一步深化打造"一带一路"国际公共产品。

自 2013 年提出"一带一路"以来,从政策宣示和中国学者的话语表述来看,正在并逐渐成为中国的第一外交政策、一个广受欢迎的国际公共产品。习近平总书记在第二届"一带一路"高峰论坛记者会上的讲话指出,我们参阅了高峰论坛咨询委员会政策建议报告,期待咨询委员会为共建"一带一路"合作和高峰论坛发展提供更多智力支持……发起成立专业领域多边对话合作平台,发布共建"一带一路"进展报告、高峰论坛咨询委员会政策建议报告等。① 目前中国与东盟在"一带一路"国际合作中,需要理念支撑、经济支撑、政治支撑和学术支撑。在这四个支撑中,学术支撑是重中之重,当前最紧迫的是从"学术研究、理论支撑与话语体系建设"等方面开展"一带一路"的学术跟进,针对东南亚部分学者的误读,向东盟国家不断阐释"一带一路"的深刻内涵,阐明"一带一路"的人类命运共同体价值理念、互联互通的发展模式,以及在全球化增长的新动力,打破西方污名化"一带一路"的话语陷阱,在中国与东盟国家的学术交流与合作中,深化打造"一带一路"国际公共产品,助力我国"一带一路"倡议与东盟所有国家实现战略对接,以打造融通中外的"一带一路"的国际话语软环境。

---

① 《习近平在第二届"一带一路"国际合作高峰论坛记者会上的讲话(全文)》,新华网 http://www.xinhuanet.com/politics/leaders/2019-04/27/c_1124425067.htm。

第二，应进一步推动构建中国—东盟丝路学术共同体。

尽管美国、日本、欧洲、印度等部分国家出现质疑与抹黑的声音，但不得不承认"一带一路"没有重复"国强必霸"的老路，而是创造着新型大国的和平发展新路。这一全球治理的"中国方案"，不仅与联合国 2030 年可持续发展议程高度契合，并相互促进，还与俄罗斯的"欧亚经济联盟"、东盟的"互联互通总体规划"、土耳其的"中间走廊"、哈萨克斯坦的"光明之路"、蒙古国的"草原之路"、越南的"两廊一圈"、英国的"英格兰北方经济中心"、沙特阿拉伯的"2030 愿景"、欧洲投资计划等能够对接并产生共赢成效。在此背景下，中国与东盟国家应进一步加强学术交流与合作，包括举办学术会议、合办学术期刊、丝路跨国调研、搭建"一带一路"智库合作双多边机制、师生互访等，不断拓展形式、丰富内涵，助力形成中国与东盟国家学界共同研究"一带一路"新局面，进而推动构建中国—东盟丝路学术共同体。

第三，应进一步深化中国与东盟国家人文交流与合作。

以"一带一路"国际咨询委员会为契机，继续吸纳有影响力的东南亚学者加入，为推进"一带一路"高质量发展献计献策，提高"一带一路"话语体系的建设能力。以联合召开丝路学国际会议、海上丝绸之路联合申遗等多种形式，进一步推动我国与东盟共同研究"21 世纪海上丝绸之路"倡议，以消除东盟国家对"一带一路"认知的某些疑虑，对海上丝绸之路、南方丝绸之路和山地丝绸之路做系统研究，助力中国与东南亚"一带一路"智库建立常态化对话机制。此外，应通过学界交流与合作来增强中国—东盟的南海命运共同体意识，形成主权属我、共同开发、共同治理的南海地区治理规则体系，制定南海海上安全阀①机制，积极与东盟各国加紧制定《南海行为准

---

① "安全阀"是全球贸易治理中常用的俚语，实际上指保护主义措施。在 WTO、RCEP、中国—东盟自由贸易区等自由贸易协定框架下，市场开放可能会伤害国内产业，因此要有安全阀，允许各国一旦国内产业受损，可以使用保护措施。

则》来消除南海沿岸国家的安全忧虑。着力塑造南海文明谱系，彰显东南亚本土意识和人类命运共同体意识的完美结合，打造南海命运共同体意识，挖掘分布在南海沿岸的海上丝绸之路的丝路驿站，作为未来海丝申遗的合作点，联合东南亚条件成熟的国家，申报海上丝绸之路世界遗产项目，将"一带一路"打造成沿线国家共享的真正意义上的国际公共产品，让遗产地国家民众享受到"看得见""摸得着"的实惠，让"一带一路"所弘扬的丝路精神光照东南亚各国的普通民众，进而为"一带一路"在东南亚的高质量发展夯实民意基础。

第十章
澳大利亚"一带一路"学术动态研究

　　作为"东西方文明交流对话之路",古代陆上丝绸之路和海上丝绸之路打开了东西方文明交流的窗口,创造了持续千年的丝路繁荣。因古时航海技术不发达及地理位置偏远等因素,澳大利亚在丝绸之路中的角色似乎并未引起太多关注。不过,据《明史·郑和传》记载,郑和出使的国家和地区共有 36 个,最远可至阿拉伯半岛和非洲,有部分学者认为郑和还到过澳大利亚、美洲、新西兰和南极洲等地,加文·孟席斯在其畅销书《1421:中国发现世界》中就提出,郑和很可能早在西方大航海时代前便已发现了美洲和大洋洲。澳学者研究也表明,在 16 世纪时,由于望加锡的海参贸易,中国海商与澳洲北部海岸的土著开始了交流和联系。[①] 可见,即使地处南太平洋,澳大利亚与古丝绸之路也有着千丝万缕的联系。2013 年,中国提出"一带一路"倡议,借用古丝绸之路的历史符号,弘扬丝路精神,秉持共商共建共享原则,推进构建人类命运共同体。因此,研究澳大利亚的"一带一路"学术动态,剖析澳大利亚对"一带一路"倡议的认知及

---

① Kathleen Schwerdtner Máez, Sebastian C. A. Ferse, The History of Makassan Trepang Fishing and Trade, PloS ONE5(6:):e11346. doi:10. 1371/ Journal. pone. 0011346, p. 3.

原因,对深化中澳丝路学合作、推进中澳共建"一带一路"、增强中澳战略合作具有深刻意义。

第一节 澳大利亚"一带一路"研究现状梳理

澳大利亚作为亚太地区具有重大影响力的国家和拥有世界最大海域面积的国家,其对"一带一路"建设的战略影响不容小觑。由于中国的快速发展和其在亚太地区影响力的不断增大,澳大利亚出于自身利益的考量,对中国提出的"一带一路"倡议颇为关注,但因澳大利亚在亚太地区和国际政治中的特殊地位,又令其对"一带一路"倡议充满了戒备。2017 年 3 月,中国总理李克强出访澳大利亚,意在推进中澳共建"一带一路"。2018 年,中国与澳大利亚维多利亚州签署了"一带一路"合作谅解备忘录,2019 年 10 月,中国与维多利亚州签署了"一带一路"正式协议,双方将就此展开基建、贸易等多方面合作。2020 年 12 月,澳政府通过了《对外关系法案》,联邦政府可据此阻止澳大利亚各州、地方议会、机构等与外国政府达成协议,这被认为是针对维多利亚州与中国签署的"一带一路"协议之举。2021 年 4 月,澳大利亚外长宣布,撕毁中国与维多利亚州政府签订的"一带一路"协议。在此背景下,形成了澳学者对"一带一路"倡议的复杂认知现状,并集中体现在以下两个方面:

第一,澳大利亚学者对"一带一路"的正面认知。

澳大利亚虽未加入"一带一路"倡议,但澳学者认为其政府需要做出积极的应对,并提出了一种"平衡"策略,如悉尼大学美国研究中心的斯特芬·卢斯利(Stephen Loosley)认为,澳大利亚应兼顾与中国及其他大国的合作,既应与中国就澳大利亚加入"一带一路"展开谈判,也应妥善维护《跨太平洋伙伴关系全面进步协定》,

更应在美日印澳四边安全对话框架下寻求发展安全关系。① 尽管澳大利亚学者对 "一带一路" 倡议存有一些疑虑，但仍有学者洞察了该倡议为澳大利亚发展带来的新机遇，如西澳大利亚大学的蒂姆·温特（Tim Winter）认为，大多数的 "一带一路" 研究聚焦经济、政治与基础设施的联系，但 "丝绸之路建设一直被视为是地缘政治与地缘经济的项目"，而将 "一带一路" 作为文化生产与文化政治的研究成果却不多，故在其 *Geocultural Power: China's Quest to Revive the Silk Roads for the Twenty First Century* 一书中，以 "地缘文化力量" 这一概念作为切入点展开分析，认为 "一带一路" 倡议是中国将地缘政治雄心、基础设施与历史融合在一起所展开的 "跨大陆连通性" 宏大叙事，以发掘和寻找更多国家在丝绸之路上与中国的古今关联。中国近几十年迅速崛起已取得了举世瞩目的伟大成就，如果中国也能崛起成为一个文化大国，那么一些国家在担心中国不断增长的经济、技术及军事力量的同时，也能找到文化与历史的共通点而参与共建 "一带一路"，中国也有望重新书写欧亚大陆的历史并架起东西方交流与合作之桥，将 "一带一路" 建成文化生产基地与文化政治中心。② 又如，澳大利亚国立大学的马修·多兰（Matthew Doran）与罗恩·福克斯（Rohan Fox）在 *China in the Pacific: Is China engaged in debt-trap diplomacy* 一文中，围绕 "中国在太平洋地区从事 '债务陷阱外交' 是否公平？" 这一质疑展开分析，驳斥了所谓 "一带一路" 的 "债务陷阱" 论，并通过对太平洋地区债务的相关数据分析后证明了 "债务陷阱外交" 的论点毫无根据，债务问题原本就是某些地区国家的既有问题，故对多数国家而言，其所担心的不是对中国的债务。③ 此

---

① https://www.ussc.edu.au/analysis/joining-chinas-new-silk-road-will-help-fast-track-australia.

② Tim Winter, *Geocultural Power: China's Quest to Revive the Silk Roads for the Twenty First Century*, University of Chicago Press, 2019.

③ https://devpolicy.org/is-china-engaged-in-debt-trap-diplomacy-20181108/.

外，悉尼科技大学澳中关系研究所学者对澳大利亚加入"一带一路"倡议十分支持，其所长詹姆斯·劳伦斯（James Laurenceson）认为，来自美国的压力可能是澳大利亚拒绝加入"一带一路"建设的一个外因，但澳大利亚需对"一带一路"的核心思想有清醒的自我认知，应谨慎判断美国表达的保留意见，几乎没有证据表明"一带一路"藏有中国邪恶的意图①，消除澳大利亚质疑"一带一路"的最好办法是，在与中国的切实接触中增信释疑。② 澳中关系研究所在其 *DECISION TIME：AUSTRALIA'S ENGAGEMENT WITH CHINA'S BELT AND ROAD INITIATIVE* 研究报告中，分析了澳大利亚学界关于"一带一路"的四点争论③后，逐一提出了对策建议：1. 针对"一带一路"可能促成不利于其安全盟友美国地缘战略的担忧，报告认为，只要美国及其盟友不采取遏制中国的战略，甚至出现美国依赖澳大利亚签署"一带一路"替代方案的可能性；2. 针对澳大利亚因"一带一路"缺乏详细项目路线图而阻碍其参与其中的担忧，报告认为，现阶段的"一带一路"主要还是一个概念、一个邀请合作的倡议，且具有刻意设置的灵活性，故为澳大利亚推进国家利益的创造性外交提供了新机遇；3. 针对"一带一路"的透明度及其治理成效等方面的担忧，报告认为，澳大利亚应通过参与其中来增加共建项目的透明度，进而推动实现更好的治理成效；4. 针对澳大利亚已与中国建立了广泛的贸易投资关系，是否还有必要加入"一带一路"倡议的问题，报告认为，澳大利亚有必要加入共建"一带一路"，尤其是澳工商界鼓励政府以更加积极的姿态参与其中。④

---

① https：//www. australiachinarelations. org/content/why-australia-dragging-its-feet-chinas-belt-and-road.

② https：//www. australiachinarelations. org/content/will-australia-follow-belt-and-road.

③ https：//www. australiachinarelations. org/content/decision-time-australias-engagement-chinas-belt-and-road-initiative.

④ https：//www. australiachinarelations. org/content/decision-time-australias-engagement-chinas-belt-and-road-initiative.

第二，澳大利亚学者对 "一带一路" 的负面认知。

澳大利亚学者认为，中国之所以提出 "一带一路" 倡议，最根本原因在于满足其国内经济发展需求，如罗伊国际政策研究所的蔡源 (Peter Cai) 认为 "一带一路" 可在解决中国东西部发展失衡问题、出口中国标准的同时提升中国工业发展水平，以及处理过剩产能等三方面助力中国经济。① 格里菲斯大学的 Ian Hall 认为 "一带一路" 是为了加强中国对西藏与新疆管理、加快向西发展经济、改善与中亚互联互通、解决产能过剩等问题②，澳大利亚国立大学的迈克尔·克拉克 (Michael Clarke) 认为 "一带一路" 旨在寻找应对产能过剩、区域经济失衡，以及新疆和西藏的民族问题等挑战的途径。③ "一带一路" 的政治动机也引发澳学者的讨论，认为中国提出 "一带一路" 倡议，一是为了抗衡美国，二是为了提升中国的国际影响力，如迈克尔·克拉克认为，"一带一路" 旨在应对中国混合型地缘政治所带来的困境与遏制美国在印太地区的战略优势④。针对 "一带一路" 已在中亚和非洲等地区所取得的先期成效，澳大利亚学者担忧中国可借此增强对中亚和非洲国家的影响力，如霍里亚·丘尔廷 (Horia Ciurtin) 虽然认为 "一带一路" 会为中亚国家带来新机遇，但也担心将会改变中亚和中东现状，并为其提供新的商业可能性。⑤ 澳大利亚战略政策研究所的艾萨克·卡菲尔 (Isaac Kfir) 认为，因中国控制了 "一带一路" 建设网络中的所有资源，故将利用其经济实力获得远超 "一带一路" 的影响力，"一带一路" 存在太多未知并最终可能成为一个巨大庞氏骗局，中国正在利用 "一带一路" 扩大其影响力。⑥ 澳大利亚战略政策研究所的詹

---

① https://www.lowyinstitute.org/publications/understanding-belt-and-road-initiative.
② https://www.lowyinstitute.org/the-interpreter/belt-and-road-case-wait-and-see.
③ https://www.lowyinstitute.org/the-interpreter/bri.
④ https://www.ceda.com.au/NewsAndResources/Opinion/International-affairs/The-Belt-and-Road-Initiative-understanding-the-geo.
⑤ https://www.internationalaffairs.org.au/australianoutlook/russia-turkey-built-road-central-asia/.
⑥ https://www.aspi.org.au/report/understanding-bri-africa-and-middle-east.

姆斯·鲍恩（James Bowen）认为"一带一路"的最大威胁是不可持续的债务在多国的潜在扩散及中国可能利用此种方式满足一己私利，还面临潜在的剥削与全球资源垄断及资产军事化的挑战。① 自 2013 年提出"一带一路"倡议至今，中国始终把生态环境保护纳入其中并推进建设"绿色丝绸之路"，但澳学者却依然担心"一带一路"建设会破坏沿线国家和地区的生态环境，如拉筹伯大学的库穆达·辛普森（Kumuda Simpson）在《"一带一路"有多绿色?》一文中探讨了"一带一路"建设可能造成的环境问题，认为虽然"一带一路"鼓励投资可再生能源和低碳项目，但若将其环保责任转移到生态系统保护脆弱的国家，需要国际社会来确保透明度与问责制。② 此外，澳学者对"数字丝绸之路"建设也有质疑，认为中国会利用数字技术手段控制他国，如格里菲斯大学格里菲斯亚洲研究所的彼得·莱顿（Peter Layton）认为，中国的数字技术随着"一带一路"建设而得以传播，也预示了一个"中国积极支持专制政府控制其动荡人口的更加黑暗的愿景"③。"一带一路"建设所面临的一些问题和风险，也引发了澳学者的关注，如蔡源认为，由于中国与一些"一带一路"重要共建国间严重缺乏政治信任、近三分之二的"一带一路"共建国主权信用评级低于可投资级别、中国金融家过度杠杆化与规避风险的谨慎态度④等，使得中国推进"一带一路"建设存在障碍，也有学者认为多边机制合作是澳大利亚这样的中等强国在国际事务中的首选，但"一带一路"不仅存在项目透明度、争端解决机制及其项目所在国参与有限性等的模糊性，还因其"不是多边机制"而影响了澳大利亚的参与。⑤ 澳中关系研究所的詹姆斯·劳伦斯与埃琳娜·柯林森

---

① https://www.aspi.org.au/report/too-big-ignore-assessing-strategic-implications-chinas-belt-and-road-initiative.

② https://www.lowyinstitute.org/the-interpreter/how-green-belt-and-road.

③ https://www.lowyinstitute.org/the-interpreter/belt-and-road-means-big-data-facial-recognition-too.

④ https://www.lowyinstitute.org/publications/understanding-belt-and-road-initiative.

⑤ https://www.australiachinarelations.org/content/australia-and-belt-and-road-initiative.

（Elena Collinson）认为，澳大利亚加入亚投行却没有加入"一带一路"的重要原因在于，亚投行是多边合作机制，并具有运作有章可循、放贷行为透明，以及世界级的治理标准等优势。①澳中关系研究所的一份研究报告披露出澳大利亚对加入"一带一路"态度犹豫的四个原因：一是担心"一带一路"倡议将对澳大利亚安全盟友美国产生不利的战略后果；二是担心"一带一路"倡议因缺乏详细潜在项目渠道而难以落实；三是担心"一带一路"项目的透明度及其治理成效；四是澳大利亚已成功吸引了中国投资，加入"一带一路"也不会带来任何额外好处。②因此，拉筹伯大学的尼克·毕斯利（Nick Bisley）认为，澳大利亚无需即刻与中国签订"一带一路"备忘录，但需表达"一带一路"的明确立场并设法管控风险，在机会最大化中与中国保持牢固且有效的良好关系③。格里菲斯大学的霍尔（Ian Hall）也认为，鉴于"一带一路"倡议所具有的风险及其对区域经济和安全秩序所构成的挑战，澳大利亚政府所持"一带一路"的态度也并非不合理。④因此，一些学者认为澳大利亚应与区域大国合作对抗"一带一路"对区域秩序所形成的挑战并推出替代方案展开竞争，如麦考瑞大学的拉维娜·李（Lavina Lee）的"Assessing The Quad：Prospects and Limitations of Quadrilateral Cooperation for Advancing Australia's Interests"一文认为：美日印澳四国应创建一个印太四边关键基础设施融资计划，以形成"一带一路"的可替代性方案。⑤

综上，澳大利亚学者对"一带一路"倡议的研究涉及方方面面，

① https://www.australiachinarelations.org/content/australia-and-belt-and-road-initiative.
② https://www.australiachinarelations.org/content/australias-fear-over-chinas-belt-and-road.
③ https://www.lowyinstitute.org/the-interpreter/australia-s-oddly-absent-belt-and-road-strategy.
④ https://www.lowyinstitute.org/the-interpreter/belt-and-road-case-wait-and-see.
⑤ https://www.lowyinstitute.org/publications/assessing-quad-prospects-and-limitations-quadrilateral-cooperation-advancing-australia.

但对其认知并不全面且充满了偏见：对"一带一路"的共建动机，澳学者从地缘经济和地缘政治视角出发，强调中国对经济发展和提升政治影响力的追求，却忽视了中国秉持共商共建共享原则推进"一带一路"建设以构建人类命运共同体的美好愿景；对"一带一路"的影响评估，澳学者从主观角度推断会对沿线国家环境和安全等方面造成不利后果，却对"一带一路"为沿线国家带去的发展新机遇与共建新进展只字不谈，刻意放大"一带一路"的风险挑战；对中国欢迎澳大利亚参与共建"一带一路"的善意，澳学者有正面与负面两种不同的理解，使得澳学界的"一带一路"认知呈现复杂现状。但多数澳学者不仅肯定"一带一路"倡议之于全球化的世界意义，还建议澳大利亚政府应摒弃冷战思维，参与"一带一路"建设，以助力中澳关系健康发展。

第二节　澳大利亚"一带一路"认知成因溯源

澳大利亚学界"一带一路"认知的复杂现状是由多种因素造成的，集中体现在三个方面：

第一，因澳大利亚丝路学研究基础薄弱而影响其构建涉华认知。

研究发现：澳大利亚丝路学形成了教学与科研相互促进的发展态势。一方面，"丝绸之路"的知识传播早已成为澳大利亚高等院校通识教育课程的重要组成部分，新南威尔士大学设有名为"丝绸之路：征服者、商人和探险家"的课程，主要介绍古丝绸之路上的民族、帝国、宗教传播、贸易交流及敦煌研究等内容，旨在通过回溯中国与丝绸之路沿线的游牧民族和西方世界的互动，来审视中国文化和文明的发展历史。[①] 麦考瑞大学开设了"丝绸之路上的宗教"的课程，该

[①]　https://www.handbook.unsw.edu.au/undergraduate/courses/2021/ARTS2458.

课程梳理了世界上大多数主要宗教都是沿着丝绸之路传播和走向繁荣的历史，专门探讨了佛教、摩尼教、基督教、琐罗亚斯德教和伊斯兰教沿着丝绸之路在中亚和中国的传播。① 此外，悉尼大学考古系已连续多年开设了"探索丝绸之路"的课程，涉及青铜时代文化传播、游牧民族的兴起、阿契美尼德王朝、贵霜帝国、中国汉朝、粟特人、丝绸之路兴衰等内容。②

另一方面，这些开设丝路课程的澳大利亚高校与科研机构，也致力于丝路学研究。悉尼大学自 1994 年卡拉卡尔帕克—澳大利亚联合考古队在乌兹别克斯坦阿克汗—卡拉（Akchakhan-kala）王城遗址开展发掘工作以来，丝路学研究就成为该校考古系教学和科研项目中不可或缺的一部分。③ 阿克汗—卡拉遗址位于今乌兹别克斯坦的卡拉卡尔帕克斯坦共和国，曾是花剌子模王国的一座大型防御城堡，该地区受到了悉尼大学中亚计划（USCAP）的资助，悉尼大学与乌兹别克斯坦科学院卡拉卡尔帕克分会共同组建了卡拉卡尔帕克—澳大利亚联合考古队（KAE），合作发掘阿克汗—卡拉遗址并已持续了二十多年。2012 年，艾莉森·贝茨领衔的悉尼大学丝路学研究团队开始对中东、中亚、中国新疆展开考古研究，贝茨主要研究西亚（黎凡特）、中亚和中国西部地区的牧业考古、沙漠景观考古、岩画与涂鸦、早期琐罗亚斯德教与火庙、石器技术及史前外来植物利用等多个方向，且出版了重要论著，影响甚大，并于 2004 年与中国社会科学院合作研究涉疆议题，莫纳什大学的玛丽卡·维克兹亚尼（Marika Vicziany）和安杰洛·安德烈·迪·卡斯特罗（Angelo Andrea Di Castro）也加入其中，该项目也获得了澳大利亚研究委员会（Australian

---

① https://unitguides. mq. edu. au/unit-offerings/12533/unit_guide.

② https://www. sydney. edu. au/courses/units-of-study/2021/arco/arco3005. html.

③ https://www. sydney. edu. au/arts/our-research/centres-institutes-and-groups/silk-road-studies. html.

Research Council）"东方与西方相遇——中国与欧亚大陆早期接触的考古学研究"（DP0770997：2007—2010）与"青铜器时代的丝绸之路：欧亚大陆与中国的关键联系"（DP150100121：2015—2018）两项基金的支持。[1] 此外，2012 年 5 月，由悉尼大学中国研究中心、悉尼大学考古系合办了题为"东方与西方：过去与未来——青铜时代与历史时期的中国与西方在欧亚大陆间的交流模式"（East and West：Past and Future）的国际研讨会[2]，来自中、澳、美、法等国的学者深入探讨新石器时代晚期至唐代的中国西部地区特别是新疆及欧亚地区文化交流，并于 2019 年出版了由艾莉森·贝茨等主编的《中国西部地区古代新疆文化：丝绸之路的十字路口》论文集，收录了此次国际研讨会的部分论文，包括贝茨的史前新疆地区研究、从德新的天山青铜时代考古研究、贾伟明的新疆史前时期植物利用研究等内容，为新疆史前和早期历史研究提供了一个新框架。[3] 悉尼大学的戴维·布罗菲（David Brophy）长期专注于中国西北地区研究，并在 2016 年与日本东京大学的小沼孝博（Takahiro Onuma）共同翻译了安卡拉民间文物博物馆收藏的编号为 EM13135 和 EM13138 的两份新疆手稿，出版了《清代新疆的起源：吐鲁番史料集》（The Origins of Qing Xinjiang：A Set of Historical Sources on Turfan）一书，不仅对突厥语版本的原稿作了翻译，还概述了吐鲁番君王王朝的历史。[4] 澳大利亚麦考瑞大学的丝路学研究也引人注目，以大卫·克里斯蒂安（David Christian）、塞缪尔·利厄（Samuel Lieu）、肯·帕里（Ken Parry）、贡纳·米克尔森（Gunner Mikkelsen）等学者为代表，多起步于内亚

---

① Betts, A., et al. *The Cultures of Ancient Xinjiang, Western China：Crossroads of the Silk Roads*, Archaeopress Publishing Limited, 2019.

② http://www.kaogu.cn/cn/xueshudongtai/zhongwaijiaoliu/zouchuguomen/2013/1026/43365.html.

③ Betts, A., et al. *The Cultures of Ancient Xinjiang, Western China：Crossroads of the Silk Roads*, Archaeopress Publishing Limited, 2019.

④ https://www.academia.edu/25296646/The_Origins_of_Qing_Xinjiang_A_Set_of_Historical_Sources_on_Turfan.

研究，1992 年澳大利亚 30 位学者在麦考瑞大学创办了"澳大利亚内亚研究学会"（Australasian Society for Inner Asian Studies），^① 聚集了一批有志于此的澳大利亚学者，已举办了五届"澳大利亚内亚研究学会"会议，并从第二届学术会议起连续出版会议论文集，且被收录于布雷波尔斯出版社（Brepols Publishers）的"丝绸之路研究"系列图书中，极大丰富了澳大利亚丝路学研究成果，大大促进了澳大利亚的丝路学研究。此外，麦考瑞大学古代史系于 2012 年出版了《泉州中世纪基督教和摩尼教遗迹》（Medieval Christian and Manichaean remains from Quanzhou）一书，^② 通过对泉州基督教和摩尼教遗迹的研究，展示了泉州作为"世界宗教博物馆"的多元文化魅力，包括历史上多种宗教留下的大量珍贵遗迹与数以千计的各种民间信仰宫庙等，泉州晋江的草庵摩尼教填寺已成为中国仅存的完整摩尼教遗址，是研究世界宗教史及中外交通史的重要实物依据，表明此项研究成果的重要学术价值。麦考瑞大学塞缪尔·利厄和贡纳·米克尔森于 2016 年主编出版的《罗马与中国：丝绸之路上的历史、宗教和物质文化》（Between Rome and China：history，religions and material culture of the Silk Road）一书，^③ 为丝绸之路上的宗教、民族和帝国研究又增添了许多新内容。大卫·克里斯蒂安则在"丝绸之路"这一丝路学概念阐释上做出了创新，其在《丝绸之路还是草原之路？世界史中的丝绸之路》一文中发掘出丝绸之路所扮演的跨生态角色，并早于"跨文明交流"的论调，表明由丝绸之路所维系的交流不仅历史悠久，其所覆盖的范围也比通常所理解的更丰富。^④ 另外，澳大利亚历

① 郑红翔：《20 世纪 90 年代以来英语学界对"丝绸之路"中国段的研究》，《国际汉学》2019 年第 3 期。

② https://www. researchonline. mq. edu. au/vital/access/manager/Repository/mq：21038？f0＝sm_subject%3A%22China-Church＋history%22.

③ http://www. brepols. net/Pages/ShowProduct. aspx？prod_id＝IS-9782503566696-1.

④ 大卫·克里斯蒂安、刘玺鸿：《丝绸之路还是草原之路？——世界史中的丝绸之路》，《西北民族论丛》2016 年第 2 期。

史学家本杰明（C. Benjamin）在丝路学研究上也颇有成就，他在澳大利亚国立大学和麦考瑞大学古代史系获硕士、博士学位后移民美国，其博士论文选题是中亚地区的游牧部族大月氏，于 2007 年出版的《月氏族：起源，迁徙及对北巴特里亚的征服》（*The Yuezhi: Origin, Migration and the Conquest of Northern Bactria*）一书，[1] 确为国际上第一部全面、系统研究月氏历史的专著，[2] 该书系统地探讨了自月氏人起源到贵霜王朝建立时期，月氏联盟与其所建王朝的历史发展状况，时间跨度从史前青铜时代的公元前第四千纪中叶到公元前 2 世纪大约三千年，所涉地域范围东起中国西部、西至伊朗和阿富汗。2018 年本杰明出版了《古代欧亚大陆的帝国：第一个丝绸之路时代，公元前 100 年—公元 250 年》（*The First Silk Roads Era: Empires and the Ancient World, 100BCE-250CE*）一书，[3] 将公元前 2 世纪末到公元 3 世纪中叶大约三个半世纪内的非洲与欧亚间丝路交流称为"第一个丝绸之路时代"，探讨了这一时期丝路交流得以实现的环境、生态、政治、经济和文化等诸多因素，分析了丝绸之路上中国汉朝、罗马帝国、帕提亚帝国及贵霜帝国的建立、发展和对外扩张，以及游牧民族在连接四大帝国的过程中所扮演的重要角色，完成了对"第一个丝绸之路时代"陆丝与海丝的详细描绘，并以帝国崩溃和"第一个丝绸之路时代"的落幕结束全书。

尽管澳大利亚丝路学已经形成了教学与科研相互促进的发展态势，但与美欧日韩印等丝路学大国相比，澳大利亚对丝绸之路的研究成果相对较少且零散，其丝路学研究者基本来自高校的考古系或历史系，尚未形成跨学科研究团队并产出标志性成果。此外，澳大利亚丝

---

① https://www.brepolsonline.net/doi/book/10.1484/M.SRS-EB.5.112520.

② 王欣：《印欧人的起源与吐火罗人的迁徙：学术史的回顾与方法论的思考》，《暨南史学》2013 年第 1 期。

③ https://www.cambridge.org/us/academic/subjects/history/global-history/empires-ancient-eurasia-first-silk-road.

路学研究骨干并非土生土长的澳大利亚人，多为英、美或者华裔学者，如悉尼大学丝路学研究项目的领军人物艾莉森·贝茨来自英国，麦考瑞大学的塞缪尔·利厄教授来自中国香港，大卫·克里斯蒂安教授来自美国，本杰明教授虽是澳大利亚人，但后来移民美国，这一现象与澳大利亚的移民国家特征密切相关，使得澳大利亚丝路学研究既不是源于探险家的西域探险研究，也不是出于对其在古代丝路上所起作用的强调，更多是受其亚洲研究和英美等国丝路学影响，因此其丝路学研究尚未形成总体旨趣与鲜明特色，成规模的丝路学团队也屈指可数，造成澳大利亚丝路学研究基础薄弱，且对澳大利亚构建涉华认知产生了深远影响。

第二，中澳关系波折干扰了澳大利亚学者"一带一路"的认知构建。

2013 年中国提出"一带一路"倡议，激发了中外学者对丝路学研究的积极性，澳大利亚学者也被"一带一路"倡议所吸引，对这一"新丝绸之路"的研究积极性也日益趋强。其中，中国与澳大利亚北部地区大开发项目的对接合作备受外界瞩目，中方通过拓宽宣介渠道、增加政府间首脑访问频率、加强学术机构和民间团体的交流，主动传达中澳两国围绕"一带一路"合作的强烈愿望。澳方对此也表态积极，2015 年 8 月 13 日，中澳第二轮战略经济对话在堪培拉举行，双方表示，中国的"一带一路"倡议和国际产能合作与澳大利亚的北部大开发倡议和国家基础设施发展计划有许多共同点，要通过两国发展战略的对接进一步提升合作的领域和层次。[1]然而，自 2016 年以来，两国关系中的负面事件增多，双边关系出现下滑或停滞态势，[2] 澳大利亚对"一带一路"的消极态度也逐步增强。

---

① 光明网：《"中澳战略经济对话"举行》，2015 年 8 月 14 日，https://epaper.gmw.cn/gmrb/html/2015-08/14/nw. D110000gmrb_20150814_7-12. htm。
② 张旗：《分歧凸显的中澳关系将持续下滑》，《国际政治科学》2018 年 3 月。

2016 年 7 月 12 日南海仲裁案结果出台后，澳大利亚政府便以强硬的外交言辞敦促中国遵守南海仲裁结果。① 此后，澳大利亚的对华立场在南海问题上日趋强硬，在多个公开场合抨击中国南海行为。2017 年 6 月，澳大利亚国内媒体和一部分政客妄称中国对澳进行政治"影响"和"渗透"，如澳大利亚 ABC 电视台播放纪录片，指责中国政府在"幕后操控"留学生"干预"澳大利亚的内政和学术自由。② 又如，查尔斯特大学校长汉密尔顿（Clive Hamilton）与澳大利亚国立大学研究员乔斯科（Alex Joske）在议会情报与安全联合委员会听证会上提交了一份所谓《中国对澳渗透》的报告，妄称中国学生学者联谊会（CSSAs）"是中国共产党渗透和监控澳大利亚大学校园的核心组织"，③ 澳大利亚领导人表示，需要给澳中关系划出界线，并通过议会和法律来维护国家主权；④ 特恩布尔宣布了几十年来最大规模的反间谍法和情报法改革方案，更将澳大利亚反华逆流推向了高潮。⑤ 2018 年 8 月，澳大利亚政府发布《致澳大利亚运营商的 5G 安全指南》，正式禁用华为 5G。⑥ 2018 年 10 月，澳大利亚维多利亚州与中方签署了"一带一路"合作谅解备忘录。⑦ 2019 年 10 月，中国与

---

① Greg Raymond, "Australia needs a diplomatic sea change in the South China Sea," in *East Asian Forum*, 2015-06-24, https://www. eastasiaforum. org/2015/06/24/australia-needs-a-diplomatic-sea-change-in-the-south-china-sea/.

② "China must be told to stop interfering in Australian affairs", https://www. abc. net. au/news/2017-06-07/china-must-be-told-to-stop-interfering-in-australian-affairs/8596568.

③ "Chinese government exerts influence across Australian society, MPs told," https://www. the-guardian. com/au. stralia-news/2018/jan/31/chinese-government-exerts-influence-across-australian-society-mps-told.

④ 《澳大利亚总理竟用中文"澳大利亚人民站起来"反对中国政治"干预"》，观察者网，https://www. guancha. cn/global-news/2017_12_10_438524. shtml。

⑤ "Malcolm Turnbull Announces Biggest Overhaul of Espionage, Intelligence Laws in Decades", ABC News, http://www. Abc. net. au/news/2017-12-05/Turnbull-announces-foreign-interference-laws/9 227514.

⑥ Jonathan Barrett, "Australia Bans China's Huawei from Participating in Mobile Network Infrastructure Build," *Reuters*, August 23, 2019.

⑦ 国新办：http://www. scio. gov. cn/31773/35507/35519/Document/1640224/1640224. html。

维多利亚州签署了"一带一路"正式协议。2020 年 4 月，澳大利亚总理斯科特·莫里森声称，澳大利亚支持就中国在新冠肺炎疫情早期应对情况展开"独立调查"，并游说德国、法国、新西兰等国"入伙"，① 澳大利亚外长玛莉丝·佩恩多次敦促中国保持程序透明，并声称应对疫情的调查要独立于世界卫生组织，② 使两国关系陷入困局。2021 年 5 月，中国国家发改委发布声明：基于澳联邦政府对中澳合作所持态度，自即日起无限期暂停中澳战略经济对话机制下的一切合作活动。③

中澳关系的波折，也干扰了澳大利亚学者的"一带一路"认知构建：澳大利亚对中澳"一带一路"态度转变的主要原因在于，其对中国的偏见及对中国南太平洋地区影响力趋强的担忧：一方面，虽然中国迅速成为澳大利亚最大贸易伙伴，中澳政治交往与经贸合作达到了空前水平，但澳大利亚知识精英仍对中国战略意图充满恐惧，就连澳大利亚前总理托尼·阿伯特也承认，澳大利亚的对华政策受到两种情绪的驱使：恐惧和贪婪。④ 近年来，"中国威胁论"在澳大利亚甚嚣尘上，新近的民调显示，超过 40% 的澳大利亚人担心中国可能对澳发起攻击，⑤ 故从政府、议员到智库、媒体，澳大利亚正全方位向中国"泼脏水"，反华已成其政治正确之举。在此背

---

① Andrew Probyn, "Scott Morrison Lobbies Donald Trump, Others for Greater World Health Oversight to Prevent Another Pandemic," ABC News, April 22, 2020, https://www.abc.net.au/news/2020-04-22/morrison-to-push-for-anti-pandemic-inspection-powers/12173806.
② Brett Worthington, "Marise Payne Calls for Global Inquiry into China's Handling of the Coronavirus Outbreak," ABC News, April 19, 2020, https://www.abc.net.au/news/2020-04-19/payne-calls-for-inquiry-china-handling-of-coronavirus-covid-19/12162968.
③ 《国家发改委：无限期暂停中澳战略经济对话机制下一切活动》，https://baijiahao.baidu.com/s?id=1698975104690995676&wfr=spider&for=pc。
④ John Garnaut, "Fear and greed' drive Australia's China policy, Tony Abbott tells Angela Merkel, The Age", http//www.theage.com.au/federal-politics/political-news/fear-and-greed-drive-australias-china-policy-tony-abbott-tells-angela-merkel-20150416-1mmdty.html.
⑤ https://www.theguardian.com/world/2021/jul/09/australians-fear-attack-from-china-almost-as-much-as-taiwanese-do-survey-finds.

景下，有学者认为，"一带一路"的多边主义经济属性被刻意淡化，且让位于具有鲜明权力政治与价值观色彩的消极判断，令澳大利亚对"一带一路"的进攻性认知日益固化。[①]另一方面，自20世纪90年代起，澳大利亚一直扮演着南太平洋地区主导力量的角色，使近年来中国在太平洋岛屿地区的活动被视为对澳大利亚构成了威胁，认为"一带一路"建设威胁到了澳的印太利益。目前，"一带一路"在南太平洋岛国的建设已取得显著成效，并在萨摩亚、斐济、瓦努阿图、汤加、巴布亚新几内亚得到了推广。对此，澳大利亚充满战略焦虑并予以干涉，如2018年"一带一路"共建项目——巴布亚新几内亚与所罗门群岛海底电信电缆工程建设遭到澳大利亚政府干预等。洛伊研究所的研究表明，中国的基础设施援助并非强加于太平洋岛国，实为南太平洋岛国"积极主动地向中国争取的结果"，其过程类似商业性借贷谈判，且中国提供的援助多为低息贷款或"友好性利率"贷款，主要用于推动当地涉及国计民生的大型基础设施建设项目，并对这些基础设施项目设置了严格的质量和管理标准。为此，斐济国立大学教授、总统府经济顾问维拉姆也表示，中国是包括斐济在内的南太平洋岛国人民真正的朋友，中国的"一带一路"倡议与太平洋岛国论坛提出的"蓝色太平洋计划"可以很好对接，推动该地区经济可持续发展。[②]但是，澳大利亚政府通过唱衰与阻挠等手段横加干涉，不仅对澳中关系发展造成新的负面影响，还对澳大利亚学界认知"一带一路"产生了负面影响，在内外因素综合作用下，澳大利亚学界难以形成客观、理性的"一带一路"基本认知。

[①] 岳圣淞：《澳新两国对"一带一路"倡议的认知比较与机制化建设》，《辽宁大学学报（哲学社会科学版）》2021年第4期。

[②] 达乔、姚蒙、于镭：《南太走近中国，美澳为何急眼 专家：殖民与垄断的时代已经结束了》，《环球时报》2021年12月21日。

第三，美国“印太战略”布局牵制了澳大利亚学者的“一带一路”认知。

澳大利亚与美国的同盟关系由来已久。身处南太平洋的澳大利亚深感特殊地理位置所致国家的脆弱性，加之作为“中等强国”又对国际体系影响有限，结盟便成为澳大利亚重要的外交传统。太平洋战争后，澳大利亚将国家安全的维护从依靠英澳同盟转向美澳同盟，坚持将美国作为澳大利亚的安全后盾，此后一直扮演着美国在亚太地区的所谓“副警长”角色，并被绑上美国“印太战略”战车而沦为遏制中国的战略棋子，澳大利亚学界的“一带一路”认知也不可避免地受此影响而日趋复杂。

尽管“印太”这一概念早有提及，但“印太”之所以成为学术界关注的焦点，主要还是美国的推波助澜。① 2019 年 6 月 1 日，美国国防部发布了《印太战略报告》，标志着美国“印太战略”已成型并将正式进入实施阶段，特朗普政府将“亚太”地缘概念进一步拓展为“印太”，并在“亚太再平衡战略”基础上进一步发展为“印太战略”，故使美国“印太战略”被视为其“亚太再平衡战略”的加强版。② 2021 年 3 月，拜登政府发布《国家安全战略临时指南》，强调美国在“印太”、欧洲和西半球拥有至关重要的利益。③为此，拜登政府欲拉其盟友打造不同的印太合作战略框架，包括提振美英加澳新（西兰）“五眼联盟”、升级“四国安全合作”（Quad）并推动“四国+”（Quad Plus）模式、组建美英澳 AUKUS 联盟等。2021 年 9 月 15 日，美国总统拜登、英国首相约翰逊和澳大利亚总理莫里森达成

---

① 梁靖禹：《“印太”概念的建构及其对“印太”战略的约束》，《江南社会学院学报》2020 年第 2 期。

② 胡波：《美国“印太战略”趋势与前景》，《太平洋学报》2019 年第 10 期。

③ The White House, " Interim National Security Strategic Guidance," March 2021, https://www. whitehouse. gov/briefingroom/statements-releases/2021/03/03/interim-national-security-strategic-guidance/.

AUKUS 新印太安全防务协议,宣布通过分享核动力推进技术计划,帮助澳大利亚皇家海军建造新型攻击潜艇,以及涵盖了三国在人工智能、网络和水下防御能力等领域的信息共享。①2022 年 2 月 11 日,拜登政府发布了执政以来的首份"印太战略",宣布在安全保障领域加强与澳大利亚、日本、韩国、菲律宾、泰国等五国的同盟关系,② 表明美国"印太战略"实为"构建封闭排他的小圈子""制造严重核扩散风险",以及"挑动地区国家间的对立对抗,冲击地区多年来形成的以东盟为中心的区域合作架构,对地区合作成果和未来发展前景构成严重威胁",③ 尤其影响了中澳关系的健康发展。

美国"印太战略"大大提升了澳大利亚的战略地位,且成为美国借此遏制中国的真正"南锚"。因此,南太平洋岛国积极参与"一带一路"共建之举,就被澳大利亚视为中国要用"一带一路"来建立一个反美战略大联盟。④ 但是,澳大利亚又无法回避"一带一路"给澳中关系发展所带来的合作红利:中国是澳大利亚第一大贸易伙伴、第一大出口目的地和第一大进口来源地,且澳中贸易顺差巨大,中国学生赴澳留学以及中国游客赴澳旅游更成为澳大利亚财政收入的重要支撑。因此,尽管澳大利亚也认为中国崛起带来了挑战,但其政府与公众在认知这些挑战时的分歧也是显而易见的。就澳学界而言,对于美国"印太战略"既有赞成者,也有中间派和反对者:如洛伊研究所国际安全项目主任尤安·格雷厄姆(Euan Graham)属于赞成者,主张澳大利亚不应再次错过这次难得的地缘政治机会,应协调两党立场并就"四方安全对话"议题实现两党合作。⑤ 又如,澳大利亚

---

① 清华大学战略与安全研究中心:《AUKUS 的组建及其战略安全影响》,2021 年 10 月 12 日。
② 《外媒:拜登政府发布"印太战略"文件》,《参考消息》2022 年 2 月 14 日。
③ 《外交部:借口所谓"中国威胁"搞"印太战略"本身就居心不良》,澎湃新闻,发布日期:2022 年 2 月 14 日。
④ 邢瑞利、刘艳峰:《澳大利亚对"一带一路"的认知》,《国际研究参考》2017 年第 11 期。
⑤ Debating the Quad, "The Center of Gravity Series," Strategic and Defense Studies Center, Australia National University, March 2018, pp. 2–7.

战略政策研究所的格雷姆·多贝尔（Graeme Dobell）属于中间派，表示并不反对澳大利亚参与任何地区集团或组织，但关键是澳大利亚应在亚洲未来发展进程中发挥怎样的作用，故建议澳应依据国家利益而追求独立外交政策，而非从他国利益来决定自身战略，澳要从自身利益出发来积极参与亚洲地区规则制定。① 再如，澳大利亚国立大学的休·怀特（Huge White）属于反对者，对美国在"印太"地区参与的意愿与澳大利亚政府持完全不同的看法，判断美国从亚洲撤退的趋势在所难免，澳政府则认定美国将继续保持在亚洲的参与和战略存在，并会成功主导和维持世界秩序。可见，澳大利亚学界对美国"印太战略"所持三种不同的认知，也是澳学界涉华认知的基本现状，更是其"一带一路"认知的基本面相。其中，从目前对澳大利亚政府的现实影响力来看，赞成派在澳政府中更受欢迎，而且也更契合澳政府的现实需要，在一定程度上说明高级政治安全似乎比低级政治 经济更易受到重视，且有时后者甚至成为前者的牺牲品。②

第三节　助力"一带一路"高质量建设的因应之策

尽管中澳关系发展充满波折，使得澳大利亚学界对"一带一路"认知也充满复杂性，但中澳有着友好交往的历史与密切的经贸合作，澳国内也有期待和推动中澳"一带一路"合作的积极力量，故应从两个方面着手推进中澳战略互信，以助力推进"一带一路"高质量建设：

① Graeme Dobell，"Asia`s Rise：The Rules and the Rulers，"Australia Strategic Policy Institute（ASIP），February 15，2018，https：//www. aspi. org. au/opinion/asias-rise-rules-and-rulers.

② 章节根、李红梅：《澳大利亚对"印太"战略的认知、原因及应对》，《印度洋经济体研究》2018 年第 3 期。

一方面,中澳应采取灵活方式务实性开展"一带一路"对接合作,增强中澳利益共同体建设,助力优化澳大利亚学界的"一带一路"认知。中澳政治关系虽然陷入僵局甚至倒退,但澳大利亚工商界及部分州政府仍对中澳共建"一带一路"保有极大热情,澳中关系研究所高级研究员埃琳娜·科林森的研究报告,梳理了澳大利亚联邦政府、州政府及澳大利亚商界对"一带一路"倡议的反应后发现,澳大利亚政府认可"一带一路"的建设性及其为地区发展做出的贡献,但对其"结构性问题"持保留态度,且通过支持太平洋地区发展及美日印澳"四方会谈"来抗衡"一带一路",故不大可能马上参与"一带一路"建设,但也将视具体情况考虑"一带一路"项目合作;澳大利亚州和领地政府也多倾向于和联邦政府态度一致,但维多利亚州是个例外,北领地近年也表示欢迎"一带一路"倡议;而澳大利亚企业则希望澳大利亚政府能正式加入"一带一路"共建进程。[1]因此,中澳应采取灵活方式务实性共建"一带一路":一是应进一步加强中澳"一带一路"第三方市场合作。2017 年 9 月,中国国家发改委与澳大利亚外交和贸易部签署了《关于开展第三方市场合作的谅解备忘录》,鼓励两国企业在能源资源、基础设施、农业和食品、服务业、先进制造业等领域开展第三方市场合作。[2] 在目前中澳关系尚不明朗的情况下,应进一步落实中澳"一带一路"第三方市场合作,助力中澳务实性合作。二是应进一步深化澳大利亚"北部大开发"计划与中国"一带一路"倡议的对接合作。2015 年 6 月,澳大利亚政府发布了《我们的北方,我们的未来:澳大利亚北部地区发展白皮书》,提出未来 20 年北部地区发展愿景与蓝图,[3] 与"一

---

① https://www.australiachinarelations.org/content/australia-and-belt-and-road-initiative.
② 中华人民共和国国家发展和改革委员会:《中澳签署部门间第三方市场合作谅解备忘录》,发布时间:2017 年 9 月 18 日,https://www.ndrc.gov.cn/fzggw/jgsj/wzs/sjjdt/201709/t20170918_1037675_ext.html,访问时间:2021 年 12 月 26 日。
③ https://www.infrastructure.gov.au/sites/default/files/documents/nawp-fullreport.pdf.

带一路"倡议具有一定的契合度，双方在基础设施、能矿资源、农业、产业园区建设等方面具有合作空间。2015 年 10 月，北领地政府决定将达尔文港租给中国陆桥集团 99 年，部分原因也是为了确保自己在中国海上丝路贸易线路上的地位。① 2017 年，昆士兰州副州长兼贸易和投资部长杰基·特拉德（Jackie Trad）访华，以探索中国"一带一路"倡议与北昆士兰发展计划的合作机会。目前"一带一路"通过与一批区域发展战略的精准对接，已在澳成功实现多个重大基建项目落地，包括"北部大开发"水力资源基础设施开发项目、维多利亚州西门隧道与东北连接道路项目、西澳大利亚皮尔巴拉基础设施一揽子项目和塔斯马尼亚牧牛山风电项目等。② 三是应进一步营造中澳共讲"一带一路"故事的良好舆论氛围，如澳大利亚非营利的非政府机构——澳中"一带一路"产业合作中心，致力于向澳洲各界宣传和推广"一带一路"倡议，自 2015 年成立以来就组织了一系列商务活动，积极倡导两国工商界围绕"一带一路"开展务实性合作。2016 年 5 月 27 日，该中心发表了《中国的"一带一路"——澳大利亚工业的机遇》研究报告，旨在让澳大利亚工业和服务业代表更好了解当前的"一带一路"项目，③ 认为澳大利亚、中国和其他"一带一路"沿线国家的贸易投资适逢重大战略机遇期，增长潜力巨大，澳大利亚将借与中国经贸深度融合的东风推动多个产业发展。④ 2016年 10 月，该中心组织的首届基础设施高级商界领袖代表团访华，探讨澳大利亚工业如何更多参与共建"一带一路"。在访华期间，代表团与中国"一带一路"领导小组办公室负责人、中国商务部副部长、

---

① Carlyle A. Thayer: Australia and China's Belt and Road Initiative: Economic Opportunities and Geo-Strategic Concerns.
② 岳圣淞：《澳新两国对"一带一路"倡议的认知比较与机制化建设》。
③ https://www.internationalaffairs.org.au/australianoutlook/one-belt-one-road-opportunities-for-australia/.
④ 《〈澳中一带一路产业合作蓝皮书〉在澳中两国首发》，《人民日报》，http://world.people.com.cn/n1/2016/0528/c1002-28386419.html.

中国主要行业机构、中国国企和民企 50 多位高级商界领袖，以及来自亚投行、丝路基金和中国商业银行的 20 多位负责人进行了全面交流，这是第一个积极参与"一带一路"倡议的澳大利亚企业代表团访华。① 2019 年 8 月 6 日，该中心与艾狄士公司合作发布了《"一带一路"对澳大利亚农业的商业机遇与前景》研究报告，呼吁澳农业界深入了解"一带一路"倡议、影响及其机遇，拓展与中国及"一带一路"沿线国家农业合作，争取实现 2030 年 1000 亿澳元产值的战略目标，这是澳首份"一带一路"对澳农业领域影响力评估报告。② 可见，在中澳关系紧张之际，应进一步营造中澳共讲"一带一路"故事的良好舆论氛围，助力构建中澳利益共同体。

　　另一方面，中澳应进一步加强丝路学界的交流与合作，助力中澳合作构建"一带一路"学术话语，以形成丝路学术共同体。澳大利亚学界与政界关系向来极为紧密，澳大利亚政治家有退休后去智库任职的传统，比如前澳外长鲍勃·卡尔即担任悉尼科技大学澳中关系研究院主席一职，他一向呼吁加强与中国的经贸往来与战略合作。因此，我们必须关注澳大利亚学者的研究动态，加强与澳学术界的交流沟通。自"一带一路"倡议提出以来，澳大利亚学界对"一带一路"认知存在误解并日益复杂，多将"一带一路"置于西方大国地缘政治博弈的冷战思维下予以审视，导致中国传统文化所具有的和合理念在很大程度上被压制和摒弃，而中国战略走向的进攻性和威胁性被不断渲染和夸大。原因在于，澳大利亚的独特历史，使其学者对古代海上丝绸之路的感知与认识并不深刻，加之长期置身于西方霸权话语体系内，难以避免将"一带一路"置于西方负面语境中进行阐释。因此，中澳学界的交流与合作迫在眉睫。近年中澳丝路学研究领域的互动日益频繁，如悉尼大学考古系的丝路学研究团队与中国社会科学院

---

① 《澳代表团访华促"一带一路"合作》，《光明日报》2016 年 10 月 27 日。
② 《澳农业期待搭乘"一带一路"顺风车》，《光明日报》2019 年 8 月 7 日。

考古研究所共同研究欧亚青铜时代对新疆的影响等课题。又如，麦考瑞大学的刘南强教授也多次带领团队到中国泉州进行考察与交流，并出版了《泉州中世纪基督教和摩尼教遗迹》论著等。在"一带一路"倡议提出初期，中澳学界曾共同研讨"一带一路"，于 2015 年 8 月在澳大利亚举办了"一带一路"学术论坛，中国驻澳大利亚大使马朝旭、澳大利亚政府及澳国立大学相关代表、中澳关系研究专家和学者及学生代表 300 余人出席论坛开幕式。①2015 年 10 月，中澳"一带一路"学术论坛在悉尼大学举行，中国社科院亚太与全球战略研究院区域合作研究室主任王玉柱与悉尼大学中国研究中心主任凯瑞·布朗，通过讲座与对话等形式共同研讨"一带一路"倡议。②这些中澳丝路学界的交流与合作，不仅有助于中澳共研丝绸之路以增强两国对丝路精神的认知基础，还有助于中澳共研"一带一路"以增强双方对共商共建共享的全球治理观的深入理解，进而助力中澳合作构建"一带一路"学术话语，以形成丝路学术共同体，助力构建人类命运共同体。

　　"一带一路"国际合作持续深入，南太平洋地区已成为全球参与度最高、投资最活跃和项目推进最快的区域之一。因此，通过研究澳大利亚的"一带一路"学术动态，分析其原因和影响，有助于提升对澳政策的针对性与有效性，为"21 世纪海上丝绸之路"未来在南太地区的布局与规划提供学理支撑。

---

① http://politics. people. com. cn/n/2015/0814/c70731-27464708. html.
② http://world. people. com. cn/n/2015/1014/c1002-27698650. html.

第十一章
印度 "一带一路" 学术动态研究

　　印度作为南亚次大陆的主要大国和正在迅速发展的金砖国家，是陆上丝路与海上丝路的重要通道，是 "一带一路" 潜在的重要合作伙伴。自 2013 年 "一带一路" 倡议提出后，莫迪政府一直比较谨慎，直至 2016 年才表示拒绝参与，理由是中巴经济走廊作为 "一带一路" 的旗舰项目，"穿越印度控制的克什米尔地区，侵犯了印度的主权"，因此印度无法参与 "一带一路"。① 近年来，印度学界从经济、政治及大国关系等角度对 "一带一路" 展开研究，逐渐形成了基本的对华认知，且主要呈现出赞成、抵制、犹豫三种倾向。因此，分析印度 "一带一路" 学术动态，旨在了解印度知识精英的对华认知、评估印度学界 "一带一路" 认知的现实影响，以及探讨通过构建丝路学术共同体来助力增强中印战略互信的切实路径。

第一节　印度 "一带一路" 研究现状梳理

　　早在两千多年前，中国就与印度进行海上贸易与文化交流。明

---

① 叶海林：《莫迪政府对华 "问题外交" 策略研究——兼论该视角下印度对 "一带一路" 倡议的态度》，《当代亚太》2017 年第 6 期。

代，郑和七下西洋，此后海上航线由南海延伸至印度洋内外，[①] 成为闻名于世的"海上丝绸之路"。过去，丝绸之路的西南路线将印度与中国的四川、云南两地连接起来，又通过加尔各答和奥里萨邦沿海的卡林加，将印度与外界衔接起来，使得中印在不同历史时期借助陆上丝路与海上丝路展开了文明交往。

自"一带一路"倡议提出以来，印度的态度从观望到抵制，再到竞争性合作，谨慎和质疑贯穿其中，目前印度的态度仍处于摇摆中，并朝着竞争性合作的方向发展，由此形成了印度对"一带一路"的三种基本认知，集中体现为：

第一，印度应积极参与"一带一路"的积极性认知。

持这一观点的学者主要是从印度经济发展的角度进行探讨，重点分析中印两国经济的互补性，突出强调印度积极参与"一带一路"将会获得巨大的经济效益，如印度和平与冲突研究所（Institute of Peace and Conflict Studies，IPCS）于 2014 年 12 月召开会议研讨"一带一路"，认为中国海上丝绸之路对印度而言利大于弊，在一个多极化世界里，印度不应狭隘看待中国海上丝绸之路，而应从更广泛视野来看待它。[②] 该研究所的维杰·沙胡加（Vijay Sakhuje）认为，"'一带一路'给印度提供了大量的机遇"，有助于缩小印度在海上基础设施方面的技术差距。[③] 又如，印度国家海事基金会的艾提玛尼·布拉（Ateetmani Brar）也认为，海上丝绸之路有助于印度发展自己的海上

---

① Address by Zhang Xianyi, Former Ambassador of China to Bangladesh" History and Legend of Sino-Bangla Contacts, in Celebration of the 35th anniversary of the establishment of diplomatic Relations between China and Bangladesh.

② Teshu Singh, Securing India's Interests in the Indian Ocean: New Strategies and Approaches,"http://www.ipcs.org/article/china/securing-indias-interests-in-the-indian-ocean-new-strategies-and-4789.html, accessed June 14, 2021.

③ Vijay Sakhuja, Xi Jinping and the Maritime Silk Road: The Indian Dilemma, http://www.ipcsorg/article/china/xi-jinping-and-the-maritime-silk-road-the-indian-dilemma-466html, accessed June 14, 2021.

基础设施,并能提供新的就业机会。① 还有,新加坡国立大学南亚研究所的印裔研究员拉吉夫·拉詹·查特维迪(Rajeev Ranjan Chaturvedy)认为,积极回应中国的"一带一路"倡议是符合印度利益的。"中印在海洋领域存在很多其他的共同利益",印度需在发展海上基础设施等方面作出重大政策调整,以抓住"一带一路"给印度发展带来的新机遇。② 再如,梵门阁国际安全中心(Gateway House:Indian Council on Global Relations)主任帕蒂尔(Sameer Patil)认为,"中巴经济走廊"使中国在南亚和印度洋地区的影响力不断扩大。鉴于印度在南亚、西亚及东南亚地区的良好信誉,与印度的伙伴关系也会使中国从中受益;若缺少印度的参与,"一带一路"建设将会难以顺利推进,印度若想真正参与并在"一带一路"共建中充分获益,就必须敦促中国与其共同设计"一带一路"规划,③ 等等,形成对"一带一路"的赞成性认知。

第二,印度应强烈反对"一带一路"的抵制性认知。

持这一观点的学者主要从地缘政治与大国竞争视角展开分析,认为印度不应加入"一带一路",而应采取反制来对冲该倡议给印度带来的不利影响。如印度全球问题研究所主席阿肖克·萨杰哈尔(Ashok Sajjanhar)认为,中国使用"丝绸之路"等概念来掩盖其地缘战略意图,且正不断加强在印度洋地区的影响力,以形成对印度的包围。④ 又如,印度国防分析研究所(Institute for Defence Studies and

---

① Ateetmani Brar,"China and Ind ectsforMaritimeCooperation,"http://www. maritimeindia. org/ ArchiveR/CHINA-AND-INDIA. html,accessed June 14, 2021.

② Rajeev Ranjan Chaturvedy, New Maritime Silk Road:Converging Interests and Regional Responses, http://www. isasnus. edu. sg/attachmEnts/publisherattachment/isas_worKing_paperno_. _197_new_ maRitime_silk_road_08102014200801,pdf,accessed June 14, 2021.

③ Sameer Patil, "OBOR and India's security concerns," 14 May 2015, https://www. eurasiareview. com/15052015-obor-and-indias-security-concerns-analysis/.

④ Ashok Sajjanhabr "Understanding the BCIM Economic Corridor and India's Response,"ORF Issue Brief, No. 147, 2016, p. 3.

Analyses, IDSA）的贾甘纳特·潘达（Jagannath Panda）认为，"21 世纪海上丝绸之路"的核心目标是使中国成为印度洋地区大国，以提升中国在印度洋地区影响力，挑战印度的地区权威与主导地位。[①]《外交学者》杂志（*The Diplomat*）副主编香农·蒂耶兹（Shannon Tiezzi）认为，中国在斯里兰卡与巴基斯坦等国兴建的涉海基础设施，模糊了民用设施与军用设施间的区别，使以军事为导向的中国"珍珠链"战略与以贸易为导向的中国"海上丝绸之路"倡议难以分辨。[②] 还有，印度观察家研究基金会（the Observer Research Foundation, ORF）的拉贾·莫汉（Raja Mohan）认为，印度战略界对中国在印度洋地区日益增强的军事存在感到忧虑，并对中国在巴基斯坦和斯里兰卡的港口建设持怀疑态度。[③] 又如，印度著名的中国问题专家谢刚（Srikanth Kondapall）认为，中国的"21世纪海上丝绸之路"建设，是为了反对美国的"亚太再平衡战略"，也是为了增强中国在印度洋地区影响力的大战略。[④] 还有，印度政策研究中心的尼米·库里安在题为《盲人与大象：警惕中国的"一带一路"》一文中，认为中国是借"一带一路"获得的最大经济利益来扩大其在亚洲的地位与影响力。[⑤] 还有，印度和平与冲突研究所的维杰·沙胡加（Vijay Sakhuje）认为，"一带一路"将有利于中国海军进入并立足印度洋，中国已颇具"侵略性地"在印度洋地区推进建设海上基础设施工程，

① Jagannath Panda," Maritime Silk road and the India-China Conundrum," Indian Foreign Affairs Journal, Vol. 9, No. 1, January March 2014, pp. 23–32.

② Shannon Tiezzi, " The maritime Silk road Vs. The String of Pearls," http://thediplomat.com/2014/02/the-maritime-silk road-vs the-string-of-pearls/, accessed June 14, 2021.

③ C Raja mohan," Will India Join China's Maritime silk Road?"http://indianexpress.com/article/opinion/columns/will-india join-chinas-maritime-sik-mad/99/, accessed June 14, 2021.

④ Srikanth Kondapalli, "Maritime Silk Road: Increasing Chinese Inroads into the Maldives," http://www.Ipcs.org/article./china/maritime-silk-road-increasing-chinese-inroads-into-the-maldives-4735hml, accessed June 14, 2021.

⑤ Nimmi Kurian, "The Blind Men and The Elephant: Making Sense of China's One Belt One Road Initiative,"Policy Brief, December 2016, pp. 1–2.

并配合着中国海军在印度洋展开军事行动,以形成中国"包围"印度的态势。① 再如,对华立场一贯强硬的印军退役军官、前外交官苏巴什·卡皮拉(Subhash Kapila)认为,中国在与南亚国家发展更加全面合作伙伴关系的"野心在于将印度洋转变为中国洋",尽管印度在南亚区域合作联盟中发挥着核心影响力,但中国与南亚国家共建"一带一路",将会增强中国在南亚区域合作联盟中的经济影响力,这是印度所不乐见的,② 等等,形成对"一带一路"的抵制性认知。

第三,印度应对"一带一路"保持警惕的犹豫性认知。

持这一观点的学者主要从"一带一路"倡议本身及其影响展开分析,认为不应笼统表示赞成或反对,而应时刻保持警惕、谨慎对待。如印度国防分析研究所的研究认为,印度应对"孟中印缅经济走廊"与"中巴经济走廊"采取不同态度,尽管印度无法接受中巴经济走廊建设项目,但孟中印缅经济走廊建设项目有助于带动孟加拉国的经济发展,并化解其向印度非法移民的问题,也有助于铲除孟加拉国滋生极端主义的社会土壤。③ 据发展中国家研究与信息中心的相关研究成果显示,这些学者既担忧"一带一路"的地缘政治影响,又不愿错过其带动经济增长的新机遇的复杂心态。虽然认可孟中印缅经济走廊建设,但该中心还专门建立了一个经济地理模型,数次运用此国家级的数据库进行测试,以评估该经济走廊建设对印度的影响。④ 还有,印度陆战研究中心中国项目组组长莫妮卡·詹索尼娅认

---

① Vijay Sakhuja, "Xi Jinping and the Maritime Silk Road: The Indian Dilemma," http://www.ipcsorg/article/china/xi-jinping-and-the-maritime-silk-road-the-indian-dilemma-466html, accessed June 14, 2021.

② 维诺德赛格尔、王浩:《中印共同建设21世纪海上丝绸之路》,《东南亚纵横》2014年第10期。

③ Anand Kumar, "China's Belt and Road Initiative: Should India be Concerned?"IPCS website, December 14, 2016, http://www.ipcs.org/comm-select.php?articleNo=5204.

④ 四川大学南亚研究所课题组:《南亚智库研究》(第一辑),时事出版社2018年版,第181页。

为，巴基斯坦安全环境糟糕，中巴友谊再坚固也无法保证中巴经济走廊项目的顺利实施。^① 该中心的马哈林加（V Mahalingam）认为，"一带一路"主要包括转移落后产能、借国际通道建设获得"控制力"，以及巩固中国全球经贸领导者地位并排挤美国全球霸权等三点动机^②，还妄断中巴经济走廊建设面临传统与非传统的三大安全挑战，使得"中国似乎正失去对中巴经济走廊的兴趣并转而将重点投放于东南亚地区"。^③ 又如，印度三军研究所学者一方面承认"一带一路"有助于非洲、拉美国家的经济增长，另一方面又指责其中潜藏着加剧受援国政权不稳的政治风险。^④ 但该机构战略与模拟研究中心主任夏尔玛少将（BK Sharma）在其与中国四川大学学者合著的《中国的"一带一路"：倡议、挑战与前景》一书中认为，针对"一带一路"倡议的争论主要是沿线参与国与中国间的政策协调问题。^⑤ 事实上，中巴经济走廊建设与印巴克什米尔争端并无关联，也不影响中国在克什米尔问题上的一贯立场，但印度学界仍从地缘政治视角展开政治化解读，如空中力量研究中心的学者大多持质疑态度，且在中巴经济走廊项目研究上日益明显，^⑥ 仍将该项目建设作为印度反对"一带一路"的主要理由，以示"印度对主权和领土完整的严重关切"，^⑦ 担心"一带一

---

① Monika Chansoria, "The Politics Behind Securing China-Pakistan Economic Corridor," Issue Brief, No. 78, May 2016.

② V Mahalingam, "China: The Strategy of the Belt Road and Banks," Issue Brief, No. 53, May 2015.

③ V Mahalingam, "Is China Losing Interest in China Pakistan Economic Corridor (CPEC)?" Issue Brief, No. 86, Oct. 2016.

④ SB Asthana, "The Undeclared Power Play behind Belt and Road Forum: May 2017," USI Journal, Vol. CXLVII, No. 608, Apr. – Jun. 2017, pp. 176–184.

⑤ B K Sharma, Nivedita Das Kundu, China's One Belt One Road: Initiative, Challenges and Prospects, Vij Books India, 2016.

⑥ Shreya Talwar, "China-Pakistan Economic Corridor and Its Geopolitical Implications," CAPS in Focus, June 22, 2015, http://www.capsindia.ory/files/documents/CAPS_Infocus_ST.pdf.

⑦ Chandra Rekha, "China's Belt and Road Initiative Forum: Understanding India's Position," CAPS in Focus, May 21, 2017, http://www.capsindia.org/file/documents/CAPS_Infocus_CR_21.pdf.

路"的成功推进将削弱印度的地区影响力,[1] 表明该中心研究人员对"一带一路"的消极认知。再如,卡内基印度中心学者巴鲁阿认为,"21 世纪海上丝绸之路"侧重于战略意义,旨在为中国介入印度洋地区事务提供合法立足点。如果印度目前无法说服自己加入"21 世纪海上丝绸之路"倡议,就必须在时机成熟时与中国展开谈判,以便有效维护印度自身利益。[2] 和平与冲突研究所的阿南德·库马尔(Anand Kumar)认为,印度应欢迎"孟中印缅经济走廊"建设,因为这有助于孟加拉国的经济发展,可以减轻对印度的移民压力和极端主义威胁,但不能接受中巴经济走廊建设,因此,也不能排除印度将来加入"一带一路"的可能性。[3] 谢刚认为,对中巴经济走廊建设的顾虑与近年来中国在南亚地区影响力的扩大成为印度不加入"一带一路"共建的根本原因。[4]

综上,印度学界对"一带一路"的态度较为复杂,折射出印度涉华认知的基本现状:第一种观点认为印度应该在保持经济与军事力量增长的同时,与中国在贸易等方面深化合作,实现共赢,这种看法在印度外交部门和智库中国问题研究专家中占多数;第二种观点则认为中国是印度的主要安全威胁,尤其是中巴军事合作被视为遏制印度、使之囿于南亚次大陆纷争而不得脱身的战略,这一观点在印度安全战略部门和军队中占主流;第三种观点是由"文明交流学派"提出的,代表人物有师觉月(Prabodh Chandra Bagchi,1898—1956)、

①　Shaheli Das, "China's Foreign Policy Towards Sri Lanka: Implications for India," Defence and Diplomacy, V01. 4(4), 2015, pp. 47-59.

②　Darshana Baruah, "China's MSR: A Strategic View from India," January 27, 2017, https://www.orfonline.org/research/30058/.

③　Anand Kumar, "China's Belt and Road Initiative: Should India be Concerned?" IPCS-China Articles, December 14, 2016, http://www.ipcs.org/comm-select.php?articleNo=5204.

④　Srikanth Kondapalli, "Why India is not part of the Belt and Road Initiative summit," The Indian Express, May 15, 2017, https://indianexpress.com/article/opinion/why-india-is-not-part-of-the-belt-and-road-initiative-summit-4656150/.

谭云山、谭中及诺贝尔奖得主阿玛多·深（Amartya Sen），他们主张中印在文化交流的历史长河中建立永恒友谊，认为两国关系的发展将最终实现从量变到质变的"中印大同"理想。显然，印度学界涉华认知的复杂性影响了其对"一带一路"的基本认知。

第二节 印度"一带一路"认知成因溯源

造成印度学界较为复杂的"一带一路"认知现状的原因是多方面的，主要有如下三个：

第一，印度丝路学界从西方视角探讨中印古今丝路关系。

从 1600 年英国侵入印度开始，印度学术研究就被打上了西方文明的烙印。经过四百多年的冲突与融合，印度学界基本接受了西方的理论及其价值，形成以英语文献为主的研究基础与斯坦因等跨学科西域研究范式影响下的印度丝路学，烙有欧洲汉学研究的鲜明印记，并形成从西方视角构建涉华认知的学术传统。亦即，英语语言的载体功能使得印度涉华认知在很大程度上受西方观念及话语导向的影响。而中印之间受语言媒介的阻隔，直接对话渠道不太畅通，印度往往通过"西方视角"了解、评析中国。[1] 在探讨"中印丝路关系"这一丝路学核心议题中，形成以中印丝路佛教交流研究见长的鲜明特色，且主要以 19 世纪出版的法显、玄奘和义净等中国僧人行记的翻译本为依据，点燃了印度学术界研究亚洲佛教交流的热情，激发了人们对英属印度考古研究的兴趣。如亚历山大·康宁汉（Alexander Cunningham），是印度考古调查局（Archaeological Survey of India）首任局长，据说他曾携带玄奘的《大唐西域记》走访印度几处重要考古遗址，于 1861—1865 年间，从盖雅（Gaya）的东部到印度的西北部、

---

① Surjit Mansingh, *Indian and Chinese Foreign Policies in Comparative Perspective*, 1998, p. 509.

从北方的卡尔西（Kals）到南部的纳尔默达（Narmada）等展开调研，这基本沿袭了中国僧人玄奘的旅途线路。康宁汉的丝路调研，为使用中国古代史料研究中印丝路历史关系打下了重要基础。在斯坦因等西域探险与研究的影响下，印度学者逐渐燃起了研究中国的热情，且多聚于汉学研究与佛教研究，如第一部由印度人班迪奥帕迪亚雅（Krishna Dhan Bandyopadhyaya）以孟加拉语撰写的《中国历史》（*Chiner Itihas*，1865）于 1865 年面世；诗哲泰戈尔（Rabindranath Tagore）积极推进印度汉学研究，于 1921 年 12 月 22 日在圣蒂尼克坦创办了印度国际大学，① 该校在开办之初就设有汉学研究部，由沙司铎氏（Vidhushekhara Bhartacharya Shastri）担任主任。在泰戈尔看来："佛教是历史上中印文明亲属关系的灵魂，希望中国学院注重佛教研究。"② 因此，当 1937 年 4 月中国学院正式成立后，首任院长谭云山就决定把开设藏—梵和汉—梵相结合的佛学讲座与研究中印丝路历史关系作为主要工作，特别是把汉文版佛经回译为梵文作为中国学院的重要使命。这种以佛教研究为主的格局主导了印度汉学研究二十余年，印度国际大学出版了中英及其他语种的著作三十四部，发表论文一百多篇，培养出了一批像巫白慧、法舫、巴宙和冉云华等丝路学研究领域的专门人才，其中就有师觉月这一佼佼者。师觉月致力于印度佛教与中国佛教研究，于 1927 年出版了关于中国汉译佛经的两卷本法语博士论文《中国佛教藏经：译者与译文》，被后人视为"现代印度汉学研究的正式开端"。他的代表作是《印度与中国：千年文化关系》一书，③ 利用丰富的中文和梵文资料，围绕佛教这个文化重心，

---

① 校名取自梵语 Visva-Bharati，意译为一个使东西方精神交汇与交流的世界鸟巢，中译为印度国际大学。1951 年，印度议会通过决议，将该大学由私立变为国立，由每届的印度总理兼任该校校长。

② ［美］谭中、郁龙余主编：《谭云山》，中央编译出版社 2012 年版，第 112 页。

③ Prabodh Chandra Bagchi, *India and China：A Thousand Years of Cultural Relations*. New York：Philosophical Library, 1951, p. 68.

从中印古代物质交流、人员往来、佛教传播、中印文明交往等不同方面，勾勒出中印古今丝路关系，使印度的中印文化交流史研究站在了一个理想的起点上，且对后世学者影响深远。印度国际大学中文教授那济世（Arttatrana Nayak）在为《中印文化交流百科全书》撰写"印度学者师觉月"条目时指出："师觉月是印度中印学家，为20世纪中印古典学以及中印文化交流史的研究做出了具有原创性的贡献。"[①] 而且，师觉月于1945年创办了《中印研究》（*Sino-Indian Studies*）期刊，"主要登载佛教研究与中印文化关系研究相关的论文或译文"，旨在"介绍中国关于印度历史和文化的材料，翻译印度已经佚失而在中国译文里还保存着的典籍，此外当然也涉及中印关系的各方面"[②]，打造了一个聚焦中印古今丝路关系研究的学术对话平台，标志着印度丝路学研究的正式起步。此外，被印度总理英迪拉·甘地夫人称为伟大学者的"现代玄奘"谭云山（1898—1983）也是这一时期印度丝路学研究的代表性人物。谭云山于1928年受泰戈尔邀请赴印度国际大学任教，于1937年成立了旨在推动中印文化交流与合作的"中印协会"，推动印度国际大学中国学院的建立并担任首任院长，中国学院也成为交流中印文化、传播中国文化的重要学术机构。谭云山所撰写的《印度周游记》《印度丛谈》《印度六大佛教圣地图志》等，对推动中印人文交流发挥了重要作用，他于1937—1944年间出版了《中印间的文化交流》《当代中国佛教》《中国现代史》《中国与印度》《什么是中国宗教》《国际大学中国学院与中印文化学会》等。抗日战争时期，他还编辑出版了《中国、印度和世界大战》等，致力于探讨"中印古今丝路关系"，对印度丝路学研究影响深远。谭云山之子谭中（Tan Chung，1929— ），也是印度丝路学研究

[①] 中印联合编审委员会编：《中印文化交流百科全书（详编）》（上），那济世撰，张忞煜译，中国大百科全书出版社2015年版，第583页。

[②] 季羡林：《季羡林全集》（第13卷），外语教学与研究出版社2010年版，第2页。

的重要代表，于 1978 年出版了《中国与勇敢新世界》①、1985 年出版的《海神与龙》② 两本著作都是印度各大学东亚历史教科书。他曾应印度外交部邀请编辑《印度地平线》"印度与中国"特刊。③ 1998 年由英迪拉甘地国立艺术中心出版《跨越喜马拉雅鸿沟》④《踏着玄奘的脚印》⑤。谭中的《印度与中国》成为印度文明研究中心《印度文明中科学、哲学与文化历史》⑥ 大丛书之第三卷第六册。再如，沈丹森（Tansen Sen）是印度著名知华派学者沈纳兰的儿子，曾在北京大学学习汉语多年，完成了本科和硕士学业后赴美继续求学，在美国宾夕法尼亚大学获得博士学位，现在纽约市立大学柏鲁克分校历史系任教。沈丹森致力于中印交往、印度洋关系和佛教研究，他的博士论文《佛教、外交与贸易：公元 600—1400 年中印关系的转型》（*Buddhism, Diplomacy and Trade：The Realignment of Sino-Indian Relations, 600–1400*）于 2003 年在美国出版，主要研究唐代至明代以佛教为纽带的中印丝路关系，他认为公元 7—15 世纪之间的中印关系发生了重要的结构性调整，在 10 世纪前，佛教是中印丝路交往的轴心，在 11 世纪后，中国的商业市场与不断发展的大陆贸易逐渐成为"双边关系的主要动力"。⑦ 此外，他还著有《佛教、外交与贸易：中华人民

---

① Tan Chung, *China and the Brave New World：A Study of the Origins of the Opium War（1840–42）*, Allied Publishers, New Delhi, 1978.

② Tan Chung, *Triton and Dragon：Studies on Nineteenth-Century China and Imperialism*, Gyan Books, 2013.

③ *Indian Horizon*, Vol. 43, Nos. 1–2, Special Issue "India and China," 1994, New Delhi：Indian Council for Cultural Relations.

④ Tan Chung, *Across the Himalayan Gap：An Indian Quest for Understanding China*, 1998, New Delhi：Indira Gandhi National Centre for the Arts & Gyan Publishing House.

⑤ Tan Chung, *In the Footsteps of Xuanzang：Tan Yun-shan and India*, 1998, New Delhi：Indira Gandhi National Centre for the Arts & Gyan Publishing House.

⑥ S. Shyamkishare Singh, *the Series of History of Science, Philosophy and Culture in Indian Civilization*, 2005, New Delhi：PHISPC/Centre for Studies in Civilizations.

⑦ Tansen Sen, *Buddhism, Diplomacy and Trade：The Realignment of Sino-Indian Relations, 600–1400.* Honolulu：University of Hawai Press, 2003, p. 2.

共和国—印度关系的重新洗牌》（2016）和《印度、中国与世界：一段相互关联的历史》（2017），又与维克多·H·梅尔（Victor H. Mair）合著了《亚洲和世界历史中的传统中国》（2012）和《佛教横跨亚洲：物质、文化和知识交流网络》（2014），目前正在编写一本关于 15 世纪早期郑和在海上探险的论著，并与何恩成合作编辑《剑桥印度洋史》第一卷等。

综上，印度丝路学多囿于英语文献尤其受制于欧洲汉学研究的影响，塑造其以西方视角来研究中印古今丝路关系的学术传统，亚历山大·康宁汉、班迪奥帕迪亚雅、泰戈尔、谭云山、师觉月、谭中、沈丹森等人，从考古、佛教、人文交流入手研究中印古今丝路关系，但都难以摆脱从西方视角来构建其涉华认知，并对印度学界认知"一带一路"产生了一定的影响，进而影响了印度政府与民众对于"一带一路"的基本认知。

第二，印度学界在地缘政治博弈框架内构建涉华认知。

1962 年的中印边境军事冲突，不仅给两国关系蒙上了阴影，也使印度学界的中印丝路关系研究被逐渐纳入地缘政治博弈框架内，参与构建其涉华认知。如哈拉普拉萨德·雷易（Haraprasad Ray, 1931— ）的《印中关系中的贸易和外交：15 世纪孟加拉国之研究》（1993）一书，介绍了当时的中印古代贸易史，[①] 主要探索明朝郑和下西洋前后的古代印度（包括孟加拉国在内）、中国间的丝路贸易往来及其外交关系，认为明代航海"是在印度洋重新进行政治扩张（Political Expansion）和国家贸易的极佳案例"，也"是中国贸易长期以来的典型代表"，[②] 甚至认为"中国船队的指挥官郑和从未访问孟

---

① Haraprasad Ray, *Trade and Diplomacy in India-China Relations: A Study of bengal during the Fifteenth Century*, New delhi Radi ant publishers, 1993. 书名翻译遵从季羡林先生的译法。

② Haraprasad Ray, *Trade and Diplomacy in India-China Relations: A Study of bengal during the Fifteenth Century*, p. 136.

加拉国，而他几度访问卡利库特并亲自参与贸易协商，充分说明这个港口对于中国的重要性"。① 雷易于 2003 年出版了《公元前 140 年——公元 1500 年的印中贸易和贸易路线》（*Trade and Trade Routes between India and China，B. C. 140—A. D. 1500*）与《印度东北部在印中关系中的地位及其在印度经济中的未来角色》（*Northeast Indias Place in India-China Relation and Its Future Role in India's Economy*）两部著作。前者对丝路贸易路线、丝路贸易内容、中国与印度洋印度的移民现象②四大主题展开研究，力求将中印古代丝路人文交流史的探索从明朝时期推至公元前后；后者介绍了历史上印度与中国跨越喜马拉雅山天险的物质交流与精神联系和南方丝绸之路，以及呼吁中国西南与印度东北发挥各自区位优势和物产优势开展经贸交流与合作。③ 雷易的学生狄伯杰（B. R. Deepak）系尼赫鲁大学中国与东南亚研究中心教授、《论语》和《孟子》的首位印地语译者，致力于中印丝路关系研究。2001 年出版的《20 世纪前半叶的中印关系》一书，主要探讨了英属印度时期至 21 世纪初的中印百年政治关系。2005 年出版的《1904—2004 年的印度与中国：一个世纪的和平与冲突》（*India&China：1904—2004，A Century of Peace and Conflict*）一书，认为 21 世纪的中印关系仍面临两国学界几乎达成共识的三大"顽症"：边界问题、西藏问题和中巴友好关系问题，④ 折射出印度学界从地缘政治博弈框架内构建涉华认知的三大关键变量，也成为印度一些知名涉华研究机构的关注重点。如成立于 1990 年的印度中国研究

① Haraprasad Ray,*Trade and Diplomacy in India-China Relations：A Study of bengal during the Fifteenth Century*,p. 137.

② Haraprasad Ray,*Trade and Trade Routes between India and China，B. C. 140 –A. D. 1500.* Kolkata：Progressive Publishers,2003.

③ Haraprasad Ray,*Northeast India s Place in India-China Relations and Its Future Role in India's Economy.* Kolkata：Institute of historical Studies,2003,p. 134.

④ B. R. Deepak,*India & China：1904-2004，A Century of Peace and Conflict.* New Delhi：Manak Publications, 2005,pp. 438-450.

所，是印度专门从事中国问题研究的权威性学术机构之一，其前身是中国研究小组（the China Study Group），是由德里大学、贾瓦哈拉尔·尼赫鲁大学（Jawaharlal Nehru University，JNU）、发展中社会研究中心（CSDS）、经济增长研究所（the Institute of Economic Growth）、国防分析研究所（the Institute of Defence Studies and Analyses）等机构的中国问题学者于1969年发起创办的一个非正式学术论坛。中国研究小组每两周组织一次涉华议题研讨并出版《中国述评》（*China Report*），目前一批印度知识精英从中国历史到当代中国的社会、政治、经济、外交、军事、文化等诸多方面研究中印古今丝路关系，并通过著书立说与资政建言等方式，成为事实上的印度对华外交的一个智囊库。该所负责出版的《中国述评》（英文季刊，1964创刊时为双月刊），是印度乃至南亚地区关于中国和东亚研究的唯一刊物，目前发行量有一千多份，发行范围覆盖全世界，在国际丝路学领域享有较高影响力。此外，尼赫鲁大学也拥有涉华研究的重要机构，包括东亚研究中心、社会科学部，以及隶属语言文化学院的中国与东南亚研究中心等，产出了一批学术论著，包括2010年出版的劳吉（Lalji Shravak）与人合著的《丝绸之路上的印度》等。自1962年以来，除将汉语教学纳入课程体系外，尼赫鲁大学还开设了有关中国研究的专业课程，在历史系和政治系的硕士课程中也增设了"当代中国研究"的专题，助力印度丝路学研究人才培养。值得强调的是，印度涉华研究机构已在印度对华外交中扮演着越来越重要的智库角色，且多在地缘政治博弈框架内展开理论研究与政策研究，战略研究成为主要发展趋势并产出大量学术成果，印度学界与印度政府相互配合，共同达成日益趋近的涉华认知。

事实上，印度自独立以来一直自诩为南亚及印度洋"地区领导者"，并将该地区视为其"专属战略后院"，对任何进入该地区的国家及其行为均充满敌意。因此，中国的快速崛起，被印度学界视为中印之间的"安全困境",面对"一带一路"倡议,印度学界对中国的"安全疑惧"进一步加深。中国与南亚和印度洋沿岸国家的任何交流与合作,也多被印度学界解读为中国在挑战印度的战略"后院"。在这种冷战思维的驱使下,印度学者对"一带一路"的认知难以摆脱零和博弈的负面性解读。亦即,作为重要地区大国之一,印度对于其他国家介入印度洋及南亚地区事务有着天然的敏感性。发生于20世纪60年代的中印战争又使得印度对华更存警惕性,这场战争的失利使印度对中国充满了敌意。因此,在中印边界问题悬而未决之际,中国又提出了"一带一路"倡议,引发印度对华新的防范与担忧,认为中国是在以经济合作为名而行战略围堵之实,印度军方甚至将"一带一路"倡议看作是在和平年代对印度进行的经济层面的巨大打击,断言"中国直接冲撞了印度的地缘政治空间",中印实力差距将会继续扩大[1],而中国将获得更多港口设施来建立军事基地,印度在南亚与印度洋的优势将被逐渐蚕食,所以印度应该防范甚至对冲中国的"一带一路"倡议。在此种地缘政治博弈论的影响下,当印度文化部推出"季风计划"时,印度国内普遍解读为"海上香料之路"是反制"海上丝绸之路"之举。作为印度文化部的隶属机构之一的印度考古调查局,是印度负责建筑遗产保护的唯一官方机构,主要承担探索、发掘、保护国际和国家层面上具有重要价值的文化遗迹和遗址的任务,成为"季风计划"的主要协助推进力量之一[2]。在印度学界看来,中国利用经济"硬实力"来推行海洋战略,那么当印度无法以经济对抗中国时,就可用文化"软实力"来抵消印度洋国家对中国的向心力,助力印度的海洋战略,以构建印度主导下的"印度

① Khilnani. S, *Nonalignment 2.0:A Foreign and Strategic Policy for India in the 21st Century*,Penguin UK,2014,p. 12.
② 印度的"季风计划"主要由印度文化部英迪拉国家艺术中心实施,印度考古调查局和国家博物馆协助推进。"季风计划"旨在恢复印度与印度洋国家之间的古老海洋路线、文化和贸易联系,增进相互之间的价值观理解,促进印度对印度洋各个地区的文化了解。

洋世界”。正是由于印度学界多从地缘政治博弈论框架下认知“一带一路”，潜移默化地影响了印度政府与印度民众对“一带一路”的认知倾向，已成为影响中印关系健康发展的最大障碍。

第三，中印关系的波动影响了印度学界的“一带一路”认知。

中国提出“一带一路”倡议以来，莫迪政府的态度大致经历了从观望到抵制，再到竞争合作的演变历程：印度官方表态强调印度在古丝绸之路的中心作用及新丝绸之路的应有贡献，并将印度特色的“香料之路”“季风计划”与中国特色的丝绸之路相提并论，同时酝酿印度版的“一带一路”国际合作，包括推进与南亚邻国互联互通，说服中亚国家加入，加强对藏南地区的戒备，强调“一带一路”倡议中的软环境建设等举措。印度担心中国以“一带一路”倡议的互联互通项目为推手，逐步掌握太平洋及印度洋地区主导权，压缩印度战略空间，① 危及印度国家利益，印度总理莫迪的态度也在很大程度上代表了印度对“一带一路”倡议的矛盾心理。亦即，一方面，印度希望参与“一带一路”建设来“搭便车”，充分利用中国主导的互联互通项目以促进印度国内经济贸易的新发展。另一方面，印度又忌惮中国在南亚及印度洋地区影响力的增强，将会“侵蚀”印度的“势力范围”。印度政府对“一带一路”倡议的矛盾心理，是近年中印战略合作互信走低的重要原因之一，成为影响中印关系发展的主要内因。美国“印太战略”的实施则是影响中印关系发展的重要外因，美国利用印度政府对“一带一路”的矛盾心理将其拉入美日印澳四方安全机制围堵中国，印度则搭上了美国遏制中国的战略便车来对冲“一带一路”，美印关系正在影响中印关系，使得印度学界对“一带一路”的认知充满了更多不确定性。

---

① 印度前外交秘书、国家安全顾问坎瓦尔·西巴尔（Kanwal Sibal）：《印度应警惕中国提倡的丝绸之路》，《今日邮报》2014 年 2 月 25 日，https://www.mea.gov.in/articles-in-indian-mediahtmdt1/22999/silk+route+to+tie+india+in+knots。

近年来,印度学界主要关切的内容包括两个方面:一是中国对"21世纪海上丝绸之路"的战略谋划,二是孟中印缅经济走廊建设的可行性。其中持反对意见的大多担忧中国倡议将会危及印度周边及印度洋地区的安全利益,持支持意见的则看重中国倡议为印度带来的潜在经济利益。在此背景下,印度学者纳西尔·拉扎·汗(Khan Nasir Raza)于2019年出版了《印度和丝绸之路:探索当前机遇》①一书,从地缘政治与地缘经济的双重角度展开研究,认为丝绸之路复兴,不仅有利于印度的经济发展,也有助于印度政治和社会发展,建议在"一带一路"框架下,印度可与伊朗接触,加强与波斯湾的海上贸易,提升印度在中亚的地位,分析认为印度借助"一带一路"将会获得独特的全球地位、地区利益及政治目的,以满足印度地缘经济与地缘政治的双重利益。为此,印度智库针对"一带一路"倡议积极向印度政府建言献策。印度智库建设兴起于英印殖民地时期的20世纪30年代,早于印度从英国殖民地独立的时间。据美国宾夕法尼亚大学发布的《2020年全球智库报告》(2020 Global Go To Think Tank Index Report)数据显示,印度智库数量居亚洲第二、全球第三。②在印度,一方面有些智库与政府合作来完善政策,另一方面也有一些智库更倾向于在公众中测试政府政策的实效,以平衡政策制定与实施。③当前,较有影响力且能对印度内外政策产生影响的智库主要有印度政府下属的印度国防研究与分析所(Institute for Defence Studies and Analyses,TDSA)、国家应用经济研究委员会(The National Council of Applied Economic Research,NCAER)、印度国际经济关系研究

---

① https://academic. oup. com/journals/pages/open_access/funder_policies/chorus/standard_publi-cation_model,accessed June 16, 2021.

② James G. McGann. *2020 global go to think tank index report* Leb/Ol. 2020–07–20. https://repos-itory. upennedu think tanks/18/.

③ Rahul Singh, N. N Sharma, Uday Jha. *Think tanks, research influence and public policy in India*, Vision,2014,18(14),pp. 289–297.

委员会（Indian Council for Research on International Economic Relations, CRIER）、公民社会研究中心（Centre for Civil Society, CCS）、政策研究中心（Centre for Policy Research, CPR）、观察家研究基金会（Observer Research Foundation, ORF）和梵门阁印度全球关系委员会①等，大多关注"一带一路"倡议的战略定位、原因、动机、影响、对策等，亦可从中发现中印关系波折所致的鲜明印记。

总之，造成印度学界"一带一路"认知现状的原因是极为复杂的，但也是中印关系波折的镜像折射，更与印度政府复杂的涉华认知息息相关，且大体经历了从亲密战友到主要对手，再到有限合作伙伴三个阶段，目前印度将中国定位为"战略合作伙伴+竞争者"②，表明增强中印战略互信任重而道远。

第三节 助力"一带一路"高质量建设的因应之策

作为两个人口大国，中印关系发展对地区乃至世界影响巨大。尽管当前印度对"一带一路"倡议并未予以明确的积极回应，但还应从以下三方面着力加强中印人文交流与合作，以助力"一带一路"倡议的高质量发展：

第一，应加强学术交流与合作，助力构建中印丝路学术共同体。

数千年来，中印两国人民奉行的生活哲理深度相似，中印文化交流的"目的就是弘扬两国古代人文精神，重现中印两大文明交流互鉴的盛景"。③ 因此，应在共研丝绸之路的基础上，进一步助力构建

① Alexandra Katz, "The remarkable rise of India's think tanks," https://www. globalgovernmentforum. com/the-remarkable-rise-ofindias-think-tanks/, accessed in February 10,2020.
② 吴兆礼：《印度对"一带一路"倡议的立场演化与未来趋势》，《南亚研究》2018 年第2 期。
③ 《习近平携手追寻民族复兴之梦：在印度世界事务委员会的演讲》，《人民日报》2014 年9 月19 日。

中印丝路学术共同体。亦即，在学科建设领域，中国拥有上千年丝路外交实践的历史经验，也具有中外学界合作共建"一带一路"学科体系的现实需求。印度作为陆上和海上"丝绸之路"的重要通道，在国际关系、佛学研究等领域都拥有丰富的理论资源与学科建设经验，两国学界可在取长补短中深化丝路学学科建设。此外，中印在丝路文献和考古遗物、遗迹等方面也有广阔的合作空间，如可在"季风计划"与"21世纪海上丝绸之路"共建框架下，开展中印丝路跨境考古、联合申遗，以及共同开发丝路跨境游等项目，进而重唤丝路记忆，增进丝路情谊。最后，中印丝路学家应在共研丝绸之路中所形成的学术共同体基础上，进一步开展围绕"一带一路"的学术交流与合作，如推动中印两国丝路学经典著作和最新成果的译介工作、总结中印丝路学界共研丝绸之路的成功经验，以形成学术成果共享共议的平台和机制等，助力形成中印丝路学术共同体，深化中印人文交流与合作。

第二，应回到丝路找思路，进一步增进中印战略互信。

习近平强调："双方要坚持中印互为发展机遇、互不构成威胁的基本判断，坚持深化互信、聚焦合作、妥处分歧，使中印关系成为促进两国发展的更大正资产、正能量。"[①] 换言之，如何进一步"深化互信"仍是中印关系面临的最大挑战。其中，边界问题、藏南问题、巴基斯坦问题等始终影响着两国关系发展，导致两国间缺乏应有的战略互信，使得印度对"一带一路"的认知也充满复杂性。[②] 作为两个丝路大国，中印曾在上千年丝路文明交往中出色地践行了互惠包容合作的丝路精神，累积了丝路认知，形成了丝路记忆，结成了丝路情谊，故应"回到丝路找思路"，从中印丝路历史关系中发掘共处智慧与成功经验，以探讨"深化中印互信"的现实路径。为此，中印丝

---

① 《习近平会见印度总理莫迪》，《人民日报》2019年6月14日。
② 《习近平携手追寻民族复兴之梦：在印度世界事务委员会的演讲》。

路学界应共同研究中国"一带一路"与印度"季风计划""香料之路"对接的历史基础与现实可能。毕竟，班迪奥帕迪亚雅、泰戈尔、谭云山、师觉月、谭中等印度丝路学名家，已在多年诠释"中国与世界古今丝路关系"的学术实践中形成了较为客观、全面的涉华认知，为印度学界助力深化中印战略互信提供了坚实的学理基础。因此，我们应当客观看待印度丝路学派内不同类型的学者，对可以团结的力量，应当予以支持；对可以发展的友好学者，应当予以鼓励。与这些印度丝路学家积极开展学术交流与合作，让他们成为中印丝路学交流合作中可以依仗的骨干力量，力争早日形成中印共研"一带一路"的良好学术生态，在增进中印知识精英互信基础上，切实深化中印战略互信。

第三，应丰富民间交往内涵，进一步助力中印人文交流重心下沉。

习近平多次强调中印民间交往的重要性，强调要"切实用好两国政治外交、边界特别代表、防务安全、经济贸易、人文交流等对话机制"[①] 来开展更广领域、更深层次的人文交流，"共同倡导和促进不同文明对话交流，为双边关系发展注入更加持久的推动力，续写亚洲文明新辉煌"。[②] 事实上，中印上千年丝路交往中的民间关系历史悠久且充满智慧，已形成经济、文化相互促进的丝路民间交往模式。因此，一方面，中印双方应进一步拓展文化、教育、旅游、宗教、媒体和广播影视等各领域交流与合作，进一步夯实中印丝路民间人文关系。另一方面，中印双方还应以灵活的方式推进互利共赢的经济合作，通过"一带一路"互联互通所取得的实实在在的合作成果吸引中印民间经济合作，力争在经贸往来、基础设施建设、制造业等领域加强合作，同时改变经贸合作流于形

---

① 《习近平会见印度总理莫迪》。
② 《习近平会见印度总理莫迪》。

式，说得多做得少的情况①。综上，中印民间交往在经济、文化相互促进中盘活社会资源，在立足民生合作中促进民心相通，助力中印人文交流重心下沉，为优化印度学界的"一带一路"认知夯实社会民意基础。

---

① 杨思灵、高会平：《"一带一路"：印度的角色扮演及挑战》，《东南亚南亚研究》2015 年第 3 期。

第十二章
巴基斯坦"一带一路"学术动态研究

　　巴基斯坦是古丝绸之路的重要组成部分，位于巴基斯坦的塔克西拉是丝路的重要枢纽。作为通往印度的门户，它是所有从西部和北部出发的陆上丝路的必经之地，塔克西拉也因此成为丝路贸易的重要集散地与丝路文明的交汇点，犍陀罗艺术的出现即为明证。作为"一带一路"重要支点国家之一，中巴共建"一带一路"意义深远。因此，梳理巴基斯坦学界"一带一路"研究现状，旨在厘清巴基斯坦学界的"一带一路"认知，进而提出中巴高质量共建"一带一路"的因应之策。

第一节　巴基斯坦"一带一路"研究现状梳理

　　巴基斯坦学界的"一带一路"认知，大体可分为两种类型：一是认为"一带一路"倡议为巴基斯坦带来重要新机遇，将会助力巴基斯坦推进经济发展、解决社会问题；二是认为"一带一路"倡议也将在某种程度上给巴基斯坦社会带来挑战和冲击，具体而言：

首先,巴基斯坦学界多维度肯定"一带一路"的主流认知。

巴基斯坦学界主要从以下几个方面多维度肯定"一带一路":

一是从弘扬丝路精神维度予以肯定。如穆罕默德·阿什拉夫·汗(Muhammad Ashraf Khan)与萨迪德·阿里夫(Sadeed Arif)认为,丝绸之路不仅是"东西方之间古老的贸易之路",还是"丝绸之路沿线不同地区间的文化交流与互鉴"之路,并在数世纪内"将东亚、东南亚与东非、西亚和南欧贯通起来",最明显例证就是"犍陀罗艺术受到了来自中国、波斯、罗马和希腊等不同文明的影响。在孔雀王朝阿育王时期以及贵霜王朝迦腻色伽国王时期,大乘佛教通过丝绸之路传播到中亚、中国、日本和韩国"。① 巴基斯坦《每日邮报》总编辑马克都姆·贝巴(Makhdoom Babar)认为,丝绸之路是"两国之间的商业交往及思想和知识的交流"纽带,巴基斯坦的朱利安大学校址曾是中国玄奘和法显研究佛教经文的场所,也是中巴经济走廊合作协议的签署之地,标志着"中巴经贸合作关系达到了一个新高度"。② 曾任巴基斯坦驻华大使馆科技参赞的泽米尔·艾哈迈德·阿万(Zamir Ahmed Awan)认为,"'一带一路'对巴基斯坦来说是最理想的发展模式",不仅"中巴经济走廊建设为巴基斯坦提供了物质基础与发展方向",中国倡导共建"健康丝绸之路"中的疫苗援助优先考虑"'一带一路'沿线国家的人民,考虑非洲人民,考虑发展中国家的人民",表明"中国正在通过新的丝绸之路,践行构建人类命运共同体的理念"。③ 米尔·谢尔巴兹·赫特兰(Mir Sherbaz Khetran)认为,"一带一路"是巴基斯坦政府"无法错过的新机遇",

---

① 《丝路上的犍陀罗佛教建筑和艺术》,http://ydyl.china.com.cn/2019-05/08/content_74763710.htm,访问日期:2021 年 5 月 19 日。

② 马克都姆·贝巴:《巴基斯坦瓜达尔港:陆海丝绸之路的交汇点》,http://www.beijingreview.com.cn/shishi/201702/t20170208_800086780.html,访问日期:2023 年 7 月 3 日。

③ 周戎:《从古丝之路到"一带一路"》,人大重阳 https://www.163.com/dy/article/FS6QU4JL0519C6BH.html,访问时间:2023 年 7 月 3 日。

"人们可能会看到更多的战略与经济合作"，助力"巴基斯坦和周边地区的繁荣和发展"，① 使得巴中关系前途光明、未来可期。

　　二是从中巴经济走廊建设维度予以肯定。 如巴战略研究所中国研究中心原主任艾哈迈德·法希德·马利克（Ahmand Fashid Malik）认为，作为"一带一路"的旗舰项目，中巴经济走廊建设以能源合作与基础设施建设为抓手，这"既是对中国自身发展经验的慷慨复制，也是对巴当前发展现状的对症下药"，故成为"巴经济发展前景向好的动力之源"，使"巴基斯坦在国际社会中经济地位的提高直接得益于中巴经济走廊建设"，② 并因带动其他五条经济走廊建设而助力丝路沿线国家和地区的"一带一路"共建进程。阿里·海德尔·萨利姆（Ali Haider Saleem）认为，中巴经济走廊建设将带动瓜达尔港口建设与俾路支省的社会发展，不仅改变"俾路支省经济落后、政治动荡"的现状，还能"发展基础设施并创造就业机会"，"大大减少外来干预"并"向邻国提供合作机会"，进而在"改善国家机制、基础设施及社会发展政策"方面保障俾路支省的稳定。③ 纳比拉·贾弗（Nabila Jaffer）认为，中国提出"一带一路"倡议，旨在"恢复横跨亚洲、非洲和欧洲的古代贸易路线"，巴基斯坦凭其重要的地缘优势，可成为中国与中亚及中东的重要门户，为中国提供最短的陆路和海路通道，而上合组织扩容有利于中巴经济走廊建设，因为将印巴同时纳入上合组织合作新框架，将"有利于中国更好地协调印巴关系，改变印度对'一带一路'倡议的态度"。④ 伊斯兰堡战略研究所的米

---

① Mir Sherbaz Khetran, "The Potential and Prospects of Gwadar Port," *Strategic Studies*, Vol. 34, No. 4, 2015, pp. 86—87.

② 《巴专家谈一带一路中巴经济走廊示范作用凸显》，环球网 https://oversea.huanqiu.com/article/9CaKrnK2oV3，访问日期：2021 年 5 月 19 日。

③ Ali Haider Saleem, "CPEC and Balochistan: Prospects of Socio-political Stability," *Strategic Studies*, Vol. 37, No. 4, 2017, p. 118.

④ Nabila Jaffer, "The First Enlargement of Shanghai Cooperation Organization and its Implications," *Regional Studies* Vol. xxxvi, No. 2 Spring 2016, pp. 65—93.

安·艾哈迈德·纳伊姆·萨利克（Mian Ahmad Naeem Salik）认为，中巴经济走廊建设不仅使巴基斯坦一国受益，还将助力丝路沿线不同地区经济一体化进程，尤其是在严重缺乏互联互通的南亚地区，"对巴基斯坦的长期可持续发展有巨大的帮助"。① 巴基斯坦地区研究所的阿里什·乌拉·汗（Aarishi Ullah Khan）认为，中巴经济走廊建设，在经济发展与地区安全上为巴基斯坦带来了"巨大改变"，尤其在"提升巴基斯坦对中亚国家乃至域外国家的进出口贸易额，加强区域国家在法律和安全问题上的协调"② 上成效渐显。梅法尔瓦（Ume Farwa）与阿哈玛·西迪卡（Arhama Siddiqa）认为，中巴经济走廊建设，因不附加任何政治条件而"减少了对发展中国家融资与能力不足的限制"，为其"提供了消除结构性瓶颈和开展互利合作的机会"，以鼓励其"实现共同经济发展目标与实现自给自足"，因而成为"南南合作"取得重大进展③的重要标志。巴基斯坦地区研究所的米哈斯·马吉德·汗（Minhas Majeed Khan）与米尔韦斯·卡斯（Mirwais Kasi）认为，中巴经济走廊建设，不仅助力"中国无风险地从海湾国家满足自身能源需求"，"也可能成为中国西部新疆实现繁荣和进步的转折点"，故"中巴合作对区域和全球参与者提供了发展机会而不是威胁"，"中巴全天候伙伴关系有可能改变地区政治、影响全球政治，并成为稳定地区的力量"。④ 再如，米哈斯·马吉德·汗还认为，"一个全面运作的瓜达尔港"，不仅加强了巴基斯坦与海湾国家、中亚国家、阿富汗、中国及世界其他国家与地区的联系，还因"瓜达尔与周边地区的连通性而使其具有重

---

① https://issi.org.pk/post-2015-sustainable-development-agenda-a-significant-opportunity-for-paki-stan/，accessed May 19, 2021.

② Aarish U. Khan, "Pak-China Economic Corridor: The Hopes and Reality," *Regional Studies* Vol. xxxiii, No. 1 Winter 2014-15, pp. 45-63.

③ https://issi.org.pk/cpec-prospects-of-obor-and-south-south-cooperation，accessed May 19, 2021.

④ https://smwlhr.nspp.gov.pk/ReadingMaterial/26.pdf，accessed May 19, 2021.

要的全球战略与地缘战略地位"，具有促进地区国家经贸合作的巨
大潜力，"可为全球经济治理做出贡献，并促进地区和谐"。① 还
有，伊斯兰堡国立科技大学的阿什法克·哈桑·汗（Ashfaque
Hasan Khan）认为，"一带一路" 的成功将取决于中巴经济走廊的
成功，因为这符合中国自身的利益。尽管有很多关于中巴经济走廊
的误解，但中巴经济走廊会完成，因为它是两国战略愿景的一部
分。除了经济上的原因，这已经成为两国国家战略的一部分。巴基
斯坦将从中受益，但这也将取决于巴基斯坦在这方面的准备工作。
通过中巴经济走廊，巴基斯坦可以开发更加偏远的地区，实现地区
发展，减小发展差异。② 中巴研究中心原主任马利克认为，"得益于
兄弟般的双边关系"，"归功于科学的总体设计"，中巴经济走廊建
设已取得巨大成就并显著改善了巴基斯坦经济面貌，并将使巴基斯
坦从地区国家中基础设施的 "洼地" 跃为 "高地"，进而可更充分
地 "从自身地缘经济禀赋中获取发展红利，真正成为连接南亚、中
亚、中东多个地区的转口贸易枢纽国家"，并吸引丝路沿线地区国
家 "共享经济红利"。③

三是从传统与非传统安全维度予以肯定。如巴基斯坦地区研究
所的阿里什·乌拉·汗认为，"一带一路" 建设 "对瓦解中国西部
边疆的分裂势力和恐怖势力极为重要"。希林拉汗（Shirin Lakhan）
认为，中巴经济走廊这一概念，"比区域经济集团或贸易集团更广
泛"，其 "强劲的经济合作将成为国家的主要力量，并将促进内部
和谐与稳定，从而减少冲突"，凸显 "走廊的政治和战略" 的重大

① http://issi. org. pk/pakistan-china-relations-developments-in-economic-and-security-areas-in-the-21st-century/, accessed May 19, 2021.

② https://ipripak. org/post-event-report-of-the-workshop-optimizing-cpec-connectivity-region-and-be-yond/.

③ 《中巴经济走廊示范作用凸显——访巴基斯坦战略研究所中国研究中心主任艾赫迈德·拉希德·马利克》，中华人民共和国国务院新闻办公室 http://www. scio. gov. cn/m/31773/35507/35515/35523/document/1550267/1550267. htm，发布日期：2017 年 5 月 2 日。

意义。① 又如,伊斯兰堡战略研究所(Institute of Strategic Studies Islamabad, ISSI)的米尔·谢尔巴兹·赫特兰认为,中巴经济走廊建设为南亚地区提供了一个"实现人类发展并解决贫困、恐怖主义和人类安全等深层次问题的机会","一旦能源和基础设施项目完成,其收益将超过 460 亿美元",这"将削弱恐怖主义势力并有助于稳定中亚和中东地区"。② 艾沙·萨夫达尔(Aiysha Safdar)认为,"中巴经济走廊"建设将进一步增强巴基斯坦海军的责任,巴基斯坦与中国不断增强的安全合作,"可从战术到战略来确保地区的稳定"。③ 再如,巴基斯坦政策研究所的哈立德·拉赫曼(Khalid Rahman)认为,"一带一路"将助力实现地区经济合作,带动中国与印巴两国的安全合作,尤其是反恐合作、涉台问题等,已成为"改善和提高中印巴三方关系中可能产生积极影响的重要领域"。④ 再如,卡马尔·蒙努(Kamal Monnoo)认为,"中巴经济走廊"建设,不仅有助于巴中自贸区合作,使巴基斯坦成为全世界最具吸引力的投资目的地与生产基地之一,还可促进外商投资巴基斯坦企业,使丝路沿线基础设施投资与巴方"2025 年愿景"实现经济一体化和区域连通性目标相契合。⑤ 在 2017 年伊斯兰堡政策研究所(Islamabad Policy Research Institute, IPRI)举办的"优化中巴经济走廊连通性:区域和超越"研讨会上,所长苏海尔·提尔米兹(Sohail Tirmizi)认为,"中巴经济走廊"建

---

① https://digitalcommons. du. edu/cgi/viewcontent. cgi?article = 1010&context = djilp, accessed May 19, 2021.

② https://issi. org. pk/economic-connectivity-pakistan-china-west-asia-and-central-asia/, accessed May 19, 2021.

③ http://issi. org. pk/the-china-pakistan-economic-corridor-its-maritime-dimension-and-pakistan-navy/, accessed May 19, 2021.

④ Khalid Rahman, "China's ties with India and Pakistan," Institute of Policy Studies, Islamabad September 18, 2014. http://www. ips. org. pk/chinas-ties-with-india-and-pakistan/, accessed May 19, 2021.

⑤ Kamal Monnoo, "The Geonomics of CPEC," *Islamabad Policy Research Institute(IPRI)*, March 14, 2017, pp. 17-35.

设，为巴基斯坦提供了一个区域互联互通的新机遇，"将扩大各种形式的结构性互联互通，包括区域内外的铁路、公路、航空、海运、电信和能源，促进贸易和投资流动，加强人与人之间的联系"。作为世界经济一体化程度最低的地区，南亚地区贸易额处世界最低，仅占南亚贸易总额的5%，区域内投资不足1%，"中巴经济走廊的可操作性"，不仅将改变巴基斯坦与中国间双边经济关系，还将发展区域内互联互通，促进南亚地区的贸易发展。

综上，通过三个维度的不同解读，大体形成了巴基斯坦学界肯定"一带一路"的主流认知。

其次，巴基斯坦学界还存在某些担忧"一带一路"的认知。

在巴基斯坦学界，有少数人担忧"一带一路"建设在巴基斯坦会带来某些挑战与风险，如马里奥·埃斯特班（Mario Esteban）认为，"中巴经济走廊"建设在为巴基斯坦"带来一部分经济效益、解决部分发展困境"的同时，也将面临"债务陷阱"的风险，并有"投资资本主义"之嫌，使其"虽然可以减轻阻碍巴基斯坦经济发展的一些主要障碍，但是也会增加其本已沉重的外部债务"。[1]阿里什·乌拉·汗（Aarishi Ullah Khan）认为，"中巴经济走廊"建设不仅会"推动中方在巴修建大量公路、铁路、电力通信等基础设施"，还将促其"建立众多工业园区，投资巴能源领域并重资打造瓜达尔港"，但却面临"巴国内政局不稳、恐怖主义猖獗以及外部势力干涉"等安全挑战，需要"两国共同解决"。[2]还有，赛义德·伊尔凡·海德（Syed Irfan Hyder）与塔兹恩·阿尔萨兰（Tazeen Arsalan）认为，"一带一路"建设也要"克服透明度不足、政治争吵持续不断等问

① http://issi.org.pk/wp-content/uploads/2016/08/4_Mario_Esteban_SS_Vol_36_No.2_2016.pdf, accessed May 19, 2021.

② Aarish U. Khan, "China Goes West: Reviving the Silk Route," *Regional Studies* Vol. xxxii, No. 3 Summer 2014, pp. 95-108.

题",尤其在健全"中巴经济走廊"管理架构方面,对专业团队管理资金、可持续投资及巴方政治变动等充满担忧,但也认可"中巴经济走廊"建设既助力巴中农业交流与合作,又具有为巴服务行业创造空间和经济前景的重要作用。[①] 马克都姆·贝巴认为,"中巴经济走廊"建设也面临反对势力污名化的舆论挑战,他们诬陷"中国企业和中国人的到来会导致瓜达尔本地人失去收入来源,中国人会掌控当地所有就业机会和资源",而瓜达尔本地居高不下的文盲率,不利于"中巴经济走廊"相关工程项目的开展,这些文盲或缺乏教育的人极易受到反对势力的"蒙蔽和蛊惑",[②] 使得瓜达尔本地有一部分民众对瓜达尔港以及中巴经济走廊建设持怀疑态度。穆罕默德·阿扎姆·汗(Muhammad Azam Khan)与艾沙·萨夫达尔(Aiysha Safdar)认为,"中巴经济走廊"建设对巴基斯坦意义重大,但令印度"担心瓜达尔港的建设将使中巴控制世界上最活跃的能源路线,并成为监测波斯湾和阿拉伯海海军活动的设施",使"印度感到被中巴联盟在陆地和海洋上包围和牵制","印度加快了对伊朗恰巴哈尔港的建设进度,试图制衡瓜达尔港"。因此,如何化解印方担忧并促其加入"中巴经济走廊"建设,实为"未来中巴两国共同面临的问题"。[③] IRS研究员穆罕默德·阿兹姆·伊克巴尔(Muhammd Azam Iqbal)认为,印度以"途经有争议的克什米尔地区而损害了印度长远利益"为由,反对"中巴经济走廊"建设,并提出与之抗衡的"季风计划",但与"中巴经济走廊"的快速推进相比,"印方战略不仅难以实现,并且不利于地区发展与稳定"。[④] 还有,穆尼斯·艾哈迈尔(Moonis Ah-

---

① "Implications of CPEC on Domestic and Foreign Investment: Lack of Feasibility Studies," *Islamabad Policy Research Institute*(*IPRI*),March 14,2017,pp. 55–69.

② http://www. beijingreview. com. cn/shishi/201702/t20170208_800086780. html.

③ Muhammad Azam Khan and Aiysha Safdar, *India's Evolving Strategic Maritime Thought: Blue Water Aspirations and Challenges*, *Regional Studies*, Vol. xxxvi, No. 1, Winter 2015–2016,pp. 26–47.

④ Humera Iqbal, "New Trends in Chinese Foreign Policy and the Evolving Sino-Afghan Ties", *Regional Studies* Vol. xxxvi, No. 2 Spring 2016, pp. 37–64.

mar）认为，中巴经济走廊建设"虽可消除巴经济发展的一些主要障碍，但又增加了本已沉重的外债负担"。其中，为缩小巴基斯坦最发达地区与最不发达地区间差距，巴方亟需增强贫困地区生产力，加强员工培训并振兴教育，但"腐败、裙带关系和低效率是成功启动大型项目的主要障碍"，使得中巴经济走廊建设给巴基斯坦带来的利益无法保障。[①] 佐费恩·T·易卜拉欣（Zofeen T. Ebrahim）认为，尽管中巴经济走廊对缓解巴基斯坦能源短缺现状意义重大，但由于瓜达尔地区存在"俾路支自由阵线"等多个好战组织，冲突频发，且"这些组织对外国投资保持高度怀疑，不仅激烈抵制这些发展项目，甚至攻击中方参与港口建设的工程师"，[②] 凸显巴中共建"一带一路"面临严峻的传统与非传统安全挑战，等等，形成巴基斯坦学界还存在担忧"一带一路"的少数认知现状。

总之，以上两个方面共同勾勒出巴基斯坦学界对"一带一路"较为全面、客观的基本认知，体现了中巴全天候战略合作伙伴关系健康与稳定发展的特征，揭示了中巴关系发展中战略互信度高的本质。

第二节 巴基斯坦"一带一路"认知成因溯源

形成巴基斯坦学界认知"一带一路"现状的原因是复杂的，体现在以下三个方面：

第一，巴基斯坦丝路学界的包容性核心议题研究，为塑造巴方涉华认知提供了学理基础。

作为身处丝路文明交会地带的巴基斯坦，其学者在探究"中国

---

① http://issi.org.pk/strategic-meaning-of-the-china-pakistan-economic-corridor/，accessed May 19, 2021.

② 佐费恩·易卜拉欣：《中国新丝绸之路：巴基斯坦从中能获得什么？》，中外对话 https://chinadialogue.net/zh/1/42708/，访问日期：2021 年 5 月 19 日。

与世界古今丝路关系"这一丝路学核心议题中已然形成了异质文明交往互鉴的包容性研究视角，并通过打造丝路文明研究团队推进丝路学研究，彰显出巴基斯坦丝路学研究的独特魅力，艾哈迈德·哈桑·丹尼（Ahmad Hasan Dani）领衔的真纳大学（QAU）丝路研究团队最具代表性：1967 年，巴基斯坦教育部授权真纳大学成立了"中亚文明研究中心"，以便作为巴方代表参与联合国教科文组织"中央亚方案"国际学术合作，且在教科文组织建议下更名为"塔克西拉亚洲文明研究所"（TIAC），其研究重心也从关注中亚文明到对亚洲文明的比较研究的内容拓展，由早期通过举办会议与编写中亚史的基础理论研究转向现在注重实地调研的理论与实践相结合的方法，旨在培养学生对整个亚洲的历史与文化的广泛认识。作为巴基斯坦考古学家、历史学家和语言学家，艾哈迈德·哈桑·丹尼以真纳大学考古系为依托，创建了《亚洲文明杂志》（*Journal of Asian Civilizations*），并发表大量有关亚洲文明研究的论著与研究报告，还为巴基斯坦和孟加拉国的高等教育引入了考古学这门新学科，真纳大学丝路学研究团队初步建成。事实上，丹尼于 1944 年从巴纳拉斯印度大学（BHU）毕业后，自 1945 年起就在莫蒂默·惠勒（Mortimer Wheeler）指导下参与了对塔克西拉和摩亨佐达罗的发掘和英属印度阿格拉泰姬陵的考古，并获伦敦大学考古系博士学位。在 1962—1971 年调任白沙瓦大学考古学教授期间，担任白沙瓦大学研究协会主席并组织了拉合尔和白沙瓦博物馆重建工程，1971 年任伊斯兰堡大学（即古艾德—阿赞姆大学）社会科学院院长，1979 年任巴基斯坦考古和历史协会主席。且于 1990—1991 年间带领联合国教科文组织国际科研团队开展丝绸之路沙漠路线考察与丝绸之路草原路线考察，并与俄罗斯学者瓦迪姆·米哈伊洛维奇·马松（Vadim Mikhaĭlovich Masson）合著《中亚文明史》，表明丹尼主导的丝路学研究团队在巴基斯坦国内外所形成的巨大影响力。真纳大学塔克西拉亚洲文明研究所更是功不可没，一直引领了巴基斯坦丝路学研究异质文明交往互鉴的包容性研究视角，如现任所长加尼·乌尔·拉赫曼（Ghani-ur-Rahman）致力于丝路文明交往与犍陀罗艺术研究；穆罕默德·阿什拉夫·汗教授，获考古学硕士与犍陀罗研究博士学位，参与巴基斯坦多项重大考古研究和发掘工作并产出多部犍陀罗艺术研究的论著；萨迪德·阿里夫助理教授，获考古学硕士与犍陀罗佛教艺术博士学位，发表了许多巴基斯坦古代遗产研究的学术成果等。此外，艾哈迈德·哈桑·丹尼于 1962 年创建了白沙瓦大学考古系，成为巴基斯坦丝路学研究的又一重要平台，不仅为全国培养了关涉丝路文明的教学、科研及智库等骨干人才，还坚持从包容性视角开展丝路文明研究。如考古系现任主任易卜拉欣·沙（Ibrahim Shah）致力于巴基斯坦的印度教艺术研究，古尔·拉西姆·汗（Gul Rahim Khan）博士从事钱币学研究，穆罕默德·纳伊姆·卡齐（Muhammad Naeem Qazi）博士从事伊斯兰艺术与建筑研究，扎基鲁拉·贾恩（Zakirullah Jan）副教授从事印度文明研究，尼道拉·塞拉伊（Nidaullah Sehrai）博士从事陀罗建筑艺术与博物馆学研究。此外，白沙瓦大学考古系还创办了国际学术期刊《古代巴基斯坦》（Ancient Pakistan），内容涵盖艺术、建筑、图像学、考古学、文化人类学、伊斯兰艺术和建筑、南亚古代宗教体系、艺术和设计、文化遗产、文化旅游、文化历史、丝路钱币、古生物学丝路碑文、地貌学、环境考古学、文学及田野调查等，旨在"挽救巴基斯坦迅速消失的文化和民族传统"。目前，由易卜拉欣·沙任主编的《古代巴基斯坦》杂志，因其高质量而在世界范围内获得广泛认可，为丝路文明研究的同仁提供了一个全球性对话平台，"可与不同学科的学者发表并分享各自的研究成果，以促进丝路文明知识传播，并使他们的最新发现和正在进行的研究议题广为人知"。综上，以艾哈迈德·哈桑·丹尼为主的巴基斯坦丝路学研究团队，两度与联合国教科文组织合作推进全球丝路学术共同体建设而做出了重要贡献，且在包容性的丝路学核心议题研究中，为塑造巴方涉华认知提供了扎实的学理支撑。

第二，巴基斯坦涉华智库的"一带一路"研究，框定了本国涉华认知基调。

在巴基斯坦活跃着一批涉华研究机构，大多致力于"一带一路"研究，参与涉华认知建构。如，巴基斯坦中国研究所（Pakistan-China Institute，PCI）成立于 2009 年 10 月，由参议员穆沙希德·侯赛因（Mushahid Hussain）担任主席，系巴国第一个非政府、无党派和非政治性的智库，致力于打造促进巴中国防与外交、教育与能源、经济与环境等领域非政府性学术平台。且与中国社会科学院（CASS）、中国改革与发展研究所（CIRD）共建了国际研发部（Research and Development International，RDI），由其所长穆沙希德·侯赛因·赛义德（Mushahid Hussain Sayed）和中国全国人大外事委员会副主任赵白鸽共同主持。其研究领域包括基础设施联通、经贸合作、工业投资、能源和资源勘探、金融合作、社会发展合作及生态合作等，主要通过举办"一带一路"学术研讨会的方式，为国际组织的双多边交流提供新平台、为私营公司的合作提供有效渠道，以及将公私合作伙伴的疑虑传达给政府监管机构等。近年来，巴基斯坦中国研究所以"中巴经济走廊"研究为抓手，从能源、社会、经济、资金、文化、教育及地缘政治等多个视角，展开全景式动态研究，并提供风险规避相关对策建议，已出版《现代丝绸之路的经济效应：中巴经济走廊》和八卷本《走廊、文化与连通性》等重要学术成果，尤其是《走廊、文化与连通性》，主要包括阿尔马赫·贾米勒（Arshmah Jamil）的《中巴经济走廊对俾路支省发展的影响》（2015）、纳维德·伊拉希（Naveed Elahi）的《安全威胁与解决方案和战略》（2015）、哈里斯·爱资哈尔（Haris Azhar）和阿姆纳·赛义德（Amna Syed）的《中巴经济走廊对巴基斯坦能源行业的影响》（2017）、安阿姆·库莱希（Anam Kuraishi）和穆斯塔法·海德尔（Mustafa Hyder）的《中巴经济走廊的现实、事实与虚构》（2017）与《中巴经济走廊：文化和教育连接的机会》（2017）、阿姆纳·赛义德和拉姆拉·塔里克（Ramlah Tariq）的《妇女在中巴经济走廊中的作用》（2018）、穆罕默德·胡达达德·沙塔（Muhammad Khudadad Chatta）和穆斯塔法·海德尔的《中巴经济走廊：资金去哪儿了?》（2018）、沙赫里亚尔·艾哈迈德（Shaharyar Ahmed）和穆斯塔法·海德尔的《地缘政治战略、经济国际与文化连接：中国、巴基斯坦和阿富汗区域合作的新时代》（2018），共计八部研究报告，成为巴基斯坦学界系统性研究"一带一路"的集大成者，影响深远。又如，巴基斯坦区域研究所（The Institute of Regional Studies，IRS），成立于1982年3月，是巴基斯坦研究国际问题与区域安全的引领型智库，三十多年来已形成了独立的研究倾向与独特的研究风格，其研究成果在巴智库界影响甚大。该研究所从内政外交、经济工业、科学技术、社会文化及环境安全等方面，重点研究巴基斯坦周边国家和地区问题，关涉南亚、西亚、中国、中亚及印度洋等地区与国别问题，也研究美、俄、英、法等西方大国的南亚政策，旨在对地区和全球问题提供深入而客观的分析，为"一带一路"研究提供了一个宏阔的研究视野。该所的阿里什·乌拉·汗，致力于中巴关系、恐怖主义、宗教民族运动研究；乌梅拉·伊克巴尔（Humera Iqbal）致力于巴基斯坦外交政策、中巴关系、阿富汗政治与安全研究；纳比拉·贾弗致力于中美关系、中印关系及上合组织研究；沙希德·伊利亚斯（Shahid Ilyas）致力于区域经济一体化、政治争端、恐怖主义、阿富汗与巴基斯坦政治、中国崛起对国际体系影响研究。再如，巴基斯坦战略研究所成立于1973年，系巴基斯坦战略研究领域的权威性智库，致力于地区与全球的战略研究，关注重要战略、盟国问题、和平与安全问题、协助官方与非官方组织开展研究，以及提供对策建言等，与世界各地研究机构签署了三十份谅解备忘录以促进国际交流与合作。其中，该研究所专注于国别区域研究与专题研究两大领域，前者主要涉及南亚、中国、日本与亚太地区、阿富汗和中亚、伊朗、中东、美国、联合国等，后者主要涉及"一带一路"及中巴经济走廊、巴基斯坦的外交政策、战略与安全、核问题、恐怖主义及经济社会问题等。研究所于 2009 年创办了《战略研究》（*Strategic Studies*）季刊，旨在打造研究巴基斯坦和国际战略的学术对话平台。巴基斯坦前驻美大使艾则兹·艾哈迈德·乔杜里（Akian humand Cheadlery）担任研究所所长，与巴前驻联合国大使沙姆沙德·艾哈迈德·汗（Shamshad Ahmad Khan）等 10 人组成了理事会，目前拥有 33 位骨干力量。其中，高级研究员穆斯塔法（Malik Oasim Mustafa）致力于核问题、军备控制和裁军、恐怖主义、印巴关系、国际法、环境安全及巴基斯坦国家安全研究，高级研究员阿米娜·汗（Amina Khan）致力于阿富汗与巴基斯坦联邦直辖部落区（FATA）研究，高级研究员萨贾德（Muhammad Waqas Saijad）致力于印度、孟加拉国和其他南亚国家研究。2016 年 8 月 19 日，研究所理事会批准建立了中巴研究中心，致力于研究中国的地区和世界作用及其对巴影响，既是研究中国社会、历史、文化、政治、经济和政府的重要论坛，也是通过建言献策来服务于中巴经贸合作的重要智库。因此，该中心研究议题主要包括：中国外交政策、中巴经济合作、中巴经济走廊、中国经济发展经验、地区形势及其对中巴关系的影响、中国政府体制、中巴民间交往、旅游与文化、教育与科技、媒体交流等。该中心主任塔拉特·沙比尔（Talat Shabbir）致力于南亚、"一带一路"、中巴经济走廊及中巴关系研究，研究员尼加尔（Nelum Nigar）致力于中巴关系、中巴经济走廊及克什米尔问题研究，研究员穆罕迈德·费萨尔（Muhammad Faisal）致力于中巴关系、中巴经济走廊、南亚冲突与合作研究，副研究员阿里·海德尔·萨利姆致力于中巴经济走廊和中巴关系研究，副主编阿鲁沙·汗（Aroosa Khan）

致力于中巴关系研究，以及该中心秘书巴雷赫（Dost Mahammad Bar-rech）致力于中巴经济走廊与"一带一路"研究。还有，巴基斯坦政策研究所（Institute of Policy Studies，IPS）成立于 1979 年 5 月，系巴国内国际关系与当代伊斯兰研究领域的重要智库，主要以研讨会、研究报告、学术期刊及出版物等方式，解决涉及巴基斯坦、地区和国际社会的政策性问题。为此，该研究所主要通过举办相关会议来收集更多的研究信息，从而提高资政服务能力，截至目前已举办各类研讨会高达一千一百余次，如由巴基斯坦政策研究所与中国四川大学南亚研究所、中国云南省社科院南亚研究所合办的"中巴关系六十年：历史、趋势与措施"国际学术研讨会，于 2011 年 4 月 11—12 日在伊斯兰堡隆重召开，来自巴基斯坦政策研究所、巴基斯坦战略研究所、白沙瓦大学、国际伊斯兰大学、巴基斯坦伊斯兰堡世界事务委员会的学者，与中国四川大学南亚研究所、四川大学南亚与中国西部发展合作研究中心、云南省社科院南亚研究所、西华师范大学、光明日报社等的中国学者及媒体人共同研讨中巴关系。又如，2017 年 8 月 10 日，中国驻巴基斯坦大使孙卫东应邀出席该研究所举办的"中巴关系：中巴经济走廊和各领域合作"研讨会，并做主旨发言。巴参议院少数党领袖拉贾·扎法尔·哈克（Raja Muhammad Zafar-ul-Haq）、政策研究所所长拉赫曼、智库学者、媒体及巴各界友好人士一百多人参加了此次研讨，意义深远。此外，该研究所还创办了《政策透视》（*Policy Perspectives*，英语半年刊）、《西方与伊斯兰》（*Maghribaur Is-lam*，乌尔都语季刊）、《观点》（*Nugta-e-Nazar*，乌尔都语半年刊），以及《IPS 新闻》等学术期刊，旨在借助学术期刊方阵来增强巴基斯坦智库的国际影响力。截至目前，该研究所已出版了二百五十部著作与一千五百份研究报告，包括《伊斯兰、国际法与当今世界》（*Is-lam，International Law and the World Today*）、《巴基斯坦的阿富汗人》（*Afghanis Pakistan*）、《国际货币基金组织阴影下的巴基斯坦》（*Paki-*

stan under IMF Shadow）、《伊斯兰与政治》（*Islam and Politics*）等著作。2010 年 4 月，该所与中国四川大学巴基斯坦研究中心合作出版了中英文论文集《中国的今天和明天及中巴关系的活力》，成为中巴共研"一带一路"的标志性成果。又如，伊斯兰堡政策研究所，成立于 1999 年 6 月，致力于巴基斯坦战略、区域问题及国际热点研究，研究所设立了理事会，其成员包括理事长伊纳姆·哈克（lnamul Haque，前外长）、参议员穆沙希德·侯赛因·赛义德、真纳大学校长阿什拉夫（Javed Ashraf）、旁遮普大学副校长卡姆兰（Mujahid Kamran）等巴基斯坦社会精英。研究所现任所长是阿卜杜勒·巴希特（Abdul Basit），骨干学者有研究中国问题与中巴关系的穆罕默德·哈尼夫上校（Muham-mad Hanif）、研究巴美关系的哈立德·侯赛因·钱迪奥（Khalid Hussain Chandio）、研究南亚安全与反恐问题的穆罕默德·纳瓦兹汗（Muhammad Nawaz Khan）、研究南亚政治与印巴关系的阿斯加尔·阿里·沙德（Asghar Ali Shad）、研究印巴核问题的索比亚·帕拉查（Sobia Prncha）、研究阿富汗问题的穆罕默德·穆尼尔（Muhammad Mumir）及研究巴阿问题的迪迪埃·沙戴（Didier Chaudet）等。研究所出版的主要成果有《加强南亚和平与合作：激励约束》《中巴经济走廊：巴基斯坦和该地区的宏观和微观经济红利》《阿富汗形势：主要国家和地区国家的作用》《2014 年之后的巴基斯坦战略环境》《南盟国家经济合作的未来》《南亚国家政策方针：对区域的影响》《亚太地区新兴安全秩序：对南亚的影响》等，旨在关注巴基斯坦和国际社会普遍面临的重大问题和复杂外交政策，在分析最新数据基础上提出行之有效的政策建言。

可见，巴基斯坦涉华智库集结了该国一大批来自学界、政界、媒体的精英，也是中巴全天候战略合作伙伴关系的出色践行者，他们的"一带一路"研究成果，不仅对上影响巴基斯坦政府的对华政策，还会对下影响巴基斯坦社会的对华舆论，进而框定了巴基斯坦涉华认知的基调。

第三，巴基斯坦学界的"一带一路"认知因受大国干扰而出现波动

在中巴全天候战略合作伙伴关系中，备受美日印蓄意干扰的牵制，中巴经济走廊建设更成为这些大国污名化"一带一路"的炒作议题，使得巴基斯坦学界的"一带一路"认知也出现了波动。

事实上，中巴经济走廊建设为巴基斯坦社会经济发展带来了重大新机遇。根据世界银行的统计数据，2019年巴基斯坦的GDP约为2 782.22亿美元，人均GDP仅为1 300美元，被列为中低等收入国家。此外，巴基斯坦社会问题也较为严重，发展差异较大。自建国以来，虽然巴基斯坦工业化取得了一定成就，但其发展动力明显不足，已成为制约巴国经济发展的主要"瓶颈"，主要体现为以下几方面：一是过去的工业增长并没有带来工业结构的转变和多样化发展，继续进行着对传统工业的新投资，例如2010年对糖、纺织、水泥、机器、肥料和炼油等六个规模型制造业的投资仍保持在1980年的水平；二是如钢铁、冶金、重型机械、石化、基础化学、电子等基础性工业在巴基斯坦几乎不存在，完全依赖国外进口，工业门类不齐全制约了下游附属工业的发展，也就无法实现向附加值高的高新产业转变；三是电力和燃气的严重短缺，电力和燃气供应缺口大、建设资金缺乏、建设能力弱是其工业发展的主要障碍，难以满足经济社会发展需要。同时，工业发展中还存在基础设施落后、缺乏新投资、设备过时、技术水平低、缺乏管理和政策失误等问题。因此，巴基斯坦学界普遍认为，"一带一路"没有捆绑任何政治条件，减少了对发展中国家融资不足与能力偏低的限制，为其提供了消除结构性问题与开展互利合作的机会，鼓励发展中国家实现共同的经济发展目标并实现自给自足的愿景，这不仅是助力推进巴基斯坦工业化进程的新机遇，也是重振巴基斯坦社会政治与经济发展的新机遇。

　　巴基斯坦学界对"一带一路"的认知，主要是基于对本国社会与经济发展现状的清醒判断、对中巴经济走廊建设所取得的切实带动效应的客观评估，进而形成了正面的、积极的主流认知。但是，巴基斯坦学界在研究"一带一路"中也会受到美日印等国学界"一带一路"认知的影响，这些国家学界的"一带一路"研究又受到地缘政治博弈论潜移默化的影响：中国的迅速崛起使美国感到其霸主地位受到了极大威胁，针对国际形势的瞬息万变，美国政府从奥巴马时期的"重返亚太"到特朗普至拜登时期的"印太战略"，欲从政治、经济、军事等全方位遏制中国的崛起，通过打压"一带一路"来压缩中国的战略空间。在此过程中，美国想要联合印度制约中巴的意图十分明显，美国力邀印度参与阿富汗反恐、印度积极开通恰巴哈尔港航线等行为，充分证明了美印两国想要封锁并绞杀"中巴经济走廊"的险恶用心。此外，日本既想搭上美国遏制中国的"战略快车"，在美日印澳合作框架下围堵"一带一路"，但又不想错过共建"一带一路"给日本经济复苏带来的巨大机遇，形成日本政府投机性立场。但是，美日两国固守冷战思维，从地缘政治和地缘战略竞争角度看待中巴经济走廊建设，通过炒作"锐实力"、肆意抹黑中巴经济走廊建设、臆造中巴民间隔阂的议题，以及暗助"三股势力"危害涉华群体生命安全等手段，蓄意破坏中巴共建"一带一路"的舆论环境与安全环境。此外，巴基斯坦境内国际组织众多，由于巴基斯坦中央政府管理能力有限，这些国际组织的影响较大，美西方大国便凭借其在人权、环境、劳工等国际组织的话语影响力来干扰中巴经济走廊建设。虽然巴方认为中巴经济走廊并不穿过"查谟和克什米尔"，而是穿过吉尔吉特—巴尔蒂斯坦（巴基斯坦的北方地区），该地区地位十分微妙，印度声称这一地区是克什米尔的一部分，属于印度领土。为此，巴基斯坦政府正在考虑提升该地区的宪法地位，从而为中国的投资计划提供法律保障。同时，由于瓜达尔港建设将对周围现有港口与在建港口造成潜在竞争，即瓜达尔港将对阿巴斯港、迪拜港、恰巴哈尔港等形成冲击，因此周边一些国家对瓜达尔港的建设心态复杂、态度较为消极。为此，印度积极与伊朗合作建设恰巴哈尔港，但伊朗时任总统鲁哈尼在访问巴基斯坦时表示，伊朗支持中巴经济走廊建设，并希望将瓜达尔港与伊朗港口连接起来协同推进。这些都成为印度学界认知"一带一路"的重要牵绊，故通过炒作"投资陷阱"概念、唱衰"一带一路"南亚共建项目，以及臆造中巴经济走廊政治化议题等方式，干扰了巴基斯坦学界对"一带一路"的认知。

综上，在美日印等国干扰下，巴基斯坦学界的"一带一路"认知也出现了波动，但中巴经济走廊建设取得的日趋显著的实效，是不断消解污名化"一带一路"的最有力的现实保障。

第三节　助力"一带一路"高质量建设的因应之策

巴基斯坦对丝绸之路的研究主要集中在丝绸之路上的塔克拉西犍陀罗艺术与佛教文化等议题，对"一带一路"的研究多聚力中巴经济走廊建设等议题，但对丝绸之路与"一带一路"关联性研究有待进一步发掘，以助力深化中巴丝路共有认知的社会民意基础。为此，应从以下三方面着手予以落实：

第一，加强中巴民间丝路交往，进一步夯实巴基斯坦"一带一路"认知的社会民意基础。

从地理区位来看，巴基斯坦居于南亚、中亚与西亚及海湾地区的十字路口，对"一带一路"的认知主要受历史传统与现实需求两个层面的影响。从历史来看，巴基斯坦主要河流印度河流域位于恒河文明、两河流域–伊朗文明和中原–华夏文明之间，丝绸之路成为亚洲国家和地区不同文明交往的通道，中国无疑是这条漫长丝路的起点，而巴基斯坦地区，既是陆上丝绸之路的重要节点，也是陆上丝绸之路与海上丝绸之路交会的枢纽之一。自张骞"凿通西域"以来就已经联通中国与印度的这条丝路通道，也是玄奘西行求法所经之路。此外，巴基斯坦地区，在陆上连接中东与南亚，在海上连接中亚与阿拉伯海，实为古代中国通往西亚、非洲东岸的必经之路，东汉时期甘英出使大秦就是从这里由陆路转海道的。可以说，巴基斯坦地区在丝绸之路千年历史中都发挥了重要枢纽的作用，故在"中国与世界古今丝路关系"的宏大叙事中，巴基斯坦地区成为不可或缺的重要部分。正是由于共同的丝路记忆为中巴关系奠定了良好基础，政治互信成为中巴丝路伙伴关系的基石。中华人民共和国成立后，1951 年，巴基斯坦与中国建立外交关系。1961 年，巴基斯坦不顾其盟友美国的反对，坚定地支持中国恢复其在联合国的地位。1962 年，巴基斯坦退出了以美国为首的围堵共产主义阵营的东南亚条约组织（SEATO）和中央条约组织（CENTO），为中华人民共和国提供了力所能及的宝贵支持。后经几十年政治风云激荡与国际形势的变化，中巴两国间的友好关系已不仅仅体现在政府层面，双方的传统友谊与世代友好已深入人心。在百年未有之大变局下，中巴关系正面临严峻挑战，故应通过发掘丝路历史遗迹、搭建丝路交流与合作机制、打造丝路文旅品牌项目等多种方式，加强中巴民间丝路交往，进一步夯实巴基斯坦"一带一路"认知的社会民意基础。

第二，加强中巴经济走廊安全环境建设，进一步巩固巴基斯坦学界"一带一路"认知的基调。

作为中国与巴基斯坦共建"一带一路"的旗舰项目，中巴经济走廊建设面临传统与非传统安全的严峻挑战：一是印巴克什米尔争端所致的安全隐患。中巴经济走廊的一部分工程要经过克什米尔的巴基斯坦实际控制区，对此印度政府表示不能接受，并召见大使提出反对，印巴皆有重兵集结在克什米尔停火线上，大有一触即发之势，一旦双方发生冲突，极有可能给中巴经济走廊建设带来巨大风险；二是巴基斯坦与阿富汗边界问题所致的安全隐患。20世纪英国殖民者在推进其建在印度西北"科学边界"——杜兰德线时，留下了阿巴边界普什图部落区的"黑洞"问题，杜兰德线存在理论与现实的严重错位，使得阿巴永远不可能相互妥协，最终苏联和美国都先后放弃了这块"硬骨头"，却留给巴基斯坦政府一个烂摊子，而这个"黑洞"的主要覆盖区又是中巴经济走廊的必经之地。再加上巴基斯坦与阿富汗边界区长期存在难以解决的阿富汗难民与跨界犯罪活动，均无法为中巴经济走廊建设提供一个良好的安全环境。三是"三股势力"已成为中巴经济走廊建设的最大安全挑战。近年来，随着中国和巴基斯坦之间经贸交流与合作的不断推进，尤其是在中巴经济走廊建设中，有越来越多的中国人与中国企业走进了巴基斯坦，在某种程度上也为"三股势力"施暴作案提供了可乘之机，在内外因素的综合作用下，中巴经济走廊成为各方势力破坏中巴关系与围堵"一带一路"的首选攻击目标，故应通过双多边安全合作机制，进一步加强中巴多层级安全合作，为中巴企业合作、人际交流、项目推进等保驾护航，使中巴经济走廊建设在安全环境中有序推进、不断释放现实成效，在维护好巴基斯坦涉华舆情这一风向标中，进一步巩固巴基斯坦学界"一带一路"认知的基调。

第三，加强中巴丝路学界的交流与合作，进一步增强中巴共研"一带一路"的学术动力。

近年来，随着巴基斯坦社会的多元化发展，其精英阶层对华态度也出现了分化趋势，巴铁关系也面临后继乏人的危险，尤其是一些受过高等教育或西方教育的巴基斯坦中产阶层，对华态度充满了复杂性。但是，巴基斯坦大多数社会精英都意识到"一带一路"将推动巴基斯坦社会经济的长足进步与发展，提供大量就业岗位，尤其是中巴经济走廊中、西线的公路、铁路和工业园区建设，将改变巴基斯坦的经济地理结构,促进中西部和西北部落地区的发展,凝聚民心,助力国家统一。因此,巴基斯坦虽然存在中巴经济走廊的路线之争,但鲜有反对"一带一路"的声音,说明巴基斯坦学界对"一带一路"的积极话语具有潜移默化的作用。事实上,中巴学界的交流与合作是优化巴基斯坦"一带一路"认知的关键,重视学界交流与合作对中巴深化战略互信至关重要。其中,中巴经济走廊被视为"一带一路"倡议的试点项目,巴方希望看到这一项目的快速进展,认为其有助于巴克服能源危机,推动经济可持续发展,希望巴成为中国、中亚和南亚跨国贸易与能源储存和加工的一大枢纽。① 鉴于中巴双方都非常重视中巴经济走廊建设的多重现实意义,故应以此为抓手开展中巴学界课题共研,通过合办会议、合办期刊、合作课题、跨境考古、联合申遗等方式,从不同维度、跨学科探究中巴经济走廊的历史基础与现实路径,为探究"中国与世界古今丝路关系"提供鲜活佐证,进一步增强中巴共研"一带一路"的学术动力。

---

① "CPEC: Macro and Micro Economic Dividends for Pakistan and the Region," *Islambad Policy Research Institute*(*IPRI*), March 14, 2017, pp. 1-192, https://ipripak.org/wp-content/uploads/2017/03/CPEC14032017.pdf.

第十三章
海合会国家"一带一路"学术动态研究

　　海湾阿拉伯国家合作委员会（简称"海湾合作委员会"或"海合会"）成立于1981年5月，总部设在沙特阿拉伯首都利雅得，其成员国包括阿联酋、阿曼、巴林、卡塔尔、科威特、沙特阿拉伯、也门七国。[①] 中海共建"一带一路"将引领未来双方战略合作关系的发展，成为新形势下中国与海湾国家合作的主线，也将带动双方在经贸、能源、基础设施、高新科技等领域合作迈上新台阶，为双方关系发展增活力、添动力。[②] 因此，研究海合会国家学界的"一带一路"认知现状及其原因，为深化中海共建"一带一路"战略互信提供学理支撑，意义深远。

第一节　海合会国家"一带一路"研究现状梳理

　　阿拉伯国家对"一带一路"总体上均持肯定、积极与开放的态

[①] 2001年，也门被批准加入"海合会"卫生、教育、劳工和社会事务部长理事会等机构，参与部分工作。

[②] 吴思科：《"一带一路"框架下的中国与海合会战略合作》，《阿拉伯世界研究》2015年第2期。

度。在关于"一带一路"的报道中,"合作""交流""获益""发展""互谅""共赢"等词汇出现频率较高,阿拉伯各国普遍认为,中国的"一带一路"倡议"符合当今世界多极化、经济全球化、文化多样化和社会信息化的时代潮流"。① 然而,在这些积极的回应中仍旧掺杂着质疑之声。海合会国家对"一带一路"的认知主要体现在以下两个方面:

第一,海合会国家学界肯定"一带一路"的主流认知。

沙特于 2016 年推出了"2030 愿景",成为中沙共建"一带一路"的重要组成部分,为沙特学界认知"一带一路"注入了强大现实动力,形成了积极与乐观的基本认知:1. 认为中国是沙特外交战略中的重要"东方支点"。沙特希望在确保其作为"美国支点"的同时,也增加"东方支点"以形成战略平衡,而中国在经济总量与政治影响方面日渐突出,且中国从不无缘无故批评或干涉沙特国内问题或人权问题,② 尤其是中国在国际事务中坚持不干涉内政、通过对话和平解决冲突的立场,③ 均成为沙特首选中国为其外交战略"东方支点"的原因所在,并愿通过沙中高级别联合委员会这一平台,进一步深化两国在经贸、投资、金融、能源领域的合作,提升两国全面战略伙伴关系。2. 中沙经济具有互补性且在"一带一路"框架下合作潜力巨大:沙特纳吉兰大学的伊扎·加马勒在《"2030愿景"下中国复兴丝绸之路中沙特的核心作用》一文中,认为"一带一路"旨在复兴丝绸之路,通过基础设施"将中国与世界联系起来",而沙特"2030 愿景"旨在实现沙特的经济繁荣与可持续发

---

① 阿联酋战略研究中心课题组:《丝绸之路倡议重视互惠互利》,阿联酋《宣言报》2016 年 8 月 4 日。
② 高尚涛:《阿拉伯利益相关者与中国"一带一路"建设》,《国际关系研究》2016 年第 6 期。
③ 《习近平同沙特国王萨勒曼举行会谈 一致同意推动中沙全面战略伙伴关系不断取得新成果》,http://www.xinhuanet.com/politics/2017-03/16/c_1120641501.htm,发布日期:2017 年 03 月 16 日。

展，使得中沙对接合作具有高度契合性，认为中国在复兴丝路项目建设中需要与沙特合作，以 "寻找一个具有活力、野心勃勃、有能力建立非传统经济思想的" 合作伙伴，① "中国依赖沙特发挥复兴丝绸之路中的核心作用"，这是实现 "区域合作与协调的基本路径"，必将助力两国关系发展。② 3. 共建 "一带一路" 将带动中沙关系高水平发展，如沙特研究和知识交流中心主席叶海亚·本·朱奈德认为，沙特的 "2030 愿景" 与中国的 "一带一路" 倡议 "代表着两国的光明前景"，沙特与中国的合作非常重要，双方应在各领域开展务实合作，以实现共同发展。③

卡塔尔于 2011 年发布了 "五年发展计划（2011—2016 年）"，旨在提升卡塔尔的国际地位与全球影响力。为此，卡塔尔政府陆续发布多项法律法规来进一步改善其投资环境，为卡塔尔与中国共建 "一带一路" 提供了重要物质保障。2014 年 11 月 3 日，中卡两国元首举行会谈并发布了 "联合声明"，将扩大双方在基础设施、工业和高科技领域的互利合作，主要包括交通、路桥、铁路、电信、国有企业、技术便利化等方面。④ 这些重要举措使卡塔尔知识精英形成了普遍认可 "一带一路" 的基本认知，如卡塔尔经贸大臣艾哈迈德·本·贾西姆认为，卡中拥有 "牢固的经济合作关系"，目前驻卡的 194 家中国公司已在卡塔尔经济发展特别是基础设施建设中发挥了积极作用。⑤ 2015 年 12 月，首届 "卡塔尔中国制造展" 在多哈会展中心举办，卡

---

① 伊扎·加马勒·阿布杜·塞莱米·宰赫拉尼：《 "2030 愿景" 下中国复兴丝绸之路中沙特的核心作用》（阿拉伯文），《经济与政治研究学院科学学刊》（埃及亚历山大大学）2019 年第 8 期。

② 同上。

③ 《 "深化沙特阿拉伯王国与中国之间的合作：'2030 愿景' 与 '一带一路' 倡议" 会议》（阿拉伯文），沙特研究与知识交流中心 https://crik.sa/309/，发布日期：2018 年 11 月 20 日。

④ 《习近平同卡塔尔埃米尔塔米姆举行会谈 两国元首共同宣布建立中卡战略伙伴关系》，http://www.gov.cn/xinwen/2014-11/03/content_2774589.htm，发布日期：2014 年 11 月 3 日。

⑤ 《综述：海湾国家期待 "21 世纪海上丝绸之路" 新机遇》，新华网 http://www.xinhuanet.com/world/2015-05-/07/c_1115213508.htm。

塔尔工商会副主席萨利赫·本·哈马德强调举办此次展览的目的是学习中国发展的成功经验,故在展会期间海合会工商总会与卡塔尔工商会举办了"中国与海湾国家投资贸易论坛",形成卡塔尔学界通过投资和贸易来助推中国商品进入海湾国家市场①的基本认知。

阿联酋于 2013 年底出台了《国家绿色发展战略》(*National Strategy for Green Growth*),该战略被视为有效推动阿联酋经济结构调整的重要举措。为了配合这一重大战略的实施,阿联酋制订了一系列配套规划方案,其中包括《阿联酋 2021 年未来规划》(*UAE Version 2021*)、《阿布扎比 2030 年环境规划》(*Abu Dhabi Environmental Vision 2030*)、《迪拜 2030 年综合能源战略》(*Dubai Integrated Energy Strategy 2030*) 以及《阿联酋绿色建筑条例》(*Estidama*) 等方案。这些战略规划本着全盘规划对外政策的原则,体现了阿联酋政府的决心。阿联酋高度重视"一带一路"倡议带来的发展新机遇,阿联酋知识精英对"一带一路"倡议普遍持积极的态度,如阿联酋经济部长苏尔坦·曼苏里认为,"一带一路"倡议将"给亚洲、欧洲和非洲 60 多个国家和地区间经济合作与发展开辟更广阔市场"。② 迪拜《宣言报》于 2016 年 8 月 4 日载文强调,阿联酋是共建"一带一路"的战略伙伴与丝路伙伴,正通过实施重大项目将该倡议转化为实际成效,该倡议也将在"发展欧、亚、非贸易合作中塑造未来世界发展新蓝图"。③ 迪拜国际金融中心的纳萨·赛迪认为,海湾国家应"转向东方"来更好发挥其联通作用,以投身中国"新丝绸之路"建设。④ 阿联酋

---

① 《综述:海湾国家期待"21 世纪海上丝绸之路"新机遇》。
② 《阿联酋期待分享"一带一路"发展机遇》,新华网 http://www.xinhuanet.com/world/2016-05/16/c_128987874.htm,发布日期:2016 年 05 月 16 日。
③ 《阿媒:阿联酋是实施"一带一路"倡议的战略伙伴》,中华人民共和国商务部 http://fec.mofcom.gov.cn/article/fwydyl/zgzx/201608/20160801374426.shtml,发布日期:2016 年 8 月 8 日。
④ [黎巴嫩]纳萨·赛迪:《海湾国家应融入"新丝绸之路"》,孙西辉编译,《社会科学报》2014 年 5 月 15 日第 7 版。

《宣言报》主编阿里·沙赫杜尔认为，"一带一路"倡议秉承了一种"开放而非封闭、共赢而非零和、合作而非结盟"的新理念，旨在弘扬和平、友好、合作的丝路精神，同时也注入了时代新理念，所以有人把"一带一路"视为"新版马歇尔计划"的认知，是冷战时期零和博弈思维的产物。①

科威特于 2017 年提出了"2035 愿景"，该国规划和发展最高理事会秘书长哈立德·马赫迪（Khaled Mahdi）称"2035 年愿景"旨在将科威特变为金融和商业中心以吸引投资者，使私营部门引领经济、增强竞争并提高生产效率，赋予政府机构新的权力框架以强调价值认同、保护社会身份，实现人力资源开发及均衡发展，并提供适当的基础设施、先进立法及工作环境。② 沙特费萨尔国王伊斯兰学术研究中心的穆罕默德·阿苏代里（العنود آل，Muhammad al-Sudairy）、阿诺德·沙巴（صباح/السديري，al-Anoud al-Sabah）在题为《中国在海湾地区的发展区：以科威特北方经济区"丝绸之城"为例》③ 一文中认为，科威特"2035 年愿景"与"一带一路"倡议是同步发生的，中国人参与"丝绸之城"项目是由科威特"2035 愿景"的国内支持激增所致，也是由于 2013 年"一带一路"倡议的提出，使得中科经济关系得以加强，该计划的落实需要与"一带一路"对接合作、共同推进，使科威特知识精英对"一带一路"倡议的认知日趋积极。如科最高计划发展委员会秘书长哈立德认为，中国提出的"数字丝绸

---

① 薛庆国：《"一带一路"倡议在阿拉伯世界的传播：舆情、实践与建议》，《西亚非洲》2015 年第 6 期。引自：[阿联酋] 阿里·沙赫杜尔：《中国推行新丝绸之路计划，吸引 60 个国家参加》，[阿联酋]《宣言报》2015 年 9 月 22 日。

② Sherouq Sadeqi, "WB, Kuwait's GSSCPD, Host New Kuwait Vision 2035 Presentation," *Kuwait News Agency*, October18, 2019, https://www. kuna. net. kw/ArticleDetails. aspx?id = 2825023&language = en #.

③ 《海湾地区的"中国"开发区：以科威特北部经济区"丝绸之城"为例》（阿拉伯文），费萨尔国王伊斯兰研究中心 https://www. kfcris. com/ar/view/post/281，发布日期：2020 年 5 月。

之路"倡议,为海湾国家特别是科威特与中国的深化合作开辟了广阔前景。① 科商工会第一副主席阿卜杜勒瓦哈卜认为,中国在全球抗疫中率先复苏经济,为世界树立了榜样,科中应在"一带一路"合作框架下加强合作以发展战略伙伴关系,以造福两国和地区人民。② 中科关系史学者阿努德认为,中国在打造经济特区、发展数字经济等方面具有丰富经验,已成为科建设基础设施、打造智慧城市、实现"2035 国家愿景"的重要合作伙伴。③ 科威特大学的努拉·萨利赫-穆金(Noura Saleh al-Mujim)认为,"丝绸之城"项目将推动科威特成为全球金融与商业中心,且由此获得巨大的经济与社会效益,并将成为连接东西方的十字路口。④

阿曼在 2018 年与中国签署了《中华人民共和国政府与阿曼苏丹国政府关于共同推进丝绸之路经济带与 21 世纪海上丝绸之路建设的谅解备忘录》,不仅助力中阿共建"一带一路"的新实践,也使阿曼学界对"一带一路"的认知普遍呈积极态度:如阿曼国家委员会的哈特姆认为,中国进口海湾国家的石化产品,有力地拉动了海湾国家的经济发展,阿曼与其他海合会国家一样,都非常重视发展与中国的贸易伙伴关系,坚信阿中两国在"一带一路"共建中大有可为。⑤ 又如,阿曼苏丹卡布斯大学的纳赛尔认为,阿曼具有油气与矿藏资源等优势,中国具有生产、技术及管理优势,两国可在优势互补中加强产能合作,以实现互利共赢,进而助推两国经济发展。⑥ 还有,阿曼苏

① 《中国—科威特"一带一路"数字经济合作论坛举行》,http://www.chinaarabcf.org/chn/zagx/sjfc/t1867436.htm,发布日期:2021 年 4 月 7 日。
② 《中国—科威特"一带一路"数字经济合作论坛举行》。
③ 《中国—科威特"一带一路"数字经济合作论坛举行》。
④ 努拉·萨利赫-穆金:《科威特的丝路与新冠肺炎疫情》(阿拉伯文),《卡巴斯报》2021 年 1 月 27 日。
⑤ 《综述:阿曼各界人士积极支持共建"一带一路"》,新华网 http://www.xinhuanet.com/2019-04/19/c_1124390553.htm,发布日期:2019 年 4 月 19 日。
⑥ 《财经观察:中国-阿曼产业园引领中阿产能合作》,新华网 http://www.xinhuanet.com/2018-12/23/c_1123891893.htm,发布日期:2018 年 12 月 23 日。

丹卡布斯大学的穆罕默德认为，中国的"一带一路"倡议在阿曼广受欢迎，阿中在"一带一路"框架下的产能与投资合作已取得了明显进展，表明共建"一带一路"是阿中关系不断发展的必然结果。① 阿曼作家本·拉希德·穆塔尼认为，阿中共建"一带一路"，为扩大双边经贸合作注入了新动力，2018 年阿中双边贸易额达到 217 亿美元，同比增长 40%，表明"一带一路"框架下的阿中合作已"实实在在地支持了阿曼的经济发展"。② 因此，在 2020 年 11 月 24 日召开的阿曼—中国联合会议上，阿曼贸易工业投资部副部长萨利赫·本·萨伊德·穆希南（Saleh bin Saeed Masin）呼吁中国公司将受益于阿曼投资法及其战略地位，以激活"21 世纪海上丝绸之路"倡议。③ 2021 年 3 月 3 日，阿曼通讯社④刊发《阿曼与中国：历史关系与未来前景》一文，认为阿曼与中国悠久的丝路关系主要表现在贸易与文化两方面，阿曼已出台新的外国投资法修正案，以更加开放的态度来吸引中国投资者，故应在"一带一路"框架下进一步加强两国政治、文化和社会多领域关系。马斯欧德·本·赛义德·哈德拉米（Masoud bin Saeed Al-Hadrami）博士认为，中国的"一带一路"倡议旨在复兴丝绸之路，"实现世界贸易自由化，加强经济发展，联系世界各大洲"，以更新丝绸之路上的贸易路线来应对一些大国的霸权挑战，包括美国在内的这些国家质疑当前的全球自由贸易倡议，而中国、俄罗斯、巴基斯坦、阿联酋等国通过"一带一路"合作，将使霸权主义难以继续猖獗。⑤

---

① 《综述：阿曼各界人士积极支持共建"一带一路"》。
② 《综述：阿曼各界人士积极支持共建"一带一路"》。
③ 阿曼通讯社：《阿曼-中国联合委员会讨论加强经济和投资合作》（阿拉伯文），发布日期：2020 年 11 月 24 日。
④ 阿曼通讯社（Oman News Agency，ONA）于 1997 年根据安曼皇家法令成立，它是阿曼政府的官方通讯社。
⑤ 马斯欧德·本·赛义德·哈德拉米：《丝绸之路终于看到曙光——"一带一路"倡议》（阿拉伯文），[阿曼]《祖国报》2019 年 4 月 30 日。

巴林于 2008 年出台了"2030 经济愿景",中国于 2013 年提出了"一带一路"倡议,两者在发展理念、发展领域、发展模式上具有诸多契合点,使得"一带一路"倡议赢得了巴林学界的积极认可。巴林王国经济发展委员会首席执行官哈立德·艾勒鲁迈希认为,数字化可加快"一带一路"框架下互联互通、智慧城市等项目建设,能够让数字解决方案带来巨大收益,故应和中国共建"数字丝绸之路",以通过人才与创意来促进经济增长,为全世界带来裨益。① 安瓦尔·阿卜杜拉博大使认为,经济依存性是海合会国家认可"一带一路"的重要基础,② 中国需要海湾国家的能源、市场及投资机会,海合会国家需要中国的产品、市场、投资机会及技术交流,"一带一路"倡议为双方经济依存性提供了一个合作框架。③ 巴林战略、国际和能源研究中心的阿什拉夫·穆罕默德·库什科认为,经济是政治的"火车头",在中国倡建"一带一路"经济合作中,也在加强与海上丝绸之路沿线国家间的人文交流,近年来往于中国与这些国家间游客数量激增④即为明证。

第二,海合会国家学界疑虑"一带一路"的某些认知。

由于主客观原因所致,海合会国家的某些学者也对"一带一路"存在某些疑虑,如沙特国际伊朗研究所⑤ (International Institute for Iranian Studies) 的阿卜杜·拉乌夫·穆斯塔法·阿尼姆 (Abudul Ra-ouf Mustafa Al-Ghunaimi)、阿哈迈德·夏姆斯·丁·赖伊拉 (Ahmed

---

① 《哈立德·艾勒鲁迈希:巴林望与中国共建数字丝绸之路》,新浪财经 2018 年 11 月 14 日,https://finance.sina.com.cn/meeting/2018-11-14/doc-ihnvukfe9970363.shtml.

② [巴林] 安瓦尔·尤景福·艾勒·阿卜杜拉:《"一带一路"框架下中国—海合会的额经济合作》,《新丝路学刊》2017 年第 1 期。

③ [巴林] 安瓦尔·尤景福·艾勒·阿卜杜拉:《中国和巴林关系将会沿着夯实的道路继续深化》,《中国对外贸易》2019 年第 10 期。

④ 阿什拉夫·穆罕默德·库什科:《中国的海洋战略:超越"一带一路"的雄心》(阿拉伯文),巴林战略、国际和能源研究中心 http://www.akhbar-alkhaleej.com/new/article/1151812,发布日期:2019 年 1 月 21 日。

⑤ 沙特国际伊朗研究所在《2019 年全球智库报告》中位列第 53 位 (除美国智库之外)。

Shams EL Din Layla）认为，伊朗位于丝绸之路的重要节点，是中国与亚、非、欧贸易往来的重要通道，也是连接东西方的重要纽带，使伊朗与中国的 "一带一路" 合作，不仅深化了双方战略伙伴关系，还促进了伊朗社会的经济发展。[①] 又如，费萨尔国王伊斯兰研究中心的穆罕默德·祖·法戈尔·拉赫曼在《中国努力扩大其在海湾地区实施 "一带一路" 倡议的合法性》一文中认为，[②] 多数分析都忽略了 "一带一路" 倡议在海湾地区实施的合法性问题，以便将倡议方利益转化为吸引本地区社会支持的全球利益，故建议中国增强 "一带一路" 倡议的 "合法性"。[③] 再如，沙菲戈·夏格尔认为，"一带一路" 不包含本地区国家人民关切的 "政治原则"，也不包含保护石油通道的 "安全措施"，更没有实现经济稳定发展的 "有效工具或建议"。[④] 此外，卡塔尔半岛研究中心发布的《"一带一路"：中国与中东关系的未来展望》一文认为，"一带一路" 倡议在中东可能面临诸多挑战，主要源自政治动乱国家与地区竞争的不稳定，以及除海合会外的其他中东国家脆弱的经济。[⑤] 还有，卡塔尔半岛研究中心[⑥]发布的《寻找丝绸之路：美国在中亚》一文认为，美国的 "新丝绸之路" 计划与中国的 "一带一路" 及俄罗斯的 "欧亚经济联盟"，三者 "基本

---

① 阿卜杜·拉乌夫·穆斯塔法·阿尼姆、阿哈迈德·夏姆斯·丁·赖伊拉：《中伊关系，变化世界中战略伙伴关系的前景》（阿拉伯文），沙特国际伊朗研究所，发布日期：2020 年 10 月 5 日。

② 本报告旨在分析如何使实施该倡议的努力合法化，以及探讨相关参与者是谁。指出 "合法性" 的问题具体是如何确定该倡议的目标来吸引区域社会；"参与者" 特指参与到实施过程中的相关各方。在最后部分，报告还确定并评估了可能阻碍中国在这方面努力的制约因素。

③ 穆罕默德·祖·法戈尔·拉赫曼：《中国努力扩大其在海外地区实施 "一带一路" 倡议的合法性》（阿拉伯文），费萨尔国王伊斯兰研究中心 https://www.kfcris.com/ar/view/post/245，发布日期：2019 年 11 月。

④ 同上。

⑤ "'One Belt One Road': A Vision for the Future of China-Middle East Relations," https://studies.aljazeera.net/en/reports/2017/05/belt-road-vision-future-china-middle-east-relations-170509102227548.html.

⑥ 王灵桂主编：《全球战略观察报告——国外智库看 "一带一路"（I）》，中国社会科学出版社 2016 年版，第 128—131 页。

目标相似",旨在连接欧亚大陆、密切贸易往来与过境联系。但因美俄关系紧张,中俄通过"一带一路"与"欧亚经济联盟"对接来寻求欧亚合作,美国欲在中亚"实现战略平衡",这与"中亚许多国家维护主权的目标基本相似"①。再如,阿联酋高级研究调查未来中心②经济研究部负责人阿里·萨拉赫认为,"一带一路"倡议有助于加强"中国与世界的经济关系",一旦"一带一路"共建受阻,中国可将其分为"几个分倡议"继续推进,"一带一路"倡议折射出中国经济发展新阶段,中国经济崛起"会像当年美国一样,走向更广阔外部市场"。③ 针对中国与伊拉克的"石油换重建"项目,阿联酋政策中心的《伊中经济协议:目标与利益之争》研究报告,从地缘政治视角分析后认为,中国与伊拉克的合作之举,将助力改善伊朗与伊拉克关系,并"增强什叶派穆斯林政府的长久性"。④ 巴林战略、国际和能源研究中心(Bahrain Center for Strategic, International and Energy Studies Bahrain,DERASAT)⑤ 项目主任阿什拉夫·穆罕默德·库什

---

① 作者为 Jeffrey Mankoff,战略与国际研究中心(CSIS)俄罗斯与欧亚项目部副主任、研究员。来源:半岛研究中心(卡塔尔智库),2015 年 7 月 30 日。

② 高级研究调查未来中心是一个独立的智库,于 2013 年在阿拉伯联合酋长国首都阿布扎比成立,致力于加深公众对话,支持决策过程,并支持与未来趋势相关的科学研究。在不稳定和无法预测未来的背景下,未来趋势已成为该地区的现实问题。该研究机构的目的就是尽可能地规避"未来冲突"。https://futureuae.com/ar-AE/SimplePage/Item/7/% D8% B9% D9% 86-% D8% A7% D9% 84% D9% 85% D8% B1% D9% 83% D8% B2。

③ 阿里·萨拉赫:《"一带一路"项目:中国如何将其经济与外部世界连接》(阿拉伯文),《事件趋势》2018 年第 26 期。

④ 《伊中经济协议:目标与利益之争》,https://epc.ae/topic/iraqi-chinese-economic-agreement-a-debate-on-objectives-and-benefits,发布日期:2020 年 2 月 20 日。

⑤ 巴林战略、国际和能源研究中心是 2009 年在巴林王国成立的独立智库和研究中心,负责分析国家、地区和国际层面的战略发展,并基于创新的眼光进行相关研究,以提高巴林王国的地区和国际地位。该研究中心旨在提升研究的重要性,以满足决策者的要求,并提高了解国际问题发展的能力。该智库意识到当前的世界是迅速变化的,机遇与风险并存。因此,实现观点的融合并建立讨论论坛是该智库的两个基本目标,利用这些讨论以及由此产生的出版物来增进理解、鼓励创新和独立思考,以便提供建设性的解决方案,支持巴林在和平、安全与稳定领域的未来要求。该智库的研究和基本领域包括:战略研究和国际研究、能源、经济、民意调查。

科于 2019 年 1 月 21 日发表的《中国的海洋战略：超越“一带一路”倡议的野心》一文，从地缘政治角度分析了“一带一路”背景下中国在印度洋、地中海和大西洋部分地区投资建港口背后存在的“海洋战略意义”，认为中国的“一带一路”倡议，既可从“当前世界秩序转变的语境来解读”，也可从“中国南海的地区冲突来解读”。①

总之，海合会国家学界绝大多数积极认知“一带一路”，但也受美国因素与伊朗因素的牵制而产生了某些误解与担忧，由此形成海合会国家学界“一带一路”认知的基本现状。

第二节　海合会国家“一带一路”认知成因溯源

形成海合会国家学界“一带一路”认知现状的原因是多方面的，且主要体现在以下三个方面：

第一，中世纪阿拉伯典籍中的“丝路中国形象”，奠定了阿拉伯国家学界对华友好认知的基调。

在中世纪阿拉伯文献中，颇具代表性的涉华典籍包括《中国印度见闻录》（《苏莱曼东游记》）、《黄金草原》、《伊本·白图泰游记》、《道里邦国志》、《埃及帝王史通纪》等，对中国的叙事多以正面描述为主且具持续性，使得阿拉伯学者对中国的良好印象成为一种思维定式，并最终形成关于中国叙事的话语体系，② 影响至今，凸显阿语丝路典籍在塑造中阿丝路共识中发挥的重要而深远的作用。《苏莱曼东游记》③，又被译作

---

① 阿什拉夫·穆罕默德·库什科：《中国的海洋战略：超越“一带一路”的雄心》（阿拉伯文）。

② 葛铁鹰：《阿拉伯古籍中的“中国”研究——以史学著作为例》，上海外国语大学博士学位论文，2008 年，第 133 页。

③ 《苏莱曼东游记》，原著为阿拉伯文抄本，系根据唐代来华的阿拉伯商人苏莱曼等人的见闻所撰，公元 851 年汇集，公元 880 年续成。该书是先于《马可·波罗游记》约四个半世纪问世的关于远东的一部最重要的著作；1983 年由穆根来、汶江、黄倬汉根据法、日两种译本翻译成汉文出版。

《中国印度见闻录》，是中世纪阿拉伯人所著的最早关于中国和印度的旅游见闻，先于《马可·波罗游记》约四个半世纪问世，为首部阿拉伯人的东方游记，最早描述中国与阿拉伯海上贸易之路。[①] 该书主要记录了海上丝绸之路的重要港口广州的丝路贸易盛况，[②] 阿拉伯商人与波斯商人多达十余万人，在中国或经商或定居，带给中国象牙、犀角、乳香、龙涎、宝石、珊瑚、明珠、琉璃、丁香等商品，又从中国采购蚕丝、瓷器、茶叶、铜铁器皿等商品。但当时中国与巴格达之间的海上丝路贸易也面临诸多挑战，中国商货出口到阿拉伯，须经海路，路途艰辛。[③] 其中，因"中国船"体积大而只能在波斯湾航行到西拉夫（Siraf）港，再转由小船运送货物，[④] 但中国港口在丝路贸易中的作用极为重要。作为《苏莱曼东游记》的作者，苏莱曼到过恒河流域的印度、印度尼西亚和中国，使这部典籍丝路叙事的真实性无可非议。[⑤]《道里邦国志》是由阿拉伯史地学家伊本·胡尔达兹比赫（公元820/825—912年）[⑥] 于公元9世纪中叶完成，详述了各地间的路程、海港与海上航程、商路食宿条件、各地商货、民俗习惯、山川道里、异景奇观、经济物产等，介绍了犹太商人、罗斯（古俄罗斯）商人及阿拉伯商人在丝路贸易中的作用，是最早关于犹太人入华的文献记载。并详细记述了中国的港口、河流、物产及

---

① Prof. Dr. Sami Al-Madhi,"Impact of Silk Road on Cultural and Social Communications between Arabs and China",*Historical studies bayt AL hikma*,2018(47):93.

② ［阿拉伯］苏莱曼：《苏莱曼东游记》，刘半农、刘小蕙译，华文出版社2016年版，第17—19页。

③ 同上。

④ 同上。

⑤ ［法］费琅：《阿拉伯波斯突厥人远东文献辑注》，耿昇 、穆根来译，中国藏学出版社2018年版，第4页。

⑥ 伊本·胡尔达兹比赫，本名艾布·卡西姆，阿拔斯王朝（750—1258年）人，波斯人的后裔。被誉为"阿拉伯的希罗多德"的麦斯欧迪在其著作《黄金草原》中称颂《道里邦国志》为"一部珍贵的书，它是取之不尽的宝藏，始终都可以从中得到教益和知识"（卷一，第13页）。转引自［阿拉伯］伊本·胡尔达兹比赫：《道里邦国志》，宋岘译，华文出版社2017年版，第19页。

海上航程等，为研究唐代中外贸易史提供了重要背景资料，① 是探究 "中国与世界丝路关系" 的重要典籍：犹太商人 "经海路或陆路奔走在东西方"，形成了始于中国连接亚非欧的丝路贸易网络，绘就了一幅公元 9 世纪的国际贸易路线图，中外丝路贸易使 "所有道路都彼此联通"，② "从西班牙或法兰克出发"，都能借陆丝与海丝 "最终至中国"，③ 体现出中国在丝路贸易全球化中所扮演的重要角色。《黄金草原》是阿拉伯历史学家与地理学家阿布·哈桑·阿里·侯赛因·阿里·马苏第（Abūal-Ḥasan 'Alī ibn al-Ḥusayn al-Mas'ūdī）的丝路游记，他于伊历 300—314 年（公元 912—926 年）间，"曾乘船经过马来西亚海域，一直抵达中国的沿海地带；至于里海和红海东部沿海地区，他更是了如指掌"，他将 "自己的黄金时代花费在远途探险" 后又返回，"整理其长途跋涉中所得到的各种材料"④ 后完成了《黄金草原》，确保了此部典籍的历史真实性，尤其是关于中阿海丝贸易的描述更具史料价值：公元 5 世纪前半叶，在幼发拉底河畔的希拉城，常有中国远洋商船航行至此，与汇聚在此的各国商人开展丝路贸易；公元 6 世纪，中国商船常访波斯湾后前往阿曼、希拉甫、巴林、奥拉波、巴士拉等地，这些港口的阿拉伯商船也常沿此条航线前往中国，⑤ 由此形成相向而行的 "香料之路" 与 "瓷器之路"，生动诠释了 "中国与世界丝路关系" 中的中阿丝路伙伴关系。《伊本·白图泰游记》是作者考察丝路沿线国家和地区尤其是远赴中国的亲历记录。亦即，1325—1349 年，在经过二十四年的旅行后，他终于回到了祖国，⑥ 将自己的游历见闻整理成书，以《伊本·白

---

① ［阿拉伯］伊本·胡尔达兹比赫：《道里邦国志》，第 20 页。
② ［阿拉伯］伊本·胡尔达兹比赫：《道里邦国志》，第 141 页。
③ 同上。
④ ［法］费琅：《阿拉伯波斯突厥人远东文献辑注》，第 83 页。
⑤ ［古阿拉伯］马苏第：《黄金草原》，耿昇译，青海人民出版社 1999 年版，第 67 页。
⑥ ［法］费琅：《阿拉伯波斯突厥人远东文献辑注》，第 390—391 页。

图泰游记》而闻名世界，尤其是他的中国叙事更对中非、中阿、中伊丝路伙伴关系发展发挥了潜移默化的作用，如刺桐城（泉州）不仅盛产丝绸而驰名，也因其是"世界大港之一，或者是世界上最大的港口"① 而在海丝贸易中具有举足轻重的作用。又如从广州的瓷市街"把瓷器运往中国各地，以及印度、也门等国"② 直至非洲和欧洲，揭示出中国商品借助丝路远销世界而形成了全球丝路贸易网络的历史真相。在伊本·白图泰的中国叙事中洋溢着难以掩饰的对华友好情感与难以割舍的丝路情愫，"中国现象"也在他所描述的"中国与世界丝路关系"中得以彰显，贯穿其中的互惠包容合作的丝路精神，也成为构建中阿丝路共识的价值内核。综上，中世纪阿拉伯典籍中的"丝路中国形象"，成为硬实力与软实力俱强的"丝路强国"的代表，与丝路沿线国家和地区在贸易往来与人文交流中，形成了互惠包容合作的丝路精神，奠定了阿拉伯国家学界对华友好认知的基调，海合会国家学界绝大多数对"一带一路"持积极性认识即为明证。沙特知识和交流中心主任朱奈德认为，"中阿民心互通还未达到理想效果，双方必须通过项目合作及媒体宣介，开展学术经典互译和语言互授，进一步推动中阿文明互鉴互赏，推动中阿民族形成更多交汇"。③ 其中，文化典籍互译在推进深层次文明对话中具有基础性作用，故中阿合作积极推进：2004年"中阿合作论坛"成立标志中国与海合会国家之间的关系发展进入到新阶段，中阿双方开始认识到经典互译对人文交流的重要性。2008年5月，中阿合作论坛第三届部长级会议公报中提出支持"中阿合作论坛"框架下的中阿文明对话。2008年12月，"中

---

① ［摩洛哥］伊本·白图泰：《伊本·白图泰游记（中国部分）》，马金鹏译，华文出版社2015年版，第97—98页。

② ［摩洛哥］伊本·白图泰：《伊本·白图泰游记（中国部分）》，马金鹏译，第100页。

③ 《敲黑板 划重点　中阿改革发展专家视频会上专家们都说了些什么?》，https://mp. weixin. qq. com/s/Xt98ldaxdDOqGGTmVp-lsA，发布日期：2020年12月2日。

阿文明对话——语言与文化交流研讨会"上，中阿双方商讨启动"中阿典籍互译出版工程"。2010 年 5 月，中国国家新闻出版总署与阿盟秘书处签署《"中阿典籍互译出版工程"合作备忘录》，标志"中阿互译工程"正式开启。海合会国家中，科威特和沙特两国已经与中国签订了典籍互译协议。2013 年"一带一路"提出推动中国与海合会国家人文交流进入蓬勃发展期。2014 年 6 月，中科签署《中科经典和当代文学作品互译出版项目合作议定书》。2016 年 8 月，中沙签署《"中沙经典和现当代作品互译出版项目"执行计划》。2019 年 5 月，亚洲文明对话大会召开，引发国内外学者对中外经典译介工作的广泛重视和关注。可见，中阿典籍互译始于"中阿合作论坛"的创建，且在"一带一路"背景下蓬勃发展，助力深化中阿文明交往互鉴，奠定了阿拉伯国家学界友华认知的基调。

第二，当代阿拉伯学者的中阿丝路关系研究，有助于优化海合会学界的"一带一路"认知。

埃及学者贾拉勒·赛义德·哈夫纳维（السيد سليمان الندوى）将印度裔学者赛义德·苏莱曼·纳德维（Syed Sulaiman Nadwi, 1884—1953）的著作《阿拉伯人的航海》（الملاحة عند العرب）翻译为阿拉伯语，并于埃及出版发行。书中指出，阿拉伯航海家在前伊斯兰时代就已到达中国和印度，并在伊斯兰时期达到繁荣。丝路贸易中，丝绸是中国的主要商品，香料和琥珀是印度与东南亚的主要商品，丝绸和薄纱从中国途经波斯湾运往马什里格地区，再运抵西欧。大量研究表明，是阿拉伯人主动开辟了前往远东的丝路贸易路线。埃及阿斯尤特大学的乌萨马·穆罕默德·法赫米·萨迪格于 2011 年发表《丝路上的中国城市与中亚城市间贸易与文化关系：1250—1505 年》一文，介绍元朝、帖木儿王朝（1260—1505 年）时期丝绸之路上中国城市与中亚城市的政治和文明发展，这一时期丝绸之路上中国城市与中亚城市间的贸易关系，以及中亚城市与中国城市间的文化关系，① 认同英国弗兰科潘所定义的"丝绸之路"是"古代、中世纪世界最伟大的贸易通道，它还是文明之路、信仰之路和扩张之路。伊斯兰中世纪时期，佛教、基督教的传教士行走在这条路上，阿拉伯商人通过这条路在亚洲传播伊斯兰"。② **黎巴嫩**大学的塔里克·艾哈迈德·沙姆斯（طارق أحمد شمس, Tariq Ahmad Shams）于 2018 年出版《丝绸之路上的东方：历史、地理和经济研究（公元前 3000—公元 2017 年)》（الشرق على طريق الحرير: دراسة تاريخية-جغرافية-اقتصادية، ٣٠٠٠ق م-٢٠١٧م）一书，共计三章：第一章梳理丝路历史以及统治丝路的主要国家，讨论了中国"一带一路"倡议对亚、非、欧国家经济的影响。第二章介绍陆丝与海丝上的著名城市，其范围以中国为起点延至埃及、波斯湾、印度洋岛屿、印度及斯里兰卡等。第三章介绍丝路著名商品，如药品、香水、纺织品和食物等。作者认为，丝绸之路这条漫长贸易线路，将东亚与西亚连接起来，到达欧洲及非洲，凸显其经济与政治的重要性，以及对沿线国家文明的影响。丝绸之路是古代和中世纪世界各国间唯一通道，且将古代、中世纪的世界与当代世界联系起来。在历经帝国主义入侵、抗日战争及解放战争后，"中国巨人"在 21 世纪崛起并提出"一带一路"倡议，将促进中国与占全球人口 60% 的65 个国家间的贸易发展。③ **叙利亚**的穆罕默德·阿卜杜勒·哈米德·哈马德（عبد الحميد الحمد 2020, Muhammad Abd al-Hamid al-Hamad）于2007 年出版《丝绸之路文明》一书，介绍了古代丝绸之路的陆路、沙漠之路和水路交通：陆路被用于商业目的、军事目的及宗教目的；

---

① 乌萨马·穆罕默德·法赫米·萨迪格：《丝路上的中国城市与中亚城市间贸易与文化关系：1250—1505 年》（阿拉伯文），埃及阿斯尤特大学文学系：《科学杂志》2011 年第 40 期。
② 同上。
③ 塔里克·艾哈迈德·沙姆斯：《丝绸之路上的东方：历史、地理和经济研究（公元前 3000 年—公元 2017 年)》（阿拉伯文），阿拉比出版社 2018 年版。

沙漠之路主要用于贩卖盐、矿产和奴隶；水路包括两河流域、尼罗河、恒河、黄河和多瑙河及其他海洋，最著名的海丝贸易集散地是地中海与印度洋。作者认为"丝绸之路的起点在中国"，从中国出发，经过不同线路到达罗马，阐释了丝绸之路上中华文明、印度文明、波斯文明、阿拉伯文明、希腊文明等组成的丝路文明交往的历史。① 此外，叙利亚大马士革大学的萨忒耳·马赫里（ساطع محلي），曾任《叙利亚地理杂志》主编、叙利亚地理学会主席，于 1991 年参加了联合国教科文组织的中亚草原丝绸之路考察活动，② 1994 年出版了《在丝绸之路上》一书，记录了自己此次中亚草原丝路考察活动，旨在强调丝绸之路在伊斯兰世界的地位及其在古代、当代贸易，文化和建筑交流中的重要性。这本书也是联合国教科文组织为重新发现丝绸之路并促进各国人民间对话而开展的活动记录，以及作者对丝路沿线国家当代政治、社会和经济事务的观察。③ **约旦**大学的玛姆杜赫·海拉拜舍（与塞拉迈·奈伊马）于 2011 年发表了《拜占庭时期沙姆地区的商路：公元 1—7 世纪》一文认为，贸易之路是古代世界联系最重要的路径，沙姆地区是古代世界的地理中心，经由沙姆地区，"商队从远东到远西，运载着香料和丝绸从远东中国经由丝绸之路到达位于西方的拜占庭"，或者"商队从阿拉伯半岛最南端出发，运载着印度的香料、阿拉伯的乳香运往北部的拜占庭"，④ 形成了必经沙姆地区的

---

① 穆罕默德·阿卜杜勒·哈米德·哈马德：《丝绸之路文明》（阿拉伯文），叙利亚文化部，2007 年版。

② 1990 年 7 月 20 日，由联合国教科文组织发起的丝绸之路沙漠路线考察在古城西安正式启程，由此也拉开了 1990—1995 年间"对话之路：丝绸之路综合研究"（Integral Study of the Silk Roads: Roads of Dialogue）框架下五次国际性考察的序幕，包括西安到喀什的沙漠丝绸之路（1990 年）、威尼斯到大阪的海上丝绸之路（1990/1991 年）、中亚草原丝绸之路（1991 年）、蒙古阿尔泰游牧丝绸之路（1992 年），以及尼泊尔的佛教丝绸之路（1995 年）。

③ 萨忒耳·马赫里：《在丝绸之路上》（阿拉伯文），阿勒阿赫利出版社 1994 年版。

④ 玛姆杜赫·海拉拜舍、塞拉迈·奈伊马：《拜占庭时期沙姆地区的商路：公元 1—7 世纪》（阿拉伯文），《约旦历史和遗迹杂志》2011 年第 2 期。

"中国与世界丝路关系"中的经贸往来的丝路伙伴关系网。沙特费萨尔国王学术与伊斯兰研究中心的穆罕默德·阿苏代里与阿诺德·沙巴在《海湾地区的"中国发展区"：以科威特北部经济区"丝绸之城"为例》一文中，探讨科威特"2035 年愿景"与"一带一路"倡议对接现状及其阻碍，认为中国参与"丝绸之城"项目是科威特"2035愿景"与"一带一路"倡议对接合作的成果，助力中科经济关系得以加强。① 沙特纳吉兰大学的伊扎·加马勒的《"2030 愿景"下中国复兴丝绸之路中沙特的核心作用》一文，介绍了丝绸之路历史、复兴丝路的努力与新丝绸之路倡议，梳理了沙中丝路上的政治、外交和经济关系，描述了中沙丝路经贸合作现状，以及展望了沙特"2030愿景"与中国"一带一路"对接合作的前景。② 卡塔尔半岛研究中心（Aljazeera Center For Studies，AJCS）于 2017 年发布了《新丝绸之路：愿景与利益》研究报告，③ 包括《"一带一路"视角下的中国与中东关系》《"一带一路"倡议：批判性看法》《阿中关系中的"新丝绸之路"》《"一带一路"：中国与中东关系的未来展望》《复兴丝绸之路：土耳其如何看待中国的倡议》及《伊朗视角下的中国"一带一路"倡议》等成果，从历史—现实、阿拉伯—非阿拉伯等不同维度阐释中阿古今丝路关系。④ 阿联酋学者侯赛因的《新丝绸之路及其对阿拉伯联合酋长国的影响》一文，阐明了"一带一路"的本质、

---

① 穆罕默德·阿苏代里、阿诺德·沙巴：《海湾地区的"中国开发区"：以科威特北部经济区"丝绸之城"为例》（阿拉伯文），费萨尔国王伊斯兰研究中心 https://www.kfcris.com/ar/view/post/281，发布日期：2020 年 5 月。

② 伊扎·加马勒·阿布杜·塞莱米·宰赫拉尼：《"2023 愿景"下中国复兴丝绸之路中沙特的核心作用》（阿拉伯文），《经济与政治研究学院科学学刊》（埃及亚历山大大学）2019年第 8 期。

③ 卡塔尔半岛研究中心：《新丝绸之路：愿景与利益》，https://studies.aljazeera.net/ar/files/2017/05/170511111450102.html，发布日期：2017 年 5 月 11 日。

④ 伊玛德·阿布什纳斯：《伊朗视角下的中国"一带一路"倡议》（阿拉伯文），卡塔尔半岛研究中心 https://studies.aljazeera.net/ar/reports/2017/05/170511114046495.html#a4，发布日期：2017 年 5 月 11 日。

阿联酋与中国的古今丝路关系及共建基础，揭示了两国丝路贸易关系、阿联酋参与新丝绸之路共建的机遇及两国未来关系。① 阿曼遗产与文化部的哈穆德·本·哈姆德·本·穆罕默德·本·朱维德·盖拉尼，在其《阿曼的古老港口》一文，提到马托拉港、苏哈尔港、迪巴港、盖勒哈特港等重要港口，这些港口成为阿曼与包括中国在内的外部世界的交汇点，② 尤其是苏哈尔港是"东方与伊拉克的仓库，是中国的前线，是也门的支撑"。③ 伊斯兰合作组织伊斯兰历史、文化和艺术中心主任哈里特·艾伦博士在第四届"伊斯兰世界与中国关系史：以阿曼为例"学术研讨会④开幕式强调，伊斯兰世界与中国在不同历史时期形成了各种不同的关系，反映作为联系纽带的"丝绸之路所具备的长久重要性"，因为这是一条"商品、思想、科学和知识"交流之路，正是由于丝绸之路的存在，丝路沿线不同民族、宗教及文化相互交往，并能和平共处。⑤ 阿曼的穆罕默德·本·赛义德·穆格迪姆博士在第四届"伊斯兰世界与中国关

① 尼维·侯赛因：《新丝绸之路及其对阿拉伯联合酋长国的影响》（阿拉伯文），阿联酋经济部，发布日期：2015 年第一季度。

② 哈穆德·本·哈姆德·本·穆罕默德·本·朱维德·盖拉尼：《阿曼的古老港口》，载自《当代阿曼文明》，五洲传播出版社 2019 年版，第 63—64 页。

③ 哈穆德·本·哈姆德·本·穆罕默德·本·朱维德·盖拉尼：《阿曼的古老港口》，第 74 页。

④ "中国与伊斯兰文明"国际学术研讨会由中国社会科学院与伊斯兰合作组织（OIC）所属机构伊斯兰历史、艺术与文化中心联合主办。2012 年 6 月 28 日至 29 日，第一届"中国与伊斯兰文明"学术研讨会在中国社会科学院举行，围绕"中国与伊斯兰世界的历史联系""中国与伊斯兰世界的艺术交流与互动""文献与语言""科学、宗教与思想""当代世界与伊斯兰世界的关系"以及"全球化背景下的中国与伊斯兰世界"等六个主题热烈讨论；2015 年 2 月，第二届"中国与伊斯兰文明对话"在土耳其伊斯坦布尔举行，与会代表围绕"中国与伊斯兰世界的历史联系""中国与伊斯兰世界的艺术交流与互动""文献与语言""科学、宗教与思想""当代世界与伊斯兰世界的关系"以及"全球化背景下的中国与伊斯兰世界"等六个主题展开了热烈讨论。2017 年 7 月，第三届"中国与伊斯兰文明：交融与互鉴"学术研讨会在中国社会科学院西亚非洲研究所举办，与会代表围绕"中国与伊斯兰世界的历史交往""中国与伊斯兰世界的文明互鉴""地区治理：中国与伊斯兰世界""'一带一路'共建：中国与伊斯兰世界""国际体系转型：中国与伊斯兰世界"等主题进行讨论。

⑤ 阿曼通讯社：《"伊斯兰世界与中国的关系史：以阿曼为例"国际会议在马斯喀特开幕》（阿拉伯文），发布日期：2019 年 12 月 23 日。

系史：以阿曼为例"学术研讨会①上发表"郑和的航行：1405—1435 年"的演讲，强调阿曼与中国丝路关系源远流长且历久弥新，唐朝时期"中国与阿曼港口间贸易活动增多"、明朝时期阿曼与中国见证了"丝路外交和贸易往来"，且郑和下西洋的目的是通过与亚非国家的经贸往来与文化交流来"实现中国的海洋对外开放"。②阿曼学者马斯欧德·本·赛义德·哈德拉米博士的《丝绸之路终于看到曙光——"一带一路"倡议》一文，研究了丝绸之路与"一带一路"的关系，认为"丝绸之路的重要性和地位是无法超越的，它为世界各民族交流做出重要贡献"的原因在于，丝路关系不仅包括"商品交换"，还包括"文化和文明的传播"。③综上，当代阿拉伯国家的丝路学研究聚焦"中国与世界丝路关系"展开深入探讨，揭示中阿丝路贸易互利共赢的历史逻辑与中阿丝路天然伙伴关系的共处经验，这些学术成果程度不同地影响了海合会学者认知"一带一路"的建构进程，意义深远。

　　第三，于主客观因素的综合作用，使得海合会国家学界的"一

---

①　"中国与伊斯兰文明"国际学术研讨会由中国社会科学院与伊斯兰合作组织（OIC）所属机构伊斯兰历史、艺术与文化中心联合主办。2012 年 6 月 28 日至 29 日，第一届"中国与伊斯兰文明"学术研讨会在中国社会科学院举行，围绕"中国与伊斯兰世界的历史联系""中国与伊斯兰世界的艺术交流与互动""文献与语言""科学、宗教与思想""当代世界与伊斯兰世界的关系"以及"全球化背景下的中国与伊斯兰世界"等六个主题热烈讨论；2015 年 2 月，第二届"中国与伊斯兰文明对话"在土耳其伊斯坦布尔举行，与会代表围绕"中国与伊斯兰世界的历史联系""中国与伊斯兰世界的艺术交流与互动""文献与语言""科学、宗教与思想""当代世界与伊斯兰世界的关系"以及"全球化背景下的中国与伊斯兰世界"等六个主题展开了热烈讨论。2017 年 7 月，第三届"中国与伊斯兰文明：交融与互鉴"学术研讨会在中国社会科学院西亚非洲研究所举办，与会代表围绕"中国与伊斯兰世界的历史交往""中国与伊斯兰世界的文明互鉴""地区治理：中国与伊斯兰世界""'一带一路'共建：中国与伊斯兰世界""国际体系转型：中国与伊斯兰世界"等主题进行讨论。
②　阿曼通讯社：《"伊斯兰世界与中国的关系史：以阿曼为例"国际会议次日研讨会》（阿拉伯文），发布日期：2019 年 12 月 24 日。
③　马斯欧德·本·赛义德·哈德拉米：《丝绸之路终于看到曙光——"一带一路"倡议》（阿拉伯文）。

带一路"认知伴有疑虑。

在"一带一路"认知上，海合会国家从自身战略部署、现实需求出发，积极参与共建"一带一路"，以期实现海合会国家与中国的互利共赢。但是，海合会国家学者对"一带一路"的认知也掺杂了某些疑虑，这是主客观因素综合作用的结果，主要体现在以下三个方面：**一是受西方地缘政治博弈论的影响所致**。当前国际秩序的转型、东升西降，海合会国家"向东看"的战略趋势日益明显。但在评估"一带一路"的地区与国际影响力时，海合会国家学者却因受到西方传统的国际关系理论中的"海权说"与"陆权说"的影响，多从地缘政治博弈论视角解读"一带一路"的"战略意图"，最明显的案例就是海合会国家学者对中国与伊拉克共建项目的质疑：2019年9月23日，伊拉克总理阿迪勒·阿卜杜勒-迈赫迪率代表团访华，中国与伊拉克达成了"石油换重建"项目。根据协议，伊拉克承诺每天向中国提供10万桶石油，中国公司则参与伊拉克基础设施重建工作，该协议将持续二十多年。中伊签署了八项协议，这些协议涉及道路、铁路网、住房、港口、医院、学校、水坝、能源和运输等多个领域。针对中国与伊拉克的"石油换重建"项目，引发了一场伊拉克全民关于政治经济问题的大辩论，伊拉克外长顾问易卜拉欣·费萨尔认为，"石油换重建"项目是符合双方经济预期的"战略合作"之举，[①] 但在如何看待此次中伊合作问题上，反对者担心伊拉克面临"债务陷阱"，支持者认为中国的注资实为一种优惠的融资手段，且符合世界银行、国际货币基金组织规定。[②] 由于受到西方地缘政治博弈论的影响，使得海合会国家学者对"一带一路"的"战略动机"

[①] 《敲黑板 画重点中阿改革发展专家视频会上专家们都说了些什么?》。

[②] 《伊中经济协议：目标与利益之争》（阿拉伯文），阿联酋政策中心 https://epc. ae/ar/details/featured/iraqi-chinese-economic-agreement-a-debate-on-objectives-and-benefits，发布日期：2020年2月19日。

格外敏感并伴生疑虑，如阿联酋政策中心发布了《伊中经济协议：目标与利益之争》研究报告，① 从地缘政治的角度分析了"一带一路"项目在伊拉克实施所面临的风险、挑战和质疑，以中国与伊拉克的"石油换重建"项目为切入点，剖析了在伊拉克政治改革背景下，中国与伊拉克在"一带一路"框架下的合作受阻的原因。**二是由中东教缘政治与地缘政治错综复杂因素所致**。由于中东地区存在教派隔阂、国家矛盾、民族积怨等诸多复杂的干扰因素，影响了海合会国家学界对"一带一路"的认知，沙特与伊朗是长期争夺地区霸主地位的两个海湾大国，土耳其谋求在两大教派阵营长期对峙中实现利益最大化，所以海合会国家学者担忧中国与伊朗、土耳其、以色列之间的"一带一路"合作，会增强这三个中东国家实力并对中国与阿拉伯国家共建"一带一路"带来外溢性影响。如伊朗前总统哈谢米·拉夫桑贾尼（Hashemi Rafsanjani）于 20 世纪 80 年代曾经提出"复兴丝绸之路"的项目，旨在恢复伊朗作为曾经的"丝绸之路心脏"的重要地位，但由于美国的制裁而未能遂愿。对伊朗而言，中国提出的"一带一路"倡议给了伊朗复兴其丝路核心地位的新机遇，阿拉伯国家对中国与伊朗共建"一带一路"便心存芥蒂。又如，土耳其和伊朗外交政策研究员阿里·侯赛因·巴克尔（Ali Hossein Bakir）认为，中国的"一带一路"倡议与土耳其的"中间走廊"计划是相互契合的。对土耳其而言，"一带一路"倡议对它具有重大的地缘政治与地缘经济意义。从地缘政治方面考虑，土耳其有三条线路可通向中亚，但它希望借助"一带一路"来摆脱来自北部路线俄罗斯与南部路线伊朗的钳制，以增加其地缘政治选择的筹码。从地缘经济方面考虑，土耳其希望通过中土项目的对接合作，改善物流基础设施，激发土耳其经济潜力，增加其出口量，以助力实现其恢复土欧陆

---

① 《伊中经济协议：目标与利益之争》。

上贸易路线的愿望。① 可见，海合会国家学者忌惮伊朗、土耳其等地区大国参与共建"一带一路"，担心这些中东地区国家会乘势做大，并对中东地缘秩序构成新的威胁。**三是受西方大国污名化"一带一路"的舆论误导所致。**海合会国家主流媒体的涉华新闻报道，大多数信源都来自路透社、美联社、法新社等美欧主流通讯社，甚至海湾地区最具影响力的半岛电视台也难以摆脱西方媒体涉华报道的影响。因此，在海合会国家主流媒体中也充斥着西方媒体对中国崛起的妄断，对"中国威胁论""中国霸权说""债务陷阱论"等的议题炒作，以及唱衰"一带一路"共建实践的歪曲，这些都不同程度地影响了海合会国家学界对"一带一路"的认知，并由此产生了担忧与质疑，如2017年3月29日，阿联酋政策中心举办圆桌会议，旨在通过三个分论坛研究中国"一带一路"倡议及其对中国与阿联酋伙伴关系的影响：分论坛一研讨了"一带一路"的前提、目标和路径，在新经济秩序转型中的作用，以及对中美地缘政治竞争的影响；分论坛二研讨了"一带一路"框架下中国与阿联酋合作伙伴关系发展前景，两国经济合作机制、框架和基础设施，阿联酋如何有效运用伙伴关系多元化政策，阿联酋与中国的合作领域，阿联酋与海合会其他国家及伊朗的合作领域；分论坛三研讨了地区大国地缘政治竞争与冲突对"一带一路"实施的影响，包括"一带一路"能在多大程度上促成区域经济贸易合作，"一带一路"是否会增加中国对海湾和中东地区事务的参与，一些地区国家与其他全球大国和集团关系在多大程度上会影响其有效参与"一带一路"。② 三个分论坛所研讨的一系列问

---

① 阿里·侯赛因·巴克尔：《复兴丝绸之路：土耳其如何看待中国倡议？》（阿拉伯文），卡塔尔半岛研究中心 https://studies.aljazeera.net/ar/reports/2017/05/170511121355930.html，发布日期：2017年5月11日。

② 《"一带一路"倡议下中国与阿联酋建立伙伴关系的前景》，阿联酋政策中心 https://epc.ae/ar/event/prospects-of-partnership-between-china-and-the-uae-under-the-one-belt-one-road-initiative，发布日期：2017年3月29日。

题，也反映出海合会国家学者在西方大国污名化"一带一路"的舆论影响下，对"一带一路"的认知尚存某些疑虑甚至误解，如半岛电视台北京分社社长艾扎特·沙鲁（Izzat Shahrour）认为，"'一带一路'倡议面临内部挑战的原因是中国在经济上封闭、在政治上保守，且倡议的路径尚未明确，可能会发生变化和修正，这加剧了其路径发展的含糊不清"。① 这些都是西方媒体污名化"一带一路"的舆论潜移默化的结果。在这种情况下，为营造"一带一路"在海湾地区的良好舆论环境，需采用具有针对性的精细化传播手段，对当地舆情中出现的"一带一路"认知偏差及时做出主动回应，凸显中海媒体合作的紧迫性。中阿媒体交流最早可溯至 20 世纪 50 年代中期，1955 年埃及通讯社代表团访华并与新华社签订了合作协议。此后，中国与阿尔及利亚、索马里、摩洛哥、突尼斯等国新闻代表团互访频繁，推进了中阿媒体合作。但中海媒体合作始于 21 世纪初，其标志是新华社、中国国际广播电台分别在阿联酋、卡塔尔设立记者站，卡塔尔半岛电视台在北京设立分社等。2008 年 4 月，首届"中国—阿拉伯国家新闻合作论坛"在北京举办，签署了《关于中国与阿拉伯国家联盟成员国新闻友好合作交流谅解备忘录》，助力中海媒体合作，在中阿共同讲好"一带一路"故事中逐步消除西方媒体的干扰与破坏。

第三节　助力"一带一路"高质量建设的因应之策

中国与海合会国家共建"一带一路"，需要进一步优化海合会国

---

① 艾扎特·沙鲁：《"一带一路"倡议：批判性观点》（阿拉伯文），卡塔尔半岛研究中心 https://studies. aljazeera. net/ar/reports/2017/05/170511122804784. html，发布日期：2017 年 5 月 11 日。

家学者的"一带一路"认知，以增强中海战略合作的互信度，故应从两方面予以努力：

一方面，应进一步加强学术交流与合作，助力构建中海丝路学术共同体。近年来，中国与海合会国家学界开展了一系列学术活动：2016 年 12 月，"中国—海湾国家经济合作智库峰会"在北京举行，峰会主题是"'一带一路'背景下中国与海湾国家经济合作的新格局、新机遇"，研讨议题包括"中国—海湾国家经济合作战略对话与智库作用""中国—海湾国家能源合作"及"'一带一路'背景下中国—海湾国家产业与金融合作"等。① 2017 年 4 月，卡塔尔半岛研究中心与上海外国语大学合办"'一带一路'与中阿合作"国际研讨会，卡塔尔半岛研究中心主任萨拉赫丁·宰因·穆罕默德、该中心亚洲事务研究员沙菲克·沙基尔、该中心伊斯兰研究学者穆罕默德·拉吉等参会，围绕"一带一路"与中阿关系、中阿智库合作、中阿媒体合作等议题展开讨论。沙特研究和知识交流中心（Center for Research and Intercommunication Knowledge，CRIK）② 致力于涉华研究，近年出版了阿明·苏莱曼·塞杜（Amin Sulaiman Seydou）的《阿拉伯文学中的中国》（2019）与译作《马坚传》（2020）《刘麟瑞传》（2020）等。2018 年 11 月，沙特研究和知识交流中心与广东外语外贸大学国际战略研究院合办了题为"深化沙特阿拉伯王国与中国之间的合作：'2030 愿景'与'一带一路'倡议"的研讨会，

---

① 《中国—海湾国家经济合作智库峰会在京举行》，中国经济网 http://www.ce.cn/xwzx/gn-sz/gdxw/201612/17/t20161217_18791947.shtml，访问日期：2021 年 5 月 12 日。

② 沙特研究和知识交流中心是一所独立的科研机构，2016 年 1 月在沙特首都利雅得成立，致力于从事与国际政治与国际关系相关的一切学术研究，在多领域进行危机解析、情势研判、多学科、跨文化研究和比较研究；此外，也致力于通过在关乎知识与文化交往的领域内组织和参与各级别会议、展览、访问等形式，加强沙特与世界各国的联系与交往。中心下设多个科室、部门，包括思想研究室、中国学研究室、中亚研究室、东南亚研究室、土耳其与库尔德研究室、伊拉克与利亚研究室、也门研究室、红海盆地研究室、地区研究室，以及翻译室、文化事务及知识传播和新闻工作室，行政事务部以及编辑和技术科。

探讨两国开展对接合作的前景。① 沙特费萨尔国王学术与伊斯兰研究中心（King Faisal Center for Research and Islamic Studies，KFCRIS）成立于1983年，目前已在阿拉伯世界十大研究中心中排名第二位，于2019年2月举办了"沙中文化对话"系列活动并开设中文网站，成为第一个在阿拉伯世界和中东地区发布中文网站的研究中心。该中心致力于推动沙中知识精英与民间社会的对话与合作，该中心董事会主席图尔基·阿尔·费萨尔亲王指出，"沙特与中国之间的友谊源远流长。在古代，中国与阿拉伯世界通过陆海丝绸之路联系起来；在当下，沙特和中国共同支持复兴丝绸之路项目。而将两国人民联系起来的是包含人道主义原则、和平、合作、开放、宽容的共同信念以及对极端主义、恐怖主义的反对。"② 2019年10月，博鳌亚洲论坛研究院与沙特费萨尔国王学术与伊斯兰研究中心在利雅得合办了题为"国际经济形势"的座谈会，沙方介绍了沙特"2030愿景"执行情况和重点发展领域，表示将进一步促进"2030愿景"与"一带一路"对接，推动沙中各领域合作深入发展。③ 2020年11月，中阿改革发展专家视频会成功举行，二十余位中阿知名专家学者齐聚"云端"，围绕"共建中阿命运共同体""搭建海湾地区多边对话平台"两大议题展开深入研讨。朱奈德教授指出，悠久的中阿文明交往史表明，阿拉伯人对中阿友谊有着笃定的信念。直到今天，阿拉伯人也十分尊重中国，认为中国是一个愿与世界各国人民和睦相处的国家。中阿民族的交往和亲近是大势所趋，尤其是在当前这个充

---

① 《"深化沙特阿拉伯王国与中国之间的合作：'2030愿景'与'一带一路'倡议"会议》（阿拉伯文），沙特研究与知识交流中心 https://crik.sa/2018/11/20/20-11-2018，发布日期：2018年11月20日。
② 《图尔基·费萨尔亲王支持沙中文化合作》（阿拉伯文），费萨尔国王伊斯兰研究中心 https://www.kfcris.com/ar/news/read/169，发布日期：2019年2月28日。
③ 《博鳌亚洲论坛研究院与沙特费萨尔国王学术与伊斯兰研究中心联合举办"国际经济形势"座谈会》，中华人民共和国驻沙特阿拉伯王国大使馆网站 http://www.chinaembassy.org.sa/chn/gdxw/t1711231.htm。

满动荡和变化的世界，我们更需携手前行，共同面对。① 近年来的中海学术交流与合作呈现出蓬勃向上的可喜势头，应在此基础上进一步创新内容与形式，以加强双方丝路学界的学术交流与合作，在共同研究中阿丝路关系、共同探讨中海共建 "一带一路" 的学术实践中，助力构建中海丝路学术共同体。

另一方面，应进一步发掘丝路遗产国际合作潜力，助力深化中海丝路共有认知。 中阿两大文明体曾在丝绸之路上交往互鉴上千年，为丝路文明的形成与发展做出了巨大贡献，并留下了大量宝贵的丝路遗产，为中海开展丝路遗产发掘、保护与弘扬的国际合作提供了坚实基础：巴林的丝路学研究主要集中于文化遗产研究，巴林文化与古物管理局②主席谢赫·迈 (Sheikha Mai Bint Mohammed Al Khalifa)③ 在发展巴林王国文化基础设施、保护遗产和发展可持续的旅游业等方面做出了卓越贡献，也为中国与巴林间的丝路遗产交流与合作做出了突出贡献，2007 年 7 月 26 日，时任巴林文化部副部长的谢赫·迈一行五人，访问了位于上海的联合国教科文组织亚太地区世界遗产培训与研究中心，就世界遗产研究与培训的管理模式、培训项目、研究课题、发展方向等相关内容进行交流并探讨其合作可能性。④ 科威特新闻大臣兼青年事务国务大臣谢赫萨勒曼·萨巴赫指出，以中国为起点通往欧洲的 "丝绸之路" 拥有数千年的历史。科威特法拉卡岛位于海上

---

① 《敲黑板 画重点 中阿改革发展专家视频会上专家们都说了些什么?》。
② 巴林文化与古物管理局是根据 2015 年第 10 号法令建立的，该法令由亲王萨勒曼·本·哈马德·哈利法亲王发布。该法令规定成立附属于部长理事会的巴林文化与古物管理局，并任命谢赫·迈·本特·穆罕默德·哈利法为主席。
③ 自 2002 年以来，谢赫·迈创立了谢赫·易卜拉欣·本·穆罕默德·阿勒哈利法文化和研究中心并担任其董事会主席。谢赫·迈一直不懈地致力于促进文化发展和保护巴林城市遗产。为此，她发起了 "投资文化" 倡议为保护遗产做出了前所未有的努力，其中最显著的成果是建立了巴林堡博物馆和巴林国家剧院。
④ 《巴林代表参观访问上海分中心》，联合国教科文组织亚太地区世界遗产培训与研究中心 http://www.whitr-ap.org/index.php?classid=1518&newsid=1727&t=show，发布时间：2007 年 8 月 30 日。

丝绸之路上两河文明和阿拉伯湾沿岸文明交汇的重要站点。① 2014 年
3 月，科威特《阿拉伯人》杂志举办了题为"丝绸之路上的阿拉伯
文化"的研讨会，来自中国、中亚和阿拉伯国家的八十多位专家学
者参会，就"丝绸之路上文化桥梁""丝绸之路的地理文学""丝绸
之路的阿拉伯与中国""丝绸之路上的艺术""丝绸之路的阿拉伯文
学"及"丝绸之路上各国文学之翻译"等议题展开学术研讨。② 2016
年 3 月 24 日至 5 月 9 日，中国丝绸博物馆与卡塔尔博物馆在多哈的
卡塔尔博物馆卡塔拉画廊（Katara），合作举办了题为《丝路之
绸——中国丝绸艺术展》的大型展览，在卡塔尔博物馆管理局主席
阿尔·玛雅莎·宾特·哈马德·阿勒萨尼公主（H. E. Sheikha Al Ma-
yassa bint Hamad bin Khalifa Al Thani）的支持下，此次展览从艺术、
技术和服装设计等不同方面展现了中国丝绸制造文化的艺术魅力。③
2019 年 12 月 23—24 日，第四届"伊斯兰世界与中国关系史：以阿
曼为例"学术研讨会④在阿曼首都马斯喀特举行，由阿曼国家档案局
承办。此次研讨会从历史视角探讨伊斯兰世界与中国的丝路关系，包

① 《科威特举办"丝绸之路上的阿拉伯文化"研讨会》，http://joul. cssn. cn/st/st_zthd/
　201403/t20140304_1010503. shtml，2014 年 3 月 4 日。
② 《科威特举办"丝绸之路上的阿拉伯文化"研讨会》。
③ 《卡塔尔博物馆将在多哈展示中国丝绸的艺术魅力和深远意义》，中国美术馆 http://
　www. namoc. org/xwzx/gjzx/gjzx2015_4480/201604/t20160405_297351. htm。
④ "中国与伊斯兰文明"国际学术研讨会由中国社会科学院与伊斯兰合作组织（OIC）所属
　机构伊斯兰历史、艺术与文化中心联合主办。2012 年 6 月 28 日至 29 日，第一届"中国
　与伊斯兰文明"学术研讨会在中国社会科学院举行，围绕"中国与伊斯兰世界的历史联
　系""中国与伊斯兰世界的艺术交流与互动""文献与语言""科学、宗教与思想""当代
　世界与伊斯兰世界的关系"以及"全球化背景下的中国与伊斯兰世界"等六个主题热烈
　讨论；2015 年 2 月，第二届"中国与伊斯兰文明对话"在土耳其伊斯坦布尔举行，与会
　代表围绕"中国与伊斯兰世界的历史联系""中国与伊斯兰世界的艺术交流与互动""文
　献与语言""科学、宗教与思想""当代世界与伊斯兰世界的关系"以及"全球化背景下
　的中国与伊斯兰世界"等六个主题展开了热烈讨论。2017 年 7 月，第三届"中国与伊斯
　兰文明：交融与互鉴"学术研讨会在中国社会科学院西亚非洲研究所举办，与会代表围
　绕"中国与伊斯兰世界的历史交往""中国与伊斯兰世界的文明互鉴""地区治理：中国
　与伊斯兰世界""'一带一路'共建：中国与伊斯兰世界""国际体系转型：中国与伊斯
　兰世界"等主题进行讨论。

括双方交往对艺术、科学、技术、语言、哲学、文学、历史遗迹等的影响，旨在深化中阿丝路共有认知，故此次会议提出了切实的合作建议：阿曼与中国应建立联合学术中心，联合考古并保护修缮古迹，举办更多有关阿曼与中国历史、政治、经济、文化、文明关系的国际研讨会，研究游记文学及其对伊斯兰文明与中华文明丝路交往的影响，丝绸之路重要性及其对伊斯兰教中国化的作用，以及阿曼国家档案局、伊合组织伊斯兰历史艺术和文化研究中心、中国社会科学院三方共建一个有关伊斯兰世界、阿曼和中国丝路关系的数据库①等，以深化中国与阿曼间的学术交流与合作。正如巴林驻华大使安瓦尔·阿卜杜拉所强调的，中国、印度、古希腊、罗马、波斯和阿拉伯世界之间的文化、知识和商业均因丝绸之路而相互交融。巴林处于丝路的十字路口，是阿拉伯与中国及亚非欧之间贸易、投资、科技与文化交流的枢纽，② 凸显巴林与中国在丝路遗产国际合作的潜力。近年来，海合会国家越来越重视丝路遗产的发掘、保护及弘扬，中国也在习近平总书记"让文物活起来"的倡导下掀起了文化遗产学术热，使得中海学界获得了一个相向而行的学术交流与合作的新机遇，故应通过跨境考古、文物互展、合办论坛、联合攻关、协作保护及人才培养等举措，进一步发掘丝路遗产国际合作潜力，助力深化中海丝路共有认知，以增强中海高质量推进"一带一路"发展的战略互信。

①　阿曼通讯社：《"伊斯兰世界与中国的关系史：以阿曼为例"国际会议闭幕》（阿拉伯文），发布日期：2019 年 12 月 24 日。

②　［巴林］安瓦尔·阿卜杜拉：《中国和巴林关系将会沿着夯实的道路继续深化》，《中国对外贸易》2019 年第 10 期。

下　篇
高质量共建"一带一路"中
"发展中国家是基础"

第十四章
非洲国家"一带一路"学术动态研究

中非丝路关系历史悠久，中国元朝的民间航海家汪大渊于1330年和1336年两次搭船经马六甲、苏门答腊、波斯、阿拉伯、埃及，再横渡地中海抵达北非。1346年摩洛哥伟大旅行家伊本·白图泰历尽千辛来到中国，《伊本·白图泰游记》成为中非丝路友好往来的最好诠释。明朝郑和"七下西洋"，后三次都到达了东非海岸，形成官民并举的中非丝路伙伴关系相处模式。中国提出的"一带一路"倡议，赢得非洲国家的积极响应，但中非共建"一带一路"也面临诸多挑战。其中，把握非洲国家学界的"一带一路"认知现状，旨在深化中非战略合作互信，推进"一带一路"在非洲的高质量发展。

第一节　非洲国家"一带一路"研究现状梳理

研究发现，非洲国家对"一带一路"的认知受到诸多因素牵制，呈现出不同国家、不同时期的不同认知，故选取非洲代表性国家学界对"一带一路"的认知展开分析，且大体体现在以下三方面：

第一，非洲学界积极正面的"一带一路"认知。

埃及开罗区域战略研究中心的《中国在该地区日益增多的利益》研究报告认为，"一带一路"倡议旨在互惠互利、支持地区和平与发展，尤其是中国在减少中东冲突、缓和沙特与伊朗矛盾、维护地区国家团结，以及促进反恐合作等方面做出了重要贡献。① 埃及金字塔政治和战略研究中心的穆罕默德·法耶兹·法拉哈（Mohamed Fayez Farahat）的《"一带一路"：建设埃中伙伴关系的新框架》一文认为，中国的"一带一路"与西方提出的倡议或计划具有很大不同：一是"一带一路"倡议是基于广泛地理跨度且"能包含尽可能多的在政治、经济和文化上不同的国家"的概念；二是此前的一些区域倡议没能涵盖发展中国家贸易，"一带一路"倡议则是基于"贸易和发展之间的强劲联系"，既包括了发展项目又包括了贸易，故能为发展中国家带来经济利益；三是"一带一路"是由经济强大的发展中国家提出的倡议，不同于西方国家提出旨在支配世界秩序与主导发展中国家市场的倡议，故消除了由此引发的"相关恐惧"；四是"一带一路"倡议是基于现有机制而"不要求创设新的跨地区机构或实体"的原则开展开放性合作；五是"一带一路"愿景与亚洲建设地区与跨地区的文化传统相契合，且"基于开放的地区主义与灵活的机制"② 予以落实。

阿尔及利亚学者贾拉·萨马伊认为，"一带一路"倡议旨在复兴历史上的丝绸之路并将其扩展，形成连接亚非欧的丝路贸易网络。③ 阿尔及利亚的法伊萨（Faiza）认为，语言是促进"一带一路"国家间互联

① 参见王灵桂，《全球战略观察报告——国外智库看"一带一路"（I）》，中国社会科学出版社 2016 年版，第 148—150 页。

② Mohamed Fayez Farahat, "One Belt, One Road: a new framework for building an Egyptian-Chinese partnership", Ahram Online, Jan 22, 2016, https://english.ahram.org.eg/NewsPrint/185605.aspx.

③ 贾拉·萨马伊：《从新丝绸之路到世界大陆桥》，侯赛因·阿斯凯里译，《书本与读物》第 40 卷，2018 年，第 169 页。

互通的重要软力量,"民心相通"是"一带一路"倡议的重要目的,也是其共建成功的社会民意基础,语言交流是"民心相通"的前提与保障,也是在"一带一路"沿线传播中华文化的重要依托。①

摩洛哥皇家研究院主任穆罕默德·陶菲克·穆林(Mohammed Tawfik Mouline)于2018年在《中国日报》上发表的《"一带一路"加强中摩关系》一文中认为,摩洛哥与中国于2017年底签署的"'一带一路'倡议谅解备忘录",对摩中关系、非中关系,以及"中国、摩洛哥和欧洲"三边关系发展,都是"一座新的里程碑",② 中国的"一带一路"倡议与摩洛哥国王穆罕默德六世提倡的"双赢"策略契合,旨在促进整个非洲大陆的发展。非洲在"一带一路"共建中可发挥关键作用的原因在于,"其地理位置是这一倡议的物流网络中不可或缺的一部分",而摩洛哥可使"一带一路"共建项目与非洲自主发展目标、非盟的"2063年议程"相协调。③ 新南方政策中心的穆斯塔法·雷兹拉齐的《"一带一路"倡议:摩洛哥的视角》一文认为,"一带一路"倡议与摩洛哥外交新政策完全契合,且后者既"向新伙伴开放,又不忽视其传统伙伴关系"。④其中,阿拉伯与非洲国家的痛苦经历证明,"没有发展就不可能实现安全,减贫是国家政治稳定的前提,这正是'一带一路'倡议的关键所在,这与摩洛哥王国的'可持续安全之于可持续发展'愿景相一致",也与中摩通过发展实现安全的路径相一致。⑤

---

① [阿尔及利亚]法伊萨:《语言对推动"一带一路"发展的作用》,https://mp. weixin. qq. com/s/R6o5kh3GS9c7UhXMewknbQ,发布时间:2020年11月23日。

② Mohammed Tawfik Mouline, "Belt and Road to boost Sino-Moroccan ties", *China Daily*, September 5, 2018, http://www. chinadaily. com. cn/a/201809/05/WS5b8f2a28a310add14f389a88. html.

③ Mohammed Tawfik Mouline, "Belt and Road to boost Sino-Moroccan ties".

④ El Mostafa Rezrazi, *The Belt and Road Initiative:A View from Morocco*, in ChinaMed Report 2019- *China's New Role in the Wider Mediterranean Region*, p. 30.

⑤ El Mostafa Rezrazi, *The Belt and Road Initiative:A View from Morocco.*, p. 34.

肯尼亚非洲政策研究所主任彼得·卡格旺加于 2015 年 11 月 14 日发表的《中国的"丝绸之路"战略预告肯尼亚的增长》一文中认为，"中国的新非洲发展战略"是习近平主席提出的宏大的"一带一路"框架下的一部分，① 中国推动此项战略的目的是在"全球事务中发挥更大作用与输出其钢铁制造等领域产能，这可能加速'丝绸之路'圈内国家的工业化"进程，肯尼亚标准轨距铁路建设、拉穆与蒙巴萨港口建设等都是共建"21 世纪海上丝绸之路"的重要组成部分，将会振兴连接中国与世界古代贸易和文化传播的道路网络，中国将在非洲工业化中扮演关键角色，且中国已成为非洲经济发展中的"游戏规则改变者"。②非洲政策研究所的刘易斯·恩迪库的研究报告认为，加强中非合作将大大助力在非洲建立强大的、可负担的、可持续的以及有弹性的能源系统，以"确保跨境基础设施、提升国际贸易水平、增强非洲区域经济及其贸易往来"。尽管新冠肺炎疫情带来各种挑战和现实问题，但对非洲能源领域的投资仍没有得到充分利用，而"一带一路"倡议将成为刺激非洲能源增长的"催化剂"。③

尼日利亚中国研究中心主任查尔斯·奥克楚可乌·奥努奈朱的《中国的"一带一路"倡议和一个新世界秩序的诞生》一文认为，"一带一路"是全球公认的国际合作与发展战略的新框架，"拥有缔造一个新国际秩序的全部标志"，继承了古代丝路精神，旨在给世界多极化、经济全球化、文化多元性及更大信息技术应用带来实质性内容，对尼日利亚来说，这意味着"能在新兴世界秩序中留下足迹的历史新机遇"。因为，"一带一路"的非洲共建项目象征着"非洲有希望实现新时代革命"，不仅实现了工业化，还为年轻人提供了就业

---

① "Kenyan scholar says China's Silk Road to power Africa's industrial progress", Xinhua, 16/11/2011, http://www.ecns.cn/business/2015/11-16/188805.shtml.

② "Kenyan scholar says China's Silk Road to power Africa's industrial progress".

③ 《观点 | 肯尼亚智库："一带一路"——非洲能源增长催化剂》，中国一带一路网：https://www.sohu.com/na/446667351_731021，发布日期：2021 年 1 月 25 日。

机会。①

南非国际事务研究所的克里斯·阿登（Chris Alden）等人于
2017 年 5 月发表了《中国的"一带一路"倡议：非洲的契合之处》，
认为"一带一路"是一个"磋商平台"，将对非洲产生"涟漪效
应"，会把中国基建领域的过剩产能输送到非洲，而基建对非洲工业
化来说又是必要的。非洲的"自主发展战略"、非盟的《2063 年议
程》与"一带一路"倡议相互契合，且"中国似乎有意依据非洲兴
趣来打交道"并"用一种在非洲看来重要的话语叙事"，使得非洲在
"一带一路"共建中更具主动性，也使得"一带一路"成为"由非洲
来连接国家、大陆及全球的倡议"。②

综上，非洲主要国家的学者对"一带一路"都持有积极评价，
认为其对非洲及第三世界发展具有重要现实意义。

第二，非洲学界谨慎观望"一带一路"的认知。

阿尔及利亚乌姆·布瓦吉大学的穆罕默德·哈姆西的《阿拉伯
世界与中国"一带一路"工程》一文认为，中国遵循"共商共建共
享"的原则与"一带一路"沿线国家开展合作，沿线各国通过参与
共建项目在增加税收、新增就业岗位、引进外资投资等方面"共享"
了合作成果，"这样的收益看似值得庆幸，也遵循了'共享''一带
一路'成果的诺言"，③但"共享"并不是指提前给予参与各方，而
是指全体成员付出有效努力才能取得成果的"共享"，这里的"共
享"是"分享"而不是"共有"，这是重要的区别，④ 阿拉伯国家参

---

① Charles Onunaiju, "China's Belt and Road Initiative and the Making of a New World Order", May
24, 2017, https://ccs-ng.org/chinas-belt-and-road-initiative-and-the-making-of-a-new-world-or-
der-by-charles-onunaiju/.

② "China's Belt and Road Initiative: Where does Africa fit?", SAIIA, May 29, 2017, https://sai-
ia.org.za/research/china-s-belt-and-road-initiative-where-does-africa-fit/.

③ 穆罕默德·哈姆希：《阿拉伯世界和中国"一带一路"计划》（阿拉伯文），《中东研究期
刊》2017 年第 80 期。

④ 同上。

与 "一带一路" 建设，大多只是发挥天然地理优势，仅作为欧亚间进出口物流中心或消费市场来获得微小收益。如果阿拉伯国家想要有效参与 "一带一路" 共建，就需提升自身能力来增加收益；如果阿拉伯世界想在共建 "一带一路" 中赢得战略性地位，那么这个地位应该是通过行动而不是通过话语来获得，① 故阿拉伯国家应致力于建立与中国的双边关系，发挥中国在有效转变阿拉伯经济发展模式上的作用，以改变自身过度 "向西看" 的外交政策。穆罕默德·哈姆西在《政治经济学视角下的阿中关系：挑战与战略机遇》一文中认为，中国提出的 "一带一路" 实际上是一项 "战略计划"，旨在复兴陆上与海上的古代丝绸之路，无论是从地理上还是经济上看，"阿拉伯世界都是这条道路的重要切入点"，② 其中最重要的一条路线就是从中国西部地区到欧洲经过中亚和阿拉伯马什里格地区延伸的陆丝路线，以及经过中国南海和印度洋从中国海岸延伸至欧洲海岸，故从地缘战略角度看，马什里格地区对 "一带一路" 建设至关重要。对阿拉伯世界而言，"'一带一路' 战略不仅应被重新解读为中国的外交政策，也应被视为中国总体经济政策的工具"。③ 阿拉伯国家尤其是马什里格地区国家在参与共建 "一带一路" 上有两种选择：一是仅作为欧洲与东亚间进出口商品流通的地理走廊，并继续作为不断依赖进口商品的消费市场而存在；二是成为地缘经济参与者而不是地缘政治走廊，并积极有效参与海丝与陆丝的经济活动。④ 此外，阿尔及利亚的扎尔钦·艾哈迈德在《中国的 "一带一路" 倡议：战略解读》一文中认为，"一带一路" 倡议不仅为沿线国家带来机会和优势，也有利于世界其他国家的发展，因为这是

---

① 穆罕默德·哈姆西：《阿拉伯世界和中国 "一带一路" 计划》。
② 同上。
③ 同上。
④ 同上。

一个向所有国家、国际和地区组织开放的倡议，其发展成果是共享的。①亦即，"一带一路"是"新丝绸之路，中国希望借此保持过去的传统，建立经贸合作的桥梁，开展文化交流、互学互鉴，实现利益共享，使各族人民按照中国的愿景和设想构建和平"。②但是，中国面临的"大多数挑战在于'一带一路'倡议背后的中国政策的模糊性及其他国家的误解"，故对该倡议的宣传与实施背后的"中国地缘政治意图的疑惑不断出现"。③尽管在官方表述中，中国强调"一带一路"倡议不是一项"战略"，但外界却对中国意图疑窦丛生，影响了该倡议合作伙伴对它的信任度，部分项目的实施遭遇阻碍和困难，融资困难又加重了参与国乃至中国的投资负担，各国在经济和金融政策上各有差异，有部分国家以收益缓慢为借口重新考虑与中国达成的合作协议。④美日印澳认定"一带一路"倡议表明"中国的意图是战略性和政治性的"，他们还将亚投行称为"国际中国银行"，反映出美方的担忧，⑤并在涉疆议题上"煽风点火"，其目的就是使"一带一路"倡议破产并阻碍更多国家与中国结成伙伴关系。⑥

　　摩洛哥新南方政策中心高级研究员乌里·达杜什（Uri Dadush）与比利时智库研究员迈克尔·巴尔腾斯博格（Michael Baltensperger）合著的《"一带一路"五年》研究报告认为，"'一带一路'倡议的基本动机与美欧国际经济外交动机类似，也就是巩固伙伴关系和获取商业机会"，但"'一带一路'倡议在设计和执行上都不相同，反映了中国发展路径及其领导人的全球视野"：1."一带一路"强调在基建与贸易便利性上大量投资；2."一带一路"旨在加强中国西部地

---

① 扎尔钦·艾哈迈德：《中国的"一带一路"倡议：战略解读》（阿拉伯文），《亚洲问题期刊》2020 年第 3 期。
② 同上。
③ 同上。
④ 同上。
⑤ 同上。
⑥ 同上。

区和该地区以西、以南、以北的周边国家的联系；3. 中国的国有企业主导了"一带一路"倡议框架下的合作及其实施；4. "一带一路"是中国为其庞大的国内储蓄寻找海外渠道之举；5. "中国在'一带一路'倡议下的投资几乎没有保障措施，如与环境、公民社会的协商和财务可持续性有关的措施"，①但在基础设施建设上"填补了巨大的未被满足的需求"。② 但是，"一带一路"倡议也面临如下批评与质疑："许多批评者称'一带一路'倡议并不是真正的贸易或发展倡议，而是扩展中国影响力的战略。这一指控有部分内容是对的，但并不真诚。从'马歇尔计划'到'欧洲煤钢共同体'再到《跨太平洋伙伴关系协定》，像'一带一路'这样的倡议一直以来就是由经济、地缘政治及安全的考虑所驱动的。"③ "一带一路"倡议的目标"极度广泛"，"反映了中国在协调一项如此巨大的海外事业上的困难"，令人"对'一带一路'倡议的规模感到困惑"，使"那些反对'一带一路'倡议的人能按各自意愿来定义"。④ "在'一带一路'倡议中没有对如何在一个如此多元的地理范围内定义和优先施加影响的指南。"⑤ "缺乏透明度或许是'一带一路'倡议和在其框架下实施项目的最主要特征"，包括共建项目规模、贷款中的援助份额、银行借贷金额，以及项目成本和风险分摊等，需要依据明确规定和透明的审核过程，⑥ 而"'一带一路'项目中没有进行足够的事前可行性研究。客户偿付的能力是中国运营者没有足够重视的突出问题，这个问题要么是因为项目本身蕴含的风险，要么因为宏观经济和财政上的困

---

① Michael Baltensperger and Uri Dadush, *The Belt and Road turns five*, Bruegel, Policy Contribution Issue n. 1, January 2019, pp. 3-4.

② Michael Baltensperger and Uri Dadush, *The Belt and Road turns five*, p. 7.

③ Michael Baltensperger and Uri Dadush, *The Belt and Road turns five*, pp. 8-9.

④ Michael Baltensperger and Uri Dadush, *The Belt and Road turns five*, pp. 9-10.

⑤ Michael Baltensperger and Uri Dadush, *The Belt and Road turns five*, p. 10.

⑥ Michael Baltensperger and Uri Dadush, *The Belt and Road turns five*, p. 12.

难"。① 因此，建议"一带一路"倡议要有"清晰的目标、足够的资源、可选择性、可行的执行方案、事前可行性研究和透明的沟通"，形成"一个阐述得更清晰的、更有协调性和更透明的计划"，且"按走廊与国别设定目标，在每个个案中都明确其框架"。②

南非斯泰伦博斯大学中国研究中心的罗斯·安东尼认为，对"一带一路"倡议的研究应从关注中国作用转向关注项目所在国问题。他以肯尼亚拉姆港（Lamu）项目为例，揭示在项目实施过程中，征地、利益分配、环保等问题通常被视为国内问题或地方问题，而中国作用在这些问题中只是一个背景，当地利益相关者没有把这些议题与"一带一路"倡议联系起来。因此，尽管中国在"一带一路"倡议中的角色是重要的，但当研究转向共建项目实践时，当地国家、社区的作用变得比中国重要得多。③ 南非国际事务研究所于 2015 年发布的《"21 世纪海上丝绸之路"对南非有何影响？》研究报告认为，"'一带一路'是一个多管齐下的倡议，不仅在外交、经济和战略层面有重要意义，同时也会促进文化交流，并将加强中国与非洲关系"。有人认为中国的"21 世纪海上丝绸之路"旨在"抗衡以美国为首的跨太平洋伙伴关系协定（TPP）与跨大西洋贸易和投资伙伴关系协定（TTIP）"，事实上"中国倡议需要更多的贸易和投资协议与 TTIP 和 TPP 抗衡。这些区域贸易协定旨在制定 21 世纪的贸易规则、协调法规以及大幅度减少关税壁垒，而'21 世纪海上丝绸之路'的重点是提供基础设施和融资"。"中国为扩大经济利益所发起的项目必然会与南非现有的项目，如'帕基萨行动'（Operation Phakisa）计划出现交集。'21 世纪海上丝绸之路'在促进整个印度洋沿岸国家

---

①　Michael Baltensperger and Uri Dadush, *The Belt and Road turns five*, pp. 12-13.

②　Michael Baltensperger and Uri Dadush, *The Belt and Road turns five*, p. 14.

③　Ross Anthony, "Scale and Agency in China's Belt and Road Initiative: The Case of Kenya," in Ross Anthoy and Uta Ruppert, ed., *Reconfiguring Transregionalisation in the Global South: African-Asian Encounters*, DOI: 10. 1007/978-3-030-28311-7, pp. 249-273.

的海上合作中起着重要作用。"中国非常重视"两条古丝绸之路"，但"'21世纪海上丝绸之路'计划将如何发展仍然存在很多问题"，"南非需要意识到努力扩展其雄心勃勃的海上战略范畴的重要性，以便找到自己国家利益与现有大陆发展计划和其他合作伙伴在海上倡议间的交汇点"。[①]

综上，非洲国家和地区也有一部分学者对"一带一路"倡议持谨慎观望的态度，在肯定该倡议积极意义的同时，也质疑其"战略动机"与项目实施的透明度等问题，进而对中非共建"一带一路"所面临的挑战分析多于机遇探讨，故缺乏应有的对策性建议。

第三，非洲学界隐含疑虑的"一带一路"认知。

南非国际事务研究所发表了许多关于中非关系和"一带一路"倡议的研究成果，多聚焦于非洲国家在中非关系和"一带一路"建设中的主观能动性，以及"一带一路"倡议对非洲国家影响评估，其中隐含担忧和疑虑，如柯伯斯·范·斯塔登（Cobus Van Staden）等人撰写的研究报告《在驾驶员的座位上？中非合作论坛、非盟与"一带一路"倡议中的非洲主动性及中国权力》认为，起初非洲国家在"一带一路"倡议中属于边缘国家，当非洲作为一个整体加入了该倡议后，体现出非洲整体在对华关系中享有一定主动性，但非洲国家也有可能在"一带一路"建设中因高额负债等失去主动性。而西方大国炒作的所谓中国"债务外交"之说太夸张，"既高估了中国的能动性，也低估了非洲"，非洲国家应"探讨可能的集体决策的新形式"以增强非洲的地位，"地方环境在形塑中国如何与非洲打交道，在此过程中，中非互动也在形塑中国的国际形象"。[②] 该研究所发布的另一篇研究报告《债务陷阱？中国贷款和非洲的发展选择》认为，

---

① 参见王灵桂，《全球战略观察报告——国外智库看"一带一路"（I）》，第133—135页。
② Coubus Van Staden, Chris Alden, Yu-Shan Wu, *In the Driver's Seat? African Agency and Chinese Power at FOCAC, the AU and the BRI*, SAIIA Occasional Paper 286, Sep 2018.

应从非中两个方面来看待所谓的"债务陷阱"问题：一方面，"将非洲描绘为一个坐待中国剥削的大陆"，是没将非洲国家能动性考虑在内的误判，事实上，"非洲各国政府正主动寻求外债"。① 另一方面，质疑"中国对非洲贷款不透明"，多集中于对"这些债务的真正有效性与可偿付性的存疑"②，故应制定高标准的财务报告制度，以"增加贷款协议的透明度"。③

可见，非洲主要国家学界多从经济视角认知"一带一路"，关注中非关系、非洲的经济发展和工业化，以及非洲在"一带一路"建设中的角色定位和能动性等议题。大多数学者肯定"一带一路"倡议在促进非洲工业化和经济一体化中的积极作用，同时也指出中非合作和"一带一路"项目实施过程中存在的某些问题。而对非洲在"一带一路"建设中的角色定位和能动性议题，非洲学界的看法不尽相同，但普遍认为非洲国家在"一带一路"共建中可以发挥一定的能动性，反映出非洲希望在"一带一路"共建中能够主动作为而非被动接受的社会民意。

第二节　非洲国家"一带一路"认知成因溯源

形成非洲主要国家学界"一带一路"认知现状的原因是多方面的，但主要体现在以下三个方面：

第一，非洲一批学术机构致力于涉华议题研究，塑造了非洲学界友华型的基本认知。

非洲有一批学术机构致力于中非关系、"一带一路"等涉华议题

---

① Anzetse Were, *Debt Trap? Chinese Loans and Africa's Development Options*, SAIIA Policy Insights 66, August 2018, p. 8.
② Anzetse Were, *Debt Trap? Chinese Loans and Africa's Development Options*, p. 9.
③ Anzetse Were, *Debt Trap? Chinese Loans and Africa's Development Options*, p. 9.

研究，影响深远：如**南非**的斯泰伦博斯大学中国研究中心，自 2004 年成立至今一直专注于涉华研究，中心刊物《非洲东亚事务》（*African East-Asian Affairs*）前身为《中国观察》（*China Monitor*），创刊于 2006 年，于 2012 年更名，是非洲本土较为重要的中国研究杂志之一，关注范围已从中国扩至东亚地区。该研究中心汇集了一批致力中非关系与中国研究的学者，前任主任斯文·格里姆（Sven Grimm）与现任主任罗斯·安东尼（Ross Anthony）都是中非关系研究的权威学者，斯文·格里姆曾在中国做过田野调查，研究中国西部地区的城市发展，有多部关于中非关系与南南合作的论著，包括《重识全球南方中的跨地区化：非洲—亚洲的交汇》（*Reconfiguring Transregionalisation in the Global South：African-Asian Encounters*）、《基础设施和影响：中国在东非海岸》（*Infrastructure and influence：China's presence on the coast of East Africa*）及《关于中国在非洲存在的西方话语》（*Western discourses on the Chinese presence in Africa*）等。除学术论著外，该中心还发布了许多关于中国与非洲关系现状的研究报告。又如，南非国际事务研究所（SAIIA）长期致力于中国与非洲关系研究，是一个独立的非洲本土智库，其工作涵盖外交政策、治理、环境、经济政策及社会发展等，并将非洲经验置于全球化视野予以讨论。该智库的报告围绕非洲与中国在"一带一路"倡议下的合作模式、"一带一路"建设对非洲影响等议题展开分析，重点探讨非洲国家在中非关系、"一带一路"合作中主动争取利益的能力建设。该研究所的领衔者是柯伯斯·范·斯塔登（Cobus Van Staden），擅长研究媒体在亚非交往中的作用，发表过《在南非看东亚：跨国媒体时代的文化归属想象》（*Watching East Asia in South Africa：Imagining Cultural Belonging in the Age of Transnational Media*）、《用互联网来教授中非关系：研讨室的中非工程》（*Using the internet to teach China-Africa relations：The China-Africa Project in the seminar room*）等，斯塔登团队还发表了多部关于中非关系、"一带一路"的研究报告，如《在驾驶员座位上？中非合作论坛、非盟和"一带一路"倡议中的非洲主动性与中国权力》（*In the Driver's Seat? African Agency and Chinese Power at FOCAC, the AU and the BRI*），《债务陷阱？中国贷款与非洲的发展选择》（*Debt Trap? Chinese Loans and Africa's Development Options*）等。此外，比勒陀利亚大学的卡伦·哈里斯（Karen Harris），是南非亚裔群体研究的专家，发表过相关论文和专著多部，如《南非华人：五个世纪、五条轨迹》（*The Chinese in South Africa: Five Centuries, Five Trajectories*）、《糖和黄金：南非印度与华裔契约劳工》（*Sugar and Gold: Indentured Indian and Chinese Labour in South Africa*）等。比勒陀利亚大学的加尔斯·勒·佩尔（Garth Le Pere）致力于中国在非洲的角色研究，其代表作有专著《中国的全球崛起：冷战后重新配置权力》（*China's Global Rise: Reconfiguring Power after the Cold War*）、《中国在非洲：重商主义掠夺者还是发展伙伴？》（*China in Africa: Mercantilist Predator, Or Partner in Development?*），与他人合著《中国、非洲和南非：全球化时代的南南合作》（*China, Africa and South Africa: South-South Cooperation in a Global Era*）、《中国在非洲工业化中的作用：建设全球价值链的挑战》（*The Role of China in Africa's Industrialization: The Challenge of Building Global Value Chains*）、《中国与美国的地缘经济博弈及其对非洲的影响》（*China and US Geoeconomic Tussle and Implications for Africa*）等。还有，斯泰伦博斯大学的斯卡列特·克恩力森（Scarlett Cornelissen），长期研究亚洲对非洲的外交和援助、非洲的国际关系等问题，与他人合编《非亚关系手册》（*Handbook on Africa-Asia Relations*）、《21 世纪的非洲和国际关系》（*Africa and International Relations in the Twenty-First Century*）、《一个全球化世界中的移民和能动性：非洲—亚洲的交汇》（*Migration and Agency in a Globalizing World: Afro-Asian Encounters*）等。南部非洲的另一个中国研究中心是博茨瓦纳大学中国研究

院，该大学自 2006 年实施国际化战略以来，率先与包括中国、印度、日本、韩国在内的亚洲国家建立了校际合作机制，建立了孔子学院与中文专业（本科），中文系负责人萨拉·冯·霍因米森（Sara Zumbika-Van Hoeymissen）发表过《中国对非安全战略中的地区组织：支持"非洲问题非洲解决方案"》（*Regional Organizations in China's Security Strategy for Africa：The Sense of Supporting "African Solutions to African Problems"*）等成果；**东非**是非洲大陆最早与中国有直接联系的地区，该地区研究中非关系与"一带一路"的代表性机构是非洲政策研究所（API），是一家独立的泛非智库，成立于 2007 年，于 2013 年设立了中国—非洲中心，致力于从非洲中心的视角研究中非关系，并产出了大量涉华研究成果：研究所主任兼首席执行官彼得·卡格旺加（Peter Kagwanja）的著作《铺设非洲的丝绸之路：21 世纪的中非发展转折》（*Paving Africa's silk road：China-Africa relations in the 21st century-the development turn*），追溯了中非关系的发展，尤其聚焦 20 世纪晚期至 21 世纪前十五年的快速发展，讨论了中国在非洲工业化中的作用、基础设施建设、市场与私营企业等问题，并引用非洲学界的相关论述，反映了非洲对中非关系的基本认知。彼得·卡格旺加与该机构的中非研究中心执行主任丹尼斯·穆内内（Dennis Munene）合著的研究报告《加强中非在应对新冠肺炎疫情与发展制造业上的合作》（*Enhancing China-Africa Cooperation of Fighting Covid-19 and Promoting Manufacturing*），探讨了在推进非洲工业化中的中国作用、疫情对非洲制造业的影响，以及后疫情时代非洲制造业及其工业化的发展前景。此外，埃塞俄比亚斯亚贝巴大学的库鲁维拉·马修（Kuruvilla Mathews）著有《中国与非洲的联合国维和行动》（*China and UN Peacekeeping Operations in Africa*）、《理解中非关系》（*Understanding China-Africa Relations*）等，肯尼亚内罗毕大学发展研究所的昂加拉（Joseph Onjala）著有《中国对非洲直接投资：动机与环境影响》（*Chinese Direct Invest-*

ments in Africa：*Motivations and Environmental Implications*）等，卢旺达国立大学的查尔斯（Charles Kabwete Mulinda）也著有《论中国与非洲国家间的文化与学术交流》等，都成为东非地区国家学界涉华研究的代表作。西非地区有多家研究机构致力于中非关系和"一带一路"研究，如非洲经济转型中心（African Center for Economic Transformation）是一家位于加纳的经济政策智库，旨在支持非洲通过经济转型实现长期发展。2010 年该研究所发布了三份国别研究报告，研究中国的援助、贸易和投资在加纳、卢旺达、利比里亚三国的影响。又如，尼日利亚中国研究中心是研究中国和中非关系的独立智库，主任查尔斯·奥克楚可乌·奥努奈朱常在学术论坛与媒体上分享有关中非关系和"一带一路"的研究心得，2017 年"一带一路"北京高峰论坛后，他发表了《中国的"一带一路"倡议与一个新世界秩序的诞生》一文，[1] 对"一带一路"倡议做出了积极评价，还在 2017 年于埃塞俄比亚首都亚的斯亚贝巴举行的"中非智库论坛"上作《中非合作论坛"十大合作计划""一带一路"倡议及非洲工业化前景》的发言[2]，他所在的研究中心还发布了《中国与非洲广泛和深入的接触：前景与挑战》的研究报告。[3] 尼日利亚国际事务研究所成立于 1961 年，是尼国最重要的国际问题智库之一，该所的伊费姆·恩卡姆·乌比（Ffem Ubi）致力于国际经济关系和中非关系研究，著有《中国和非洲的和平与安全：检视中国在尼日利亚非传统安全中的作用》（*China and*

---

[1] Charles Onunaiju, "China's Belt and Road Initiative and the Making of a New World Order," May 24, 2017, https：//ccs-ng. org/chinas-belt-and-road-initiative-and-the-making-of-a-new-world-order-by-charles-onunaiju/.

[2] Charles Onunaiju, "FOCAC Ten Cooperation Plans, Belt and Road Initiative and the Prospect of Industrialization in Africa," July 27, 2017, https：//ccs-ng. org/focac-ten-cooperation-plans-belt-and-road-initiative-and-the-prospect-of-industrialization-in-africa/.

[3] "China and Africa's Broad and Deepening Engagement：Prospects and Challenges," January 20, 2018, https：//ccs-ng. org/china-and-africas-broad-and-deepening-engagement-prospects-and-challenges/.

Africa's Peace and Security：Examing China's Role in Nigeria's Insecurity）
等成果，奥巴费米·阿沃罗沃大学的阿玛杜·萨塞（Amadu Sesay）
的《非洲与南南合作：机遇与挑战》（*Africa and South-South Coopera-
tion：Opportunities and Challenges*）、《第三世界的次区域安全合作》
（*Subregional Security Cooperation in the Third World*）等成果，也推动了
非洲友华认知的构建进程；**北非地区**的涉华研究权威机构是埃及金字
塔政治和战略研究中心，该中心学者穆罕默德·法耶兹·法拉哈
（Mohamed Fayez Farahat）发表了《"一带一路"：建设埃中伙伴关系
的新框架》一文，强调了"一带一路"倡议对中埃合作的现实意义。
摩洛哥皇家研究院（Royal Institute for Strategic Studies），是摩洛哥政
府设立的战略研究机构，与中国有着密切的联系，多次派代表出席
"中非智库论坛"，并接待过许多中国代表团的访问。其主任曾在
《中国日报》发文，论述中非抗疫合作与中国在非洲经济发展转型中
的重要作用。新南方政策中心（Policy Center for the New South），是
摩洛哥顶尖智库之一，该中心学者穆斯塔法·雷兹拉齐（El Mostafa
Rezrazi）长期关注亚非关系、战略和安全研究等，《中国—地中海报
告 2019：中国在大地中海地区的新角色》（*ChinaMed Report 2019-
China's New Role in the Wider Mediterranean Region*）中收录了他《"一
带一路"倡议：摩洛哥的视角》（*The Belt and Road Initiative：A View
from Morocco*）一文。该所学者乌里·达杜什（Uri Dadush）与比利时
智库 Bruegel 研究员迈克尔·巴尔腾斯博格（Michael Baltensperger）
合著了研究报告《"一带一路"五年》（*The Belt and Road turns five*）
等。此外，摩洛哥学者法萨拉·奥拉卢（Fathallah Oualalou）的《中
国与我们：第二次赶超》（*China and us：Responding to the second over-
taking*）一书，分析了中国崛起为经济大国的原因，该书在第 25 届北
京国际书展上获得"中华图书特殊贡献奖"。纳绥尔·布希白（Nasir
Bushibah）的《摩洛哥—中国关系史（1958—2018）》一书，强调了

摩洛哥在"一带一路"倡议中的作用，等等。综上，非洲一批涉华研究机构发布的学术成果，为非洲主流学界构建友华型认知奠定了坚实基础，助力形成其积极的"一带一路"基本认知。

第二，非洲丝路学研究的基础较为薄弱，致使非洲某些学者的涉华认知存在局限性。

非洲学者的丝路学研究主要集中于著名旅行家、古代非洲与中国的丝路交往、非洲沿岸的海洋贸易等议题，其中非洲阿拉伯学者的贡献尤著，他们对古代阿拉伯旅行家和地理学家的研究，揭示了古代非洲、亚洲和欧洲间的丝路文明交往。如埃及学者艾哈迈德·拉马丹·艾哈迈德（Ahmad Ramdan Ahmad）的《旅行和穆斯林旅行家》一书，[1] 分析了从前伊斯兰时代至中世纪的数十位穆斯林旅行家的案例，其中就包括对伊本·白图泰的研究成果。相关研究成果还有埃及历史学家侯赛因·穆阿尼斯（Hussein Moanis）的著作《伊本·白图泰和他的旅行：调查、研究和分析》[2] 等。随着中非关系的深入发展，一些非洲学者开始自觉地通过对伊本·白图泰遗产的弘扬和阐释来巩固中非友好交往的历史人文基础，如摩洛哥学者纳绥尔·布希白（Nasir Bushibah）曾发文批驳某些西方学者质疑伊本·白图泰是否到过中国的言论，展示了伊本·白图泰"确曾到访中国"的证据。[3] 除对伊本·白图泰等古代丝路旅行家的研究外，非洲学者也对古代中国与非洲的海上丝绸之路关系展开考证，如开罗大学的阿蒂亚·卡乌希（Atiyya al-Qawsi）的《红海的埃及贸易：从伊斯兰黎明时期到阿拔斯

---

① 艾哈迈德·拉马丹·艾哈迈德：《旅行和穆斯林旅行家》（阿拉伯文），阿拉伯宣言出版社。
② 侯赛因·穆阿尼斯：《伊本·白图泰和他的旅行：调查、研究和分析》（阿拉伯文），第一版，知识出版社 2003 年版。
③ 纳绥尔·布希白：《摩洛哥学者：这是旅行家伊本·白图泰到达中国的真相》（阿拉伯文），https://www.hespress.com/%d8%a8%d8%a7%d8%ad%d8%ab-%d9%85%d8%ba%d8%b1%d8%a8%d9%8a-%d9%87%d8%b0%d9%87-%d8%ad%d9%82%d9%8a%d9%82%d8%a9-%d9%88%d8%b5%d9%88%d9%84-%d8%a7%d9%84%d8%b1%d8%ad%d9%91%d8%a7%d9%84-d8%a9-%d8%a7%d8%a8%d9%86-484880.html，访问日期：2021 年 4 月 18 日。

哈里发政权的衰亡》一书，是对红海这一重要的海上丝路贸易线路
的研究，① 作者从伊斯兰世界视角出发，研究了伊斯兰教兴起后统治
埃及的不同政权与红海贸易的关系。突尼斯凯鲁万大学的鲁特菲·
本·米莱德对马格里布人（Maghribi）在红海与印度洋贸易中的作用
进行了研究，认为该群体在 15 世纪丝路贸易中发挥了关键作用。②
苏丹学者加法尔·卡拉尔·艾哈迈德（Gaafar Karar Ahmed）《跨越二
千年的苏丹中国关系探源求实》一书，揭示了古代苏丹与中国的海
上丝绸之路关系：公元 3 世纪时，中国人已经知道了产自库施王国贝
扎地区的黄玉。③ 据中国文献记载，公元 166 年，一些商人"携带着
非洲的特产象牙、犀角等厚礼，自埃及的亚历山里亚启程，经红海、
印度洋海道来华"，④ 这可能是关于中国与尼罗河流域国家交往的最
早记载。据考证推测，唐代杜环在游历阿拉伯国家的过程中，可能还
到过苏丹的红海港口。⑤ 考古证据还表明，自中国唐朝开始，苏丹就
已经和中国开展了贸易，苏丹红海港口阿宜宰布曾是苏丹与中国丝路
往来的重要枢纽之一，也是将中国瓷器运至非洲其他地区的中转
站。⑥ 加法尔·卡拉尔·艾哈迈德还对古代中国与阿拉伯世界的丝路
关系进行了研究，在《唐与五代时期中国与阿拉伯半岛关系：对伊
斯兰文化在中国的历史渊源评论》一文中认为，伊斯兰文化在中国
的历史渊源最早能溯至唐代，当时在中国沿海城市已有穆斯林社群存

---

① 阿蒂亚·卡乌希：《红海的埃及贸易：从伊斯兰黎明时期到阿拔斯哈里发政权的衰亡》
（阿拉伯文），阿拉伯复兴出版社。
② 鲁特菲·本·米莱德：《马格里布人与中国从红海到印度洋的印度贸易》（阿拉伯文），
《伊斯兰年鉴》（网络版），访问日期：2021 年 7 月 30 日。
③ ［苏丹］加法尔·卡拉尔·艾哈迈德：《跨越二千年的苏丹中国关系探源求实》，史月译，
时事出版社 2014 年版，第 16 页。
④ ［苏丹］加法尔·卡拉尔·艾哈迈德：《跨越二千年的苏丹中国关系探源求实》，第 16 页。
⑤ ［苏丹］加法尔·卡拉尔·艾哈迈德：《跨越二千年的苏丹中国关系探源求实》，第 18—
23 页。
⑥ ［苏丹］加法尔·卡拉尔·艾哈迈德：《跨越二千年的苏丹中国关系探源求实》，第
27 页。

在，并建造了中国最早的清真寺。① 他在《唐代中国与阿拉伯世界的关系》一文中，对唐代中国与阿拉伯世界间的政治、经济和文化等领域的丝路关系做了专题研究，论述了阿拉伯与中国的港口城市，如巴士拉、亚丁、广州、泉州等在丝路贸易往来中的作用，并从典籍中梳理出当时从阿拉伯前往中国的几条海上丝绸之路，以及阿拉伯世界与中国的丝路人文关系。② 就全球丝路学发展现状而言，非洲丝路学研究基础较为薄弱，缺乏聚焦"中非古今丝路关系"这一核心议题的研究传统，使得某些非洲学者的涉华研究视野狭窄、思维定势，且体现为以下几个方面：一是非洲国家涉华认知也受其国内政治环境的影响。非洲国家自身所生成的关于中非关系的政治话语会对该国涉华认知产生重要影响，有学者对非洲九个国家的两千名大学师生进行的问卷调查与访谈结果表明，在以大学为基础的受访者中，国别成为决定其看待中非关系态度的主要因素，非洲各国有关中非关系演绎的政治话语对非洲民众的涉华认知产生了决定性影响。③ 在多数情况下，非洲国家的中非关系政治话语与中国在此国的合作实践关系不大，而是取决于非洲政治家在其国内精英政治竞争中是否利用与中国有关的议题来获取优势④，部分民众可能对与中国有关的部分问题不满，但社会上并没有一个总体的"中国问题"，直到其国内政治家把它制造出来，再由其媒体在此过程中扮演辅助角色助力，最终影响了非洲社会涉华认知的形成，⑤ 使得非洲国内政治话语参与塑造了非洲社会的

①　Gaafar Karrar Ahmed, "The Sino-Arab Peninsula Relations During the Tang Dynasty (618–907) and the Five Kingdoms (907–960): Remarks on the Historic Roots of the Islamic Culture in China," paper submitted to First International Conference on the History and Culture of the Hui Nationality (Oct. 13, 1998–Oct. 17, 1998).

②　[苏丹] 加法尔·卡拉尔·阿赫默德：《唐代中国与阿拉伯世界的关系（下）》，金波、俞燕译，《新疆师范大学学报》2004 年第 3 期。

③　沙伯力、严海蓉：《非洲人对于中非关系的认知（上）》，《西亚非洲》2010 年第 8 期。

④　沙伯力、严海蓉：《非洲人对于中非关系的认知（上）》。

⑤　沙伯力、严海蓉：《非洲人对于中非关系的认知（上）》。

涉华认知；二是"一带一路"共建项目多为大型基建和开发项目，能为项目所在国带来大量投资和就业机会，故成为项目所在国各政党、族群及地方势力间争夺的对象。尽管这些势力更多地把这种博弈视为国内政治而不牵扯到对"一带一路"倡议的认知，但自身利益受损的某些势力会打"中国牌"来混淆视听，炒作与"一带一路"项目相关的议题以达到其自身的目的，影响其国内的涉华认知，也波及其学界的"一带一路"认知进程；三是"一带一路"共建项目的经济效益成为非洲学界形成认知的重要因素，且受西方媒体蓄意炒作斯里兰卡汉班托塔港项目的"债务陷阱"问题的影响，常拿此案例与非洲国家的几个"一带一路"基建项目作比较，如南非国际事务研究所的"一带一路"研究报告，就将吉布提、肯尼亚和斯里兰卡作比较，指出前两者的负债占国内生产总值的比重都相当可观，其中"很多债务是欠中国的"，[①] 故掉入西方抹黑"一带一路"话语陷阱而产生了不明真相的臆测与妄断。截至目前，非洲还没有出现类似斯里兰卡汉班托塔港项目的所谓中国"债务外交"案例，但由于大型基建项目造价高昂，确实会对项目所在国造成一定的财政负担，备受关注的肯尼亚的蒙巴萨—内罗毕标准轨距铁路项目工程造价 38 亿美元，连接肯尼亚首都内罗毕和东非第一大港蒙巴萨，是当今非洲最雄心勃勃的基建项目之一，使得肯尼亚国内与国际社会对此项目经济效益高度关注，该项目运营好坏也将对相关国家的"一带一路"认知产生深远影响。相比较而言，在非洲国家中，摩洛哥是为数不多的有丝路学传统的国家。出身于摩洛哥的伟大旅行家伊本·白图泰在 14 世纪顺着丝绸之路游历，其旅行时间之长、游历范围之广少有人与之匹敌。他为家乡的人民带去了关于丝绸之路的第一手信

息。此后，历代阿拉伯和非洲学者对伊本·白图泰的旅行和所见所闻进行了系统的研究。这一系列研究和著述形成其丝路学研究的学术传统，成为摩洛哥所珍视的民族文化遗产的一部分，使摩洛哥意识到该国在丝路历史上所发挥的桥梁作用，并将自己视为连接地中海两岸、非洲和欧洲以及非洲和亚洲的重要桥梁。因此，中国提出"一带一路"倡议后，摩洛哥不仅较早做出积极回应，还主动寻求加入共建新实践，力求使其成为连接中国与非洲、非洲与欧洲、中国与欧洲的"一带一路"的新支点，也使得摩洛哥学界对"一带一路"倡议形成了自成体系的基本认知。综上，正反两方面的事实证明，由于非洲丝路学研究基础较为薄弱，使得非洲某些学者的涉华认知存在一定的局限性，对共建项目的经济效益关注有余而忽略其社会意义发掘，影响其形成全面与客观的"一带一路"认知。

第三，由于受到"西方因素"的干扰，造成非洲某些学者的涉华认知存在盲从性。

一是在西方学术语境中研究中国议题。非洲国家的现代学科体系主要由西方殖民者引入。西方列强殖民非洲后，出于殖民统治的需要在非洲建立了教育机构，大多采用殖民宗主国的语言作为教学语言，完全移植了西方的学科体系与学术传统，在这些机构中学成的非洲学者，接受完非洲的基础教育后，又远赴欧洲继续深造，在西方大学掌握了现代科学的知识、理论及方法，形成在西方学术语境中研究中国议题的基本范式，造成某些学者盲从西方涉华观念来认知中国的现状；二是从西方叙事看待非中丝路关系。由于前宗主国对非洲长期行使的学术殖民主义，将非洲描述为没有历史的大陆，甚至将非洲所有的文明成果归之于外来文明，使得非洲知识精英对非洲历史、非洲文化等身份认知受到严重扭曲，部分非洲学者接受了殖民主义的文明观，将西方文明视为先进的文明，而将非洲视为文明蛮荒之地，他们对非洲前殖民的历史普遍不重视，此种文明观与历史观对非洲国家的民族国家建构产生了负面影响，非洲国家普遍没有将前殖民时代的非洲文明纳入其民族叙事中，也影响了非洲学界对非洲与外部世界关系的认知，包括非洲与中国上千年丝路友好交往关系的重要性没有得到足够的研究与充分的认识；三是在西方唱衰"一带一路"的舆论误导下开展非洲的"一带一路"研究。在非洲国家独立后，西方仍对非洲国家保有政治和经济上的控制和影响。一些前宗主国不但在前殖民地保有驻军，还维持殖民时代形成的与非洲国家在政治、经济和文化上的联系。西方的跨国企业仍控制着许多非洲国家的重要经济部门，前宗主国与非洲国家间的这种关系被非洲领导人形容为"新殖民主义"。曾经的西方殖民大国妄图让非洲国家永远处于这种不平等地位，故对其他国家与非洲发展友好合作关系十分敏感，怀疑会触动它们对"势力范围"的掌控。当中国等新兴国家在平等互利的基础上与非洲国家深化丝路伙伴关系时，这些西方国家就污蔑中国在非洲搞"新殖民主义"，对一部分非洲精英和民众产生了误导，以怀疑的眼光看待中国的"一带一路"倡议，质疑这是中国在非洲单方面谋取利益之举，而非洲国家的利益会在其中受损。西方干扰非洲国家对"一带一路"倡议认知的例子则是炮制所谓的"中国债务陷阱"论，且产生了负面影响。美国学者德波拉·布劳提加姆（Deborah Brautigam）曾发文梳理了"中国债务陷阱"论的蓄意炒作过程："2017年1月23日，一个中国'债务陷阱外交'的文化基因在北印度的一个智库中诞生，并被一篇由两位哈佛大学研究生撰写的论文进一步发挥，他们称其为'债务账簿外交'。这篇学生论文被《卫报》《纽约时报》及其他主流媒体热情引用，作为中国'恶劣意图'的学术证据……随后，它被美国国务院放大和大肆宣传，它在美国国会盘旋、在五角大楼扎根……到2018年11月，谷歌网页搜索该关键词在0.52秒内产生了1,990,000个结果。它开始像坚实的共识知识一样固化，并被人们当作一个深层的历史真相而接受。"① 在此过程中，西方唱衰"一带一路"的舆论又起了推波助澜的作用，尤其是 2017 年斯里兰卡政府将汉班托塔港的大部分股份转卖给中国招商控股有限公司后，那些深信"中国威胁论"的人以为自己找到了证据，将此描述为"中国在斯里兰卡政府无力偿付债务时强迫后者交出港口的控制权"，但实际情况与此大相径庭，"中国并不是斯里兰卡债务问题的根源"，日本、世界银行以及亚洲开发银行都是比中国要大的债主，而在 2017 年斯里兰卡要偿还的 45 亿美元的债务中，汉班托塔港的债务只占其中的 5%。② 虽然西方传播的"中国债务陷阱"论对非洲国家的"一带一路"认知产生了一定干扰，但大多数非洲国家并不接受这一理论，非洲智库的研究也指出，"中国债务陷阱"论低估了非洲国家的能动性，非洲国家并不像这一论调所描绘的那样只是被动地按照中国给出的条件签订贷款协议。③ 此外，中国学界不会将对非投资、中非经贸合作与政治议题挂钩，而西方则往往将之与对非援助与人权、民主等问题相联系，西方的人权话语便由此影响了非洲国家对非中关系的认知，非洲学者哈努什基于民调数据的研究发现，那些认为减贫是国家优先事项的受访者更可能将中国视为对他们的国家有益的力量，而那些更重视公民政治权利的受访者对中国的态度相对没有那么积极，那些看重民主的受访者则更可能认为美国比中国更有利于他们国家发展。④ 亦即，如果该国政治话语以发展和减贫为主要议

① Deborah Brautigam, "A critical look at Chinese 'debt-trap diplomacy': the rise of a meme," *Area Development and Policy*, 5:1, p. 2.

② 《美国学者撰文：中国的"债务陷阱"是一个很有威力的谎言》，新浪财经 https://finance. sina. com. cn/jjxw/2021-02-08/doc-ikftssap4783334. shtml，发布日期：2021 年 2 月 8 日。

③ Anzetse Were, *Debt Trap? Chinese Loans and Africa's Development Options*, SAIIA Policy Insights 66, August 2018, p. 8.

④ Marek Hanusch, "African Perspectives on China-Africa: Modelling Popular Perceptions and their Economic and Political Determinants," *Oxford Development Studies*, 40:4 (2012), pp. 492-516.

题，该国更有可能对中非关系和"一带一路"持有积极认知；如果民主、政治权利等议题在该国政治话语中占有重要位置，则该国对"一带一路"持有质疑认知。赞比亚和苏丹的调查结果都印证了这一结论。尽管这两国都与中国有着紧密的经贸合作，但赞比亚民众易对中非关系产生偏见和误解，这是由于赞比亚国内最大反对党将中非联系作为党派竞选的议题之一，西方媒体在赞比亚具有更大的影响力。与赞比亚民众相比，苏丹民众对中非关系态度更为积极，主要是由于苏丹国内反对党没有打"中国牌"、西方媒体在苏丹影响力也较弱。①

总之，以上三个方面的原因，共同促成了非洲主要国家学界认知"一带一路"的基本现状。

第三节　助力"一带一路"高质量建设的因应之策

非洲的丝路学研究基础较为薄弱，中非丝路关系有待深入且系统的研究以提升中非共建"一带一路"的战略互信度，故应从三方面予以努力：

第一，应加快中非丝路遗产的发掘、保护和申遗，以深化丝路共有认知。

文化遗产对历史记忆的保存和塑造有着重大意义，中非在丝路遗产的发掘、保护及申遗这三大领域具有合作潜力：一是中非可开展海上丝绸之路的联合考古工作。2010—2013 年，根据中国国家文物局与肯尼亚官方签署的合作考古的有关协议，北京大学考古队先后四次对肯尼亚的五个遗址展开考古发掘，取得了重大发现：发掘出的永乐官窑瓷器基本确定了郑和到访非洲的事实。② 今后应将中非丝路遗产

---

① 沙伯力、严海蓉：《非洲人对于中非关系的认知（上）》。
② 《中外合作考古重大进展：郑和到访非洲基本确定》，搜狐网 https://www.sohu.com/a/111135778_387164，访问日期：2021 年 5 月 28 日。

联合考古列入"中非合作论坛"议程，由中国国家文物局对接非洲国家相关部门，进一步深化推进中非丝路遗产的联合考古合作。二是中非应在联合国教科文组织的框架下开展丝路文化遗产的保护合作。2019 年的"联合国教科文组织—非洲—中国三方论坛"在联合国教科文组织总部召开，并通过了一份"行动计划"，包括数个加强非洲遗产监控与管理的国际合作项目，故中非应在此三方合作框架下扎实推进项目合作，助力中非丝路遗产保护合作的内涵发掘与路径探索。三是中非应加快丝路遗产申遗的交流与合作。目前非洲尚缺乏多国联合申遗的实践，中国已积累了多国联合申遗的成功经验，故应在"中非合作论坛"框架下开展双多边中非丝路申遗的经验交流与切实合作，要助力有相关遗产的非洲国家开展联合申遗，如萨赫勒国家与北非国家可开展跨撒哈拉商路的联合申遗等，也要通过郑和非洲行迹发掘、伊本·白图泰丝路行迹考察等，探索中非丝路遗产申遗的可能性。

第二，应加强中非丝路学界的课题合作，以切实构建中非丝路学术共同体。

中非丝路学界应加强交流与合作，尤其应共同致力于伊本·白图泰与郑和等中非丝路友好使者的课题研究：一是伊本·白图泰、郑和等中非丝路友好交往先驱者的壮举为中非丝路伙伴关系发展留下了宝贵财富，他们已成为中非共享的"丝路符号"，中非学界可从"丝路符号"视角展开研究，通过合办会议、合作调研、文献共享、课题论证等多种方式，合作开展伊本·白图泰与郑和这两大课题合作，以深入打造中非丝路学术共同体；二是《伊本·白图泰游记》是中非共同的丝路遗产，他本人也已成为中国与摩洛哥、中国与非洲乃至中国与伊斯兰世界共享的"丝路符号"，对其生平与学术成果的研究，不仅是丝路学研究的重要内容，更是中非丝路学界交流与合作的核心议题，故中非高校与学术机构可合作举办伊本·白图泰学术研讨会，尽快产出一批中非学者合作攻关的研究成果，助力非洲丝路学基础研究能力建设；三是郑和远航到达非洲的壮举是中非历史上紧密交往的明证，也是中非通过海上丝绸之路交往的实例。郑和在非洲海岸留下的遗迹尚有进一步挖掘和研究的空间，据肯尼亚帕泰岛上的桑加人的口头传说，他们的祖先来自上海，这也是桑加人（shna ag）名称的来历。同样，在非洲东部肯尼亚的拉穆群岛（Lamu）的帕泰岛（Pate）上存在着"郑和村"。有人认为，这是郑和第七次下西洋时抵达非洲后，其中的一艘因迷失方向驶近帕泰岛后不幸触礁下沉。由于后来朝廷实施海禁，船上的数百名船员只好在当地定居下来。至今该地的几个村仍有人称自己是中国人的后代。① 比起这些传说遗迹，"郑和符号"对非洲的投射更多是一种"间接影响"，亦即"主张和平与发展的'郑和精神'的潜在影响"。② "正是由于'郑和精神'的影响，中非在古丝路贸易合作与人文交流中结成了丝路合作伙伴，凝成了丝路情谊，且因'坦赞铁路精神'与'中国非洲医疗队精神'等提升了中国的软实力。"③ 因此，中非丝路学界应加强郑和非洲行迹发掘、保护和研究，尤其是"郑和精神"对丝路命运共同体建构的重大意义亟待中非学界共同探讨，以唤起中非丝路历史记忆与丝路美好情谊，切实构建中非丝路学术共同体。

第三，应加强中非智库合作机制建设，以助力中非共研"一带一路"。

中国的"一带一路"倡议，非洲国家在普遍积极响应中也伴有某些疑虑，故中非应加强研究"一带一路"的双多边合作机制建设，尽早形成中非共同研究"一带一路"的良好态势：一是应充分利用

---

① 马丽蓉：《"郑和符号"对丝路伊斯兰信仰板块现实影响评估》，《世界宗教研究》2015 年第 5 期。

② 马丽蓉：《"郑和符号"对丝路伊斯兰信仰板块现实影响评估》。

③ 马丽蓉：《"郑和符号"对丝路伊斯兰信仰板块现实影响评估》。

现有的中非智库合作机制开展交流与合作。应在 2013 年启动的"中非智库 10+10 合作伙伴计划"框架下，通过建立中非智库学者互换访问机制、双方政府或社会力量出资设立基金，以及资助优秀的中非学者定期开展交流与互访等，切实开展中非智库之间的"一带一路"合作研究，切实落实中非智库合作伙伴计划。二是应创建中非"一带一路"项目数据库合作新机制。应针对非洲国家关注的"一带一路"共建项目透明度、绩效评估，以及西方媒体炒作的"中国投资陷阱"论与"非洲资源掠夺"论等，开展中非智库合作攻关，共同剖析原因、揭露本质、还原真相，并公开研究成果。在此合作基础上创建中非"一带一路"项目数据库合作平台，由几家具有较高国际声望的中国和非洲智库负责数据库建设和维护。该数据库将包含非洲国家所有"一带一路"项目的基本信息、投资规模、建设方案及运营信息等，并向世界各国相关智库开放，以便全球"一带一路"研究者获得客观与全面信息，以破除谣言、打消疑虑。三是应在中非高校合作框架下进一步细化中非高校智库合作机制建设。中非高校合作对于加强中非智库间"一带一路"合作研究至关重要。2009 年 11月，在埃及沙姆沙伊赫举行了"中非合作论坛"第四次部长级会议，制订了"沙姆沙伊赫行动计划"，将"中非高校 20+20 合作计划"纳入其中。根据该"行动计划"，中国教育部经过多层遴选，选出了包括北京大学等二十所中国高校，分别与非洲的二十所高校展开一对一合作，故应在这一中非高校合作机制平台上，探索细化打造中非高校智库"一带一路"交流与合作的新机制，通过基金设立、课题发布、学者互访、人才培养、课题合作等途径，切实形成中非智库共研"一带一路"的新态势，以助力中非高质量推进"一带一路"发展。

第十五章
拉美国家"一带一路"学术动态研究

在 2018 年 1 月召开的中拉合作论坛第二届部长级会议上颁布的《关于"一带一路"倡议的特别声明》受到拉共体国家外长的欢迎和支持,并认为"'一带一路'倡议可以深化中国与拉美国家在经济、贸易、投资、文化、旅游等多领域的合作",[①] 故应通过研究拉美学界的"一带一路"认知现状及其原因,提出优化中拉涉华认知、增强中拉战略合作互信的应对之策,为中拉共建"一带一路"提供学理支撑。

第一节 拉美国家"一带一路"研究现状梳理

中国提出"一带一路"倡议后,引发拉美学界的高度关注,并以阿根廷、墨西哥、巴西、哥伦比亚、智利和秘鲁等国的学术成果为代表,形成了拉美"一带一路"认知的基本现状,主要体现在以下

[①] 《中国—拉共体论坛第二届部长级会议关于"一带一路"倡议的特别声明》,中国—拉共体论坛 http://www.chinacelacforum.org/chn/zywj/t1531607.htm,访问日期:2019 年 6 月 3 日。

三个方面：

第一，拉美国家学界多对"一带一路"持有积极认知。

拉美学界认为中国"一带一路"倡议助力全球不同领域的和平与发展，如阿根廷拉普拉塔天主教大学的马丁·拉法埃尔·洛佩斯（Martín Rafael López）的《中国的极地轨迹：历史路径与"一带一路"倡议下的项目》一文认为，2018 年 1 月 16 日，中国发布的《中国的北极政策》白皮书表明中国倡导共建"极地丝绸之路"的愿景。尽管近年中国在极地事务中的自我定位是一个"积极参与者"，但也因"中国在南极和北极地区的活动呈几何级数增长"，且目前的发展势头具有"占据极地国际进程重要位置的可能性"，在其"利用极地"时面临"某些法律漏洞所致的不确定性与潜在冲突的迹象"。①又如，阿根廷布宜诺斯艾利斯省议会外交委员会秘书长拉米罗·奥尔多基（Ramiro Ordoqui）的《千百年后中亚的丝绸之路》一文认为，2013 年 9 月，习近平出访哈萨克斯坦时提出共建"丝绸之路经济带"的倡议，标志着"中亚进入了一个新的历史阶段"。基于中亚地区独特而重要的地缘战略地位，需从历史与现实两个维度研究中国与中亚共建"丝绸之路经济带"的重要性。亦即，我们不仅需要"理解 21 世纪的经济动态演变"，也要了解"汉武帝首开丝绸之路两千年后那些对于当前决策依然深具意义的历史变量"，在逐一"解析新丝绸之路视域下中亚诸国政经结构"中"了解过去、理解现在和展望未来"，故建议中亚五国从自身"多样化的经贸、政治和安全需求"出发与中国发展丝路伙伴关系，以"通过比较优势解决地缘政治问题"。中国的"一带一路"就是"将拥有全世界三分之二人口与占全球 GDP 总量 21 万亿美元的六十几个国家整合于同一个合作"框架下

---

① Martín Rafael López, *La travesía polar de China: recorrido histórico y proyección bajo la iniciativa "la Franja y la Ruta"*, China: una nueva estrategia geopolítica global (la iniciativa la franja y la ruta), La Plata: Universidad Nacional de La Plata, 146-160, 2019.

的"新丝绸之路"，尤其是"重新激活始于两千年前辉煌的贸易路线取决于中亚国家的自我定位"，故应在机遇和挑战面前制定出理性且务实的对策。① 还有，阿根廷国立拉普拉塔大学孔子学院的安德莱娅·帕皮亚（Andrea Pappier）的《中国与丝绸之路：中国与联合国教科文组织及世界旅游组织的文化旅游项目》一文认为，"和合共生"与"求同存异"等中国传统文化理念，已从20世纪末的中国改革开放到21世纪的中国迅猛发展中的"登上中心舞台"，并"在世界范围内得以推广"。近年来中国领导人身体力行地落实"民心相通"的举措，使人文外交已成为"当代中国外交不可分割的一部分"，并体现在人们熟知的习近平关于"中国梦"的话语叙事中，也体现于习近平2014年访问联合国教科文组织时发表的重要讲话中，表明"一带一路"是21世纪弘扬"丝路精神"之举，尤其是19国与联合国教科文组织在乌兹别克斯坦签署的《撒马尔罕宣言》定义"丝绸之路"是"最传奇的道路"和"最重要的旅游目的地"，"希望在可持续发展和尊重环境、物质与非物质文化遗产及文化多样性政策框架下激发丝绸之路的潜力"，故以中国参与联合国教科文组织（UNESCO）和世界旅游组织（OMT）的多个"丝绸之路"国际合作项目为案例分析，旨在发掘中国传统文化理念助力丝路国际学术合作的现实意义。② 此外，阿根廷国立拉普拉塔大学中国研究中心国际关系研究所（IRI）的塞巴斯蒂安·施尔茨（Sebastián Schulz）于2020年5月发表了《"具有中国特色"的合作与团结：新冠疫情背景下的丝绸之路与人类命运共同体》的研究报告，旨在探究一种不同于西

① Ramiro Ordoqui, *La Ruta de la Seda en Asia Central, cientos de años después*, China: una nueva estrategia geopolítica global（la iniciativa la franja y la ruta）, La Plata: Universidad Nacional de La Plata, 35-44, 2019.

② Andrea Pappier, *China y la Ruta y la Seda: sus proyectos de turismo cultural con UNESCO y UNWTO*, China: una nueva estrategia geopolítica global（la iniciativa la franja y la ruta）, La Plata: Universidad Nacional de La Plata, 68-80, 2019.

方的、具有"中国特色"的"一带一路"倡议在应对全球疫情大流行、抗击新冠肺炎方面的巨大贡献，以廓清共建"一带一路"与构建人类命运共同体的内在关联性："一带一路"倡议与构建"人类命运共同体"密切相关，旨在兼顾人类文明多样性发展的需求与全球化面临根源性挑战的应对，"中国特色"不是简单复制或混合，而是要以符合本国国情的方式参与共建"一带一路"，助力构建人类命运共同体。① 2021 年 4 月，塞巴斯蒂安·施尔茨博士为阿根廷国立拉普拉塔大学中国研究中心《丝绸之路与新冠肺炎：全球新冠肺炎危机之际的"一带一路"倡议评估》研究报告撰文指出：新冠肺炎疫情的暴发对国际体系的转型产生了重要影响，出现了布雷顿森林体系瓦解后世界旧秩序的崩溃、美国霸权的衰落以及中国和亚太地区以世界地缘政治新中心而崛起的一个"结构性趋势"；中国提出的"一带一路"具有防御与攻击的"双重属性"，既可与东南亚和中亚地区开展共建，又可应对美国亚太战略挑战；中国提出的"一带一路"具有内外兼顾的双重目的，故能不断丰富内涵建设，如正在推进落实的"数字丝绸之路""太空丝绸之路""极地丝绸之路""健康丝绸之路"及"绿色丝绸之路"等即为明证；中国提出了共建"健康丝绸之路"的倡议，并在全球抗击新冠肺炎疫情中做出了积极贡献，中国不仅向一百四十多个国家和国际组织提供了医疗物资，还"举行了 83 场视频会议和来自 153 个国家的卫生专家交流抗疫经验"等；新冠肺炎疫情暴发后，中国等新兴国家行为体在全球抗疫中发挥了重要作用，使得"一带一路"倡议成为后疫情时代南半球国家地缘政治与经济的重要工具，并能"促进南南合作、互惠共赢、文明对话

---

① Sebastián Schulz, "Cooperación y solidaridad 'con características chinas'. La Ruta de la Seda y la Comunidad de Destino Compartido para la Humanidad en contextos de pandemia," Cechino IRI-UNLP, https://cechinounlp. wordpress. com/2020/05/27/cooperacion-y-solidaridad-con-caracteristicas-chinas-la-ruta-de-la-seda-y-la-comunidad-de-destino-compartido-para-la-humanidad-en-contextos-de-pandemia/, accessed June 27, 2021.

和人类命运共同体"① 的构建。又如，墨西哥维拉克鲁斯大学中国研究中心（Centro de Estudios China de la Universidad Veracruzana，CE-CHIVER）的埃斯特班·佐特尔（Esteban Zottele）、阿尼巴尔·卡洛斯·索特尔（Aníbal Carlos Zottele）于 2020 年 10 月出版了《走进"一带一路"》一书，与埃斯特班·佐特尔 2017 年发表的《"一带一路"：拉丁美洲的机遇与可持续发展的追求》一文②的观点基本一致，均为正面认知"一带一路"的学术成果。其中，《走进"一带一路"》一书，从"'一带一路'的起源""世纪倡议""重塑中国的全球倡议"及"拉美加勒比地区：倡议的自然延伸"四个部分展开研究，分享了共建"一带一路"背景下作者在中国的亲身经历，从理论、框架、愿景及动机等不同维度阐释了"一带一路"倡议，从政治、经济、人文等领域共建的政策、机制、项目等廓清了"一带一路"倡议的落地路径，分析了拉美和加勒比地区参与"一带一路"倡议的背景、现状及未来。"一带一路"共建项目的增多，已为全球治理提供了新的解决方案，其互利共赢的理念有助于提升"跨文化环境中的融合性及责任感"，而"中拉合作论坛"搭建了中国与拉美—加勒比地区新的合作平台，"海上丝绸之路"与"空中丝绸之路"已成为中拉共建"一带一路"的特别抓手，正如习近平多次强调的"文明交流互鉴"，就是古丝绸之路与"新丝绸之路"所彰显的核心精神，也应成为"一带一路"框架下深化中拉关系的行动指南。③ 2018 年 5 月，委内瑞拉 Zulia 大学和厄瓜多尔 Laica Eloy Alfaro

---

① Sebastián Schulz, "Ruta de la Seda vs. Covid-19. Balance de la Iniciativa de la Franja y la Ruta en época de pandemia y crisis mundial," Observatorio de la Política China, https://politica-china. org/areas/politica-exterior/xi-sei-ruta-de-la-seda-vs-covid-19-balance-de-la-iniciativa-de-la-franja-y-la-ruta-en-epoca-de-pandemia-y-crisis-mundial, accessed June 27, 2021.

② Esteban Zottele y Wei Qian, "La Franja y la Ruta: Oportunidad para América Latina y búsqueda de un desarrollo sostenible," Orientando 13 (2017): 36–69.

③ Aníbal Carlos Zottele, *Aproximaciones a la Franja y la Ruta*, México: Bubok Publishing S. L, 2020.

de Manaí 大学的玛利亚内拉·阿古查·奥尔蒂戈萨（Marianela Acuña Ortigoza）与巴勃罗·阿维拉·拉米雷斯（Pablo Ávila Ramírez）合作发表的《丝绸之路：拉丁美洲参与的新联盟》一文认为，中国在推动世界多极化、维持经济全球化、营造全球和平与发展环境、引领国际体系变革及带动亚太地区繁荣等方面作用凸显，而作为新兴经济体的拉美国家也在区域一体化、国际组织合作等方面"呈现上升趋势"，"一带一路"倡议给拉美提供了国际合作的新机遇，可借此丰富外国投资和贸易流动，改善航运、海运和数字化联通度，以及开展科技、能源和工业 4.0 领域的国际合作，并在促进拉美—加勒比地区经济发展、产业升级和互联互通中重塑中拉关系，① 等等。综上，拉美国家学者主要从全球与区域的经济一体化、多元文明交流互鉴、"健康丝绸之路"助力构建人类命运共同体，以及拉美国家发展与拉美一体化推进等不同视角，对"一带一路"做了全面与系统的研究，形成了积极认知"一带一路"的基本现状。

第二，拉美国家学界对"一带一路"也持某些矛盾性认知。

拉美国家的某些学者将"一带一路"视为"维护中国利益、损害拉美利益"的"战略工具"，形成了某些矛盾性的认知，如 2016 年 9 月，墨西哥学院亚非研究中心的曼努埃尔·德·热苏斯·罗查·皮诺（Manuel de Jesús Rocha Pino）的《中国和区域一体化：新海上丝绸之路在非洲》一文，认为"一带一路"是一个颇具地缘经济与地缘政治色彩的区域一体化项目，是基于经济、制度和法律的安排之上的中国软实力的体现。但是，"一带一路"又能开创一个助推区域一体化进程的"中国模式"，在使中国获益的同时，成为促进

① Acuña Ortigoza, Aguirre Saavedra, Ávila Ramiréz y Mendoza Vera. "Ruta de la seda. Nuevas alianzas para la participación de América Latina," Revista Venezolana de Gerencia 83（2018）: 529–540.

世界经贸结构调整的"一个工具"；认为中国"新海上丝绸之路"的合作目的在于，推动"中国在世界的扩张"并与"西方列强及其金融机构"展开竞争，但研究中非共建"一带一路"案例后却发现，"新海上丝绸之路"合作具有两大显著特征：一是成为"区域一体化计划的工具"，助力推动非洲区域经济一体化进程；二是实现中国经济改革进程与非洲工业化发展进程的有机结合，故使"一带一路"倡议背景下的"新海上丝绸之路"合作成为"中国提供给非洲的长期解决方案"。① 2017 年 10 月，墨西哥蒙特雷科技大学的弗朗西斯科·巴尔德雷·比亚尔（Francisco Valderrey Villar）与达尼埃尔·勒姆斯·德尔加多（Daniel Lemus Delgado）共同发表的《新丝绸之路与国际贸易外交》一文，认为共建"新丝绸之路"具有重大经济意义，但也因其存在"某些地缘政治动机"而具有重大国际影响力，使中国政府及其企业面临诸多合作障碍，且多由不同的政治制度、不平衡的地区经济、复杂的历史关系、多样的种族和文化等因素所致；认为"新丝绸之路"的某些大型投资项目，在中国政府强力举措中予以推进，其政治宣传意义大于维护经济利益，意在"宣传中国共产党"与"赞颂中国的新成就"，但又认为借"新丝绸之路"建设来保障经济增长才是中国政府的"优先选项"，并使参与共建的企业也"从中受惠"，故提出了两点建议：一是"新丝绸之路"应吸纳更多新的国家与非国有资本参与其中，二是中国公司应基于经济利益而非政府意志来参与共建。② 阿根廷国立拉普拉塔大学的马蒂亚斯·科贝（Matias Caubet）、伊尔玛·恩里科斯（Irma Henriquez）与智利驻韩国首尔领事馆领事卢卡斯·帕维斯（Lucas

---

① Manuel de Jesús Rocha Pino, "China y la integración megarregional: la Nueva Ruta de la Seda Marítima en África," Revista CIDOB d'Afers Internacionals 114 (2016): 87–108.

② Esteban Zottele y Wei Qian, "La nueva ruta de la seda y la diplomacia internacional de negocios," Comillas Journal of Internacional Relations 101 (2017): 47–64.

Pavez）合写的《"一带一路"倡议对中国社会经济发展的影响》一文认为，在全球化充满诸多不确定性之际，"渐进的贸易开放与长期的国家规划"是中国复兴为全球大国的两个至关重要的因素，也形成了"一带一路"的两大基本方针：既要增加国内消费、创新相关产业以减少对外依赖，也要坚持多边主义与自由贸易以应对全球化时代的不确定性，这与特朗普执政时的美国保护主义、对抗性外交政策形成了对比，原因在于"一带一路"从倡议到实践，旨在复兴"两千年前连接中国与全球贸易"的丝路贸易网络，并将中国纳入亚非欧互联互通的中心。但是，作者又认为"一带一路"倡议的"根本出发点是实现中国利益"，且引发了"一带一路"倡议是否可被视作中国国家战略的一个公共产品、是否可被视作基于资产与剩余资本流动的一系列基础设施投资、是否可被视作服务其国内福利以实现满足中国利益的最终目标等一系列的疑问，[1] 反映出作者对"一带一路"的认知充满了矛盾性，也成为某些拉美学者对"一带一路"的矛盾性认知现状。

第三，拉美国家学界对"一带一路"也持某些盲从性认知。

拉美国家的某些学者认知"一带一路"时，因备受"美国因素"干扰而出现了盲目跟风的议题炒作现象，集中体现在从"美国视角"来跟进炒作涉疆议题，如阿根廷国立拉普拉塔大学的马蒂亚斯·科贝（Matias Caubet）、伊尔玛·恩里科斯（Irma Henriquez）与智利驻韩国首尔领事馆领事卢卡斯·帕维斯（Lucas Pavez）合写的《"一带一路"倡议对中国社会经济发展的影响》一文，臆测"一带一路"的"战略意图"是为了"重新评估和激活被遗忘的新疆地

---

① Matías Caubet, Irma Henriquez y Lucas Pavez, *Los impactos de la Franja y la Ruta en el Desarrollo Territorial y Económico Interno en la República Popular China*, China: una nueva estrategia geopolítica global（la iniciativa la franja y la ruta）, La Plata: Universidad Nacional de La Plata, 2019, 45-56.

区"，并通过 "高铁线路扩张" 来助力新疆稳定与繁荣，为 "通过武装警察与经济投资" 都无法奏效的新疆治理提供一个 "全方位解决之道"，使 "一带一路" 所取得的 "经济成就" 达到了 "维持国家统一" 的战略实效，这是基于 "新疆地区紧张局势背后的文化、身份认同和宗教根源" 的现实，"一带一路" 便成为 "满足中国政府投资发展新疆地区需要" 的一项战略。① 又如，2019 年 2 月，墨西哥普埃布拉美洲大学（Universidad de las Américas Puebla）的胡安·卡洛斯·加楚斯·玛雅（Juan Carlos Gachúz Maya）教授团队发表了《新疆的冲突（2013—2018）："一带一路" 倡议和人权危机》一文，在以 "人权" 抹黑新疆来唱衰 "一带一路" 的 "美国叙事" 框架下炒作涉疆议题，认为中国新疆对 "一带一路" 的实施具有 "战略意义"，但妄断由于 "新疆地区的人权危机"，中国政府欲借 "一带一路" 来推进新疆地区经济发展的同时，也从文化和政治上来 "同化维吾尔民族"，使新疆与中国其他省市融合，并成为 "中亚地区最重要的商贸与金融中心之一"；认为中国政府采取了一系列措施，旨在 "刺激新疆经济发展、减少贫困、加强与中国其他省市联系，以及巩固与中亚国家的经济合作，但又妄断中国 "政府的政策给新疆地区带来了更大程度的控制和压迫"，臆测 "一带一路" 框架下的投资和基础设施建设与 "新疆地区人权危机" 有关联。② 这些言论不仅缺乏事实佐证，也在盲目跟风美国政客炒作涉疆议题中，完全丧失了拉美学者应有的学术主体性，形成了某些拉美学者对 "一带一路" 的盲从性认知现状。

---

① Matías Caubet, Irma Henriquez y Lucas Pavez, *Los impactos de la Franja y la Ruta en el Desarrollo Territorial y Económico Interno en la República Popular China*, China：una nueva estrategia geopolítica global（la iniciativa la franja y la ruta），La Plata：Universidad Nacional de La Plata，2019，45–56.

② Gachúz Maya, Paula Aguilár y Ivonne Mendoza, "El conflicto en Xinjiang（2013–2018）：Iniciativa Franja y Ruta y crisis de derechos humanos," México y la Cuenca del Pacífico 23（2019）：67–91.

第二节 拉美国家"一带一路"认知成因溯源

形成拉美国家学者"一带一路"认知现状的原因是多方面的，且主要体现在以下三个方面：

第一，拉美一批学术机构致力于"一带一路"研究，造就了拉美学界积极的基本认知。

研究发现，拉美国家和地区有一批学术机构致力于中国研究，尤其是"一带一路"研究，在塑就拉美学者积极认知"一带一路"中发挥了至关重要的作用。

阿根廷国立拉普拉塔大学中国研究中心（Centro de Estudios Chinos de la Universidad Nacional de La Plata）① 开展"一带一路"研究。2019 年 8 月 27 日，中心协调员玛利亚·弗朗西斯卡·斯塔亚诺（María Francesca Staiano）与中心研究员劳拉·博加多·博尔达扎尔（Laura Bogado Bordazar）向联合国难民署推介中心出版的新书《中国：全球地缘政治的新战略——"一带一路"倡议》。② 2021 年 3 月 31 日，中心研究员卢卡斯·瓜尔达（Lucas Gualda）接受中国新华社专访表示："瑞士良好棉花发展协会（BCI）发起的抵制新疆棉花行动再次抹黑中国形象，此次事件将会严重影响国际贸易……经证实新疆棉花生产不存在强迫劳动……这些来自域外国家的指控并不令人惊讶"，是"西方国家为了玷污中国形象的又一次尝试"。③ 阿根廷国际

---

① Centro de Estudios Chinos de la Universidad Nacional de La Plata, https://www. iri. edu. ar/index. php/2020/07/04/estudios-chinos/, accessed June 28, 2021.

② Bogado Bordazar, Laura Lucía Bogado Bordazar, Una Nueva Estrategia Geopolítica Global-La Iniciativa La Franja y la Ruta, Facultad de Ciencias Jurídicas y Sociales, Universidad Nacional de La Plata, 2019.

③ "ENTREVISTA: Boicot al algodón de Xinjiang busca ensuciar imagen de China y afectar el comercio global, dice analista argentino", Xinhua español, http://spanish. xinhuanet. com/2021-04/01/c_139851508. htm, accessed June 28, 2021.

关系理事会（CARI）的中国研究小组①也非常重视"一带一路"研究，并举办了多次专题研讨会，包括 2017 年 5 月 12 日举办的"中国：在欧亚大陆和拉丁美洲地区的崛起"研讨会、2018 年 4 月 26 日举办的"中国战略与'一带一路'倡议：国内挑战与国际影响"研讨会、2018 年 8 月 30 日举办的"中国政治、外交和经济的演变"研讨会、2021 年 6 月 3 日举办的"2021 年中国国际展望"研讨会等。阿根廷社会科学理事会（El Consejo Latinoamericano de Ciencias Sociales，CLACSO）的中国研究小组②，于 2020 年 5 月起陆续发布了一系列题为《21 世纪与中国转型》③ 的研究报告，包括《世界秩序的变化：新冠肺炎疫情背景下新旧秩序的变化》④《中国新丝绸之路与

---

① 阿根廷国际关系协会（CARI）是一个成立于 1978 年的非营利性私立学术机构，协会大力推动国际关系问题研究，分析世界各国政治、经济、社会、文化差异及其发展趋势，面向阿根廷全社会提供国际关系问题研究的重要平台。目前，阿根廷国际关系协会不仅是阿根廷国关领域的佼佼者，同时在国防、外交政策和国际经济等研究方向处于拉美领先地位。20 世纪末创建的"CARI 东亚委员会"后更名为"亚洲事务委员会"，委员会专门成立了中国研究小组，开展关于中国—阿根廷关系以及中国与世界其他国家关系的研究。该中国研究小组组织了多场研讨会，聚焦中阿战略合作关系、中国国家战略及其"一带一路"倡议面临的国内挑战与国际影响，"中国在全球建立的诸多项目中，从能源、矿产和电子产品在世界市场上展现的强大竞争力，到'一带一路'重大倡议，中国作为全球大国的作用与影响力日益提高……了解中国这个亚洲巨人显得十分必要"。

② 1967 年，拉丁美洲社会科学理事会（CLACSO）正式成立，作为在联合国教科文组织拥有合法地位的非政府国际学术组织，目前拥有来自全球 51 个国家（拉美 23 个）七百余个机构成员，在拉丁美洲乃至世界范围的社会科学和人文科学领域享有崇高的声誉。拉美社科理事会的学术宗旨包括基于学术研究和批判性思维的贡献，促进经济、社会和环境的可持续发展；支持社会科学和人文科学领域研究的人员、机构以及构建学术网络；推动拉丁美洲和加勒比地区的学术国际化进程；致力于拉丁美洲和加勒比地区学术成果知识共享，助力知识获取民主化，促进公共政策管理者、社会公民组织、新闻界和高校积极主动利用知识等。该中国研究小组指出："美国霸权时代的瓦解和中国的崛起对拉丁美洲和加勒比地区具有多重影响。世界重大危机不仅催生了新的多极化世界格局，让大国之间的联系与合作更加紧密，同时促进不愿一味服从资本主义的国家制定新的战略战术，借此打破和削弱对资本主义的依赖，从而推动进一步自主发展，争取成为游戏规则的制定者，而不仅仅只是参与者。"

③ Boletí，"Transiciones del siglo XXI y China," Grupo de Trabajo China y el mapa del poder mundial，Clasco，https：//www. clacso. org/categoria/grupos-de-trabajo/grupo-de-trabajo-china-y-el-mapa-del-poder-mundial/，accessed June 28, 2021.

④ Andrés Raggio，"Cambios en el orden mundial. Entre lo viejo y lo nuevo en el marco de la pandemia," Boletín Transiciones del siglo XXI y China, No. 1（2020）：14–18.

新冠病毒：新计划、同目标？》① 《全球治理中的中国与欧盟：是做"制度性对手"还是联合打造"命运共同体"？》② 及《2020 年中国社会经济发展与 2021 年新展望》③ 等。

墨西哥国立自治大学（UNAM）的中墨研究中心（Centro de Estudios China-México, CECHIMEX）④，也致力于"一带一路"研究，相关学术成果主要有《"一带一路"：开放与区域合作的新视角》（2015）⑤、《中国在拉丁美洲和加勒比海地区的融资》（2019）⑥、《中国在拉丁美洲和加勒比地区的对外直接投资：条件及挑战》（2019）⑦ 等，并多次举办了"一带一路"专题讲座，包括 2018 年 3 月 4 日举办的"中国与墨西哥的经济特区：经济和社会发展动力"⑧ 学术讲座、2019 年 4 月 10 日举办的"'一带一路'倡议：可见的演变"⑨ 学术讲座、2020 年 10 月 7 日举办的"2020 年中国在拉丁美洲和加勒比海地区的外国直接投资"⑩

---

① Juan Cruz Margueliche, "La Nueva Ruta de la Seda China y el COVID -19. ¿Nuevos planes, mismos objetivos？," Boletín Transiciones del siglo XXI y China, No. 2（2020）：25 - 33.

② María Francesca Staiano, Javier Vadell, "China y Europa en la gobernanza global：¿» rivales sistémicos» o unidos en la construcción de una «comunidad de futuro compartido»？," Boletín Transiciones del siglo XXI y China, No. 3（2020）：12 - 25.

③ Gladys Cecilia Hernández Pedraza, "Evolución socioeconómica de China en 2020 y perspectivas para 2021," Boletín Transiciones del siglo XXI y China, No. 4（2021）：12 - 23.

④ Centro de Estudios China-México（CECHIMEX）, http://www. economia. unam. mx/cechimex/index. php/zh/inicio-ch.

⑤ Guoqiang Long, "*One Belt, One Road*"：*A New Vision for Open, Inclusive Regional Cooperation*, Centro de Estudios China-México, Facultad de Economía, Universidad Nacional Autónoma de México（UNAM）, 2015.

⑥ Enrique Dussel Peters, *China's Financing in Latin America and the Caribbean*, Universidad Nacional Autónoma de México（UNAM）, 2019.

⑦ Enrique Dussel Peters, *China's Foreign Direct Investment in Latin America and the Caribbean Conditions and Challenges*, Universidad Nacional Autónoma de México（UNAM）, 2019.

⑧ "Las Zonas Económicas Especiales de México y China：Motores para el Desarrollo Económico y Social," https://dusselpeters. com/CECHIMEX/20180404BarbosaZEE. pdf.

⑨ "La iniciativa de la franja y la ruta：una evolución visible," https://dusselpeters. com/CECHIMEX/20190410_Anguiano_Roch_BRI. pdf.

⑩ "Proyectos de Infraestructura de China en ALC 2020," https://dusselpeters. com/CECHIMEX/20201007_ CECHIMEX _ Monitor _ Infraestructura _ china _ en _ AL _ 2020 _ Enrique _ Dussel_Peters. pdf.

学术讲座等。**墨西哥**维拉克鲁斯大学中国研究中心①的埃斯特班·佐特尔、阿尼巴尔·卡洛斯·索特尔于 2020 年 10 月合写西班牙语学术著作《走进"一带一路"》② 正式出版，旨在表明"一带一路"倡议为拉丁美洲和加勒比地区带来机遇与挑战这一基本认知。此外，该研究中心还定期举办"一带一路"专题研讨会，内容涉及"增强墨西哥与中国跨文化交流""中国和拉丁美洲处在同一片天空下吗?""关于新时代中国的思考""新丝绸之路对高等教育的影响：跨文化的视角""绿色'一带一路'倡议：中国和拉丁美洲的环境政策"及"'一带一路'倡议：历史镜像与未来愿景"等③。**墨西哥**国际事务委员会（Consejo Mexicano de Asuntos Internacionales，COMEXI）④ 是一家从事国际关系研究的非营利性民间智库，也十分重视"一带一路"研究，并于 2018 年发布《墨西哥与中国战略议程》⑤ 研究报告、2019 年发布《美国—中国贸易紧张局势：对墨西哥的影响》⑥ 研究报告等，从战略博弈视角评估"一带一路"的现实影响。

巴西瓦加斯基金会（Fundación Brasil Vargas，FGV）不仅重视"一带一路"研究，还重视相关课程建设，基金会中国研究中心⑦主任高文勇（Evandro Menezes de Carvalho）于 2020 年 11 月负责讲授基金会法学院的"巴西与中国关系未来：法律、政治和经济"课程，内容涉及中

---

① Centro de estudios China-Veracruz（Cechiver），https://www.uv.mx/chinaveracruz/.

② Esteban Zottele, Aníbal Carlos Zottele, Aproximaciones a la Franja y la Ruta, Centro de estudios China de la Universidad Veracruzana, 2020.

③ Eventos de Centro de estudios China-Veracruz, https://www.uv.mx/chinaveracruz/general/webinars/.

④ Consejo Mexicano de Asuntos Internacionales（COMEXI），https://www.consejomexicano.org/.

⑤ Enrique Dussel Peters, Simón Levy Dabbah, Hacia una agenda estratégica entre México y China, Consejo Mexicano de Asuntos Internacionales（COMEXI），2018.

⑥ Tensiones comerciales EE. UU. -China Impacto en México, Consejo Mexicano de Asuntos Internacionales（COMEXI），2019.

⑦ 2017 年，巴西瓦加斯基金会里约法学院（FGV Direito Rio）成立巴西—中国研究中心，长期追踪巴西法律法规的变化，关注中国法律制度的演变进程，研究金砖国家法律体系，实地调研中国对巴西投资企业面临的挑战和障碍。

巴两国关系的现状和挑战、中国治理模式和中国法律制度结构等。在高文勇教授看来：为落实"中巴十年合作规划（2022—2031 年）"，巴中应开展富有成效的学术对话，所以必须培养越来越多的"合格专业人才"以推动"巴中双边关系建设"。① 2021 年 7 月 7 日，基金会法学教授埃万德罗·卡瓦略在接受新华社专访时表示：与西方国家的民主实践相比，"中国的民主模式涉及更多民众参与，更贴近人民的现实和利益"，但"一些西方人不深入了解中国现实，对中国充满意识形态偏见，参与反华政治议程，这是一种'智力错乱'"。② **巴西**国际关系中心（Centro Brasileiro de Relações Internacionais, CEBRI）的中国研究小组③从多个视角开展"一带一路"研究，并出版了相关成果，包括《美中俄新战略框架?》（2017）④、《中美战略竞争》（2018）⑤、《东南地区物流基础设施：中巴合作可行性路径分析》（2019）⑥、《2022—2031 年巴西—中国十年规划：准备和调整的机会》（2020）⑦、《巴西和中国：环

① "Novo curso discute futuro das relações Brasil-China sob aspectos políticos, jurídicos e de desenvolvimento," https://portal. fgv. br/noticias/novo-curso-discute-futuro-relacoes-brasil-china-sob-aspectos-politicos-economicos-e, accessed November 11, 2020.

② 《专访：全过程民主体现中国民主特色与优越性——访巴西瓦加斯基金会法学教授卡瓦略》，新华网 http://www. xinhuanet. com/2021-07/08/c_1127634846. htm，访问日期：2021 年 7 月 8 日。

③ 中心特设亚洲研究项目计划，重点研究中巴关系和亚洲重塑世界秩序的作用，研究方向包括多边主义、贸易、环境、地缘政治、技术和创新等，支持计划的主要合作伙伴是巴西—中国研究院（IBRACH）和中国交通银行—巴西 BBM 银行。2019 年，国际关系与中国交通银行—巴西 BBM 银行建立合作伙伴关系，共同组成中国研究小组，合作开展定期学术活动，包括小组研讨会、学术讲座和学术会议等。

④ "EUA, China e Rússia, um novo quadro estratégico?," CEBRI Breaking News #1, https://www. cebri. org/br/doc/119/eua-china-e-russia-um-novo-quadro-estrategico.

⑤ Arthur Kroeber, "A Rivalidade Estratégica entre Estados Unidos e China," CEBRI Breaking News #19, https://www. cebri. org/br/doc/97/a-rivalidade-estrategica-entre-estados-unidos-e-china.

⑥ Clarissa Lins, Guilherme Ferreira, "Infraestrutura logística na região Sudeste: uma análise de possíveis caminhos para uma parceria entre Brasil e China," Centro Brasileiro de Relações Internacionais, 2019.

⑦ Tatiana Rosito, "O Plano Decenal Brasil-China 2022–2031: Oportunidade de Preparação e Realinhamento," Centro Brasileiro de Relações Internacionais, 2020.

境合作的要素》（2020）①、《面向未来的巴西—中国：两国关系现状、"一带一路"和教训》（2020）② 等。此外，巴西国际关系中心还多次举办"一带一路"专题研讨会，包括 2018 年 8 月举办的"'一带一路'倡议：巴西和其他合作伙伴的视角暨第 9 届中国研究小组会议"③、2020 年 3 月举办的"贸易限制与新冠疫情背景下的巴西—中国关系：影响和战略暨第 17 届中国研究小组会议"④、2020 年 9 月举办的"人工智能、技术战和国际秩序变化：中国、美国及巴西"暨第 19 届中国研究小组会议⑤、2021 年 4 月举办的"中国如何看待自己的未来暨第 22 届中国研究小组会议"⑥ 等。

哥伦比亚国立大学（Universidad Nacional de Colombia）⑦ 在其学术刊物《经济文章》（*Ensayos de Economía*）上持续刊发有关"一带一路"的研究成果，引领该国学界的相关研究。2011 年 2 月 17 日，哥伦比亚国立大学与中国驻哥伦比亚大使馆合作推出了"中国讲堂"⑧ 品牌项目，旨在打造一个客观认知中国在当今世界的地

---

① Izabella Teixeira, Teresa Rossi, Brasil e China: Elementos para a Cooperação em Meio Ambiente, Centro Brasileiro de Relações Internacionais, 2020.

② Clarissa Lins, Marcos Caramuru, Guilherme Ferreira, Brasil-China: O Estado da relação, Belt and Road e Lições para o Futuro, Centro Brasileiro de Relações Internacionais, 2020.

③ The Belt and Road Initiative: Views from Brazil and Other Partners, https://www. cebri. org/br/doc/104/ix-reuniao-do-grupo-de-analise-sobre-china.

④ RELAÇÕES BRASIL-CHINA EM TEMPOS DE COMÉRCIO ADMINISTRADO E CORONAVÍRUS: IMPACTOS E ESTRATÉGIAS, https://www. cebri. org/br/doc/21/xvii-reuniao-do-grupo-de-analise-sobre-china.

⑤ INTELIGÊNCIA ARTIFICIAL, GUERRA TECNOLÓGICA E MUDANÇAS NA ORDEM MUNDIAL: CHINA, EUA E BRASIL, https://www. cebri. org/br/doc/12/xix-reuniao-do-grupo-de-analise-sobre-china.

⑥ XXII Reunião do Grupo de Análise sobre China | How China Regards its Future in the World, https://www. cebri. org/br/doc/93/xxii-reuniao-do-grupo-de-analise-sobre-china-how-china-regards-its-future-in-the-world.

⑦ Universidad Nacional de Colombia, https://www. iri. edu. ar/index. php/2020/07/04/estudios-chinos/.

⑧ "La Cátedra China", http://historico. agenciadenoticias. unal. edu. co/AgenciaUN_/pdf_2012/adjuntos_2012/FOLLETO_CATEDRA_1_2012. pdf.

位及作用的跨学科知识共享空间,以助力该国的"一带一路"研究。

2019 年 6 月 4 日,哥伦比亚国立大学政治与国际关系研究所(IEPRI)举办了"中国—哥伦比亚关系走向何方"[1] 研讨会,认为"一带一路"已成为全球秩序结构性变化的重要组成部分,并对中国与哥伦比亚关系走向产生重要影响。**哥伦比亚**高等教育与发展基金会[2]从全球视野与中哥关系等视角研究"一带一路",出版的相关成果有《世界增长放缓将如何影响哥伦比亚经济?》[3]《中美关系紧张:美元汇率上涨诱因》[4] 及《中国崛起对哥伦比亚意味着什么?》[5] 等,认为共建"一带一路"符合中哥两国利益。

智利天主教大学的国际研究中心(Centro de Estudios Internacionales de Pontificia Universidad Católica de Chile,CEIUC)[6],主要通过举办学术会议与学术讲座等方式来关注"一带一路",如 2021 年 4 月 7 日举办的"后新冠疫情时期的中国"专题研讨会[7]、2021 年 5 月 27

[1] "China -Colombia ¿hacia dónde van las relaciones?," http://iepri. unal. edu. co/china-colombia/

[2] 哥伦比亚高等教育与发展基金会(Fedesarrollo)成立于 20 世纪 70 年代,作为一家具有非政府背景且非营利性质的私立研究机构,主要从事经济、社会和公共政策研究,力促公共政策的制定、监督和改进,推动国家社会经济发展。基金会长期与高校、政府和企业保持密切联系,在哥伦比亚社会经济政策制定献言献策处于领先地位,曾被宾夕法尼亚大学"智库研究项目"评为中南美洲最佳智库之一。

[3] "¿Cómo Afectará a la Economía Colombiana un Menor CrecimientoMundial?," https://www. portafolio. co/economia/colombia-se-mantiene-firme-ante-las-turbulencias-economicas-525572.

[4] Luis Fernando Mejía, Tensión entre EE. UU. y China, Causa de Aumento del Precio del Dólar, https://www. fedesarrollo. org. co/es/content/tension-entre-eeuu-y-china-causa-de-aumento-del-precio-del-dolar.

[5] Alejandra Carvajal, "¿ Le Conviene a Colombia el Ascenso de China?," https://www. semana. com/economia/opinion/articulo/le-conviene-a-colombia-el-ascenso-de-china/202156/.

[6] Centro de Estudios Internacionales de Pontificia Universidad Católica de Chile(CEIUC), http://centroestudiosinternacionales. uc. cl/.

[7] "La China post-pandemia," Centro de Estudios Internacionales de Pontificia Universidad Católica de Chile(CEIUC), http://centroestudiosinternacionales. uc. cl/actividades/agenda/4111-la-china-post-pandemia.

日举办的 "中美贸易战的未来" 学术讲座①等。**智利**自由发展研究中心②十分重视 "一带一路" 研究，并定期发表一系列关于中国经济发展、国际关系和 "一带一路" 倡议的研究报告，如《中国：在拉美地区的影响力不断上升》（2016）、《 "一带一路" 暨新丝绸之路》（2017）、《中国：全球复苏推动经济持续强劲发展》（2018）等。该中心主任弗朗西斯科·凯塞斯（Francisco Garcés）于 2016 年发布了《中国：在拉美地区的影响力不断上升》研究报告③、于 2017 年发布了《 "一带一路" 暨新丝绸之路》研究报告④、于 2018 年发布了《中国：全球复苏推动经济持续强劲发展》研究报告,⑤ 体现出该中心持续研究 "一带一路" 的学术热情。2019 年，该中心的托马斯·弗洛雷斯（Tomás Flores）发表《美国与中国：智利应该二选一吗?》一文认为，在中美战略博弈的背景下，"如何平衡与中美两国的关系是智利未来发展的关键",⑥ 这些智库专家的研究成果，均对智利学界形成全面与客观的 "一带一路" 认知影响深远。

秘鲁太平洋大学（Centro de Investigación de la Universidad del Pacífico，CIUP）于 2013 年创建了秘鲁太平洋大学中国与亚太研究

---

① Gregory Shaffer, Nicolás Albertoni, "El futuro de la guerra comercial EE. UU-China," http://centroestudiosinternacionales. uc. cl/actividades/agenda/4271-gregory-shaffer-futuro-de-la-guerra-comercial.

② 智利自由发展研究中心（Libertad y Desarrollo, LyD），致力于推动国家政治自由、经济自由和社会进步，通过公共政策分析研究，提供改善社会自由的方案，捍卫个人自由、市场自由、公民财产权和进步平等的机会。过去三十年的研究成果给智利政治、法律、经济、社会发展和环境等问题提供重要参考。

③ Francisco Garcés, "China：Aumentando su influencia en América Latina," Centro de Economía Internacional de Libertad y Desarrollo, 2016.

④ Francisco Garcés, "La Franja y la Ruta o La Nueva Ruta de la Seda," Centro de Economía Internacional de Libertad y Desarrollo, 2017.

⑤ Francisco Garcés, "China：Economía Continúa Fuerte, Impulsada por la Recuperación Global," Centro de Economía Internacional de Libertad y Desarrollo, 2018.

⑥ Tomás Flores, "EE. UU. Versus China：¿Debe Chile Elegir Uno De Los Dos？," https://lyd. org/opinion/2019/04/ee-uu-versus-china-debe-chile-elegir-uno-de-los-dos/, accessed May 25, 2019.

中心（Centro de Estudios sobre China y Asia-Pacífico），① 致力于中国
与可持续发展、"一带一路"倡议、中国与秘鲁/拉美关系、中国
创新、中国与秘鲁/拉美经济比较、亚太地区全球化等涉华议题研
究，已发表相关成果主要包括《全球化的中国经济：秘鲁的趋势
和机遇》②《"一带一路"倡议和秘鲁：促进南美基础设施一体化
与亚太地区竞争互动》③ 及《"一带一路"：中拉经济合作的创
新?》④ 等。此外，该中心已多次举办了"一带一路"专题研讨
会，如2019年8月20日合办的"中国经济的转型：改革和国际
化的四个十年及未来发展方向"国际研讨会⑤、2019年9月25日
合办的"秘鲁—中国：探索研究与知识共享的合作"国际研讨
会⑥、2020年3月3日合举的"'一带一路'倡议与拉丁美洲：前
景和影响"国际研讨会等。此外，**秘鲁**天主教大学（Pontificia
Universidad Católica del Perú，PUCP）⑦ 高度重视中秘关系，长期关
注中国议题研究，该校的国际问题研究所（IDEI）主办的学刊
《国际议程》⑧ 也刊发了与"一带一路"相关的学术成果，包括

① Centro de Estudios sobre China y Asia-Pacífico de CIUP，https：//www. up. edu. pe/investigacion-centros/centros-up/centro-estudios-china-asia-pacifico/Paginas/default. aspx.

② Santa Gadea，"La economía china en la globalización：tendencias y oportunidades para el Perú，" Centro de Investigación de la Universidad del Pacífico（CIUP）.

③ Santa Gadea，"The Belt and Road Initiative and Peru：Strategic Vision from the Perspective of South American Physical Integration and Competitive Insertion in Asia-Pacific，"Institute for Latin American Studies of the Chinese Academy of Social Sciences（ILAS-CASS），2018.

④ Santa Gadea，"La Franja y la Ruta：Hacia una Renovación de la Cooperación Económica China-América Latina?，" Harvard Review of Latin America，2018，pp. 66-69.

⑤ Simposio Internacional，"La Transformación de la Economía China：Cuatro Décadas de Reformas e Internacionalización y Qué Viene Después?，"https：//www. up. edu. pe/investigacion-centros/centros-up/centro-estudios-china-asia-pacifico/actividades/Paginas/default. aspx.

⑥ Mesa de Trabajo，"Perú-China：Explorando Cooperación en Investigación y Compartiendo Conocimiento，" https：//www. up. edu. pe/investigacion-centros/centros-up/centro-estudios-china-asia-pacifico/actividades/Paginas/default. aspx.

⑦ Pontificia Universidad Católica del Perú（PUCP），https：//www. pucp. edu. pe/.

⑧ Agenda Internacional，Instituto de Estudios Internacionales（IDEI），Pontificia Universidad Católica del Perú（PUCP），http：//revistas. pucp. edu. pe/index. php/agendainternacional.

《中秘自贸协定的九年：谈判和结果》①《从秘鲁看中国的经济贸易实力》②《秘鲁和中国：通往亚洲的另一座桥梁》③ 及《中国在拉美和秘鲁的崛起及其对秘鲁—欧盟关系的影响》④ 等，这些学术机构所发布的相关成果，都在秘鲁学界客观且全面认知"一带一路"中发挥了至关重要的作用。

除拉美六国外，还有拉美地区性学术机构也致力于"一带一路"研究：例如，在 2012 年 5 月举办的"中国与拉丁美洲和加勒比地区：21 世纪的境遇与挑战"国际研讨会上，由拉丁美洲和加勒比大学联盟（UDUAL）和墨西哥国立自治大学经济学院中墨研究中心共同发起倡议而建立了拉丁美洲和加勒比地区中国学术网（Red Académica de América Latina y el Caribe sobre China-Red ALC-China）⑤，以多种方式开展"一带一路"研究，如在 2014—2019 年间出版了 18 部论文集，包括 2017 年的《丝绸之路与拉丁美洲》⑥《中国外交政策与"丝绸之路"概念（1994—2015）》⑦ 等论文、2019 年的《"一带一路"项目中的拉美加勒比地区》⑧《中国—中东欧合作论坛（16+1 论坛）

① Chan, J. (2019). "Los nueve años del TLC Perú -China. Su negociación y sus resultados." Agenda Internacional, Instituto de Estudios Internacionales (IDEI), 26(37), 89–117.

② Fairlie, A. (2015) "China potencia económica y comercial: una mirada desde el Perú." Agenda Internacional, Instituto de Estudios Internacionales (IDEI), 22(33), 55–80.

③ Berríos Martínez, R. (2003). "El Perú y la República Popular de China: otro puente de entrada a Asia." Agenda Internacional, Instituto de Estudios Internacionales (IDEI), 9(18), 145–160.

④ Novak Fabián, Namihas Sandra, La inserción de China en ALC y el Perú. "Su impacto en la relación con la UE," Instituto de Estudios Internacionales (IDEI) de la Pontificia Universidad Católica del Perú.

⑤ Red Académica de América Latina y el Caribe sobre China, https://www.redalc-china.org/v21/es-es/.

⑥ Gonzalo Gutiérrez, "La Ruta de la Seda y América Latina," América Latina y el Caribe y China Relaciones políticas e internacionales 2017:97–109.

⑦ Manuel de Jesús Rocha Pino, "La política exterior de China y el concepto 'Ruta de la Seda (1994–2015)'," América Latina y el Caribe y China Relaciones políticas e internacionales 2017: 347–363.

⑧ Eugenio Anguiano Roch, "ALC en el proyecto de un cinturón, una ruta," América Latina y el Caribe y China Relaciones políticas e internacionales 2019:21–39.

与"一带一路"倡议》① 等论文，以及 2019 年的《中拉合作：环境和自然资源保护的紧张局势》② 《新丝绸之路背景下的中国有机农业》③ 等论文。该机构自 2012 年首次举办"中国与拉丁美洲和加勒比地区：21 世纪的境遇与挑战"国际研讨会④至今，共计举办了五届关涉"一带一路"的专题研讨会，旨在打造一个名家探讨中拉关系的学术对话平台。此外，该机构自 2017 年以来连续五年出版中国在拉美加勒比地区经贸投资系列研究报告，有《中国在拉美加勒比地区直接投资报告》⑤ 与《中国在拉美加勒比地区基础设施项目报告》⑥ 等，旨在助力"一带一路"在拉美加勒比地区的有序推进。又如，成立于 2014 年的中国—拉美多学科聚焦网络（REDCAEM），致力于以跨学科视角研究中拉关系，并确立了政治与国际关系、历史与文化关系、地缘政治与地缘战略、环境与发展、性别，以及经济、贸易和投资等六大研究领域，已成为拉美"一带一路"研究的新平台，于 2019 年出版学术著作《中国和拉美的新阶段：21 世纪的挑战》，⑦ 重点关注 21 世纪中拉关系新动态，围绕新阶段的意义和影响，从多学科的角度全面解析中拉关系在 21 世纪面临的挑战和前景等。此外，

① Manuel de Jesús Rocha Pino, "El Foro de Cooperación China-Europa Central y Oriental (Foro 16 + 1) y la Iniciativa Cinturón y Ruta de la Seda ," América Latina y el Caribe y China Relaciones políticas e internacionales 2019：265-281.

② Eduardo Crivelli Minutti, Giuseppe Lo Brutto. , "La cooperación de China en América Latina：tensiones en la protección del medio ambiente y los recursos naturales," América Latina y el Caribe y China Recursos naturales y medio ambiente 2019：39-56.

③ Yolanda Trápaga Delfín, "La agricultura orgánica en China en el marco de la Nueva Ruta de la Seda," América Latina y el Caribe y China Recursos naturales y medio ambiente 2019：135-164.

④ Primer Seminario Internacional "América Latina y el Caribe y China：condiciones y retos en el siglo XXI," https：//www. redalc-china. org/v21/es-es/mn-actividades/seminarios/seminario-2012.

⑤ Enrique Dussel Peters, "Monitor de la OFDI China en América Latina y el Caribe." Red Académica de América Latina y el Caribe sobre China.

⑥ Enrique Dussel Peters, " Monitor de la Infraestructura China en América Latina y el Caribe."

⑦ Pamela Aróstica, Waler Sanchez. ,"China y América Latina en una nueva fase：desafíos en el siglo XXI," Editorial Universitaria, Universidad de Chile, 2019.

研究报告《拉美和加勒比国家共同体——中国报告：迈向 2021 年的发展》①是中国—拉美多学科聚焦网络（REDCAEM）与拉美和加勒比国际关系委员会（RIAL）共同出版的成果，收录了第二届"'一带一路'高峰论坛"的习近平主席讲话、智利总统塞巴斯蒂安·皮涅拉发言及论坛成果和提案、《"一带一路"倡议：拉丁美洲的预测》《丝绸之路：新冠疫情空中航线及其影响》等成果，助力 2021 年的"中拉合作论坛"部长级会议。创刊于 2017 年 11 月的《工作报告系列》（WPS）②是中国—拉美多学科聚焦网络（REDCAEM）公开出版的双月刊的数字期刊，刊发了《迈向战略伙伴关系：中国在拉丁美洲的投资》（2018）③、《中国在拉丁美洲的挑战》（2019）④、《中国在中美洲的发展与进步：机遇与障碍》（2020）⑤ 及《墨西哥和中国：新冠疫情大流行背景下两国关系的发展》（2021）⑥ 等成果。REDCAEM 还举办了多场关涉"一带一路"的"中国和拉丁美洲国际会议"，每两年举办一次，2015 年 11 月 5 日举行的第一届（拉美经委会承办）、2017 年 11 月 8 日举行的第二届（智利天主教大学承办）及 2019 年 4 月 11 日举行的第三届（拉美经委会承办）等，从多学科视角研究中拉关系，旨在助力构建拉美加勒比地区学界的"一带一路"认知。

综上，在拉美国家与拉美地区两个不同层面上，有一批学术机

---

① "Informe CELAC-CHINA：Avances Hacia el 2021," Red China & América Latina Enfoques Multidisciplinarios, http://chinayamericalatina. com/informe-celac-china/.

② Working Paper Series（WPS）, Red China & América Latina Enfoques Multidisciplinarios, http://chinayamericalatina. com/wps/.

③ R. Evan Ellis, "Hacia una asociación estratégica：Las inversiones de China en América Latina," Working Paper Series N°3（2018）.

④ Ignacio Bartesaghi, "Los desafíos de China en América Latina," Working Paper Series N°9（2019）.

⑤ Ulises Granados, "Avance de China en Centroamérica：Oportunidades y obstáculos," Working Paper Series N°14（2020）.

⑥ Eduardo Tzili-Apango, "México y China：Desarrollo de sus relaciones en el contexto COVID-19," Working Paper Series N°21（2021）.

构在跨学科、多维度中聚力"一带一路"研究,并通过名家名作名刊名报告等学术成果、学术研讨会、学术讲座甚至课程建设等方式,不同程度地参与塑造了拉美学者积极认知"一带一路"的基本现状。

第二,拉美丝路学研究基础薄弱,造成拉美某些学者"一带一路"认知的矛盾性。

与拉美学界"一带一路"研究热度不减大有不同的是,拉美国家和地区的丝路学研究基础薄弱:2019 年,阿根廷国立拉普拉塔大学国际关系研究院中国研究中心出版了论文集《中国:全球地缘政治的新战略——"一带一路"倡议》,[①] 从拉美视角研究丝绸之路与"一带一路"关系,以及拉美在共建"一带一路"中所面临的机遇和挑战。其中,由阿根廷布宜诺斯艾利斯大学阿根廷—中国研究中心主任伊格纳西奥·比亚格兰(Ignacio Villagrán)撰写的论文集首章《中华与周边交往的动力与空间:早期王朝的政治、经贸与文化》,旨在通过分析中国早期与其周边民族的政治、经贸、文化交往的主要动力与空间来溯源"丝绸之路",认为"中国早期王朝和周边民族间互相影响的动力最终在丝绸之路形成的集合交汇,双方通过丝绸之路进行丝绸、手工艺品、艺术品甚至动植物等贸易往来,政府机构与私人商贩均参与其中,把这些物品从丝绸之路的一个点运往另一个点";[②] 阿根廷国立科尔多瓦大学(Universidad Nacional de Córdoba)文化与社会研究中心的古斯塔沃·恩里克·桑蒂连(Gustavo Enrique Santillán)的《蒙古扩张与丝绸之路:欧亚区域的政治、文化、经济

① Ignacio Villagrán [et al], *China: una nueva estrategia geopolítica global (la iniciativa la franja y la ruta)*, La Plata: Universidad Nacional de La Plata, 2019.

② Ignacio Villagrán, "Dinámicas y espacios de interacción entre el mundo chino y sus periferias: política, comercio y cultura en el imperio temprano," *China: una nueva estrategia geopolítica global (la iniciativa la franja y la ruta)*, La Plata: Universidad Nacional de La Plata, 2019, 14-20.

交往》一文认为，丝绸之路不仅是一条 "贸易线路"，也是由商人、军人、政治家、学者及宗教人士的人际交往而深刻影响沿线国家社会的一个 "广阔空间"，且 "从丝绸之路发端的欧亚空间呈现了一种明显的地理区域的连续性"，并在蒙古帝国的合并与扩张中伴随着欧亚地区的经济和文化融合，使 "陆上和海上贸易路线并存且充满活力"，"两条路线在中华帝国的领土范围内最终落地坐实，从地中海意大利出发成为持续流通的贸易线路"；① 巴拿马运河管理局经济学家埃迪埃·塔皮埃罗（Eddie Tapiero）于 2018 年出版《丝绸之路与巴拿马》一书，分为 "中国的视角""'一带一路' 倡议是什么?"及 "新的发展模式" 三部分，在其第二部分的 "'一带一路' 的历史背景" 一节中，力求探讨 "中国与世界古今丝路关系"，认为古代丝路贸易以 "一种有机的、和平的、非强迫的方式产生"，不仅 "有利于亚洲各国的对话和各民族的和平共处"，也 "给当时欧洲和中国的消费者提供了丰富多样的产品" 并 "推动经济、科学和文化层面的知识转移" 而实现了亚欧文明交往，而在全球经济舞台上中国作用日益凸显之际，"'一带一路' 倡议可被视作中国通过一种更加有序的方式融入世界经济的催化剂"。② 墨西哥维拉克鲁斯大学中国研究中心埃斯特班·佐特尔（Esteban Zottele）与阿尼巴尔·卡洛斯·索特尔（Aníbal Carlos Zottele）合著的《走进 "一带一路"》一书，在 "'一带一路' 的起源" 部分指出，"古代贸易路线有助于创建某些全球经济规则"，"丝绸之路成了世界历史上影响最大的跨地区早期市场之一"。其中，哥伦布于 1492 年抵达美洲，开启了 "16 世纪西班牙人、葡萄牙人和其他欧洲列强的征服" 进程，并与 "西班牙征服

---

① Gustavo Enrique Santillán, "La expansión mongola y la Ruta de la Seda: intercambios políticos, culturales y económicos en el espacio euroasiático," *China: una nueva estrategia geopolítica global (la iniciativa la franja y la ruta)*, La Plata: Universidad Nacional de La Plata, 2019, 21-34.

② Eddie Abel Tapiero Arrocha, *La Ruta de la Seda y Panamá*, Panamá: Impresora Pacífico S. A., 2018.

菲律宾重合",开辟了"太平洋航路",确证了"丝绸之路延伸至美洲"的历史,马尼拉大帆船在1505—1815年间"连接了西印度群岛与西班牙塞维利亚之间的往来通路",为海上丝绸之路沿线国家和地区"带来贸易扩张和文化融合",新的研究学派据此认为,"中国与拉丁美洲加勒比地区间的联系由此生发并持续了数个世纪";① 2020年7月,国际象棋联合会委内瑞拉籍国际裁判乌维西奥·布兰科·埃尔南德斯(Uvencio Blanco Hernández)的《国际象棋传播经由丝绸之路抵达亚历山大帝国吗?》一文,从"对应中国、印度、波斯、阿拉伯、印度到爱尔兰的猜想"来溯源"国际象棋运动的起源"问题,发现国际象棋历经漫长的丝绸之路抵达亚历山大帝国的传播路径,并成为丝路沿线国家和地区"国际象棋大师们重要贡献的产物",使"国际象棋的历史发展与东方国家的历史文化交织在一起",海陆两条丝绸之路是"从远东的中国直达欧洲、地中海和北非的贸易网络",亚非欧三大洲在丝路贸易往来中开展人文交流,包括要"传播非物质产物,如信仰、传统、哲学、宗教、政治理念、音乐体裁、文学、艺术表达及娱乐活动"等,极有可能也包括国际象棋,使其与"其他非物质文化遗产一道穿越不同大洲对不同文明产生了深远影响",② 等等。

综上,尽管拉美国家和地区在古代全球丝路贸易网络形成中扮演了不可或缺的角色,但因主客观原因所致,拉美学界丝路学研究基础薄弱,研究机构少、投入力量小、产出成果少,无法形成从拉美视角来探究"中拉古今丝路关系"的研究传统,现有学术成果也因缺乏议题聚焦而有待进一步深挖,尤其缺乏深入系统地研究"中国与世

---

① Esteban Zottele y Aníbal Carlos Zottele, *Aproximaciones a la Franja y la Ruta*, México: Bucok Publishing S. L., 2020.

② Uvencio José Blanco-Hernández, "¿Transitó el ajedrez la tortuosa ruta de la seda hasta las arenas de Alejandría?," Ciencia y Deporte 2(2020): 97-116.

界古今丝路关系"的学理基础，使其认知"一带一路"缺乏应有的历史视野与丝路意识，这成为拉美某些学者矛盾性认知"一带一路"的重要原因之一。

第三，由于受到"美国因素"的干扰，造成拉美某些学者"一带一路"认知的盲从性。

事实上，拉美学界的涉华认知受到"美国因素"的干扰，这是造成拉美某些学者的"一带一路"认知出现盲从性的重要原因之一。**就外因而言**，在欧美文化长期影响下，拉美社会难以形成客观、全面的涉华认知，造成了拉美学界认知"一带一路"的社会民意基础相对薄弱，盲从性认知也就在所难免：由于"历史和地理原因，拉美大陆深受欧美文化的影响，特别是美国具有丰富的在拉美传播文化的经验，占据良好的地理优势，进入拉美的时间长达数百年，且依靠推广文化的有力手段，依托完善的民主政治、市场经济制度和发达的文化产业，在拉美已稳扎根基"。① 与日本动漫、料理与韩国流行乐、舞蹈、网络游戏等在拉美的日益盛行相比，中拉人文交流存在"文化逆差"现象，文化贸易总额远低于美、日、韩等国，欧美文化的长期影响与日韩文化的近年兴起，都对拉美参与共建"一带一路"的软环境构建形成不同程度的冲击。"从调查问卷统计结果可以明显看出，拉美当地受众群体对于中国文化的认知度和认同度较低，开放式问题也反映出美国文化对于拉美地区的影响力较强、亲近度较高。'一带一路'倡议在拉美地区的推广和落地是一个需要拉美国家共同参与的长期过程，而拉美各国历史文化宗教不同，通过经济利益导向固然能吸引拉美各界参与，但这种参与是表面的、短暂的、有条件的，只有通过文化交流与合作，才能让拉美地区不同国家、不同民族、不同信仰的人民形成'一带一路'的价值共识，将中拉人民群

---

① 孟夏韵：《"一带一路"倡议下中国文化在拉美的传播路径及其改善》，《江苏大学学报（社会科学版）》2019 年第 6 期。

众凝聚在一起的黏合剂一定是文化认同。"① 换言之，尽管拉美地区受众对"一带一路"倡议已有所了解，但尚未深入内里。由于欧美文化潜移默化的影响，"在拉美舆论场也存在对中国政治制度的偏见、经济体制的误解以及对于'一带一路'的担忧和质疑的声音。这些问题亟需被澄清和解答，但由于中国媒体在拉美地区的影响力不足，同时也缺乏合适的当地意见领袖发声，这些'偏见'愈积愈大，如果一直得不到权威回应，甚至形成了舆论闭环，那么有演变为拉美民众共识的潜在危险。客观上来看，拉美地区长期受到美国影响，在推进'一带一路'过程中难免引起担忧和质疑，而根据当前拉美地区舆论环境，我国国际传播实力较为薄弱，想通过与西方主流媒体的合作进行'一带一路'相关议题的正面回应或解读几乎是不可能的"。② 因此，我们"只有积极地推动中国文化在拉美的传播工作，才能使拉美人民真正了解中国，自觉消除一些西方国家和媒体渲染的'中国威胁论'和'新殖民主义'偏见，提高中国在拉美地区的话语权，加强中国在拉美国家的影响力。'一带一路'倡议的提出是起点，中国在文化输出与传播的工作上还任重道远"。③ 为此，"应当扩展拉美地区现有的新闻传播渠道，区分拉美不同国家不同的本地主流媒体平台，在传播实践前必须调查清楚媒体立场，发展可信任的媒体阵营。中国作为首倡国，国内的主流媒体、智库学者等应尽早与拉美各界开展合作，探索和优化如何讲好'一带一路'的拉美故事"。④ **就外因而言**，由于拉美学者长期受到美欧社会科学与人文科学的学科

① 刘滢、毛伟、吴潇：《跨越太平洋的传播与对接："一带一路"倡议在拉美地区的受众认知度研究》，《新闻与写作》2020 年第 6 期。

② 刘滢、毛伟、吴潇：《跨越太平洋的传播与对接："一带一路"倡议在拉美地区的受众认知度研究》。

③ 孟夏韵：《"一带一路"倡议下中国文化在拉美的传播路径及其改善》。

④ 刘滢、毛伟、吴潇：《跨越太平洋的传播与对接；"一带一路"倡议在拉美地区的受众认知度研究》。

体系、学术体系、话语体系等的专业塑造，造成拉美学界难以摆脱欧美视角而非拉美视角来认知"一带一路"的学术惯性，故在其盲从性认知中又夹杂了矛盾性：阿根廷国际关系协会（CARI）是一个成立于 1978 年的非营利性私立学术机构，不仅是拉美国际关系研究领域的佼佼者，也在智库资政方面处于拉美领先地位，隶属旗下的中国研究小组，致力于中国—阿根廷关系、中国与世界其他国家关系研究，近年来已主办了多场研讨会，聚焦中阿战略合作关系、中国国家战略及其"一带一路"倡议面临的挑战与影响等议题，旨在强调"一带一路"倡议凸显了中国在全球的经济竞争力与政治影响力，面对"中国作为全球大国的作用与影响力日益提高"，使得"了解中国这个亚洲巨人显得十分必要"，尤其要"解析习近平提出的'一带一路'倡议的具体部署"。① 因此，CARI 中国研究小组于 2017 年 5 月12 日举办题为"中国：在欧亚大陆和拉丁美洲地区的崛起"学术研讨会，主要围绕"'新丝绸之路'倡议：基础设施、投资及其对拉丁美洲地区的意义""国际安全对'一带一路'倡议顺利推进的影响""中国在拉丁美洲的投资现状""中阿政治关系评估"等议题展开讨论，表明拉美学者从拉美视角认知"一带一路"的客观性。但是，2021 年 6 月 3 日，CARI 中国研究小组举办"2021 年中国国际展望"专题研讨会，主要围绕"北约加大对抗中国的力度""习近平治下中国外交政策的变化与延续""中国应对气候变化的政策""中国在国际金融和货币市场上的进步"及"新疆的软实力之争"等议题展开研讨，表明拉美学者从欧美视角认知"一带一路"的盲从性，其中不仅有心存疑虑者，甚至出现了"两面派"，如波多黎各学者里卡多·巴里奥斯认为，互联互通并未改变以采掘业与大宗商品为重心的中拉商贸关系，故就"一带一路"在拉美地区开展的互联互通建设，

---

① Nicolás Caresano, "China：presencia en Eurasia y nuestra región," https：//www. cari. org. ar/recursos/cronicas/china12-05-17. html, accessed in June 28, 2021.

拉美国家领导人和决策者必须以审视眼光予以严格的检查。他甚至认为"一带一路"的互联互通建设,不仅会进一步强化中拉各国之间原本就不对等的关系,也担忧互联互通建设会对拉美环境造成破坏,更担心"一带一路"共建项目会对当地社区权利产生影响。[①] 又如,乌拉圭国际关系委员会(CURI)在《"一带一路"到达拉美及加勒比:机遇与挑战》的研究报告中,将拉美地区普遍遇到的"再初级产品化"倾向与中国议题相联系,认为中拉之间存在新的"中心—边缘"的发展模式。再如,巴西 FGV 国际关系研究中心主任奥利弗·施廷克尔将"一带一路"倡议喻为"21 世纪的马歇尔计划"并重提"中国威胁论",妄议巴西在与中国的合作中"遭到了损失",[②] 但当他接受中国媒体采访及访问中国时的立场却又完全不同,对"一带一路"持有"完全积极的评价",[③] 反映出拉美学界"一带一路"认知中的矛盾性。成立于 1967 年的拉丁美洲社会科学理事会(CLAC-SO),作为在联合国教科文组织拥有合法地位的非政府国际学术组织,拥有来自全球 51 个国家七百余个机构成员,在拉美乃至全球的社会科学与人文科学领域享有崇高学术地位,CLACSO 中国研究小组近年来高度关注"一带一路",探讨中美关系背景下的大国关系及其对拉美的影响,认为"美国霸权时代的瓦解与中国的崛起对拉丁美洲和加勒比地区具有多重影响。世界重大危机不仅催生了新的多极化世界格局,让大国之间的联系与合作更加紧密,同时促进不愿一味服从资本主义的国家制定新的战略战术,借此打破和削弱对资本主义的依赖,从而推动进一步自主发展,争取成为游戏规则的制定者,而不

---

① "China's Belt and Road lands in Latin America," https://chinadialogue. net/en/business/10728-china-s-belt-and-road-lands-in-latin-america/, accessed December 29, 2019.

② "Como funcionam as eleições e o partido único da China," https://www. nexojornal. com. br/entrevista/2017/10/19/Como-funcionam-as-elei% C3% A7% C3% B5es-e-o-partido-% C3% BAnico-da-China, accessed December 29, 2019.

③ 《中国之治增益全球秩序:专访巴西中国问题学者奥利弗·施廷克尔》,新华网 http://www. xinhuanet. com/world/2018-01/02/e_11222000298. html,访问日期:2020 年 4 月 5 日。

仅仅只是参与者"，① 表明拉美权威学术机构的"一带一路"认知所达到的学术高度、务实态度及其深刻的自省意识，这才是拉美学界应对"美国因素"干扰的关键所在。

综上，在内因与外因的共同作用下，拉美学界的涉华认知受到了"美国因素"的干扰，造成了拉美某些学者的"一带一路"认知出现了盲从性。

第三节 助力"一带一路"高质量建设的因应之策

中国与拉美学界应进一步加强学术交流与合作，在丝绸之路的研究中进一步加强价值沟通，以强化中拉丝路共有认知；在"一带一路"的研究中进一步增信释疑，以深化中拉战略合作伙伴关系。因此，中拉学界应从价值沟通与增信释疑两手并抓，进一步提升中拉共建"一带一路"战略合作互信。今后，应从以下两方面予以落实：

一方面，应借丝路学术网络平台加强丝路学研究，以深化中拉丝路共有认知。

尽管拉美丝路学研究基础薄弱，但在国家和地区两个层面上都有学术机构持续开展涉华研究、探讨丝绸之路上的中拉关系、评估中拉共建"一带一路"的现实成效等，尤其是线上与线下相结合的拉美涉华研究学术网络呈现出快速发展的可喜势头，并为近年来中拉学界探究"中国与世界古今丝路关系"这一丝路学核心议题的学术合作提供了有力支撑。事实上，近年来中拉借助双多边数字化平台开展了一系

① "Grupo de Trabajo China y el mapa del poder mundial," https://www.clacso.org/china-y-el-mapa-del-poder-mundial/, accessed June 28, 2021.

列丝路学学术对话活动，如 2019 年 9 月 25 日，秘鲁太平洋大学中国
与亚太研究中心和中国现代国际关系研究院（CICIR）合办了"秘
鲁—中国：探索研究与知识共享的合作"国际研讨会，主要议题包括
"一带一路"倡议：中国—亚洲与中国—拉丁美洲间的平行关系"
"中拉关系面临的主要挑战"及"秘鲁经济发展和变化"等。① 又如，
2020 年 10 月 27—29 日，中国社会科学院拉丁美洲研究所、巴西圣保
罗州立大学、智利圣地亚哥大学、阿根廷科尔多瓦国立大学等联合主
办了"第九届中拉学术高层论坛暨新冠疫情后的世界"学术研讨会，
与会的上百名拉美地区学者和官员集中讨论了"新冠疫情后的国际体
系""中拉合作新路径""新冠疫情对科技的影响"等主要议题，秘
鲁太平洋大学中国与亚太研究中心主任桑塔·嘉德阿（Santa Gadea）
参会并发表了"全球化中的中国经济：秘鲁的趋势和机遇"的学术演
讲。② 再如，2020 年 11 月 4 日，由巴西国际关系中心与对外关系委员
会合办"'一带一路'倡议：拉丁美洲地区的视角"学术研讨会，主
要议题包括"中国在拉美的发展道路""数字丝绸之路及其在拉美的
自然延伸""中国对拉美媒体和公众社会的影响"以及"美国对'一
带一路'倡议对接拉美后的反应"等，且会议重点讨论了"数字丝
绸之路"和"'一带一路'倡议在拉丁美洲的发展"两大议题，③ 等
等。日益活跃的线上与线下的中拉丝路学界的交流与合作，体现拉美
学界溯源丝路历史、增强丝路意识的学术趋势。因此，今后应在此基
础上，进一步深化中拉丝路学界的交流与合作：**首先**，中拉应共建

---

①　Mesa de Trabajo, "Perú-China: Explorando Cooperación en Investigación y Compartiendo Cono-cimiento," https://www.up.edu.pe/investigacion-centros/centros-up/centro-estudios-china-asia-pacifico/actividades/Paginas/default.aspx, accessed June 28, 2021.

②　"IX Foro de Alto Nivel China-América Latina," https://www.youtube.com/watch?v=pgZ-aBOUUF-4, accessed June 28, 2021.

③　"The Belt and Road in Latin America: Views from the Region," https://www.up.edu.pe/inves-tigacion-centros/centros-up/centro-estudios-china-asia-pacifico/actividades/Paginas/default.aspx, accessed June 28, 2021.

"中拉古今丝路关系"基础文献数据库，在"拉丁美洲和加勒比地区中国学术网"与"中国—拉美多学科聚焦网络"等已有的涉华学术网络平台基础上，进一步通过凝练议题、搜集案例、跟踪数据等方式，梳理中拉丝路历史渊源与共建"一带一路"的全新实践，本着共商共建共享的合作原则开展数据库建设，切实助力中拉合作开展丝路学理论研究与政策研究，助力拉美增强丝路学研究基础，力争早日形成中拉共研丝绸之路的良好学术生态；**其次**，中拉应开展丝路遗产发掘、保护、传承、研究等国际合作，2021 年 10 月举行的第四届"中拉文明对话论坛"，发布了《中拉文明对话论坛北京宣言》，旨在形成中拉文明对话论坛合作网络、搭建中拉知识交流与合作的共享平台，助力双方开展联合研究与联合出版等，① 故应在"中拉文明对话论坛"框架下，进一步发掘拉丁美洲和加勒比大学联盟、"一带一路"智库合作联盟等已有合作平台的机制潜力，积极开展中拉丝路文旅考察、学科建设、人才培养、课题攻关、联合申遗等一系列的切实合作，以夯实中拉丝路共有认知的社会民意基础；**最后**，中拉应在共建"健康丝绸之路"中增强"丝路精神"的价值认知基础。近年来，拉美丝路学界在研究中拉共建"健康丝绸之路"新实践中，不断深化了对合作包容互惠的"丝路精神"的价值认知，这从阿根廷国立拉普拉塔大学中国研究中心的塞巴斯蒂安·施尔茨（Sebastián Schulz）于 2020 年 5 月发布的《"具有中国特色"的合作与团结：新冠肺炎疫情背景下的丝绸之路与人类命运共同体》的研究报告，② 墨西哥维拉克

---

① 《第四届中拉文明对话论坛发布宣言　倡议共建中拉学术共同体》，新华社新媒体 https://baijiahao. baidu. com/s?id=17144689294112114 21&wfr=spider&for=pc，访问日期：2021 年 10 月 24 日。

② Sebastián Schulz, "Cooperación y solidaridad 'con características chinas'. La Ruta de la Seda y la Comunidad de Destino Compartido para la Humanidad en contextos de pandemia," Cechino IRI-UNLP, https://cechinounlp. wordpress. com/2020/05/27/cooperacion-y-solidaridad-con-caracter-isticas-chinas-la-ruta-de-la-seda-y-la-comunidad-de-destino-compartido-para-la-humanidad-en-con-textos-de-pandemia/, accessed June 27, 2021.

鲁斯大学中国研究中心的埃斯特班·佐特尔（Esteban Zottele）、阿尼巴尔·卡洛斯·索特尔（Aníbal Carlos Zottele）于 2020 年 10 月联合出版《走进"一带一路"》的学术著作，[①] 以及阿根廷国立拉普拉塔大学中国研究中心于 2021 年 4 月发布的《丝绸之路与新冠肺炎：全球新冠肺炎危机时期"一带一路"倡议评估》的研究报告[②]等得以明证。

另一方面，应在制度创新平台上加强智库合作，以形成中拉共研"一带一路"学术新态势。

2010 年 11 月 8—9 日，由中国外交学会主办的首届"中拉智库交流论坛"在北京召开，中拉与会学者围绕"面临重要机遇的中拉关系：未来十年展望"这一主题展开研讨，论坛的召开是中拉充实全方位关系的新尝试，为双方专家学者加强交流互鉴提供了重要平台。2013 年 7 月 22—23 日，在北京举办了题为"新机遇、新挑战、新思路：新形势下的中拉关系"的第二届中拉智库交流论坛，发表了《中拉智库北京共识》，明确了应早日建立"中拉合作论坛"的新共识。2016 年 11 月 7—8 日，在北京举办了题为"中拉合作新时刻：开拓进取、共创未来"的第三届中国拉美和加勒比智库论坛，与会各国专家学者就开拓产能合作、深化人文交流等议题展开了广泛深入和坦诚的探讨与交流，为中拉关系深入发展提供了重要治理支持。2017 年 10月 17—18 日，在圣地亚哥举办了"第一届拉共体—中国高级别学术论坛暨第四届中国—拉共体智库论坛"，中国和拉美的数十位专家学者为推进中拉各领域合作积极建言献策。2019 年 10 月 28 日，在北京举

---

① Aníbal Carlos Zottele, *Aproximaciones a la Franja y la Ruta*, México: Bubok Publishing S. L, 2020.

② Sebastián Schulz, "Ruta de la Seda vs. Covid-19. Balance de la Iniciativa de la Franja y la Ruta en época de pandemia y crisis mundial," Observatorio de la Política China, https://politica-china. org/areas/politica-exterior/xi-sei-ruta-de-la-seda-vs-covid-19-balance-de-la-iniciativa-de-la-franja-y-la-ruta-en-epoca-de-pandemia-y-crisis-mundial, accessed June 20, 2021.

办了题为"高质量共建'一带一路'，打造中拉互联互通伙伴关系"
的第五届中国拉美和加勒比智库论坛，来自中国与 28 个拉美加勒比国
家和国际组织的一百六十余位专家学者和各界代表出席，并围绕"高
质量建设'一带一路'：理念、实践及意义""中拉互联互通伙伴关
系：愿景、目标和路径""共谋创新发展、培育中拉互利合作新增长
点""推动可持续发展、助力实现 2030 年发展目标"及"深化文明对
话和人文交流、促进民心相通"五个议题展开深入研讨等。① 以上
"中拉智库交流论坛"机制上的学术交流活动，从参与广度与议题深
度上不断有突破，助力推进中拉共同研究"一带一路"的学术进程。
在此基础上，中拉学界应合作共建创新性学术交流机制体系建设：**首
先**，应加快"中拉智库交流论坛"与"中拉合作论坛"机制中的人文
交流与合作类既有平台的有效对接。"中拉合作论坛"的成员包括中
国与拉共体的 33 个成员国，涵盖了拉美地区全部国家，第二届中拉合
作论坛部长级会议发布了《关于"一带一路"倡议的特别声明》，标
志着"一带一路"正式延伸到拉美，越来越多的拉美国家与中国签署
了共建"一带一路"的合作协议，使得中拉合作论坛作为唯一囊括中
国与所有拉美加勒比地区国家的交流与合作的主平台。尽管 2014 年
"中拉论坛正式成立"后，已将"中拉智库交流论坛"纳入其中，但
尚需进一步做实两者的机制对接工作，近年来拉美学者也建议进一步
创新"中拉合作论坛"的机制创新建设，如阿根廷拉丁美洲地缘政治
战略中心的吉耶尔莫·奥格雷迪（Guillermo Oglietti）于 2018 年发布
了《中拉论坛：多极化与新丝绸之路》的研究报告②、阿根廷国立拉
普拉塔大学国际关系研究所中国研究中心的卢卡斯·帕维斯·罗萨雷

① 笔者根据中国拉共体网站与中国青年网资料整理所得，http://www.chinacelacforum.org/chn/zyjz/zylyflt/zlzkjllt/。
② Guillermo Oglietti, "Foro China-CELAC. Multipolaridad y la nueva ruta de la seda," Análisis Económico, Centro Estratégico Latinoamericano de Geopolítica, 2018.

斯（Lucas Pavez Rosales）于 2018 年发表的《中拉论坛：中国倡议的合作与深化》的论文①等，建议在中拉合作论坛机制内发掘潜力、深化学术交流与合作；**其次**，应细化"中拉合作论坛"机制内涵建设，通过确立涉华研究机构、"一带一路"智库、中拉古今丝路研究平台等三大类学术行为体，进一步廓清"中拉合作论坛"下人文交流平台上的学术机制建设基础信息，分门别类地开展"中拉丝路学交流与合作机制"建设，并发挥中国社会科学院、上海国际问题研究院、拉丁美洲社会科学院（FLACSO）和拉丁美社会科学理事会等中拉一流智库多年积累的合作经验，引领细化旧机制、创建新平台的创新性机制建设，使新旧学术机制能够切实发挥连接中拉知识精英桥梁与纽带作用；**最后**，应在增信释疑的学术交流中助力形成中拉共研"一带一路"的新态势。事实上，中拉围绕共建"一带一路"的学术交流实践已经证明，在中拉"一带一路"学术对话平台上，参与方主要为学界代表，对中拉共建中所存在问题的理解更为深入，结论也更为客观，与中拉政府和企业往来相比，关于"一带一路"的学术成果更能体现中拉双方的真实想法，探讨议题也更贴近拉美实际，使得对话产出的学术成果也更易被拉美社会所接受，如拉美社科理事会高度重视中拉学术合作，积极与中国学界共同探讨"一带一路"共建新实践，并举办了多场专题研讨会，包括"第五届战略研究大会：'冲突中的地缘政治与转型中的国际秩序'"（2019）②、"中拉对话：社科人文的视角"（2020）③ 及"线上对话：全球疫情大流行与战略竞争背景下的

---

① Lucas Pavez Rosales, Opinión "Foro CELAC-CHINA：cooperación y profundización de la iniciativa china," Centro de Estudios Chinos de la Universidad Nacional de La Plata.

② "V Conferencia de Estudios Estratégicos «Geopolíticas en conflicto y un orden internacional en transición»," https://www.clacso.org/actividad/v-conferencia-de-estudios-estrategicos-geopoliticas-en-conflicto-y-un-orden-internacional-en-transicion/.

③ "Diálogo e intercambios entre China y América Latina：perspectivas desde las ciencias sociales y las humanidades," https://www.clacso.org/actividad/dialogo-e-intercambios-entre-china-y-america-latina-perspectivas-desde-las-ciencias-sociales-y-las-humanidades/.

中拉关系——挑战与机遇”（2020）[1] 等。又如，2021 年 4 月 7 日，智利天主教大学国际研究中心（Centro de Estudios Internacionales de Pontificia Universidad Católica de Chile，CEIUC）举办了题为“后新冠疫情时期的中国”的研讨会，中国新任驻智利大使牛望道参会发言回应了拉美学界对中美关系影响中拉共建“一带一路”的某些担忧，指出“中国一向追求求同存异，不搞战狼外交”，“中美贸易战是共同的损失，如果中美两国能够和平共处、共同发展，那么我们可以实现共同利益最大化”。[2] 综上，中拉直面问题的坦诚学术交流，切实助力推进了中拉共研“一带一路”的新态势，表明中拉学界在直面高质量推进“一带一路”发展所面临严峻挑战中，通过价值沟通与增信释疑来深化中拉智库合作创新机制内涵建设，旨在深化中拉共建“一带一路”的战略互信。

---

[1] "Conversatorio virtual：Las relaciones China-América Latina y el Caribe en el escenario global de pandemia y competencia estratégica：desafíos y oportunidades," https://www.clacso. org/actividad/conversatorio-virtual-las-relaciones-china-america-latina-y-el-caribe-en-el-escenario-global-de-pandemia-y-competencia-estrategica-desafios-y-oportunidades/.

[2] "La China post-pandemia," Centro de Estudios Internacionales de Pontificia Universidad Católica de Chile（CEIUC），http://centroestudiosinternacionales. uc. cl/actividades/agenda/4111-la-china-post-pandemia.

第十六章
中东欧国家"一带一路"学术动态研究

中东欧国家虽然文化不一、国家起源形式不同,但除希腊外,均因苏联的解体而共怀"重返欧洲"的诉求。中东欧国家在制度转轨后,在认知社会主义、认知东方文明、认知中国上都与传统欧洲国家不同,尤其是中东欧国家的年轻一代对华认知存在历史断层与民意积累。随着"一带一路"倡议在中东欧国家的逐步推动,中东欧知识精英开始"重新发现"中国。因此,剖析中东欧国家学界的"一带一路"研究现状及其原因,旨在廓清中东欧国家学界对"一带一路"的基本认知,进而提出优化其涉华认知的对策建议,为提升中国与中东欧国家共建"一带一路"的互信度提供助力。

第一节 中东欧国家"一带一路"研究现状梳理

目前,中东欧国家学界的"一带一路"认知受到诸多因素的影响而日趋复杂化,主要体现在以下三个方面:

第一,中东欧国家学界对"一带一路"多持有积极的认知。

"一带一路"可以深化中东欧国家与中国的关系,为中东欧国

家的发展带来机遇，这是中东欧知识精英对"一带一路"的主流性
共识，如匈牙利国家贸易署署长里戈法维·高博表示，匈牙利的目
标是在"一带一路"框架内成为中国驻欧洲投资和贸易的重要组成
部分。① 匈牙利国家银行行长毛托尔奇认为，匈牙利未来的发展方
向必须集中在世界经济的三大中心，即欧洲、北美和东北亚，尤其
是东北亚的新兴市场——中国，这也促成了匈牙利成为欧洲第一个
建立人民币清算机制的国家。② 匈牙利外交与对外经济研究所所长
玛顿乌格罗什迪，不仅对中匈共建"一带一路"持乐观态度，还认
为中匈经贸合作尚待挖掘更大的潜力。③ 其中，中匈人文交流与合
作就拥有较好的历史和社群基础。20 世纪 80 年代后期，匈牙利曾
在一段时期对华免签，并由此形成了中东欧地区较大的华人社群。
20 世纪 90 年代末，大量中国商人相继涌入，匈牙利便成为中东欧
乃至欧洲中国商人最集中的地方。匈牙利拥有中匈双语学校，供华
人在当地接受教育，这在欧洲也属罕见。④ 在"一带一路"倡议
下，匈牙利国内对中华文化的传播持包容与支持态度，匈牙利雅典
娜地缘政治基金会高级研究员胡庆建就认为，"通过'一带一路'，
未来可以更有效地传播匈牙利文化"。⑤ 匈牙利中东欧亚洲研究中心
主席马都亚认为，"匈牙利位于欧盟的中心地带，目前两国合作筹
划建设的匈塞铁路将延伸至希腊的比雷埃夫斯，会成为'一带一

① 《匈牙利：进博会是中匈加强政策对接的平台》，《光明日报》2018 年 11 月 10 日，ht-tps://news. gmw. cn/2018-11/10/content_31940881. htm。
② 《匈牙利成为欧盟第一个参与"一带一路"倡议的国家》，人民网—国际频道 http://world. people. com. cn/n1/2017/0517/c1002-29282001. html，发布日期：2017 年 5 月 17 日。
③ 《中匈建交 70 周年学术研讨会在布达佩斯举行》，新华网 http://www. xinhuanet. com/world/2019-09/24/c_1125033082. htm，发布日期：2019 年 9 月 24 日。
④ 《匈牙利中匈双语学校首届毕业生依依惜别校园》，中国新闻网 http://www. chinanews. com. cn/hr/hr-hxdt/news/2009/06-18/1739351. shtml，发布日期：2009 年 6 月 18 日。
⑤ 《匈牙利专家：通过"一带一路"倡议可以更有效的传播匈牙利文化》，国际在线 ht-tps://news. cri. cn/20170629/47dbe5e2-4da9-d912-3413-1f51da994b10. html，发布日期：2017 年 6 月 29 日。

路'的重要支点。此外，匈牙利生活着为数众多的华人，中资机构如中国银行和华为公司都选择在匈牙利设立中东欧地区的首家分支机构。匈牙利政府也一向致力于与中国发展政治、经济与文化的全面合作关系，是第一个与中国签署'一带一路'合作文件的中东欧国家。众所周知，匈牙利也是西方国家中唯一有东亚祖先的民族，匈牙利人姓在前，名在后，与中国一样"。① 这些良好的社会民意基础都成为匈牙利学界多从正面认知"一带一路"的先在优势。此外，塞尔维亚社会科学研究所研究员茨韦蒂查宁认为："中国提出了一个共赢倡议，在这个倡议下投资基础设施和其他项目，不仅对塞尔维亚有益，而且对整个中东欧国家都有益。"究其原因，"一带一路"不仅"拓宽了中国与包括塞尔维亚在内的中东欧国家的经贸合作之路，也拓宽了人文交流之路和友谊之路，提升了'16+1合作'的整体水平，让各方都认识到亚欧互联互通所具有的巨大潜力与重要机遇"。② 塞尔维亚贝尔格莱德平等世界论坛主席日瓦丁·约万诺维奇也认为，"一带一路""不是中国谋求一己私利的工具，而是同多国共享发展机遇和发展经验的国际公共产品。共建'一带一路'集中反映了中国的全球治理观，那就是共商共建共享"。③ 以上观点表明中东欧国家学界从不同视角肯定"一带一路"所带来的经济合作与人文交流的新机遇，乐见"16+1合作"机制助力共建"一带一路"的合作前景，认可共商共建共享的中国特色的全球治理观的动向，这些共同构成了中东欧国家学界对"一带一路"所持的积极认知。

---

① 《匈牙利中东欧亚洲研究中心主席：加强沟通交流 推进"16+1"合作》，中国政府网 https://www. gov. cn/zhengce/2015-11/25/content_2971898. htm，发布日期：2015 年 11 月 25 日。
② 《专访："参与'一带一路'建设对塞尔维亚和整个中东欧都有益"》，新华网 http://www. xinhuanet. com/world/2018-05/13/c_1122825167. htm，发布日期：2018 年 5 月 13 日。
③ 《为建设更加美好的世界贡献力量》，人民网 http://world. people. com. cn/n1/2019/1018/c1002-31406508. html，发布日期：2019 年 10 月 18 日。

第二，中东欧国家学界对"一带一路"也持有某些质疑性认知。

由于一些主客观原因，也有部分中东欧国家学者对"一带一路"产生了误解与疑虑，如匈牙利中东欧亚洲研究中心主席马都亚认为，就中国与中东欧国家而言，"双方由于文化差异难免会有所不同。比如中国人通常先建立合作框架，然后再通过具体实践去充实框架；欧洲人则习惯先考虑具体合作细节和项目，然后再围绕这些项目去建立制度。由于具体合作信息的不足，一些欧洲人感到'16+1'缺乏透明度"。① 正因如此，包括中东欧国家在内的欧洲学界对"一带一路"所持有的某些质疑性认知，恐怕不能以孰对孰错来简单作结，更应做追根溯源、深入研判，文化差异、思维习惯、认知传统、利益偏好、情感养成等诸多方面，都有可能成为影响中东欧国家学界认知"一带一路"的重要变量，出现某些质疑也在所难免。如在匈塞铁路项目报道上，匈牙利通讯社指出，中国出资方与建设方都是与政府关系密切的财团、企业，背后有"中国政府的操控"，有违"一带一路"的共建初衷，故担心"一带一路"存在"地缘政治目的"，理由是"从来没有哪个国家的崛起是如此无私奉献的"。又如，《匈牙利民族报》对中国主办的"一带一路"高峰论坛抱有忧虑，担心"这是中国建立世界新秩序的行动之一"。此外，还因中国与中东欧国家共建"一带一路"新实践正受到越来越多不确定性因素的冲击，其中不乏某些政客的蓄意抹黑"一带一路"的言论，这些媒体与政界质疑"一带一路"的声音，也影响了中东欧国家某些学者的理性判断，出现了由认知差异导致的焦虑、由认知缺乏导致的误解、由合作还未深入导致的过度联想等诸多主观性成分，故形成了中东欧国家学界对"一带一路"的质疑性认知。

---

① 《匈牙利中东欧亚洲研究中心主席：加强沟通交流 推进"16+1"合作》。

第三，中东欧国家学界对"一带一路"也持有某些矛盾性认知。

由于少数中东欧国家对"一带一路"抱有侥幸心理，故其学界对"一带一路"的认知也伴有矛盾性的认知。匈牙利总理欧尔班曾坦言匈牙利对"一带一路"的矛盾心态："匈牙利人需要一个开放的世界经济……匈牙利准备在倡议范围内进一步合作，但将拒绝'所有外部意识形态压力'，因为匈牙利政府将始终按照国家利益行事。"① 亦即，一方面，主张参与"一带一路"共建，使匈牙利搭上中国崛起快车而"享受与中国经济合作的红利"；另一方面，又臆造"一带一路"的"外部意识形态压力"，并因"按照国家利益行事"而对华保持距离。既要抓住"一带一路"新机遇谋求自身新发展，又要以意识形态划线来蓄意歪曲"一带一路"共商共建共享的中国治理观，由此形成索取"一带一路"经济红利、拒斥"一带一路"治理观的投机心理与矛盾认知，影响了中东欧国家知识精英的"一带一路"认知，如捷克前总理索博特卡认为，"一带一路"建设"是全球梦想，将把欧洲和亚洲连接起来。捷克位于丝绸之路经济带的一个终点，希望成为中国走向欧洲的安全港口"。捷克总统泽曼也认为，中国提出的"一带一路"倡议"是一个伟大的构想"。② 捷克经济研究所研究员威廉·塞梅拉克（Vilém Semerák）认为，捷克可以是中国"一带一路"倡议的"试金石"，也是中国在欧盟国家开拓市场的合乎逻辑的"最佳伙伴国"，"一带一路"倡议对捷克而言也是一个远大的、有潜在利益的、值得参与的战略。捷克科学院哲学所全球研究中心主任马雷克·赫鲁贝克也认为，"一带一路"倡议

①　"Orbán: One belt, one road initiative in line with Hungary's interests," https://dailynewshunga-ry. com/orban-one-belt-one-road-initiative-in-line-with-hungarys-interests/, accessed April 25, 2019.

②　《一带一路·高端访谈：一带一路是一个伟大构想——访捷克总统泽曼》，中国共产党新闻网 http://theory. people. com. cn/n1/2017/0515/c40531-29275199. html，发布日期：2017年5月15日。

擘画的是亚欧大陆乃至全世界互联互通、共同繁荣的未来，将推动经济全球化的新发展。① 针对中东欧国家知识精英对"一带一路"所持的矛盾性认知，捷克总统泽曼提出了人文交流助力价值沟通与增信释疑的重要性，在他看来，"各国可能会在一些问题上有不同的观点。一些纯粹是技术层面的，比如，铁路可以缩短交通旅行时间，提高运输效率。铁路建设本身是好的，但是仅仅修建铁路是不够的，铁路的另外一个非常重要的效应是促进各国文明的交流，通过人文的交流可以避免过去历史上出现的各种冲突，在各个文明间建立真正的友谊"。② 此种真知灼见既揭示出中东欧国家某些学者对"一带一路"持矛盾性认知的缘由，又为化解其矛盾性认知提供了极具借鉴价值的因应之策。

综上，以上三个方面共同构成了中东欧国家学者"一带一路"认知的基本现状。

第二节 中东欧国家"一带一路"认知成因溯源

形成中东欧国家学者"一带一路"认知现状的原因是复杂难辨的，体现在以下三个方面：

第一，中东欧国家丝路学研究积淀深厚且影响深远，助力中东欧国家学界形成友华型的基本认知。

自 1877 年德国学者李希霍芬提出"丝绸之路"概念后衍生出了丝路学，凸显出欧洲丝路学派作为学科奠基者的重要性，对欧洲乃至全球丝路学发展产生了深远影响，并形成从西方视角探究"中国与

---

① 《推进务实合作 实现互利共赢（风从东方来——国际人士谈一带一路合作）》，人民网 http://world.people.com.cn/n1/2019/0524/c1002-31100634.html，发布日期：2019 年 5 月 24 日。
② 《一带一路走进捷克大学课堂》，人民网 http://edu.people.com.cn/n1/2018/0321/c1053-29880361.html，发布日期：2018 年 3 月 21 日。

世界古今丝路关系"的研究传统。就欧洲而言,除法国、德国、英国等传统丝路学研究大国外,中东欧国家也诞生了一大批致力于丝路学研究的名家:**匈牙利**一直对遥远的东方世界有着浓厚的兴趣,断定自己的祖先来自东方,这也成为匈牙利学者致力于丝路学研究的重要动机之一,山多尔(Sándor Csoma de Körös,1784—1842)坚信匈牙利人来自东方,并在藏语文献中发掘匈牙利人的起源。他于 1819 年辗转东欧、地中海、北非、西亚、中亚,于 1822 年到达了印度西北部地区,在当地开展学术研究。① 经过二十多年的潜心研究,山多尔为欧洲藏学和西藏佛学研究做出了巨大贡献,其后成立的匈牙利东方学会也以他的名字命名,以纪念其在东方学研究领域取得的重要成就。此外,丝路探险家 S. A. 斯坦因(1862—1943)系英籍匈牙利人,且其接受东方学启蒙教育、语言学习及萌发丝路探险意识等学术经历均与匈牙利息息相关。1877 年,斯坦因在匈牙利遇到了奥地利地质研究所所长拉约斯·德·洛克齐,他是第一位前往敦煌考察并将敦煌艺术介绍到欧洲的探险家,② 而资助洛克齐的则是匈牙利王室成员贝拉·舍切尼(Széchenyi Béla)。1877—1880 年,舍切尼、洛克齐等人从中亚出发,途经印度、日本、爪哇岛、婆罗洲(今加里曼丹岛)和中国的西部地区③,这些丝路探险经历影响甚广,使斯坦因在参加丝路探险讲座、参观丝路探险文物等过程中,逐渐对丝绸之路产生了浓厚兴趣,斯坦因后来因西域探险与研究而名满天下,也对匈牙利的丝路学研究产生了深刻且持久的影响,并形成由丝路学名家领衔的丝路学团队,其中最具代表性的就是路易斯·李盖提(Lajos Lige-ti,1902—1987)及其丝路学团队。他在匈牙利攻读语言学并获得了

---

① Edward Fox:*The Hungarian Who Walked To Heaven*:*Alexander Csoma De Koros*,1784-1842,London:Short Books,2001.

② http://mek. oszk. hu/05300/05390/pdf/.

③ http://mek. oszk. hu/05300/05389/pdf/Loczy_Szechenyi_emlekezete. pdf.

突厥学博士学位后前往法国求学，师从伯希和（Paul Pelliot）、马伯乐（Henrri Maspero）等丝路学名家，学会了中文、藏语和蒙古语。①在 1928—1930 年间，李盖提远赴中国进行探险活动。1936 年，李盖提前往阿富汗开展考古探险工作，试图找寻丝路沿线消失的蒙兀尔部落及其语言。1939 年，李盖提担任布达佩斯大学内亚学系主任，教授蒙古语和藏语，同年创立了内亚教研室即后来的内亚研究中心，该中心成为匈牙利丝路学研究的重要机构并出版了一批学术成果和对话平台，包括李盖提创办的《匈牙利科学院东方学报》、编辑出版的《匈牙利东方学丛书》，以及撰写的《蒙古碑文集》《蒙古秘史》《征服时期和阿尔帕特王朝期间突厥语与匈牙利语的早期联系》等著作，带动了匈牙利丝路学研究的发展，并形成了李盖提学术团队，包括于1940 年首次提出"中央欧亚"概念的丹尼斯·塞诺（Denis Sinor，1916—2011），1939 年塞诺和他的导师李盖提一样来到巴黎师从伯希和开展内亚研究。1962 年，塞诺前往美国印第安纳大学任教并创立了中央欧亚研究系即后来负有盛名的内亚研究所（Research Institute for Inner Asian Studies）。塞诺还长期在联合国教科文组织担任重要的学术指导工作，其创办的《亚洲史杂志》成为重要学术平台，著有《内陆亚洲及其与中古欧洲的联系》《突厥的起源传说》及《东方学与历史》等多部著作；**捷克与斯洛伐克**对丝路沿线国家的研究起步于 19 世纪，如 V·纳普尔斯特克（1826—1894）师从捷克语言学家约瑟夫·荣格曼，后在维也纳大学深造期间对远东民族文化产生了浓厚兴趣，随后又前往美国学习人类学，于 1862 年在布拉格建立了民族博物馆，后又改建为亚非文化博物馆。与纳普尔斯特克有类似经历的还有 J·符里克，于 1868 年前往彼得堡从事外交工作，并前往西伯利亚、中亚、中国西部地区和蒙古人聚居区开展考察，并翻译出版了

---

① https://repository.upenn.edu/cgi/viewcontent.cgi?article=1041&context=ealc.

法国传教士著作《传教士之路》捷克语版本。1918年奥匈帝国解体，捷克斯洛伐克共和国独立，从德国与俄国迁居到捷克斯洛伐克的学者成为丝路学研究的骨干力量，如R.鲁道夫、特涅茨、雷森、尼·帕·康达科夫、格·弗·维尔纳德斯基、彼·别·斯特卢维、彼·尼·萨维茨基、叶·弗·施慕尔洛等人，致力于俄蒙关系、匈奴历史及丝路游牧群体等丝路学相关议题研究。1929年，捷克斯洛伐克东方学研究所建立，《东方档案》学术杂志开始出版发行，捷克与斯洛伐克的丝路学研究进入全面发展的新阶段，领军人物为帕维尔·普哈（Pavel Poucha，1905—1985），自1932年起就在捷克斯洛伐克科学院东方学研究所工作，其研究领域包括印度学、藏学和蒙古学，尤以蒙古学方面的成就最大，有《〈蒙古秘史〉丛考》（1955）、《〈蒙古秘史〉捷克文译注本》（1955）、《〈蒙古秘史〉：一部史学和文学巨著》（1956）、《蒙古一万三千公里漫游记》（1957）、《在亚洲深处》（1962）等成果，并形成了包括伊·希玛等在内的东方学研究所团队，影响深远。另外，捷克斯洛伐克科学院考古研究所也参与了大量丝路沿线考古工作，卢米尔·伊斯勒（Lumir Isl，1921—1969）重点研究蒙古考古学和蒙古传统艺术，其撰写的《蒙古艺术》一书已译成多种文字出版。除匈牙利、捷克与斯洛伐克外，波兰、罗马尼亚、保加利亚、希腊四国的丝路学研究也成为中东欧国家丝路学研究的有机组成部分，如迈克尔·卜弥格是17世纪明末清初来华的**波兰**天主教耶稣会传教士，他对中国和东方的研究走在了欧洲前列，是欧洲第一个真正意义上的马可·波罗研究专家，其译介的《中国植物志》是欧洲首部关于中国生物多样性的著作，其《中国医药概说》与《中国诊脉秘法》等著作也是欧洲研究中医药文化的重要成果。奥·米·科瓦列夫斯基出生于波兰，于1827年建立了喀山大学蒙古语语文教研室，于1830年随俄罗斯教会使团来访中国，并将其中国见闻写成了《窥视紫禁城》一书，1862年从俄国回到波兰担任华沙大学历史语文系主任，致力于蒙古文化、佛教文化等研究，出版有《蒙古书面语简明语法》《蒙古语读本》《佛教宇宙观》等学术成果。弗·鲁·科特维奇出生于俄罗斯，于 20 世纪 20 年代迁居波兰，出任波兰东方学会主席并主编《东方学报》，其《阿尔泰语研究》《有关17—18 世纪与卫拉特人交往的俄国档案文献》等著作影响甚广。东欧剧变后，爱德华·卡伊丹斯基成为波兰丝路学研究的代表，出版了《长城的巨影：波兰人是怎么发现中国的》《丝绸——帆船和马帮之路》等著作，提供了从波兰视角阐释“中国与世界古今丝路关系”的新成果。综上，中东欧国家在丝路学研究领域具有悠久历史与团队纽带，助力中东欧国家学界形成友华型的基本认知，为其认知“一带一路”提供了扎实的学理基础。

第二，“一带一路”为中东欧国家发展注入新动力，助力中东欧国家学界形成务实性的认知立场。

事实上，中东欧国家发展并非一帆风顺：一是由于东欧剧变，中东欧国家经历了冷战，受计划经济体制时代的束缚而错失 20 世纪后半叶的发展机遇；二是在陆续加入欧盟后又遭遇全球金融危机，中东欧国家不仅没能尝到欧盟的红利，反而为了勉强满足欧盟的要求而牺牲了经济自主性；三是近年来英国脱欧与新冠肺炎疫情等原因导致欧盟一体化受挫，中东欧国家也不满于其在欧盟中的边缘地位现状，这些都成为中国与中东欧国家共建“一带一路”的现实背景，表明“一带一路”的出现恰逢其时，为中东欧国家发展提供了一个新机遇。以匈牙利为例，匈牙利位于欧洲的中心地带，虽然四通八达，是进出欧洲的门户，但因为缺乏出海口，必须依靠近邻国家以实现其贸易畅通，匈牙利经济发展亟待解决三个重要难题：1. 由内陆国所致的内外交通不畅；2. 由国家资源贫乏所致的发展资本不足；3. 由人口数量偏少所致的劳动力缺乏。对此，于2010 年担任总理的维克托·欧尔班采取了“向东看”的新战略以破解匈牙利发展中的三大难题：首先，欧尔班政府公布了"向东开放"政策，强调在与欧美国家发展关系的同时，进一步加强与中国、俄罗斯等东方大国间的经贸合作，为中国与匈牙利经贸关系发展提供了重要战略依托，也为中国与匈牙利共建"一带一路"奠定了政策基础，形成了匈牙利"向东看"战略与中国"一带一路"倡议相向而行的良好态势；其次，中国与匈牙利务实性深化双边关系，中匈于2014年发表官方文件，签署了18项商业合作协议，以深化双边经贸合作。中匈于2015年正式签署《中华人民共和国政府和匈牙利政府关于共同推进丝绸之路经济带和21世纪海上丝绸之路建设的谅解备忘录》，这是中国与欧洲国家签署的第一个共建"一带一路"的正式文件。2017年，在欧尔班总理出席第一届"一带一路"国际合作高峰论坛期间，中匈建立了"全面战略伙伴关系"。在总结匈牙利牙利从全球经济危机中复苏的经验时，欧尔班总理坦言："匈牙利模式是由四个部分组成的，即政治稳定、严格的财政政策、劳动福利社会和向东开放。"匈牙利前驻华大使齐丽女士也认为，"中国的'一带一路'倡议与匈牙利的'向东开放'政策，不仅在地理区域上重叠，而且在意向上也不谋而合"；① 中匈共建"一带一路"成效初显，不仅受到匈牙利政界的好评，也赢得匈牙利商界的支持和参与，基础设施建设是匈牙利参与"一带一路"的"问路石"，"一带一路"在匈牙利最重要的基础设施共建项目是匈塞铁路。2013年11月，中国国务院总理李克强在出席第二届中—中东欧国家领导人会晤期间，分别会见了匈牙利总理欧尔班和塞尔维亚时任总理达契奇，三国总理共同宣布，合作建设连接贝尔格莱德与布达佩斯的匈塞铁路，在匈牙利总理欧尔班看来，"这对我们来说会有很多层面上的益处，同时我也相信会有助于

---

① 寇佳丽：《齐丽：志同道合共促中匈发展——访匈牙利驻华大使齐丽》，《经济》2015年第2期。

'一带一路'倡议的发展"。① 可见，"一带一路"为中东欧国家发展注入了新动力，助力中东欧国家学界形成对"一带一路"的务实性认知。

第三，基于内外干扰性因素，导致中东欧某些学者对"一带一路"的认知伴有疑虑和矛盾。

近年来，中东欧国家知识精英在认知"一带一路"时也受到内外不同干扰因素的影响。就内部而言，中东欧国家某些右翼势力中的年轻政治家，尤其是从 20 世纪 80 年代成长起来的政客，经历了苏联解体、国家分立、政治社会多元化的社会剧变，在抛弃苏联、拥抱西方的政治转型中，将对苏联的怨恨通过各种方式转嫁到了对华关系上。无论是谋取政治资本，还是背后有反华势力的支持，这部分政客多将社会主义国家视为"敌对国"，进而成为美英唱衰"一带一路"的急先锋。如布拉格市长贺瑞卜在涉台问题、涉藏问题上表现出的敌视态度，与捷克政府对华友好政策形成鲜明对比。2016 年布拉格与北京签订姊妹协定后，贺瑞卜竟通过各种方式毁约叫停了双方的友城合作。此外，贺瑞卜还利用"一带一路"合作中的企业纠纷大做文章，尤其是 2019 年华为在捷克的正常经营行为被视为"有安全威胁"之嫌后，泽曼总统出面澄清是由相关政府部门沟通不当所致的误会，但贺瑞卜却质疑"泽曼总统是否屈从中国压力而低头、是否背叛了捷克的国家利益"，等等，此种蓄意炒作，极大地干扰了捷克社会对"一带一路"的客观与理性的认知。就外部而言，在西方反华势力的支持下，打着"民主""人权"及"言论自由"等旗号的反华活动也干扰了中东欧国家的涉华认知，如捷克通讯社等中东欧重要媒体虽未大张旗鼓地宣扬"中国威胁论"与

---

① 《一带一路启示录 | 塞尔维亚：匈塞铁路提速与第一大钢厂复活》，澎湃网 https://www.thepaper.cn/newsDetail_forward_1684501，发布日期：2017 年 5 月 13 日。

"地缘政治威胁"等，但这种将反华活动视为平常新闻报道的做法，更能潜移默化地改变捷克民众对"一带一路"和中国的认知，① 最明显的则是对华好感度的民调数据，据"欧洲晴雨表"（Eurobarometer）涉华舆情显示，2018 年仅有 33% 的捷克受访者对中国持有积极印象。② 此外，受中美关系遇冷、中欧关系波动等影响，中东欧国家对"一带一路"的认知也日益复杂化，如 2017 年，立陶宛总理绍柳斯·斯克韦尔内利斯表示欢迎中国通过"一带一路"加强亚欧互联互通，也欢迎华为、广电运通等中国知名企业到立陶宛投资。③ 2017 年，中国与中东欧国家交通部长会议在立陶宛首都维尔纽斯召开。作为独联体国家进入欧盟的门户，立陶宛有着辐射 7 亿人口的区位优势，以吸引外资为先导的政策环境，以及高素质低成本的劳动力优势等，曾被视为中欧共建"一带一路"的潜力股。④ 2018—2019 年，立陶宛也多次和中国合办电影节、戏剧展演、经贸巡展等活动，表明立陶宛与中国关系发展日渐深入。⑤ 但是，在美欧对华关系日趋强硬且复杂之际，中东欧国家的对华姿态也日趋强硬。2017 年，立陶宛总理绍柳斯·斯克韦尔内利斯表示"位于波罗的海东海岸最北端的不冻港克莱佩达港，可成为中国企业进入斯堪的

---

① 鞠维伟：《中东欧国家对华舆论报道的立场、特点及对我国的启示》，《贵州省委党校学报》2019 年第 2 期。

② 张莉、张晓旭：《"17+1 合作"背景下中东欧国家涉华舆情研究》，《当代世界》2020 年第 4 期。

③ 《立陶宛欢迎中国通过"一带一路"加强亚欧互联互通》，新华网 https://www.xinhuanet.com/2017-04-15/c_1120816102.htm，发布日期：2017 年 4 月 15 日。

④ 《商务参赞谈"一带一路"：立陶宛——"一带一路"上的"潜力股"》，中华人民共和国驻立陶宛共和国代办处经商室 http://lt. mofcom. gov. cn/article/ztdy/201708/20170802631247. shtml，发布日期：2017 年 8 月 22 日。

⑤ 《你了解立陶宛吗？"一带一路"上的文艺明珠在中国舞台大放异彩》，上观网 https://web. shobserver. com/news/detail?id=149321，发布日期：2019 年 5 月 7 日；《"一带一路"立陶宛电影展映开幕》，人民网 http://world. people. com. cn/n1/2018/0603/c1002-30030834. html，发布日期：2018 年 6 月 3 日。

纳维亚半岛、西欧和立陶宛东部邻国市场的入口"，① 但自 2019 年开始，立陶宛国内政局变动，独立参选人吉塔纳斯·瑙塞达当选立陶宛总统。2019 年 2 月，立陶宛安全部门就将中国列入"国家主要安全威胁"，指责"中国情报机构在立陶宛境内进行'间谍活动'，试图影响公众舆论及政府决策"。② 2019 年 7 月，瑙塞达公开表示，"不支持吸引中国投资参与克莱佩达港口的现代化建设，中国投资可能会威胁立陶宛国家安全"。③ 2020 年 10 月，立陶宛举行议会选举，中右翼祖国联盟—立陶宛基督教民主党人党主导的执政联盟上台执政，随后立陶宛对华政策明显激进。2021 年后拜登政府上台后，美欧联手对华展开地缘政治对抗和价值观外交。2021 年以来，欧盟突出了对华政策中的政治价值观念，对中欧关系造成了负面影响，欧盟也在拜登政府"联欧制华"新战略中丧失战略自主性，中东欧某些国家也跟风加入，使初见成效的"一带一路"共建项目也受牵连。2021 年 8 月，美国国务卿布林肯与立陶宛外长通话，声称要支持立陶宛抵御中国的"胁迫"行为。④ 2021 年 12 月，布林肯又与欧盟外交与安全政策高级代表博雷利通话，表示双方强调将继续与立陶宛团结一致，抵抗中国的"胁迫行为"。⑤ 2021 年 8 月，欧洲议会外交委员会发布联合声明，欢迎立陶宛与中国台湾发展"经济关系"，指责中方对立陶宛施加"政治、外交与经济压力的攻击性行为"等，⑥ 凸显美欧大国

---

① 《立陶宛欢迎中国通过"一带一路"加强亚欧互联互通》。
② 《社评：立陶宛等表演遭中国间谍威胁给谁看》，《环球时报》2019 年 2 月 10 日，https://opinion. huanqiu. com/article/9CaKrnKhUb5。
③ 《环球深壹度 | 立陶宛为何在反华道路上越走越远》，新华网 http://www. xinhuanet. com/world/2021-08/11/c_1211326824. htm，发布日期：2021 年 8 月 11 日。
④ 《又作秀！布林肯与立陶宛外长通话，果然抹黑中国，还宣称美国支持"如铁般坚定"》，环球网 https://world. huanqiu. com/article/44SL2JfntTp，发布日期：2021 年 8 月 22 日。
⑤ 《布林肯与博雷利通话插手立陶宛问题，赵立坚：美欧颠倒是非，损害自身形象》，环球网 https://world. huanqiu. com/article/466VmN40qNZ，发布日期：2021 年 12 月 23 日。
⑥ 《驻欧盟使团发言人就欧美国家议会外委会主席发表涉立陶宛发展对台关系联合声明》，环球网 https://world. huanqiu. com/article/44X5seefmLU，发布日期：2021 年 8 月 28 日。

蓄意干涉、破坏中国与中东欧国家关系发展的霸权本质。综上，在内外干扰性因素的综合作用下，中东欧国家学界的"一带一路"认知充满了疑虑与矛盾，且日益复杂化。

第三节　助力"一带一路"高质量建设的因应之策

在中国与中东欧国家共建"一带一路"面临严峻挑战的现实背景下，应从以下两方面来优化中东欧知识精英的"一带一路"基本认知，以增进中国与中东欧国家间的战略互信，进而助力"一带一路"在中东欧地区的共建进程。

一方面，应进一步加强丝路学研究机构间的交流与合作，助力巩固中国与中东欧国家的丝路共有认知。研究发现，中东欧地区拥有两百多年丝路学研究的学术积淀，在几代丝路学家的不懈努力中相继成立了涉华研究机构，致力于"中欧古今丝路关系"这一核心议题研究，且成绩斐然。其中，在经历了奥匈帝国解体与纳粹德国统治后，冷战格局又使匈牙利被继续笼罩在"帝国"余荫下，尤其是奥匈帝国的解体，唤醒了身处多种文化和意识形态中的匈牙利知识精英强烈的文化寻根意识与民族主义情绪，故在探究"中欧古今丝路关系"的阐释框架下开展寻根研究，成为匈牙利学者多用跨文化方法与大历史观开展丝路学研究的动因之一，匈牙利的布达佩斯大学（罗兰大学）、塞格德大学，以及匈牙利科学院的历史研究所、语言研究所、阿尔泰研究中心等都成为学术重镇，并打造了《阿尔泰学研究》与《吐兰》等学术刊物。又如，捷克与斯洛伐克的丝路学研究也拥有一批学术重镇和名家名刊：斯洛伐克研究院于 1960 年设立了东方研究所，由高巴什领衔的学术团队组成，致力于中亚、南亚、远东的历史与国情等研究。1965 年创办了《亚非研究》（*Asianand African Studies*）学术期刊，聚焦中国研究，关涉中国的文学、艺术及宗教等议题。1993 年捷克与斯洛伐克分立后，东方研究所得以保留并成为斯洛伐克涉华研究的重要智库，主要学者为高利克（Marián Gálik）、黑山（Marina Carnogurska）、哈塔洛娃（Henrieta Hatalova）及唐艺梦（Daniela ZhangCziráková）等。此外，布拉格查理大学、帕拉茨基大学、布尔诺马萨里克大学、布拉迪斯拉发考门斯基大学等都是捷克与斯洛伐克境内丝路学研究的主要阵地，以捷克学者普实克（Jaraslav Prusek）为代表的一批涉华研究的学者形成了独具特色的"布拉格学派"，以考门斯基大学文史哲学院东亚研究系的冯铁（Raoul David Findeisen）、贝雅娜（Jana Benická）、马文博（Martin Slobodník）、鲁博士（L'ubosGajdos）等形成的涉华研究团队影响甚广。波兰丝路学研究的学术阵地主要包括华沙大学东方学院、格但斯克大学东亚文化研究中心、波兹南大学亚洲语言与东方语言系等。希腊的派迪昂大学国际关系学系也致力于中国历史与中国政策研究，希腊的爱琴大学以土耳其研究见长并建有突厥世界研究所等相关学术机构，伯罗奔尼撒大学、希腊中国研究所等均与包括中国在内的丝路沿线国家开展学术交流与合作。保加利亚不仅建有索菲亚大学东亚研究系、汉学系、中国经济与政治研究中心等丝路学研究阵地，还拥有宝拉·白丽婉诺娃、韩裴（Petko Todorov Hinov）等丝路学名家，还有保加利亚大特尔诺沃大学普拉门·列格科斯图普的《路·龙·艺术家》（*The Road. The dragon. The Artist*）等丝路学代表性成果等。以上这些中东欧丝路学研究机构已成为中欧丝路学术交流与合作的重要倚重力量，如 2013 年 10 月 29 日，第二届"丝绸之路"国际研讨会在保加利亚索菲亚大学东方语言文化中心开幕，助力中国和包括保加利亚在内的欧洲国家丝路学界的交流与合作。又如，2018 年捷克布拉格查理大学开设了一门新课程"'一带一路'：源自中国的全球化项目"，并邀请中国专家举办讲座，这是中东欧国家大学首次将共建"一带一路"设立为一门系统完整的课程。① 今

---

① 《一带一路走进捷克大学课堂》。

后，中国将与这些丝路学研究机构进一步开展学术交流与合作，以巩固中国与中东欧国家间的丝路共有认知。

另一方面，应分类开展丝路人文交流与合作，助力应对中东欧国家认知"一带一路"的内外挑战。事实上，中东欧国家是中国最早开展人文交流与合作的对象国，早在 20 世纪 50 年代，包括保加利亚索非亚大学在内的部分中东欧国家高校就已开展了汉语教学，且互派留学生。在中欧文明伙伴关系建设的带动下，中国—中东欧国家的人文交流与合作，已形成了双多边支撑的机制平台，包括中欧高级别人文交流对话机制、中欧文化高峰论坛、中欧青年政策对话、中欧青年组织发展论坛、中欧教育政策对话及中欧人员往来和移民领域对话等。而且，在中国—中东欧国家合作框架下，已相继出台了中国—中东欧国家人文交流与合作的路线图，包括 2012 年发布的《中国关于促进与中东欧国家友好合作的十二项举措》、2013 年发布的《中国—中东欧国家合作布加勒斯特纲要》、2019 年发布的《中国—中东欧国家合作杜布罗夫尼克纲要》等，并将"人文交流与合作"纳入"中国与中东欧国家领导人会晤"机制的"成果清单"，并作为重点合作领域予以规划和推进，助力中国与中东欧国家人文交流与合作取得了长足进步。但是，近年来，由于"受中美贸易摩擦以及中欧合作与竞争常态化的影响，中东欧国家认为与中国合作的政治敏感性愈发凸显。在此背景下，波兰和捷克的对华态度已经开始呈现出明显的意识形态化，这与塞尔维亚和匈牙利的对华友好态度形成了鲜明对照"，使"中东欧国家对中国在欧洲影响力的扩大存在认知分歧，主要分为三类：一是规范秉持派，如捷克、波兰等；二是温和重商派，如匈牙利、塞尔维亚等；三是欧盟追随派，如东南欧国家"。[①] 因此，应基于目前中东欧国家涉华认知尤其是"一带一路"认知的复杂现状，

---

① 宋黎磊：《中国—中东欧国家人文交流：合作进程、影响因素与前景》，《当代世界》2020年第 4 期。

分类开展丝路人文交流与合作：1. 应在已有机制框架内打造"中欧丝路文明伙伴关系"新机制，推动成立中国与中东欧国家"丝绸之路国际剧院联盟""丝绸之路国际图书馆联盟""丝绸之路国际博物馆联盟""丝绸之路国际美术馆联盟""丝绸之路国际艺术节联盟""丝绸之路国际艺术院校联盟"等丝路遗产共同体，打造中国与中东欧国家"丝绸之路文化之旅"品牌项目，以及推广"丝绸之路"为主题的研讨交流活动等，旨在打造"中欧丝路文明伙伴关系"新机制，夯实中国与中东欧国家丝路学研究的社会民意基础；2. 应与中东欧国家丝路学研究机构开展学术研讨、课题合作、学者互访、人才培养、联合考古及遗产保护合作等，为中欧文明交往提供学理性支撑。2019 年 5 月，时任希腊总统帕夫洛普洛斯应邀出席在北京召开的亚洲文明对话大会，旨在推动两国文明交流实现新突破。习近平主席在亚洲文明对话开幕式强调："我访问过世界上许多地方，最吸引我的就是韵味不同的文明，如中亚的古城撒马尔罕……希腊的雅典卫城等。中国愿同各国开展亚洲文化遗产保护行动，为更好传承文明提供必要支撑。"① 继 2017 年首届中国-中东欧国家文化遗产论坛在塞尔维亚举办后，2019 年第二届中国—中东欧国家文化遗产论坛又于洛阳举办，② 这些都为中国与中东欧国家丝路学界进一步开展交流与合作指明了方向、积累了经验，故应在中国—中东欧国家文化部长会议机制框架下，推动中国与中东欧丝路学研究机构之间的交流与合作，开展中国与中东欧文化遗产保护和世界遗产申报等项目合作，共同遴选中国与中东欧"丝绸之路文化使者"，以及有效利用"丝绸之路专项奖学金"来加快中国与中东欧国家丝路学人文培养，助力构

---

① 《习近平在亚洲文明对话大会开幕式上的主旨演讲（全文）》，新华网 http://www.xinhuanet.com/politics/leaders/2019-05/15/c_1124497022.htm，发布日期：2019 年 5 月 15 日。

② 《第二届中国—中东欧国家文化合作论坛举行》，中国政府网 http://www.gov.cn/xinwen/2015-11/14/content_2965766.htm，发布日期：2015 年 11 月 14 日。

建中欧丝路学术共同体；3. 应进一步加强中国与中东欧国家"一带一路"智库间的交流与合作，以发挥智库增信释疑的作用。目前，"以中国—中东欧国家智库交流与合作网络为核心的中国—中东欧国家合作思想交流平台逐渐丰富并完善，现已涵盖中国—中东欧国家高级别智库研讨会、中国与中东欧青年政治家论坛、中国和中东欧国家关系国际论坛等学术交流平台。2017 年 4 月 24 日，中国—中东欧研究院在布达佩斯正式成立，这是中国在欧洲第一家独立注册的智库。2019 年 4 月，中国—中东欧国家全球伙伴中心在第八次中国—中东欧国家领导人会晤期间正式成立。2019 年 11 月，中国社会科学院与希腊拉斯卡瑞德斯基金会共同成立了'中国研究中心'，为中欧文明交流互鉴搭建了新的高端智库平台"。① 但是，新形势下中国—中东欧国家智库交流与合作网络，不仅要在国内发布更多的研究成果，还需要更接地气地与中东欧智库建立紧密合作与交流机制，且将这些成果转化为切实可行的政策建议。尽管中东欧地区拥有历史底蕴深厚的丝路学研究传统，但由于中东欧各国丝路学研究重心各有侧重、成果良莠不齐，难以在涉华认知上达成应有的统一立场，以至于难以形成"一带一路"认知上应有的统一立场，加之在诸多内外干扰性因素作用下，中东欧国家对"一带一路"的认知伴有疑虑与矛盾，故应通过双方的智库交流与合作来予以消解，在增信释疑中逐步深化中国与中东欧国家间的战略互信。

---

① 宋黎磊：《中国—中东欧国家人文交流：合作进程、影响因素与前景》。

附　　件

附件 1
中国出台"一带一路"的政策文献要目

1. 习近平:《弘扬人民友谊 共创美好未来——在纳扎尔巴耶夫大学的演讲》,《人民日报》2013 年 9 月 8 日第 3 版。

2. 习近平:《携手建设中国—东盟命运共同体——在印度尼西亚国会的演讲》,《人民日报》2013 年 10 月 4 日第 2 版。

3. 习近平:《弘扬丝路精神 深化中阿合作——在中阿合作论坛第六届部长级会议开幕式上的讲话》,《人民日报》2014 年 6 月 6 日第 2 版。

4. 习近平:《携手追寻民族复兴之梦——在印度世界事务委员会的演讲》,《人民日报》2014 年 9 月 19 日第 3 版。

5.《习近平主持召开中央财经领导小组第八次会议 李克强等出席》,中国政府网,2014 年 11 月 4 日,http://www.gov.cn/xinwen/2014-11/06/content_2775891.htm。

6. 习近平:《联通引领发展 伙伴聚焦合作——在"加强互联互通伙伴关系"东道主伙伴对话会上的讲话》,新华网,2014 年 11 月 8 日,http://www.xinhuanet.com/politics/2014-11/08/c_127192119.htm。

7. 习近平:《迈向命运共同体 开创亚洲新未来——在博鳌亚洲

论坛 2015 年年会上的主旨演讲》，新华网，2015 年 3 月 29 日，http://www. xinhuanet. com/politics/2015-03/29/c_127632707. htm。

8. 国家发展改革委、外交部、商务部：《推动共建丝绸之路经济带和 21 世纪海上丝绸之路的愿景与行动》，《人民日报》2015 年 3 月 29 日第 4 版。

9. 习近平：《构建中巴命运共同体 开辟合作共赢新征程——在巴基斯坦议会的演讲》，《人民日报》2015 年 4 月 22 日第 2 版。

10. 《中华人民共和国与俄罗斯联邦关于丝绸之路经济带建设和欧亚经济联盟建设对接合作的联合声明》，新华网，2015 年 5 月 8 日，http://www. xinhuanet. com/world/2015-05/09/c_127780866. htm。

11. 习近平：《在亚洲基础设施投资银行开业仪式上的致辞》，新华网，2016 年 1 月 16 日，http://www. xinhuanet. com/politics/2016-01/16/c_1117796389. htm。

12. 习近平：《携手共创丝绸之路新辉煌——在乌兹别克斯坦最高会议立法院的演讲》，《人民日报》2016 年 6 月 23 日第 2 版。

13. 《习近平在推进"一带一路"建设工作座谈会上强调 总结经验坚定信心扎实推进 让"一带一路"建设造福沿线各国人民》，《人民日报》2016 年 8 月 18 日第 1 版。

14. 习近平：《携手推进"一带一路"建设——在"一带一路"国际合作高峰论坛开幕式上的演讲》，《人民日报》2017 年 5 月 15 日第 3 版。

15. 习近平：《开辟合作新起点 谋求发展新动力——在"一带一路"国际合作高峰论坛圆桌峰会上的开幕辞》，《人民日报》2017 年 5 月 16 日第 3 版。

16. 习近平：《在"一带一路"国际合作高峰论坛圆桌峰会上的闭幕辞》，新华网，2017 年 5 月 15 日，http://www. xinhuanet. com/politics/2017-05/15/c_1120976534. htm。

17. 习近平：《携手推进新时代中阿战略伙伴关系——在中阿合作论坛第八届部长级会议开幕式上的讲话》，《人民日报》2018 年 7 月 11 日第 2 版。

18. 《习近平在推进"一带一路"建设工作 5 周年座谈会上强调 坚持对话协商共建共享合作共赢交流互鉴 推动共建"一带一路"走深走实造福人民》，《人民日报》2018 年 8 月 28 日第 1 版。

19. 推进"一带一路"建设工作领导小组办公室：《共建"一带一路"倡议：进展、贡献与展望》，《人民日报》2019 年 4 月 23 日第 7 版。

20. 习近平：《齐心开创共建"一带一路"美好未来——在第二届"一带一路"国际合作高峰论坛开幕式上的主旨演讲》，《人民日报》2019 年 4 月 27 日第 3 版。

21. 习近平：《高质量共建"一带一路"——在第二届"一带一路"国际合作高峰论坛圆桌峰会上的开幕辞》，《人民日报》2019 年 4 月 28 日第 2 版。

22. 中华人民共和国国务院新闻办公室：《新时代的中国与世界》，中国政府网，2019 年 9 月 27 日，http://www.gov.cn/zhengce/2019-09/27/content_5433889.htm。

23. 习近平：《同舟共济克时艰，命运与共创未来——在博鳌亚洲论坛 2021 年年会开幕式上的视频主旨演讲》，《人民日报》2021 年 4 月 21 日第 2 版。

24. 《"一带一路"疫苗合作伙伴关系倡议》，《人民日报》2021 年 6 月 24 日第 3 版。

25. 《"一带一路"绿色发展伙伴关系倡议》，《人民日报》2021 年 6 月 24 日第 3 版。

26. 《习近平在第三次"一带一路"建设座谈会上强调 以高标准可持续惠民生为目标 继续推动共建"一带一路"高质量发展》，

新华网，2021 年 11 月 19 日，http://www.news.cn/2021-11/19/c_1128081486.htm。

　　27. 国家中医药管理局、推进"一带一路"建设工作领导小组办公室：《推进中医药高质量融入共建"一带一路"发展规划（2021—2025 年）》，中国政府网，2022 年 1 月 15 日，http://www.gov.cn/zhengce/zhengceku/2022-01/15/content_5668349.htm。

附件 2
中外研究"一带一路"的学术文献要目

一、中文论著:

1. 杨建新、卢苇:《丝绸之路》,甘肃人民出版社 1981 年版。

2. 陈炎:《海上丝绸之路与中外文化交流》,北京大学出版社 1996 年版。

3. 盖山林:《丝绸之路草原民族文化》,新疆人民出版社 1996 年版。

4. 陆庆夫、王冀青:《中外敦煌学家评传》,甘肃教育出版社 2002 年版。

5. 林梅村:《丝绸之路考古十五讲》,北京大学出版社 2006 年版。

6. 龚缨晏:《中国海上丝绸之路研究百年回顾》,浙江大学出版社 2009 年版。

7. 杨允中:《郑和与海上丝绸之路》,复旦大学出版社 2009 年版。

8. 沈福伟:《丝绸之路:中国与非洲文化交流研究》,新疆人民出版社 2010 年版。

9. 殷晴：《丝绸之路经济史研究》，兰州大学出版社 2012 年版。

10. 余太山：《早期丝绸之路文献研究》，商务印书馆 2013 年版。

11. 刘迎胜：《丝绸之路》，江苏人民出版社 2014 年版。

12. 马丽蓉等：《丝路学研究：基于中国人文外交的阐释框架》，时事出版社 2014 年版。

13. 王邦维：《华梵问学集：佛教与中印文化关系研究》，兰州大学出版社 2014 年版。

14. 荣新江：《丝绸之路与东西文化交流》，北京大学出版社 2015 年版。

15. 王永平：《从 "天下" 到 "世界"：汉唐时期的中国与世界》，中国社会科学出版社 2015 年版。

16. 许序雅：《唐代丝绸之路与中亚史地丛考：以唐代文献为研究中心》，商务印书馆 2015 年版。

17. 杨蕤：《回鹘时代：10—13 世纪陆上丝绸之路贸易研究》，中国社会科学出版社 2015 年版。

18. 赵江林：《中美丝绸之路战略比较研究》，社会科学文献出版社 2015 年版。

19. 柴剑虹：《丝绸之路与敦煌学》，浙江大学出版社 2016 年版。

20. 郭霞等：《日本与我国的 "一带一路" 倡议》，社会科学文献出版社 2016 年版。

21. 景峰：《丝绸之路文化线路系列跨境申遗研究》，科学出版社 2016 年版。

22. 康风琴，仇安鲁：《新疆塔城草原丝绸之路贸易史》，江苏人民出版社 2016 年版。

23. 李庆新：《海上丝绸之路》，黄山书社 2016 年版。

24. 李希光等：《中巴经济走廊：中国 "一带一路" 战略旗舰项

目研究》，文津出版社 2016 年版。

25. 骆昭东：《朝贡贸易与仗剑经商：全球经济视角下的明清外贸政策》，社会科学文献出版社 2016 年版。

26. 黄平、赵晨：《 "一带一路" 与欧洲》，时事出版社 2017 年版。

27. 李军：《 "一带一路" 研究文选》，当代世界出版社 2017 年版。

28. 刘淼等：《沉船、瓷器与海上丝绸之路》，社会科学文献出版社 2017 年版。

29. 芮传明：《丝路古史散论》，复旦大学出版社 2017 年版。

30. 宋国友：《 "一带一路" 倡议与国际关系》，上海人民出版社 2017 年版。

31. 武斌：《丝绸之路全史》，辽宁教育出版社 2018 年版。

32. 薛力：《 "一带一路"：中外学者的剖析》，中国社会科学出版社 2017 年版。

33. 郑炳林：《敦煌与丝绸之路文明》，江苏人民出版社 2018 年版。

34. 刘义杰：《中国古代海上丝绸之路》，海天出版社 2019 年版。

35. 刘作奎：《欧洲与 "一带一路" 倡议：回应与风险》，中国社会科学出版社 2019 年版。

36. 张国刚：《胡天汉月映西洋：丝路沧桑三千年》，三联书店 2019 年版。

37. 董经胜、李伯重：《海上丝绸之路：全球史视野下的考察》，社会科学文献出版社 2021 年版。

38. 马丽蓉：《丝路学研究：形成、发展及其转型》，时事出版社 2022 年版。

39. 万明：《丝绸之路上的明代中国与世界》，中国社会科学出版社 2022 年版。

二、中文译著

1. ［美］亨廷顿：《亚洲的脉搏》，王彩琴、葛莉译，新疆人民出版社 2001 年版。

2. ［美］芮乐伟·韩森：《丝绸之路新史》，张湛译，北京联合出版公司 2015 年版。

3. ［美］薛爱华：《撒马尔罕的金桃：唐代舶来品研究》，吴玉贵译，社会科学文献出版社 2016 年版。

4. ［美］乐仲迪：《从波斯波利斯到长安西市》，毛铭译，漓江出版社 2017 年版。

5. ［美］黑尔佳·拉鲁什，威廉·琼斯：《从"一带一路"到世界大陆桥》，陆建新、张廷安译，江苏人民出版社 2019 年版。

6. ［美］白桂思：《丝绸之路上的帝国：青铜时代至今的中央欧亚史》，付马译，中信出版社 2020 年版。

7. ［美］欧文·拉铁摩尔等：《丝绸、香料与帝国：亚洲的"发现"》，方笑天、袁剑译，上海人民出版社 2021 年版。

8. ［英］加文·孟席斯：《1421：中国发现世界》，师研群译，京华出版社 2005 年版。

9. ［英］彼得·弗兰科潘：《丝绸之路：一部全新的世界史》，邵旭东、孙芳译，徐文堪校，浙江大学出版社 2016 年版。

10. ［英］拉乌尔·麦克劳克林：《罗马帝国与丝绸之路》，周云兰译，广东人民出版社 2019 年版。

11. ［德］李希霍芬：《李希霍芬中国旅行日记》，李岩、王彦会译，商务印书馆 2018 年版。

12. ［德］罗德里希·普塔克：《海上丝绸之路》，史敏岳译，中国友谊出版公司 2019 年版。

13. ［德］卡恩·德尔：《丝路探险：1902—1914 年德国考察队吐鲁番行记》，陈婷婷译，上海古籍出版公司 2020 年版。

14. ［法］伯希和：《伯希和西域探险记》，耿昇译，人民出版社 2011 年版。

15. ［法］布尔努瓦：《丝绸之路》，耿昇译，中国藏学出版社 2016 年版。

16. ［瑞典］斯文·赫定：《亚洲腹地旅行记》，李述礼译，上海书店 1984 年版。

17. ［瑞典］斯文·赫定：《丝绸之路》，江红、李佩娟译，新疆人民出版社 2010 年版。

18. ［日］三上次男：《陶瓷之路》，胡德芬译，天津人民出版社 1983 年版。

19. ［日］长泽和俊：《丝绸之路史研究》，钟美珠译，天津古籍出版社 1990 年版。

20. ［日］羽田亨：《西域文化史》，耿世民译，新疆人民出版社 2017 年版。

21. ［日］森安孝夫：《丝绸之路与唐帝国》，石晓军译，北京日报出版社 2019 年版。

22. ［日］羽田正：《东印度公司与亚洲之海》，毕世鸿、李秋艳译，北京日报出版社 2020 年版。

23. ［意］马可·波罗：《马可·波罗行纪》，冯承钧译，上海书店 1999 年版。

24. ［荷］威·伊·邦特库：《东印度航海记》，姚楠译，中华书局 1982 年版。

25. ［荷］包乐史：《巴达维亚华人与中荷贸易》，庄国土等译，广西人民出版社 1997 年版。

26. ［巴基］肖卡特·阿齐兹：《建设新丝绸之路：解析"一带

一路" 倡议对现代世界的影响》，杨维珍译，石油工业出版社 2019
年版。

27. ［新加坡］柯木林：《从龙牙门到新加坡：东西海洋文化交
汇点》，社会科学文献出版社 2016 年版。

28. ［俄］叶莲娜·伊菲莫夫纳·库兹米娜：《丝绸之路史前
史》，李春长译，科学出版社 2015 年版。

29. ［俄］尤里·塔夫罗夫斯基：《大国之翼："一带一路" 西行
漫记》，尹永波译，中共中央党校出版社 2017 年版。

30. ［阿拉伯］《中国印度见闻录》，穆根来、汶江、黄倬汉译，
中华书局 1983 年版。

31. ［阿拉伯］伊本·白图泰：《伊本·白图泰游记》，马金鹏
译，宁夏人民出版社 1985 年版。

32. ［阿拉伯］伊本·胡尔达兹比赫：《道里邦国志》，宋岘译，
中华书局 1991 年版。

33. ［阿拉伯］马苏第：《黄金草原》，耿昇译，人民出版社 2013
年版。

34. ［阿拉伯］苏莱曼：《苏莱曼东游记》，刘半农、刘小蕙译，
华文出版社 2016 年版。

三、外文论著：

1. Michel Jacq-Hergoualc'h, *The Malay Peninsula*：*Crossroads of the
Maritime Silk-Road (100 BC-1300 AD)*, Brill, 2001.

2. Scott C. Levi. *The Indian Diaspora in Central Asia and its Trade*,
1550－1900, Brill, 2002.

3. Cuong, H. A., Tran Khang, Bui Xuan Tuan, *Chinese Great
Strategies*, Publishing House of News Agency, 2003.

4. Wang Gungwu, *The Nanhai Trade*：*A Study of the Early History of*

Chinese Trade in the South China Sea, Eastern Universities Press, 2003.

5. John Lawton. *Silk, Scents and Spice*, UNESCO, 2005.

6. Rudolph P. Matthee. *The Politics of Trade in Safavid Iran: Silk for Silver, 1600 – 1730*, Cambridge University Press, 2006.

7. Harry G. Broadman, *Africa's Silk Road: China and India's New Economic Frontier*, World Bank, 2007.

8. Derek Heng, *Sino-Malay Trade and Diplomacy from the Tenth through the Fourteenth Century*, Ohio University Press, 2009.

9. Johan Elverskog, *Buddhism and Islam on the Silk Road*, University of Pennsylvania Press, 2010.

10. Richard Foltz, *Religions of the Silk Road*, Palgrave Macmillan, 2010.

11. Lipi Ghosh, *Eastern Indian Ocean: Historical Links to Contemporary Convergences*, Cambridge Scholars Publishing, 2011.

12. Peter B. Golden. *Central Asia in World History*, Oxford University Press, 2011.

13. Shebl Obaid. *Diwan of Arabic calligraphy in Samarkand*, Bibliotheca Alexandrina, 2012.

14. John N. Miksic, *Singapore and the Silk Road of the Sea* (1300 – 1800), NUS Press, 2013.

15. Satish Chandra & Himanshu Prabha Ray, *The Sea, Identity and History: From the Bay of Bengal to the South China Sea*, Manohar Publishers, 2013.

16. Tansen Sen, *Maritime Southeast Asia between South Asia and China to the Sixteenth Century*, Cambridge University Press, 2014.

17. Thanh, P. S. , *A strategic OBOR one belt one road of China and policy implications for Vietnam*, World Publisher, 2017.

18. Antonio Selvatici, *La Cina e la Nuova Via della Seta：Progetto per un'invasione globale*, Rubbettino, 2018.

19. Deepak, *China's global rebalancing and the new silk road*. Springer, 2018.

20. Elisa Giunipero, *Uomini e religioni sulla Via della seta*, goWare e Edizioni Angelo Guerini e Associati, 2018.

21. Lipi Ghosh, *The Southern Silk Route：Historical Links and Contemporary Convergences*, Taylor & Francis Ltd, 2019.

22. Matteo Bressan, Domitilla Savignoni, *Le nuove Vie della Seta e il ruolo dell'Italia*, Pacini Editore, 2019.

23. Nazrul Islam, *Silk Road to Belt Road：Reinventing the Past and Shaping the Future*, Springer, 2019.

24. Tim Winter, *Geocultural Power：China's Quest to Revive the Silk Roads for the Twenty First Century*, University of Chicago Press, 2019.

25. Harald Pechlaner, *China and the New Silk Road：Challenges and Impacts on the Regional and Local Level*, Springer, 2020.

26. Jeffrey D. Lerner, *The Silk Road：From local reality to global narrative*, Oxbow Books, 2020.

27. Hoàng Anh Tuân, *Thương mại thê giới và hôi nhâp của Viêt Nam thê ký XVI – XVIII*, Nhà xuât bàn Đại học quôc gia Hà Nôi, 2016.

28. Nguyên Chí Linh, *Trên Con Đuờng Tơ Lụa Nam Á*, Phương Nam Book, 2018.

29. Nguyên Vũ Tùng. *Con Đuờng Tơ Lụa Trên Biên Cho Thê Ký XXI Của Trung Quôc Và Đôi Sách Của Việt Nam*, Nhà xuât bàn chính trị quôc gia sụ thật, 2019.

30. Николай Михайлович Пржевальский, *Путешествие в*

Уссурийском крае. 1867 – 1869 гг, Географгиз, 1947.

31. Лубо-Лесниченко Евгений Иосифович, *Китай на шелковом пути. Шелк и внешние связи древнего и раннесредневекового Китая*, Восточная литература, 1994.

32. Лузянин С. Г. , *Большая Восточная Азия*：*мировая политика и региональные трансформации*：*научно-образовательный комплекс*, МГИМО Университет, 2010.

33. Андрющенко, Евгений Григорьевич, *Россия и Великий шелковый путь*, Изд-во Современного гуманитарного университета, 2015.

34. Владимир Петровский, *Новый шелковый путь и его значение*, ДеЛи Плюс, 2016.

35. Тавровский Юрий Вадимович, *Новый шелковый путь*, Эксмо, 2017.

36. Докашева Екатерина Станиславовна, *Великий Шелковый пут. Полная история*, Издательская группа 《АСТ》, 2020.

37. 三杉隆敏：《海のシルクロードを求めて》，創元社 1968 年版。

38. 长泽和俊：《海のシルクロード史　四千年の東西交易》，中公新书 1989 年版。

39. 高柄翊：《亚洲历史之像》（韩文），首尔大学出版社，1995 年版。

40. 郑守一：《丝绸之路学》（韩文），苍比出版社，2001 年版。

41. 贾拉尔·赛义德·哈夫纳维：《古丝绸之路：起源与发展》（阿拉伯文），开罗大学出版社 2000 年版。

42. 塔里克·艾哈迈德·沙姆斯：《丝绸之路东部历史—地理—经济研究》（阿拉伯文），法拉比出版社 2017 年版。

附件 3
中外发布"一带一路"
报告的智库机构要目

美国

1. 美国企业公共政策研究所

机构名称：American Enterprise Institute for Public Policy Research，简称 AEI

研究领域：政治、经济、政府与社会福利、外交、国防、反恐政策、社会文化教育等

智库类型：保守或者较为保守的智库，是美国新保守主义的最著名的智囊团之一

网址：https://www.aei.org

2. 亚洲协会政策研究所

机构名称：Asia Society Policy Institute，简称 ASPI

研究领域：中国科技产业、中美科技竞争、战略竞争时期中美关系等

智库类型：非营利组织亚洲协会（Asia Society）的下设智库，较亚洲协会其他与中国相关的研究和交流项目而言相对独立

网址：https://asiasociety. org/policy-institute

3. 大西洋理事会

机构名称：Atlantic Council

研究领域：亚太地区事务、气候变化、美印关系、美中关系问题、跨大西洋的军事对话与合作、国际安全合作等

智库类型：无党派倾向，但与美国两党及政府高层联系密切

网址：https://www. atlanticcouncil. org

4. 布鲁金斯学会

机构名称：Brookings Institution

研究领域：工商业、城市和地区、气候变化、国防与安全、教育、全球发展、全球经济、医疗保健政策、国际事务、隐私、社会问题、美国经济、美国政治与政府等

智库类型：非营利性公共政策组织，独立智库

网址：https://www. brookings. edu

5. 卡内基国际和平基金会

机构名称：Carnegie Endowment for International Peace，简称 CEIP

研究领域：地缘政治、民主和平、核能安全等

智库类型：无党派倾向，偏向国际主义与多边主义，中间派，独立智库

网址：https://www. ceip. org

6. 卡托研究所

机构名称：Cato Institute

研究领域：宪法和法律、经济学、政治与社会、国际事务等

智库类型：自由意志主义（Libertarian）智库

网址：https://www.cato.org

7. 外交关系协会

机构名称：Council on Foreign Relations，简称 CFR

研究领域：美国外交与国际事务

智库类型：非盈利、无党派智库

网址：https://www.foreignaffairs.com

8. 外交政策研究所

机构名称：The Foreign Policy Research Institute，简称 FRRI

研究领域：美国的国家安全和外交政策，涵盖美国国家安全与中东、欧亚大陆、欧洲、亚洲和非洲研究

智库类型：无党派倾向，非营利性组织

网址：https://www.fpri.org

9. 美国外交政策委员会

机构名称：American Foreign Policy Council，简称 AFPC

研究领域：外交和国防政策

智库类型：非营利性组织

网址：https://www.afpc.org

10. 美国外交政策全国委员会

机构名称：The National Committee on American Foreign Policy，简称 NCAFP

研究领域：美国国家安全

智库类型：非盈利、保守派智库

网址：https://www.ncafp.org

11. 国家亚洲研究局

机构名称：The National Bureau of Asian Research，简称 NBR

研究领域：国防与安全、经贸、政治与治理、能源与环境安全、网络安全技术、健康与人类安全（东北亚、东南亚、南亚、中亚）

智库类型：独立智库

网址：https://www.nbr.org

12. 新美国安全中心

机构名称：Center for a New American Security，简称 CNAS

研究领域：反恐与非常规战争，跨大西洋安全，印太安全，科技与国家安全，能源安全等

智库类型：鹰派，独立的、两党合作的非营利性组织

网址：https://www.cnas.org

13. 战略与国际研究中心

机构名称：Center for Strategic and International Studies，简称 CSIS

研究领域：国际关系、贸易实务、科技财经金融、能源安全与地缘政治、人权与环境问题、全球政治趋势与跨国安全问题等

智库类型：跨党派，非营利性政策研究机构，独立智库

网址：https://www.csis.org

14. 传统基金会

机构名称：The Heritage Foundation

研究领域：华为、中美 5G 技术竞争、新疆、南海等

智库类型：保守派智库

网址：https://www. heritage. org

15. 胡佛研究所

机构名称：Hoover Institution

研究领域：工业政策、发展、科技、农业、能源、安全、外交关系等

智库类型：公共政策智囊机构

网址：https://www. hoover. org

16. 哈德逊研究所

机构名称：Hudson Institute

研究领域：研究中国项目

智库类型：比较典型的保守派智库

网址：https://www. hudson. org

17. 彼得森国际经济研究所

机构名称：The Peterson Institute for International Economics，简称 PIIE

研究领域：全球化，债务与发展，国际金融、贸易与投资，美国经济政策等

智库类型：独立智库

网址：https://www. piie. com

18. 兰德公司

机构名称：RAND Corporation

研究领域：防务、政治、经济、社会、科技等

智库类型：全方位独立智库

网址：https://www.rand.org

19. 史汀生中心

机构名称：The Stimson Center

研究领域：防扩散、技术与贸易、资源与气候、国际秩序与冲突、亚洲和美国外交政策

智库类型：无党派倾向，非营利性独立智库

网址：https://www.stimson.org

20. 华盛顿近东政策研究所

机构名称：The Washington Institute for Near East Policy，简称 WINEP 或 TWI

研究领域：阿以关系、政治和安全问题、美国的整体中东政策、土耳其和伊斯兰政治、恐怖主义、俄罗斯

智库类型：独立智库

网址：https://www.washingtoninstitute.org

21. 梅肯研究院（米尔肯研究所）

机构名称：Milken Institute

研究领域：卫生经济学、国际金融、区域经济学

智库类型：无党派倾向，非营利性独立智库

网址：https://milkeninstitute.org

22. 詹姆斯敦基金会

机构名称：Jamestown Foundation

研究领域：国际关系、恐怖主义、地缘政治、外交事务、重点关注俄罗斯、中国

智库类型：保守主义独立智库

网址：https://jamestown.org

23. 中亚—高加索研究所

机构名称：The Central Asia-Caucasus Institute

研究领域：从土耳其到中国西部的欧亚大陆中部广大地区（包括八个前苏联共和国和阿富汗）的信息、研究和分析

智库类型：保守主义独立智库

网址：中亚—高加索研究所丝绸之路项目网 https://www.silkroadstudies.org

中亚—高加索研究所出版物与成果网 https://www.cacianalyst.org

24. 美国进步中心

机构名称：THE Center for American Progress，简称 CAP

研究领域：气候变化、种族贫富差距、清洁能源、北极与全球变暖、平权运动、阿富汗、中国、亚太等

智库类型：宣称是无党派的独立智库机构，实际上政府研究机构，属于自由主义派，是美国民主党领导委员会的政策机构

网址：https://www.americanprogress.org

25. 伍德罗·威尔逊国际学者中心

机构名称：Woodrow Wilson International Center for Scholars，简称 Wilson Center

研究领域：历史与公共政策、冷战国际史、朝鲜国际文件研究

智库类型：具有政治支持背景的独立智库

网址：https://www.wilsoncenter.org

26. 全球发展中心

机构名称：Center for Global Development，简称 CGD

研究领域：全球卫生政策、可持续发展金融、政府与发展、移民、人道主义政策、新冠病毒、气候与环境等

智库类型：独立的非营利性智库

网址：https://www. cgdev. org

俄罗斯

1. 俄罗斯战略研究所

机构名称：Russian Institute for Strategic Studies，简称 RISS

研究领域：国家安全问题、政治和外交研究

智库类型：官方智库

网址：https://www. riss. ru

2. 外交与国防政策委员会

机 构 名 称：Совет по внешней и оборонной политике ，简称 СВОП

研究领域：外交和国外政策、俄罗斯战略发展规划

智库类型：具有政府支持背景的独立智库

网址：https://www. svop. ru

3. 政治与军事分析研究所

机 构 名 称：Институт политического и военного анализа，简称 ИПВА

研究领域：地缘政治、历史、政治学等

智库类型：具有政府支持背景的独立智库

网址：暂无

4. 俄罗斯公共政策研究中心

机构名称：Российский Общественно - Политический центр，简称 РОСПОЛИТИКА

研究领域：选举和选举技术、国防和安全问题、俄罗斯联邦政治问题

智库类型：具有政府支持背景的独立智库

网址：https://www.rppc.ru

5. 俄罗斯戈尔查科夫基金会

机构名称：Фонд поддержки публичной дипломатии имени А. М. Горчакова，简称 Фонд Горчакова

研究领域：中俄关系、社科文卫领域研究、经济发展、舆论与话语权分析

智库类型：具有政府支持背景的独立智库

网址：https://gorchakovfund.com/

英国

1. 查塔姆国际事务研究所（皇家国际事务研究所）

机构名称：Chatham House

研究领域：分析国际事务与时事

智库类型：非盈利非政府智库

网址：https://www.chathamhouse.org

2. 国际战略研究所

机构名称：International Institute for Strategic Studies，简称 IISS

研究领域：国际关系

智库类型：民间智库

网址：https：//www. iss. org

3. 皇家联合军种研究所
机构名称：Royal United Services Institute，简称 RUSI

研究领域：军事科学、国际安全研究、国土安全与复原

智库类型：非盈利非政府智库

网址：https：//rusi. org

4. 伦敦政治经济学院外交与国际战略研究中心
机构名称：LSE IDEAS，简称 IDEAS

研究领域：国际事务，外交和重大策略研究

智库类型：高校智库

网址：https：//www. lse. ac. uk/ideas

5. 经济政策研究中心
机构名称：Centre for Economic Policy Research，简称 CEPR

研究领域：经济问题、政策问题、发展研究、产业政策、区域研究

智库类型：非盈利独立智库

网址：https：//cepr. org

6. 欧洲对外关系委员会
机构名称：European Council on Foreign Relations，简称 ECFR

研究领域：欧洲的外交和安全政策

智库类型：具有政府支持背景的跨国独立智库

网址：https：//ecfr. eu

法国

1. 法国国际关系研究所

机构名称：Institut Français des Relations Internationals，简称 IFRI

研究领域：国际问题、全球治理、经济、国别区域

智库类型：高端智库

网址：https://www.ifri.org/en

2. 法国国际关系与战略研究院

机构名称：Institut de Relations Internationales et Stratégiques，简称 IRIS

研究领域：国际关系

智库类型：独立的、非营利性的民间智库

网址：https://www.iris-france.org

3. 欧洲涉华智库网络

机构名称：The European Think-tank Network on China，简称 ET-NC

研究领域：国际关系

智库类型：非营利组织

网址：https://www.iris-france.org

德国

1. 墨卡托中国研究中心

机构名称：Mercator Institute for China Studies，简称 MERICS

研究领域：研究中国问题的最重要的欧洲机构之一

智库类型：独立研究机构

网址：https://merics.org/en

2. 德国国际政治和安全事务研究所

机构名称：Stiftung Wissenschaft und Politik，简称 SWP

研究领域：为德国联邦议会和联邦政府以及经济工作者和公众提供外交政策问题分析、应对裁军问题，现在研究领域已拓展至从传统安全政策到气候变化及能源短缺带来的政治挑战等诸多方面。

智库类型：独立研究机构

网址：https://www.swp-berlin.org

3. 康拉德·阿登纳基金会

机构名称：Konrad Adenauer Stiftung

研究领域：进行国内工作与开展国际活动，阿登纳基金会在中国一直致力于增进中德伙伴之间的理解、推动中欧双边关系对话、促进中德两国之间在学术、经济、科技和社会领域等诸多方面的交流，并期望在中国可持续的改革和融入国际社会的进程中发挥积极作用。

智库类型：政策研究智库

网址：https://www.kas.de/de/home

意大利

1. 国际地中海和东方研究协会

机构名称：Associazione Internazionale di Studi sul Mediterraneo e l'Oriente，简称 ISMEO

研究领域：考古研究、碑文研究和语言学研究，并开展与亚洲和非洲文化和国家及其与地中海盆地互动有关的学习、培训和研究计划。

智库类型：政府智库

网址：https://www.ismeo.eu/home-english

2. 意大利中国研究协会

机构名称：Associazione Italiana di Studi Cinesi，简称 AISC

研究领域：与亚洲和非洲文化和国家及其与地中海盆地互动有关的学习、培训和研究计划。

智库类型：政府智库

网址：https://aisc-org. it

3. 马可波罗全球欧亚联系中心

机构名称：Centro di Ricerca Marco Polo - Centre for Global Europe - Asia Connections

研究领域：从跨文化的角度探索创新主题，研究活动主要包括丝绸之路研究项目、工作坊和学术会议。

智库类型：高校智库

网址：https://www. unive. it/pag/36676

4. 意大利国际政治研究所

机构名称：Institute for International Political Studies，简称 ISPI

研究领域：国际体系、地缘政治、战略和经济动态、网络安全、欧洲和全球治理、地理经济学、激进化和国际恐怖主义、基础设施、能源安全、全球城市、移民、跨大西洋关系、宗教和国际关系，并为中国、印度和伊朗研究设立了专门的项目。

智库类型：政府智库

网址：https://www. ispionline. it/en

5. 国际事务研究所

机构名称：Istituto Affari Internazionali，简称 IAI

研究领域：政治、经济和安全问题与气候、能源、移民和发展问题。

智库类型：民间智库

网址：https://www.iai.it/en

6. 都灵世界事务研究所

机构名称：Torino World Affairs Institute，简称 TWAI

研究领域：包括三个方面：一是"全球中国"，评估权力扩散时代中国对全球治理的影响；二是"不断变化的世界政治"，调查在全球范围内塑造政治的行为者、规则、动态和话语；三是"暴力与安全"，研究跨国安全的新趋势。

智库类型：民间智库

网址：https://www.twai.it/

日本

1. 京都大学东亚经济研究中心

机构名称：Center for East Asian Economic Studies Kyoto University

研究领域：东亚经济、经营的各项研究调研

智库类型：高校智库

网址：https://www.econ.kyoto-u.ac.jp/~shanghai/

2. 日本国际问题研究所

机构名称：Japan Institute of International Affairs，简称 JIIA

研究领域：外交政策、安全领域

智库类型：综合外交政策机构，或称为安全智库

网址：https://www.jiia.or.jp/en/abus/

3. 日本国立防卫研究所

机构名称：National Institute for Defense Studies，简称 NIDS

研究领域：安全、军事和历史

智库类型：日本国防部的核心政策研究机构

网址：http://www.nids.mod.go.jp/english/

4. 日本贸易振兴机构亚洲经济研究所

机构名称：Institute of Developing Economics, Japan External Trade Organization, 简称 IDE-JETRO

研究领域：发展中国家和地区的经济、政治、社会，地区贸易活动、经济援助

智库类型：日本贸易振兴会的附属研究机构

网址：https://www.ide.go.jp

5. 东京大学东洋文化研究所

机构名称：Institute for Advanced Studies on Asia

研究领域：使用亚洲各语系的地区

智库类型：高校智库

网址：https://www.ioc.u-tokyo.ac.jp

6. 东京大学社会科学研究所

机构名称：Institute of Social Science, The University of Tokyo

研究领域：社会科学实证研究

智库类型：高校智库

网址：https://www.iss.u-tokyo.ac.jp

韩国

1. 韩国对外经济政策研究院

机构名称：Korea Institute for International Economic Policy, 简

称 KIEP

　　研究领域：对外经济政策

　　智库类型：国家研究机构

　　网址：http：//www. kiep. go. kr/index. do

　　2. 韩国国立外交院

　　机构名称：Korea National Diplomatic Academy，简称 KNDA

　　研究领域：外交政策

　　智库类型：国家研究机构

　　网 址：http：//www. knda. go. kr/knda/hmpg/kor/stac/ChncllrIntrL-ist. do

　　3. 韩国东亚研究院

　　机构名称：East Asia Institute，简称 EAI

　　研究领域：美中竞争和韩国的战略、正确认识朝鲜、韩日关系重建、民主主义合作、贸易、技术、能源秩序的未来、未来革新和治理

　　智库类型：EAI 作为代表韩国的智库，与美国、中国等海外智库加强共同研究及人员交流，发挥着东亚知识网络的枢纽功能

　　网址：http：//www. eai. or. kr/new/ko/main/

　　4. 韩国国防研究院

　　机构名称：Korea Institute for Defense Analyses，简称 KIDA

　　研究领域：中长期国防政策、安保战略、军事力建设、武器体系、获得政策、信息化、国防经营革新等国防领域进行 150 多个研究

　　智库类型：通过对国防整体的研究分析，为合理国防政策做出贡献而成立的政府出资研究机构

　　网址：https：//www. kida. re. kr/index. do

5. 成均中国研究所

机构名称：성균중국연구소

研究领域：成均中国研究所努力开发独具特色的研究议题，确保研究人才和研究预算，构建稳定的国内外合作网络，参与各种各样的产官学合作活动，同时发行韩文与中文期刊，以此促进中国研究的国际化

智库类型：韩国代表性的中国研究机构

网址：https://sics.skku.edu/sics-cn/intro/greetings.do

6. 韩国一带一路研究院

机构名称：일대일로연구원

研究领域：一带一路研究院研究并共享韩中之间面向未来的关系确立及东北亚乃至欧亚地区的相互合作与发展方向。一带一路研究院将以学习和研究的姿态提出持续性对策

智库类型：韩国代表性"一带一路"研究机构

网址：http://newsilkroadinstitute.org/

7. 延世大学中国研究院

机构名称：연세대학교 중국연구원

研究领域：中国外交安保、政治经济、历史文化等

智库类型：以对中国研究的综合视角为基础，成为代表韩国的权威性大学附属研究院

网址：https://yonseisinology.org/?ckattempt=1

8. 峨山政策研究院

机构名称：The Asan Institute for Policy Studies

研究领域：安保、外交政策、地区研究、舆论和国内政治、社会

科学方法论、全球管理等

　　智库类型：韩国民间智库

　　网址：http://www.asaninst.org/

　　9. 韩国外交安保研究所

　　机构名称：Institute of Foreign Affairs and National Security，简称 IFANS

　　研究领域：外交悬案分析及外交政策研究开发、政策咨询、与国内外智库进行学术交流、对内外公共外交活动、发表研究成果

　　智库类型：韩国历史最悠久的外交安保领域的专门智库

　　网址：http://www.ifans.go.kr/knda/ifans/kor/main/IfansMain.do

　　10. 韩中丝绸之路国际交流协会

　　机构名称：한중실크로드국제교류협회

　　研究领域：通过两国民间力量扩大经济、贸易、文化、艺术领域的交流，拓展两国之间的全方位合作，巩固和发展双方的伙伴关系

　　智库类型：中韩民间交流协会

　　网址：https://sico-kc.org/

　　11. 国立文化财研究所

　　机构名称：국립문화재연구소

　　研究领域：文化遗产的研究、调查、开发等与文化遗产相关的综合研究

　　智库类型：国家文化遗产研究开发项目执行机构

　　网址：https://www.nrich.go.kr/kor/index.do#link

12. 丝绸之路智库网络秘书处

机构名称：The Silk Road Think Tank Network

研究领域：秉承"丝绸之路"精神，致力于促进知识产出，通过智库资源的共享和应用，以期共同建设"一带一路"，并促进各国的共同发展

智库类型：此机构是秘书长领导下的中国国务院发展研究中心国际合作司

网址：https://www.esilks.org/about/aboutus

东盟国家

1. 尤索夫伊萨克东南亚研究所

机构名称：Institute of Southeast Asian Studies，简称 ISEAS

研究领域：对区域问题进行专业和综合的研究

智库类型：独立智库

网址：https://www.iseas.edu.sg/

2. 马来西亚战略和国际事务研究所

机构名称：Institute of Strategic and International Studies（ISIS）Malaysia

研究领域：经济、外交政策、安全研究、区域融合、环境治理

智库类型：独立研究机构

网址：https://www.isis.org.my/

3. 印尼国际战略研究中心

机构名称：Center for Strategic and International Studies-Indonesia

研究领域：基础设施建设、贸易、金融、人文交流、投资、地理、文化和公共外交

智库类型：独立的非营利性机构

网址：https://www.csis.or.id/

4. 新加坡国立大学东亚研究所

机构名称：East Asian Institute，National University of Singapore，简称 EAI

研究领域：华人和东南亚历史研究，东南亚地区研究，当代中国的政治、经济与社会发展，中国与东盟、东亚地区、亚太地区的政治、安全与经贸关系等

智库类型：高校智库

网址：http://www.eai.nus.edu.sg/

5. 新加坡南洋理工大学拉惹勒南国际关系学院国防与战略研究所

机构名称：Institute of Defense and Strategic Studies，简称 IDSS

研究领域：安全、战略、外交和国际关系

智库类型：科研和政策研究的智库

网址：https://www.rsis.edu.sg/research/idss/

6. 新加坡政策研究所

机构名称：The Institute of Policy Studies，简称 IPS

研究领域：战略和政策研究与研判

智库类型：唯一一所将新加坡对外关系和国内发展相结合的研究智库

网址：http://www.asia-studies.com/ips.html

7. 新加坡国际事务研究所

机构名称：Singapore Institute of International Affairs，简称 SIIA

研究领域：东盟研究、亚洲与世界关系、环境和资源问题、社会

治理与人权问题、经济发展等

智库类型：独立智库

网址：http://www.siiaon-line.org/page/Home

澳大利亚

1. 洛伊国际政策研究所

机构名称：The Lowy Institute

研究领域：国际政治

智库类型：独立智库

网址：https://www.lowyinstitute.org/about

2. 悉尼科技大学澳中关系研究院

机构名称：Australia-China Relations Institute, University of Technology Sydney

研究领域：澳中关系

智库类型：高校智库

网址：https://www.australiachinarelations.org

3. 悉尼大学美国研究中心

机构名称：The United States Studies Centre at the University of Sydney

研究领域：美国

智库类型：高校智库

网址：https://www.ussc.edu.au

4. 澳大利亚国际事务研究所

机构名称：Australian Institute of International Affairs, 简称 AIIA

研究领域：国际政治

智库类型：独立智库

网址：https：//www. internationalaffairs. org. au

5. 澳大利亚战略政策研究所

机构名称：Australian Strategic Policy Institute，简称 ASPI

研究领域：国防战略政策

智库类型：独立智库

网址：https：//www. aspi. org. au

6. 澳大利亚经济发展委员会

机构名称：Committee for Economic Development of Australia，简称 CEDA

研究领域：经济

智库类型：独立智库

网址：https：//www. ceda. com. au

印度

1. 国防研究分析所

机构名称：Institute for Defense Studies and Analyses，简称 IDSA

研究领域：军事、国家安全领域

智库类型：官方智库/印度国防部

网址：https：//www. mod. gov. in/dod/

2. 印度国际经济关系研究委员会

机构名称：Indian Council for Research in International Economic Relations，简称 ICERIER

研究领域：经济领域

智库类型：独立智库

网址：https://icrier.org/

3. 观察家研究基金会

机构名称：Observer Research Foundation，简称 ORF

研究领域：综合领域

智库类型：半官方智库

网址：https://www.orfonline.org/

4. 陆战研究中心

机构名称：Centre for Land Warfare Studies，简称 CLAWS

研究领域：军事领域

智库类型：民间智库

网址：https://www.claws.in/

5. 梵门阁：印度全球关系委员会

机构名称：Gateway House：Indian Council on Global Relations

研究领域：综合研究

智库类型：民间智库

网址：https://www.gatewayhouse.in

6. 和平与冲突研究所

机构名称：Institute of Peace and Conflict Studies，简称 IPCS

研究领域：安全领域

智库类型：官方智库

网址：http://www.ipcs.org/index.php/

7. 辨喜国际基金会

机构名称：Vivekananda International Foundation，简称 VIF

研究领域：安全、外交领域

智库类型：民间智库

网址：https://www.vifindia.org/

8. 中国研究所

机构名称：Institute of Chinese Studies，简称 ICS

研究领域：外交、政治领域

智库类型：官方智库

网址：https://cis-indIa.org/

9. 金奈中国研究中心

机构名称：Chennai Centre for China Studies，简称 C3S

研究领域：综合研究

智库类型：半官方智库

网址：https://www.c3sindia.org/

10. 印度空军研究中心

机构名称：Centre for Air Power Studies，简称 CAPS

研究领域：军事、安全领域

智库类型：官方智库

网址：https://capsindia.org/

11. 卡耐基印度中心

机构名称：Carnegie India，简称 CI

研究领域：政治、安全、科技与生活领域

智库类型：民间智库

网址：https://carnegieindia. org/about/

12. 政策研究中心

机构名称：Centre for Policy Research，简称 CPR

研究领域：外交、政治领域

智库类型：官方智库

网址：https://www. cprindia. org/

13. 能源与资源研究所

机构名称：The Energy and Resources Institute，简称 TERI

研究领域：能源、安全领域

智库类型：官方智库

网址：https://www. teriin. org/

14. 印度空军研究中心

机构名称：Centre for Air Power Studies，简称 CAPS

研究领域：军事、安全领域

智库类型：信托机构

网址：https://capsindia. org/

15. 互联网与社会中心

机构名称：Centre for Internet and Society，简称 CIS

研究领域：科技领域

智库类型：民间智库

网址：https://cis-india. org/

16. 英迪拉—甘地发展研究所

机构名称：Indira Gandhi Institute of Development Research，简称 IGIDR

研究领域：经济、能源、环境领域

智库类型：民间智库

网址：http://www.igidr.ac.in/

17. 国家应用经济研究委员会

机构名称：National Council of Applied Economic Research，简称 NCAER

研究领域：经济领域

智库类型：官方智库

网址：https://www.ncaer.org/

18. 马诺哈尔·帕里卡尔国防研究与分析研究所

机构名称：Manohar Parrikar Institute for Defense Studies and Analyses，简称 MP-IDSA

研究领域：安全、军事领域

智库类型：民间智库

网址：https://www.idsa.in/

19. 环境与科学中心

机构名称：Centre for Science and Environment，简称 CSE

研究领域：科技、环境领域

智库类型：民间智库

网址：https://www.cseindia.org/

20. 印度亚洲战略研究中心

机构名称：Center For Asian Strategic Studies-India，简称 CASS-In-dia

研究领域：政治、外交领域

智库类型：民间智库

网址：http://www.cassindia.com/

21. 民主改革联盟

机构名称：Association for Democratic Reforms，简称 ADR

研究领域：政治领域

智库类型：民间智库

网址：https://adrindia.org/

22. 德里智库

机构名称：Delhi Policy Group

研究领域：政治、经济、外交领域

智库类型：民间智库

网址：https://www.delhipolicygroup.org/

23. 印度教政治和公共政策中心

机构名称：Hindu Centre for Politics and Public Policy

研究领域：政治、公共政策领域

智库类型：民间智库

网址：https://www.thehinducentre.com/

24. 印度智库理事会

机构名称：India Think Council，简称 ITC

研究领域：综合研究

智库类型：民间智库

网址：https://indiathink.org/

巴基斯坦

1. 塔克西拉亚洲文明研究所

机构名称：Taxila Institute of Asian Civilizations，简称 TIAC

研究领域：考古与旅游、比较文明、比较宗教、古代语言和文字等

智库类型：高校智库

网址：https://tiac.qau.edu.pk/

2. 巴基斯坦中国研究所

机构名称：Pakistan-China Institute，简称 PCI

研究领域：国防与外交、教育与能源、经济与环境、青年和妇女作用。研究所下设国际研发部（Research and Development International，简称 RDI），主要研究领域包括基础设施连通性、经贸合作、工业投资、能源和资源勘探、金融合作、社会发展合作和生态合作

智库类型：政府智库

网址：https://www.pakistan-china.com/

3. 伊斯兰堡区域研究所

机构名称：The Institute of Regional Studies，简称 IRS

研究领域：巴基斯坦周边国家和地区问题，包括南亚、西亚（伊朗、阿富汗和海湾国家）、中国、中亚以及印度洋问题，世界主要大国（包括美、俄、英、法等）的南亚政策。主要涵盖内政外交、经济工业、科学技术、社会文化和环境安全等各方面

智库类型：政府智库

网址：http://www.irs.org.pk/

4. 巴基斯坦战略研究所

机构名称：Institute of Strategic Studies，简称 ISSI

研究领域：对地区和全球战略问题进行深入而客观的分析，研究重要战略、盟国问题、和平与安全问题

智库类型：政府智库

网址：https://issi.org.pk/

5. 巴基斯坦政策研究所

机构名称：Institute of Policy Studies，简称 IPS

研究领域：致力于通过应用研究、学术对话和成果出版来解决涉及巴基斯坦、地区和国际社会的政策性问题，主要分析政府政策和公共计划及各种当代问题，为制定、影响或接受政策的各方提供对话机会并公布信息

智库类型：政府智库

网址：https://www.ips.org.pk/

6. 伊斯兰堡政策研究所

机构名称：Islamabad Policy Research Institute，简称 IPRI

研究领域：研究与巴基斯坦国家利益相关的战略问题，对区域问题和国际热点进行分析，涵盖内政与安全、区域经济合作与挑战、对外关系等，涉及巴基斯坦经济建设、新兴安全秩序、能源危机解决方案和宗教与少数民族权利等热点问题

智库类型：民间智库

网址：https://ipripak.org/

海合会国家

1. 费萨尔国王学术与伊斯兰研究中心

机构名称：King Faisal Center for Research and Islamic Studies，简称 KFCRIS

研究领域：伊斯兰社会文化、人文、社会科学、文学、艺术

智库类型：官方智库

网址：https://www.kfcris.com/en

2. 沙特研究和知识交流中心

机构名称：Center for Research and Intercommunication Knowledge，简称 CRIK

研究领域：国际政治、国际关系、危机分析、文化研究

智库类型：独立的研究机构

网址：https://crik.sa

3. 卡塔尔半岛研究中心

机构名称：Al Jazeera Centre for Studies，简称 AJCS

研究领域：地缘政治与战略研究、经济和社会研究、媒体研究

智库类型：独立的研究机构

网址：https://studies.aljazeera.net/en

4. 阿联酋政策中心

机构名称：The Emirates Policy Center，简称 EPC

研究领域：地缘政治

智库类型：独立的研究机构

网址：https://epc.ae/

5. 沙特国际伊朗研究所

机构名称：International Institute for Iranian Studies，简称 Rasanah

研究领域：伊朗研究

智库类型：非营利智库

网址：https://rasanah-iiis.org/english/

6. 阿联酋高级研究调查未来中心

机构名称：Future for Advanced Research and Studies，简称 FARAS

研究领域：拉美、非洲、亚洲、俄罗斯研究

智库类型：独立智库

网址：https://futureuae.com/ar-AE/Home/Index/2/% D8% A7% D9%84% D8% B1% D8% A6% D9% 8A% D8% B3% D9% 8A% D8% A9

7. 巴林战略、国际和能源研究中心

机构名称：Bahrain Center for Strategic，International and Energy Studies Bahrain，DERASAT

研究领域：战略研究和国际研究、能源、经济、民意调查

智库类型：独立的研究机构

网址：https://www.derasat.org.bh

非洲

1. 斯泰伦博斯大学中国研究中心

机构名称：The Centre for Chinese Studies（CCS），at Stellenbosch University

研究领域：中非关系

网址：https://www0.sun.ac.za/international/about/our-international-networks-and-affiliations/asia-africa-relations/centre-for-chinese-studies.html

2. 南非国际事务研究所

机构名称：The South African Institute of International Affairs，简称 SAIIA

研究领域：中国在非洲的活动和中非关系、外交政策、治理、环境、经济政策和社会发展

智库类型：独立智库

网址：https：//saiia. org. za

3. 博茨瓦纳大学中国研究院

机构名称：Institute of Chinese Studies，University of Botswana

研究领域：汉语教学和中非关系

网　　址：https：//www. ub. bw/discover/faculties/humanities/ chinese-studies

4. 非洲政策研究所

机构名称：African Policy Research Institute，简称 APRI

研究领域：安全、治理和战略问题

智库类型：独立的泛非智库

网址：https：//afripoli. org

5. 非洲经济转型中心

机构名称：African Center for Economic Transformation，简称 ACET

研究领域：支持非洲通过经济转型实现长期发展

智库类型：经济政策智库

网址：https：//acetforafrica. org

6. 尼日利亚中国研究中心

机构名称：Nigeria Center for Chinese Studies

研究领域：中国和中非关系

智库类型：独立智库

网址：https://ccs-ng.org

7. 尼日利亚国际事务研究所

机构名称：Nigerian Institute of International Affairs

研究领域：国际经济关系和中非关系

智库类型：国际问题智库

网址：https://niia.gov.ng

8. 金字塔政治和战略研究中心

机构名称：Al-Ahram Center for Political and Strategic Studies

研究领域：中埃合作与"一带一路"倡议

智库类型：顶级智库

网址：https://www.euromesco.net/institute/acpss-al-ahram-center-for-political-and-strategic-studies

9. 摩洛哥皇家研究院

机构名称：The Academy of the Kingdom of Morocco

研究领域：中非关系

智库类型：战略研究机构

网址：https://alacademia.org.ma/the-academy-of-the-kingdom-of-morocco/?lang=en

10. 新南方政策中心

机构名称：Policy Center for the New South

研究领域：亚非关系、战略和安全研究等

智库类型：顶级智库

网址：https://www.policycenter.ma

拉美国家

1. 墨西哥学院亚非研究中心

机构名称：Centro de Estudios de Asia y África，简称 CEAA

研究领域：亚非国家政治、经济、文化、社会和语言

智库类型：高校智库

网址：https://ceaa.colmex.mx

2. 墨西哥国立自治大学经济研究所

机构名称：Instituto de Investigaciones Económicas de la UNAM，简称 IIEc

研究领域：经济（墨西哥和世界经济问题与现象）

智库类型：高校智库

网址：https://www.iiec.unam.mx

3. 墨西哥国立自治大学中国—墨西哥研究中心

机构名称：Centro de Estudios China-México，简称 CECHIMEX

研究领域：经济、国际关系、政治、农业、建筑、工程、历史、哲学、语言

智库类型：高校智库

网 址：https://www.economia.unam.mx/cechimex/index.php/zh/inicio-ch

4. 墨西哥科利马大学环太平洋—APEC 研究中心

机构名称：Centro universitario de estudios e investigaciones sobre la cuenca del Pacífico-Centro de Estudios APEC

　　研究领域：经济、外交关系、公共政策（环太平地区国家）

　　智库类型：高校智库

　　网址：http://portal. ucol. mx/cueicp2/

5. 墨西哥维拉科鲁兹大学中国研究中心

　　机构名称：Centro de estudios China-Veracruz，简称 CECHIVER

　　研究领域：经济、外交关系、公共政策（环太平地区国家）

　　智库类型：高校智库

　　网址：https://www. uv. mx/chinaveracruz/

6. 墨西哥外贸、投资与科技企业委员会

　　机构名称：El Consejo Empresarial Mexicano de Comercio Exterior, Inversión y Tecnología，简称 COMEC

　　研究领域：外贸、投资、科技

　　智库类型：民间智库

　　网址：http://asiapacifico. itam. mx/es

7. 墨西哥国际事务委员会

　　机构名称：Consejo Mexicano de Asuntos Internacionales，简称 COMEXI

　　研究领域：外交关系

　　智库类型：民间智库

　　网址：http://www. consejomexicano. org/index. php

8. Agendasia

　　机构名称：Agendasia

　　研究领域：政治、经济、文化、教育（墨西哥与中国和亚洲）

智库类型：民间智库

网址：http://www.consejomexicano.org/index.php

9. 瓦加斯基金会

机构名称：Fundacao Getulio Vargas，简称 FGV

研究领域：经济、金融、法律、卫生、社会保障、贫困与失业、污染与可持续发展、历史、社会科学、教育、司法、公民权利和政治等

智库类型：知名智库

网址：https://portal.fgv.br/en

10. 巴西国际关系研究中心

机构名称：The Brazilian Center for International Relations，简称 CEBRI

研究领域：多边主义、贸易、环境、地缘政治、技术和创新等

智库类型：独立、无党派、多学科智囊机构

网址：https://cebri.org/en

11. 哥伦比亚高等教育与发展基金会

机构名称：La Fundación para la Educación Superior y el Desarrollo，简称 Fedesarrollo

研究领域：经济、社会和公共政策研究

智库类型：非政府背景且非营利性质的私立研究机构

网址：https://www.fedesarrollo.org.co

中东欧

1. 匈牙利雅典娜地缘政治研究所

机构名称：Pallas Athene Geopolitical Research Institute，简称 PA-

GEO

研究领域：地缘政治、一带一路、政治经济学、国际关系、基础设施建设、国际秩序、科技与创新、教育改革、移民、城市发展等

智库类型：政府智库

网址：https://www.geopolitika.hu/en/

2. 波兰亚洲研究中心

机构名称：Pollard Asia Research Centre（波兰语 Centrum Studiów Polska-Azja），简称 CSPA

研究领域：中国、一带一路、亚洲研究、远东研究、世界政治经济学、文化理论、青年交流

智库类型：高校智库

网址：https://arc.vistula.edu.pl/?lang=en

3. 斯洛伐克科学院东方学研究所

机构名称：Institute of Oriental Studies of the SAS

研究领域：亚洲、非洲、大洋洲的国家历史、民族志、语言学、哲学、艺术

智库类型：官方智库

网址：https://orient.sav.sk/en/

4. 希腊中国研究中心

机构名称：The CASS-ALF Centre for China Studies，简称 CACCS

研究领域：中国研究、一带一路、文化研究、人文交流、经济合作、文学与艺术研究

智库类型：具有政府支持背景的高校智库

网　址： https://www.laskaridisfoundation.org/en/category/center-for-china-studies/

5. 捷克科学院东方研究所

机构名称：Czech Academy of Science the Oriental Institute，简称 OI

研究领域：阿拉伯中东、伊朗、以色列、土耳其、印度、东南亚、中国、日本、古代近东地区等

智库类型：官方智库

网址：https://orient. cas. cz/en/

后　　记

　　这部《丝路学研究：基于全球"一带一路"学术动态的分析》与《丝路学研究：基于中国人文外交的阐释框架》（时事出版社 2014 年版）、《丝路学研究：形成、发展及其转型》（时事出版社 2022 年版）共同形成了丝路学研究三部曲，成为"上外丝路学团队"标志性成果之一，也是笔者主持的国家社科基金项目"'一带一路'与中国西部周边国家伙伴关系发展研究"的阶段性成果之一。从构思到出版历时三年、数易其稿，努力发掘丝路学研究所具有的涉华认知功能，探明共建国家知识精英的"一带一路"认知观，旨在从全新视角研究"一带一路"中实现"心联通"的挑战、机遇及对策。

　　在研究过程中，一支多语种、跨学科、充满朝气的"上外丝路学团队"逐渐成熟，共同推动了本书的面世：马丽蓉（上海外国语大学）承担了全书的逻辑框架、章目设计、序言撰写、导论撰写、全文统稿修改和终稿审定等工作。王畅（中共上海浦东党校）承担了全书初稿校修、新材料补充及文献定版审核等工作。具体章节撰写分工如下：第一章由付健杰（上海外国语大学）、卢莹（上海外国语大学）承担；第二章由蒋蓝辉（上海外国语大学）承担；第三章、

第四章由王畅（中共上海浦东党校）承担；第五章由闵捷（上海外国语大学）承担；第六章由李圣辉（上海外国语大学）承担；第七章由温智宏（中共上海徐汇党校）、蒋蓝辉（上海外国语大学）承担；第八章由范新月（上海外国语大学）、闵捷（上海外国语大学）承担；第九章由冯超（上海外国语大学）承担；第十章由张雪颖（上海外国语大学）、闵捷（上海外国语大学）承担；第十一章由倪聪聪（上海外国语大学）承担；第十二章由李圣辉（上海外国语大学）承担；第十三章由姜颖（上海外国语大学）承担；第十四章由张琂（上海外国语大学）承担；第十五章由周谷馨（上海外国语大学）、凌晓逸（上海外国语大学）承担；"附录文献"由付健杰、温智宏承担。

站在高质量共建"一带一路"的历史新起点，"上外丝路学团队"在已完成三部曲的基础上，将继续深化"一带一路"学术研究，多出成果、出好成果，用具有国际影响力的学术成果来增强"一带一路"国际学术认知，在深化构建丝路学术共同体中增进共建"一带一路"战略互信，为构建人类文明新形态提供智力支撑。

本研究受国家社科基金项目、教育部国别区域研究备案中心研究项目、上海市高校智库内涵建设项目、霍尔果斯重大课题研究项目、国家精品视频课程建设项目、上外导师学术引领计划项目及上外"双一流"建设项目等课题资助，在此一并深表谢意。此外，本成果的顺利出版，有赖于校内外各级领导与相关部门的鼎力支持、"上外丝路学团队"的精诚合作，以及中西书局编辑团队的敬业精神，这份"一带一路"倡议十周年的学术献礼，珍贵且有力，使我深怀感激而不敢懈怠。

2023 年 1 月 28 日